国家社科基金资助

上海财经大学 "2024年—流学科特区团队人才培养项目" 出版资助

上海财经大学法学院出版资助

Research on the Rule of Law in International Trade
under the Background of Globalization Setbacks

全球化受挫背景下的
国际贸易法治研究

张军旗　田书凡　著

人 民 出 版 社

目　录

中　篇

绪　论

一、选题背景和研究意义

（一）选题背景

自地理大发现以来，全球化构成了世界政治经济和国际关系发展的一个重要特征。同时，全球化总是在曲折中前进，其往往遭受各种重大政治、经济事件（例如战争、严重的经济危机或严重的自然灾害）的冲击或打断，也因此形成了第一次全球化、第二次全球化和第三次全球化之说。[①]

近年来全球化遭遇新的挫折，主要涉及以下方面：（1）美国政府的"退出外交"。美国政府先后退出了美国主导或参加的一系列国际条约或国际组织，例如退出《跨太平洋伙伴关系协定》（Trans-Pacific Partnership Agreement, TPP）、《巴黎气候变化协定》（以下简称《巴黎协定》）、世界卫生组织（World Health Organization, WHO）、联合国人权理事会、联合国教科文组织等。随后美国重新加入了这里所列举的几个国

---

① 胡鞍钢、王蔚：《从"逆全球化"到"新全球化"：中国角色和世界作用》，《学术界》2017 年第 3 期；鲁明川：《逆全球化的政治经济学论析》，《浙江社会科学》2021 年第 1 期。

际组织或条约，但并未重新加入 TPP 等其他条约。①（2）英国退出欧盟。2016 年英国公投决定退出欧盟，2020 年 1 月 31 日英国正式结束了欧盟成员国身份。（3）美国对中国发动了在规模上史无前例的贸易战和一系列的出口制裁和限制，并对包括中国在内的世界贸易组织（World Trade Organization，WTO）若干成员的钢铝产品采取了加征关税的措施。（4）2019 年底以来全球范围的新冠疫情大流行导致国际商品和人员流动受到严格管控，国际贸易受到持续冲击。② 在此背景下一些国家政府主张缩短产业链，试图促进本国跨国投资的企业回流本土。（5）2022 年 2 月 24 日俄罗斯和乌克兰之间发生的军事冲突。西方国家随即对俄罗斯施加全方位的制裁，俄罗斯也对西方采取反制裁措施。战争与相互制裁叠加，对原有产业链产生了巨大冲击。（6）2023 年 10 月 7 日，巴以冲突爆发。学术界的主流观点将这些现象概括为"逆全球化"，笔者认为这种说法并不准确（后文有详论），因而以"全球化遭遇挫折"或"全球化受挫"来概括这些现象。③

在全球化遭遇以上挫折的同时，自进入 21 世纪以来国际贸易法治也面临一系列困境，其中最突出的表现就是 WTO 多边贸易体制三大机制（谈判、监督和争端解决）的运转都出现重大障碍。WTO 内部还存在一系列矛盾和分歧，涉及诸如发展中成员身份、国有企业、产业补贴、技术转让、市场准入、安全例外、新冠疫情应对、粮食危机应对、贸易与非贸易议题的关系等方面，说问题"堆积如山"也不为过。各成

---

① 美国要求重新谈判原来的《北美自由贸易协定》（North American Free Trade Agreement，NAFTA）并形成新的《美国—墨西哥—加拿大协定》（The United States-Mexico-Canada Agreement，简称《美墨加协定》或 USMCA），在笔者看来并不属于全球化受到的挫折。

② 张玉环：《世界贸易组织和多边贸易体系的未来》，《经济研究参考》2021 年第 6 期。

③ 本课题申报时的名称是《"逆全球化"风潮下国际贸易法治的困境、出路及中国的选择研究》，经研究发现"逆全球化"这个用法不妥，故将课题成果名称改为《全球化受挫背景下国际贸易法治的困境、出路及中国的选择研究》。这也算是一次自我否定。特此说明。

员近年热议 WTO 改革，但直到 2022 年 6 月 WTO 第 12 届部长级会议通过《关于 WTO 改革的部长宣言》，①改革程序才算启动，且并未确定明确的路线图。在区域贸易安排蓬勃发展的情况下，②WTO 多边贸易体制若不能获得有效的改革，则面临空心化的危险。多边贸易体制的危机是国际贸易法治陷入困境的主要表现。尽管也存在其他方面的问题，例如，区域贸易安排的大量产生引发了人们对国际贸易规则碎片化及多边贸易体制被边缘化的担忧，但这属于较为次要方面的问题，毕竟区域贸易安排的蓬勃发展也促进了贸易自由化，对于国际经贸新规则的发展也起着重要作用。

国际贸易法治面临的困境与全球化遭遇的上述挫折具有关联性，但在具体方面其关联程度是不等的。全球化所遭遇挫折的有些方面与国际贸易法治的困境有直接关系，例如美国违反 WTO 规则对华发动贸易战，对多边贸易体制造成了很大冲击。另一些方面只具有潜在的可能影响，如新冠疫情导致的一些国家收缩产业链的企图对国际贸易法治困境的产生并无直接影响。即便如此，全球化遭遇挫折与国际贸易法治面临的困境之间的关系仍然受到了人们的关注，特别是在全球化遭遇挫折背景下国际贸易法治发展的方向已经成为人们关注的重点问题。

---

① WTO Doc., Ministerial Statement on WTO Reform, WT/MIN（22）/18, WT/GC/250, 14 June 2022.
② 通常意义上多边贸易协议之外存在关税同盟、共同市场、区域和双边自由贸易协定、特惠安排及其他种类繁多的贸易安排。在 WTO 文件中，自由贸易协定（Free Trade Agreement, FTA）与优惠贸易协定（Preferential Trade Arrangement, PTA）、关税同盟协定（Customs Union Agreement, CUA）一道，都被纳入区域贸易协定（Regional Trade Agreement, RTA）的范围。而学术界也多以"自由贸易协定"（FTA）或"区域贸易协定"（RTA）对上述内容做概括表达，有时也使用"区域贸易安排"。为了表述上的便利，也考虑到学术界表达的习惯，以下在没有特别说明的情况下，以"区域贸易安排"指代上述各类内容。参见肖冰：《国际经贸规则改革的美国基调和中国道路选择》，《上海对外经贸大学学报》2021年第 4 期；Peter Sutherland, et al., *The Future of the WTO: Addressing Institutional Challenges in the New Millennium*, Geneva: World Trade Organization, 2004, para.60, WTO, https://www.wto.org/english/thewto_e/10anniv_e/future_wto_e.pdf, last visited on 24 May 2022。

　　这里对"国际贸易法治"这个概念做一特别说明。"法治"(rule of law)本来是一个国内法意义上的概念,指特定社会包括其管理机构接受公正的法律治理的状态。"法治"这一概念被借用到国际法领域即形成"国际法治"的概念。国际法治指作为国际社会成员的国家在缺乏集中立法和司法机制的情况下,以其相互约定作为国际法规则的主要创设方式,通过自我约束和相互约束使国际社会处于公平的法律规则治理之下。①2000 年之前标题中含有"国际法治"的中文论文数量还很少,2000 年之后此类论文迅速增加。②"国际法治"的概念已经广为学术界所接受。在此背景下,也开始出现"国际经济法治"③"国际贸易法治"④"全球贸易法治"⑤这些提法。虽然后三类表述到目前仍算少数,但笔者认为这些概念都是可以接受的,可认为是国际法治在更小范围的体现。本专著的题目中也因此使用了"国际贸易法治"这一概念,其在内容上涵盖了多边贸易体制、双边及区域的各式贸易安排。当然,现今的多边贸易体制及非多边的贸易安排在一定程度上已经超越了纯粹贸易的范畴,开始涉及投资或非贸易事项,但主体还是贸易事项,因此学术界仍然沿用"多边贸易体制""区域贸易协定"或"自由贸易协定"此类表述。本书也基于这些习惯表述,使用"国际贸易法治"这一措辞。

　　国际贸易法治陷入困境,无论对于中国还是世界经济的发展,都是极为不利的。在此背景下,摆在我们面前的重大课题是,如何适当地认

---

① 车丕照:《我们可以期待怎样的国际法治?》,《吉林大学社会科学学报》2009 年第 4 期。
② 自 2000 年 1 月 1 日至 2022 年 5 月 31 日,在中国知网可检索到的标题包含"国际法治"字样的论文有 185 篇。
③ 何志鹏:《国际经济法治:全球变革与中国立场》,高等教育出版社 2015 年版,第 164 页。
④ 刘敬东:《国际贸易法治的危机及克服路径》,《法学杂志》2020 年第 1 期;刘敬东:《多边体制 VS 区域性体制:国际贸易法治的困境与出路——写在 WTO 成立 20 周年之际》,《国际法研究》2015 年第 5 期。
⑤ 余贺伟:《国际贸易形式变化与全球贸易法治:从 WTO 到 TPP》,《亚太经济》2016 年第 6 期。

识近年来全球化遭遇的挫折？如何适当地认识当前国际贸易法治面临的困境？如何适当地认识二者之间的关系？国际贸易法治的出路何在？如何看待和处理 WTO 改革所涉及的各个方面的问题，特别是为 WTO 成员所重点关注的系列问题？中国作为 WTO 的重要成员如何发挥作用以促进国际贸易法治走出困境，同时又适当地维护自身利益？这些正是本课题打算回答和解决的问题。

（二）研究意义

1. 实践价值

国际贸易法治事关国际经贸规则的制定和实施，对各国经营者从事国际经贸活动及各国政府从事国际经贸管理活动都有直接影响。现今国际贸易法治处于困境，无论从何种意义上对世界各国的经济发展都是不利的。本课题试图分析在全球化受挫背景下国际贸易法治建设和运作中存在的问题，探讨国际贸易法治走出困境的路径，并提出中国的因应策略，这不仅有助于世界各国特别是 WTO 成员在促进国际贸易法治走出困境方面采取建设性的合作方式，而且有助于促进中国政府在此过程中做出适当的政策选择。本课题的研究在后一方面具有特别的重要性。中国时下处于国际贸易法治变革的风口浪尖，中国的一些政策和做法已经成为部分发达国家成员无端指责的对象，因此无论在理论上还是实践上都应予以回应。

2. 学术价值

目前学术界对于这个主题已有不少研究，但理论认识上也还存在一些问题，例如，将近年全球化出现的挫折定性为"逆全球化"，这种流行观点存在理论上的误区，"逆全球化"论难以成立。关于 WTO 改革，学术界已有不少研究，但仍有很大的提升空间。因此，本课题的研究将对全球化受挫的性质、国际贸易法治的发展方向、WTO 改革中重要问题的探讨及中国对策等方面提出自己的新见解，从而推动和深化有关该主题的学术研究，有助于人们对这些问题展开有价值的讨论。

二、研究现状

由于本课题主题的重大性，学术界对之存在高度关注，总体上也已经做了不少研究，只不过在具体问题上研究成果的丰富程度和深入程度不尽相同。本课题涉及国际法、国际政治、世界经济及国内法等学科领域，涉及的具体问题也比较广泛，这里大体上拟对与本课题联系紧密的一些方面的研究成果进行总结归纳，主要涉及以下方面。

（一）关于全球化遭遇挫折的性质和全球化的发展方向

在笔者阅读的范围内，国际政治和国际关系、世界经济等学科的学者对全球化遭遇挫折的情形给予了更多、更及时的关注。其中大多数研究成果[1]认为特朗普政府退出一系列国际组织和国际条约、英国脱欧、贸易保护主义的盛行或民粹主义的高涨甚至新冠疫情的影响等因素导致了"逆全球化"（ de-globalization /reverse globalization）[2] 或"反全球化"。[3]

---

[1] 郑永年、张弛：《逆全球化浪潮下的中国国际战略选择》，《当代世界》2017 年第 8 期；郑春荣：《欧盟逆全球化思潮涌动的原因与表现》，《国际展望》2017 年第 1 期；胡鞍钢、王蔚：《从"逆全球化"到"新全球化"：中国角色和世界作用》，《学术界》2017 年第 3 期；胡健雄：《本轮逆全球化和贸易保护主义兴起的经济逻辑研究》，《经济体制改革》2017 年第 6 期；詹建兴：《"一带一路"下全球化与"逆全球化"研究》，《河南社会科学》2017 年第 10 期；付随鑫：《美国的逆全球化、民粹主义运动及民族主义的复兴》，《国际关系研究》2017 年第 5 期；T. V. Paul, Globalization, Deglobalization and Reglobalization: Adapting Liberal International Order, *International Affairs*, Vol.97, Issue 5, 2021, p.1601 ；Xu Jian, Globalization in Reverse and Its Transformation, *China International Studies*, July/August 2017, p.5.

[2] De-globalization 有时也被写为 deglobalization，中文有时译为"去全球化"，有时译为"逆全球化"。

[3] 白瑞雪：《论全球化与反全球化趋势并存的根源——兼论英国脱欧的原因和结果》，《福建论坛》（人文社会科学版）2017 年第 6 期。

另有学者认为，WTO 已经"死亡"，并构成走向逆全球化的转折点之一。[①] 有国际法学者认为逆全球化会对国际组织的生成和发展、多边条约的签署和批准造成阻力，[②] 或至少认可逆全球化的说法。[③]

同时，也有学者对逆全球化的观点表示怀疑。如有学者认为，美国近年来对某些多边安排的背离不应被认定为逆全球化。[④] 有西方学者以 2020 年敦豪全球连通性指数（Global Connectedness Index DHL）中贸易、资本、信息和人员等跨国流动的数据为基础，认为新冠疫情未能阻止全球化进程。[⑤] 有学者则基于从 20 世纪 70 年代到 21 世纪早期的跨国贸易、资本、劳动力和文化交流程度等指标的变化，认为全球化正在持续进行，并未发生逆转。[⑥]

关于全球化遭遇挫折尤其是美英退出经济类条约，学者们通常都认可全球化带来的利益不平衡是其主要原因。也有学者总结了其他方面的原因，例如国家民族主义回潮、失业问题凸显等。[⑦] 另有学者分析了全球化受挫的具体事件发生的原因，例如有学者认为，英国脱欧的核心因

① Alicia García Herrero，From Globalization to Deglobalization: Zooming into Trade, https://www.bruegel.org/wp-content/uploads/2020/02/Globalization-desglobalization.pdf, last visited on 17 May 2022.

② 何志鹏：《逆全球化潮流与国际软法的趋势》，《武汉大学学报》（哲学社会科学版）2017 年第 4 期。

③ 韩立余：《构建国际经贸新规则的总思路》，《经贸法律评论》2019 年第 4 期；石静霞：《世界贸易组织上诉机构的危机与改革》，《法商研究》2019 年第 3 期；都毫：《上诉机构停摆后的 WTO 争端解决》，《南大法学》2021 年第 1 期；胡加祥：《从 WTO 规则看中美经贸关系的走向》，《国际商务研究》2022 年第 1 期。

④ 车丕照：《是"逆全球化"还是在重塑全球规则？》，《政法论丛》2019 年第 1 期。

⑤ 史蒂文·奥尔特曼、菲利普·巴斯琴：《全球化不会逆转：以贸易、资本、信息和人员的全球流动为例》，《金融发展研究》2021 年第 6 期。

⑥ 荆林波、袁平红：《全球化面临挑战但不会逆转——兼论中国在全球经济治理中的角色》，《财贸经济》2017 年第 10 期。

⑦ 胡鞍钢、王蔚：《从"逆全球化"到"新全球化"：中国角色和世界作用》，《学术界》2017 年第 3 期。

素是民众对移民的反对，而这种反对也与国内的利益分化具有紧密关系。① 还有人认为，英国脱欧既有文化原因，也有现实原因，后者包括英国不满欧盟高额的会费、欧债危机及欧洲难民潮的冲击等，英国想脱离不断制造麻烦的欧盟。② 当然，乌克兰危机和巴以冲突是政治上的原因，新冠疫情则属于自然灾害，这些都没有什么分歧。

关于全球化发展的方向，有学者认为全球化的趋势不会发生逆转。例如，胡健雄认为，全球化和自由贸易利大于弊，贸易保护主义会随着供需的重新调整自然退去。③ 葛浩阳、刘东等学者认为，全球化的趋势不会被改变，因为人类对价廉质优产品的需求不会改变，资本逐利的本性不会改变，作为全球化内生机制的世界经济结构也不会发生大的变化。④ 但上述持"逆全球化"论的学者认为全球化已经发生逆转并将在一定时期保持这种逆转局面。

（二）关于国际贸易法治困境的原因及 WTO 三大基本方面的改革

如上所述，目前的国际贸易法治困境主要是针对 WTO 多边贸易体制的困境而言的，对此学者们也做了大量研究。

---

① 安德里亚斯·讷克：《英国脱欧：迈向组织化资本主义的全球新阶段？》，刘丽坤译，《国外理论动态》2018 年第 6 期；王雪松、刘金源：《结束还是开始？——民粹主义视阈下的英国脱欧及其走向》，《国外理论动态》2020 年第 3 期。

② 徐则荣、王也：《英国脱欧的原因及对世界格局的影响》，《福建论坛》（人文社会科学版）2017 年第 6 期。

③ 胡健雄：《本轮逆全球化和贸易保护主义兴起的经济逻辑研究》，《经济体制改革》2017 年第 6 期。

④ 王辉耀、苗绿：《全球化 vs 逆全球化——政府与企业的挑战与机遇》，东方出版社 2017 年版，第 5 页；史蒂文·奥尔特曼、菲利普·巴斯琴：《全球化不会逆转：以贸易、资本、信息和人员的全球流动为例》，王宇、李木子译，《金融发展研究》2021 年第 6 期；葛浩阳：《经济全球化真的逆转了吗——基于马克思主义经济全球化理论的探析》，《经济学家》2018 年第 4 期；刘东：《经济全球化与逆全球化——一次全新的轮回》，中共中央党校出版社 2017 年版，第 27 页。

1. 关于 WTO 改革的总体性讨论

从总体上看，学者们均认可 WTO 改革具有必要性，并提出了一系列原则性建议。例如，彼得斯曼认为世界需要捍卫多边主义的 WTO "乌托邦"理想。[1] 冈萨雷斯提出，在 WTO 现代化过程中必须保持该体制以规则为基础的性质，并确保所有重要经济体仍留在该体制中。[2] 刘勇、柯欢怡则提出促进 WTO 走出困境的三个建议，即加快启动立法解释、改进专家组和上诉机构的工作程序、采取诸边模式的谈判机制。[3] 张磊、卢毅聪认为 WTO 改革的焦点集中在 WTO 的权威性、有效性、相关性及包容性等方面。[4] 斯蒂格则提出，当不能通过协商一致方式达成一致时，可采取加权表决制及时做出决策。[5]

关于区域贸易安排的勃兴对多边贸易体制的影响，大多数学者们担心会导致后者被边缘化和国际贸易法治的碎片化。[6] 也有学者认为，摆脱国际贸易法治困境的根本出路，在于改革 WTO 多边体制、推动多哈回合谈判早日成功，为多边体制融合区域性体制及其规则创造条件。[7]

---

[1] Urnst-Ulrich Petersmann, A Post-WTO International Legal Order: Utopian，Dystopian and Other Scenarios，*Journal of International Economic Law*, Vol. 24, Issue 2, 2021, p.5.

[2] Anabel González, Confrontation, Disruptive Technologies, and Geostrategic Rivalry: The quest for renewed global trade governance, in Arancha González and Marion Jansen（ed.），*Women Shaping Global Economic Governance*, Centre for Economic Policy Research Press, 2019, p.80.

[3] 刘勇、柯欢怡：《WTO 多边贸易体制的困境与解决方案研究——以 USTR〈上诉机构报告〉为切入点》，《经贸法律评论》2021 年第 3 期。

[4] 张磊、卢毅聪：《世界贸易组织改革与中国主张》，《世界经济研究》2021 年第 12 期。

[5] 黛布拉·斯蒂格：《世界贸易组织的制度再设计》，汤蓓译，上海人民出版社 2011 年版，第 54 页。

[6] 张帆：《国际公共产品理论视角下的多哈回合困境与 WTO 的未来》，《上海对外经贸大学学报》2017 年第 4 期；Gary Clyde Hufbauer, How will TPP and TTIP Change the WTO System? *Journal of International Economic Law*, Vol.18, No.3, 2015, p.675；肖冰：《国际经贸规则改革的美国基调和中国道路选择》，《上海对外经贸大学学报》2021 年第 4 期。

[7] 刘敬东：《多边体制 vs 区域性体制：国际贸易法治的困境与出路——写在 WTO 成立 20 周年之际》，《国际法研究》2015 年第 5 期。

增强各方的谈判意愿、提高谈判方式的灵活性、改革最终的决策方式，都有利于推动多边贸易体制取得多哈回合的成功。[1]

2. 关于 WTO 谈判功能的丧失及其恢复

学者们探讨了 WTO 谈判功能丧失的因素，诸如一揽子谈判方式导致的困难、主要成员积极性不够、议题设置过于复杂、大国主导格局没有发生大的变化以及发达成员与发展中成员的利益冲突明显；[2] 新兴经济体享有一定的话语权，敢于坚持自己的主张，这样在存在不同主张时谈判就难以推进；[3] 美国全球霸权的式微导致其提供全球贸易公共产品的能力和意愿降低；长期以来发展中国家在多边贸易体制下获益程度低于发达国家，导致对多哈回合谈判从期待变为抵触；[4] 区域经济一体化及全球金融危机后的贸易保护主义倾向影响了各方推进多哈回合谈判的积极性。[5]

学术界和各成员纷纷探索促进谈判功能恢复的路径，其中诸边贸易协定的采用成为人们日益关注的一个重要方向。[6] 同时也有学者提出诸边贸易协定模式可能具有的消极作用，并提出防范之策。例如，都毫认

---

[1]　徐昕：《多边贸易体制的核心地位未变》，《WTO 经济导刊》2018 年第 7 期。

[2]　金孝柏：《多哈回合服务贸易谈判：成果、挑战与我国的对策》，《国际贸易》2014 年第 7 期。

[3]　周航：《国际经贸谈判的停滞原因与再推进：诸边到多边》，《经济研究导刊》2016 年第 32 期。

[4]　张帆：《国际公共产品理论视角下的多哈回合困境与 WTO 的未来》，《上海对外经贸大学学报》2017 年第 4 期。

[5]　David S. Christy Jr., Round and Round We Go, *World Policy Journal*, Summer 2008, pp.19-27.

[6]　张乃根：《试析多边贸易体制下的诸边贸易协定》，《武大国际法评论》2022 年第 1 期；龚柏华：《论 WTO 规则现代化改革中的诸边模式》，《上海对外经贸大学学报》2019 年第 2 期；都毫：《开放的诸边主义：世界贸易组织谈判改革的路径》，《太平洋学报》2019 年第 9 期；谭观福：《WTO 改革的诸边贸易协定模式探究》，《现代管理科学》2019 年第 6 期；Chang-fa Lo, A Milder but Effective WTO Reform – Possible Plurilateral FTAs and Plurilateral DSU within the WTO, *Asian Journal of WTO and International Health Law and Policy*, Vol.14, No.2, 2019, pp.331-332；屠新泉、石晓婧：《重振 WTO 谈判功能的诸边协议路径探析》，《浙江大学学报》（人文社会科学版）2021 年第 5 期；钟英通：《WTO 改革视角下的诸边贸易协定及其功能定位》，《武大国际法评论》2019 年第 1 期。

为，向诸边主义的转变有可能使发展中国家特别是最不发达国家难以在谈判中发出自己的声音，可能会限制贸易在促进发展和消除贫困方面的潜力。① 钟英通提出，诸边贸易协定议题可能只符合特定国家的利益，有必要制定一系列规则使议题选择机制化和规范化，并应要求新发起的诸边谈判以多边化为最终目标。②

3. 关于 WTO 上诉机构危机及其化解

刘勇等指出，WTO 的体制性缺陷及制度性不足才是上诉机构停止运行的深层次因素。③ 周围欢和高树超认为，美国指控上诉机构越权并不成立，并反映了一种系统性关切，即缺乏一种机制可使作为立法者的各成员对司法权力做有效检查，并提出在存在有争议的法律解释时给争端当事方更大的自治权，可选择双方同意的法律解释；鉴于 WTO 规定的权威解释票数要求太高，建议建立票数低一些的法律解释机制等。④ 有学者主张争端解决机构可以采用投票制度决定上诉机构的人选，⑤ 但也有学者认为，通过投票方式决定上诉机构成员人选在政治上过于冒险。⑥

原上诉机构成员张月姣提出了改革上诉机构的系列建议，诸如部长

---

① 都亳:《开放的诸边主义：世界贸易组织谈判改革的路径》,《太平洋学报》2019 年第 9 期。

② 钟英通:《WTO 改革视角下的诸边贸易协定及其功能定位》,《武大国际法评论》2019 年第 1 期。

③ 刘勇、柯欢怡:《WTO 多边贸易体制的困境与解决方案研究——以 USTR〈上诉机构报告〉为切入点》,《经贸法律评论》2021 年第 3 期。

④ Weihuan Zhou & Henry Gao, 'Overreaching' or 'Overreacting'? Reflections on the Judicial Function and Approaches of WTO Appellate Body, *Journal of World Trade*, Vol.53, No.6, 2019, pp.1, 18-19.

⑤ Jennifer Hillman, Three Approaches to Fixing the Appellate Body: The Good, the Bad and the Ugly? https://www.tresor.economie.gouv.fr /Articles /4c69c305-4f37-45f5-aa28-09a6aab19768 /files/6907e255-e134-410a-8135-070e9fe62cda, last visited on 2 June 2022；房东:《解决 WTO 上诉机构危机：启动投票制度的初步设想》,《国际经济法学刊》2019 年第 4 期。

⑥ Geraldo Vidigal, Living Without the Appellate Body: Multilateral, Bilateral and Plurilateral Solutions to the WTO Dispute Settlement Crisis, *Journal of World Investment & Trade*, Vol.20, Issue 6, 2019, p.889.

级会议应发挥权威解释的作用；对争端解决机制的一些有争议的程序事项做出更明确的规定；上诉机构应有权完成法律分析；上诉机构成员的任期可从目前的四年延长到八年；争端解决机制应有权采取"紧急和临时措施"以减少由蓄意违法造成的损害；应保证争端解决的独立公正性。①

孔庆江认为美国改变立场从而使原上诉机构得以复活的可能性很小，② 并进一步建议在 WTO 框架之外另行建立一个诸边性质的上诉机构，以暂时替代无法正常运行的原上诉机构。③ 罗昌发则提出可考虑在 WTO 内建立诸边性质的争端解决机制。④ 胡加祥建议，应赋予争端解决机构以法律解释权，并且，将争端解决机构由"反向协商一致"通过裁决报告改为"正向协商一致"通过裁决报告，从而赋予争端解决机构否决裁决报告的权力。⑤

4. 关于贸易政策透明机制的运转及其改进

一些学者总结了透明义务履行情况不佳的原因。例如，张军旗认为，透明义务履行不佳，既有主观原因，也有客观原因，后者诸如有些透明义务本身并不明确，还有透明制度固有的缺陷。⑥ 金建恺认为，一些成员未按时履行通知义务，也会影响另外一些成员做出通知的积极

---

① Zhang Yuejiao, Protection of the WTO's "Crown Jewel" —Appellate Body Reform Proposals, in Arancha González and Marion Jansen（ed.）, *Women Shaping Global Economic Governance*, Centre for Economic Policy Research Press, 2019, pp.46-49.

② 孔庆江：《一个解决 WTO 上诉机构僵局的设想》，《清华法学》2019 年第 4 期。

③ Qingjiang Kong & Guo Shuai, Towards a Mega-Plurilateral Dispute Settlement Mechanism for the WTO? *Journal of World Trade*, Vol.53, Issue 2, 2019, pp.273-292.

④ Chang-fa Lo, A Milder but Effective WTO Reform – Possible Plurilateral FTAs and Plurilateral DSU within the WTO, *Asian Journal of WTO and International Health Law and Policy*, Vol.14, No.2, 2019, pp.331-332.

⑤ 胡加祥：《WTO 法律解释权的错配与重置》，《法学》2021 年第 10 期。

⑥ 张军旗：《WTO 体制下的贸易政策透明研究》，《财经研究》2002 年第 11 期；张军旗：《WTO 监督机制的法律和实践》，人民法院出版社 2002 年版，第 68 页。这些观点虽然是 2002 年提出来的，但对于目前的透明义务履行状况仍有适用性。

性，后者不愿在非对等的情况下单方面履行通知义务。①

关于 WTO 贸易政策透明机制的改革，有学者提出，WTO 透明度机制改革过程中应保持通知机制与贸易政策审议机制改革并进；国际透明与国内透明并重；在透明度实现的自我报告方式中选择透明度实现的合理约束路径，在他人报告方式中完善和强化反向通知和秘书处报告的作用。②

对于美日欧等成员所提出的对不透明行为采取惩罚性的行政措施，有学者认为还不确定各成员是否会接受这种建议，因为行政措施与以往做法有重大不同。③另有学者建议各成员都应制定一份工业补贴规划表，实现补贴措施的透明度。④

（三）关于 WTO 若干其他重点领域的规则完善

1. 关于发展中成员地位问题

韦尔丹勒姆提出应当将 WTO 成员划分为更多组别，并明确发展中成员的详细定义与标准。⑤ 有关发展中成员定义与界定标准，不少学者都对国家分类的标准及各国际组织采用的认定方法进行了比较。⑥ 在

---

① 金建恺：《WTO 透明度规则的改革进展、前景展望与中国建议》，《经济纵横》2020 年第 12 期。
② 张耀元：《世界贸易组织透明度机制整体改革研究》，《世界经济研究》2022 年第 3 期。
③ Chad P. Bown & Jennifer A. Hillman, WTO'ing a Resolution to the China Subsidy Problem, *Journal of International Economic Law*, Vol.22, Issue 4, 2019, pp.557-578.
④ Weihuan Zhou & Mandy Meng Fang, Subsidizing Technology Competition: China's Evolving Practices and International Trade Regulation，*Washington International Law Journal*,Vol.30, No.3, 2021, pp.470-554.
⑤ Guglielmo Verdirame, The Definition of Developing Countries under GATT and Other International Law, *German Yearbook of International Law*, Vol.39, 1996, p.174.
⑥ 黄志雄：《从国际法实践看发展中国家的定义及其识别标准——由中国"入世"谈判引发的思考》，《法学评论》2000 年第 2 期；彭刚：《发展中国家的定义、构成与分类》，《教学与研究》2004 年第 9 期；闫海琪：《国际组织关于发达国家和发展中国家的界定》，《调研世界》2016 年第 7 期；Lynge Nielsen, Classifications of Countries Based on Their Level of Development: How it is Done and How it Could be Done, *IMF Working Paper* WP/11/31, February 2011。

WTO 改革的背景下，漆彤等学者以发展中成员享有的特殊与差别待遇（SDT）为切入点，提出对发展中成员的身份认定进行改革，包括改变发展中成员的衡量标准、细化发展中成员的具体分类等。① 此外，还有部分学者重点关注中国的发展中成员地位。甚至还有国外学者偏执地认为，中国与其他发展中成员间的差距日渐明显，中国正试图成为 WTO 中的领导者。② 而一些中国学者则从多角度肯定了中国当前仍然是发展中成员，中国应坚持发展中成员身份及享有 SDT 的权利。③

2. 关于应对单边主义的问题

不少学者对美国对华 301 调查报告中所指控事项与 WTO 协议的关联性或关联程度存在争论。④ 查诺维茨认为"美国——关税措施案"中的被诉措施和 301 条款本身均违反《关于争端解决的规则和程序的谅解》（Understanding on Rules and Procedures Governing the Settlement of

---

① 漆彤、范睿：《WTO 改革背景下发展中国家待遇问题》，《武大国际法评论》2019 年第 1 期；袁其刚等：《发展中国家"特殊与差别待遇"问题研究的新思路》，《国际经济评论》2020 年第 1 期；彭德雷等：《多边贸易体制下中国发展中国家地位问题研究——基于历史、现实与规范的多维考察》，《太平洋学报》2020 年第 1 期。

② *Hebrew University of Jerusalem International Law Forum Working Series* 05-18, 2018, https://papers.ssrn.com/sol3/papers.cfm?abstract_id=3178754, last visited on 10 January 2022.

③ 马莹：《WTO 改革视角下再论中国的发展中国家地位》，《上海对外经贸大学学报》2019 年第 6 期；刘伟、蔡志洲：《如何看待中国仍然是一个发展中国家？》，《管理世界》2018 年第 9 期；张久琴：《对中国"发展中国家"地位的再认识》，《国际经济合作》2018 年第 11 期。

④ Kathleen Claussen, Forgotten Statute: Trade Law's Domestic（Re）Turn, *American Journal of International Law* Unbound, Vol.113, 2019, p.42；雷雨清等：《美国对华 301 调查及中国反制措施的法律分析》，《经贸法律评论》2019 年第 1 期；胡加祥：《美国贸易保护主义国内法源流评析——兼评 232 条款和 301 条款》，《经贸法律评论》2019 年第 1 期；靳也：《301 条款在 WTO 多边体制外的复苏——基于美国对华贸易调查的法律分析》，《南昌大学学报》（人文社会科学版）2018 年第 1 期；刘瑛、刘正洋：《301 条款在 WTO 体制外适用的限制——兼论美国单边制裁措施违反国际法》，《武大国际法评论》2019 年第 3 期；张军旗：《301 条款、301 调查及关税措施在 WTO 下的合法性问题探析——以中美贸易战中的"美国——关税措施案"为视角》，《国际法研究》2021 年第 4 期。

Disputes, DSU）第 23 条。[1] 秦娅认为加强对单边报复措施的多边控制
应是 WTO 改革的首要议题，并建议由总干事介入干预；在总干事干预
失败的情况下强制违反 DSU 第 23 条的成员退出，或允许受害成员中止
其与制裁成员在 WTO 协议下的条约关系；在无法修改 DSU 第 23 条时
通过总干事的介入加强对第 23 条的实施。[2] 还有学者认为，为防止贸
易战行为，应在 DSU 中设立合法的临时措施。[3]

与 301 措施的合法性问题相联系，学者们也对中国的反制措施的合
法性问题进行了讨论，但对其合法性存在不同认识。中国学者基本上肯
定反制措施的合法性，[4] 美国政府和学者则对此表示质疑。

3. 关于 WTO 国有企业规则的改革

不少学者对 WTO、TPP、USMCA 等协定中的国有企业规则进行了
比较研究。其中，国内研究更侧重于分析新规则对中国的影响以及中国
应如何通过国内改革或国际谈判规避、适应这些规则；国外研究则认为
现有的国企规则还有诸多模糊之处，仍需进一步完善并提出相应的改革
建议。但针对 WTO 国有企业规则改革的研究仍处于起步阶段，多数研
究涉及 WTO 国有企业规则改革的必要性，或中国参与谈判的基本立场，

---

[1]　Steve Charnovitz, How American Rejectionism Undermines International Economic Law, *Trade, Law and Development*, Vol.10, No.2, Winter 2018, pp.236-237.

[2]　Julia Ya Qin, WTO Reform: Multilateral Control over Unilateral Retaliation-Lessons from the US-China Trade War, *Trade, Law and Development*, Vol.12, No.2, 2020, pp.503-511.

[3]　贺小勇、陈瑶：《"求同存异"：WTO 改革方案评析与中国对策建议》，《上海对外经贸大学学报》2019 年第 2 期；Zhang Yuejiao, Protection of the WTO's "Crown Jewel" —Appellate Body Reform Proposals, in Arancha González and Marion Jansen（ed.）, *Women Shaping Global Economic Governance*, CEPR（Centre for Economic Policy Research）Press, 2019, pp.46-49.

[4]　杨国华：《中国贸易反制的国际法依据》，《经贸法律评论》2019 年第 1 期；李居迁：《贸易报复的特殊与一般》，《经贸法律评论》2019 年第 1 期；廖诗评：《中美贸易摩擦背景下中国贸易反制措施的国际法依据》，《经贸法律评论》2019 年第 1 期；Julia Ya Qin, WTO Reform: Multilateral Control over Unilateral Retaliation-Lessons from the US-China Trade War, *Trade, Law and Development*, Vol.12, No.2, 2020。

有关具体规则改革方向的研究则相对较少。

例如，毕莹总结了国有企业规则的国际造法走向，传统上以 WTO 为代表的多边贸易领域坚持所有制中立原则，并不重视以所有权为主的控制要素；而当前，新型自由贸易协定采取主体判断标准，对国有企业适用的行为规则从与其他政府主体"合并规制"的做法走向"分立规制"。[1] 刘振宇等人认为国有企业议题是由发达国家单方面推动的，"公共机构"是 WTO 国有企业议题谈判的关键，中国应基于竞争中立原则开展谈判。[2]Yingying Wu 针对 WTO 国有企业规则改革提出了以下建议：将 GATT 第 17 条的适用对象拓展到拥有垄断地位或特权的所有国有企业；参照 TPP 第 17.6 条第一款有关非商业援助的规定，在 WTO 中增加竞争规则。[3]

关于公共机构的解释，学术界对于专家组的"政府控制标准"和上诉机构的"政府权力标准"存在不同态度，总体上分歧比较大。有批评"政府控制标准"者，[4] 有质疑"政府权力标准"者，[5] 也有支持"政府权力标准"者。[6] 还有学者提出"公共机构"是"指除政府以外的为全社

---

[1]　毕莹：《国有企业规则的国际造法走向及中国因应》，《法商研究》2022 年第 3 期。

[2]　刘振宇等：《世贸组织改革涉及的国有企业议题研究》，《世界经济研究》2021 年第 4 期。

[3]　Yingying Wu, Reforming WTO Rules on State-Owned Enterprises: SOEs and Financial Advantages, *Northwestern Journal of International Law and Business*, Vol.39, 2019, pp.275-308.

[4]　蒋奋：《反补贴语境下的国有企业定性问题研究》，《上海对外经贸大学学报》2017 年第 1 期；廖诗评：《"中美双反措施案"中的"公共机构"认定问题研究》，《法商研究》2011 年第 6 期。

[5]　Michel Cartland, Gérard Depayre & Jan Woznowski, Is Something Going Wrong in the WTO Dispute Settlement? *Journal of World Trade*, Vol.46, Issue 5, 2012, pp.1001-1015.

[6]　韩立余：《国际法视野下的中国国有企业改革》，《中国法学》2019 年第 6 期；陈卫东：《中美围绕国有企业的补贴提供者身份之争：以 WTO 相关案例为重点》，《当代法学》2017 年第 3 期；徐程锦、顾宾：《WTO 法视野下的国有企业法律定性问题——兼评美国政府相关立场》，《上海对外经贸大学学报》2016 年第 3 期；时业伟：《WTO 补贴协定中"公共机构"认定标准研究——以 DS379 案为例》，《比较法研究》2016 年第 6 期。

会或国家的'公共利益'服务的实体"。①

4. 关于 WTO 补贴规则的改革

有学者总体上肯定现有的补贴规则，认为《补贴与反补贴措施协定》（以下简称"SCM 协定"）中现有补贴规则内容似乎已经足够，问题的关键在于各成员对规则的执行情况。② 但有更多学者指出了补贴规则存在的不足，如有学者认为现有 SCM 协定存在局限性，无法解决与气候变化和可再生能源相关的补贴问题；③ 在证明补贴的存在时进口成员的举证责任偏高；补贴通知机制没有发挥作用；对补贴的救济不充分，反补贴税仅适用于进口成员的同类产业受到受补贴产品的损害时；非溯及既往的救济也影响救济的有效性。④

关于补贴规则的改革方向，有学者认为在 WTO 补贴规则改革谈判中应专注于解决所有相关经济体的贸易扭曲补贴问题，而非过分专注于中国；同时，在提供合法补贴行为与限制政府提供贸易扭曲的补贴之间建立适当平衡。对于不可诉补贴规则的失效与恢复，有学者提出补贴改革应考虑允许绿色补贴，包括研发补贴、区域发展补贴、自然灾害恢复补贴、环境补贴、小额补贴等。⑤ 类似地，Asmelash 认为需要解决现有

① 白巴根：《"公共机构"的解释及国有企业是否构成"公共机构"——"美国对华反倾销和反补贴案"上诉机构观点质疑》，孙琬钟、左海聪主编：《WTO 法与中国论丛》，知识产权出版社 2012 年版，第 96 页。

② Siqi Li & Xinquan Tu, Reforming WTO Subsidy Rules: Past Experiences and Prospects, *Journal of World Trade*, Vol.54, No.6, 2020, pp.853-858.

③ Debra P. Steger, The Subsidies and Countervailing Measures Agreement: Ahead of its Time or Time for Reform? *Journal of World Trade*, Vol.44, No.4, 2010, pp.779-796.

④ Chad P. Bown & Jennifer A. Hillman, WTO'ing a Resolution to the China Subsidy Problem, *Journal of International Economic Law,* Vol.22, Issue 4, 2019, pp.557-578.

⑤ China's Evolving Practices and International Trade Regulation, *Washington International Law Journal*,Vol.30, No.3, 2021, p.470. Gary N. Horlick, Peggy A. Clarke, WTO Subsidies Discipline during and after the Crisis, *Journal of International Economic Law*, Vol.13, Issue 3, 2010, p.859。

多边补贴规则无法约束低效且对环境有害的化石燃料补贴的问题。① 叶波和梁咏认为在绿色补贴领域制定新的补贴规则是比较合适的选择。② 对于美日欧多次发表联合声明主张扩大禁止性补贴的范围的问题，有学者质疑争端解决机构裁定扩大禁止性补贴行为的合法性判定标准。也有学者对扩大禁止性补贴的建议表示不乐观。③

（四）关于国际贸易法治变革背景下中国应有的政策选择

对于全球化受挫背景下国际贸易法治走出困境过程中中国应发挥的作用，学者们普遍给予肯定。如车丕照认为，中国应不放弃可能影响新规则创设的各种机会。④ 保建云认为，中国应在支持和捍卫全球化与自由贸易理念、维护公平竞争秩序、反对贸易保护主义及构建全球经济风险机制等方面发挥积极作用。⑤ 张帆提出，中国应积极参与和主导全球贸易公共产品的供给，可将自身定位于谈判的积极推动者和各方利益的协调者。⑥ 也有学者认为，中国既与发达成员拥有共同的贸易自由化利益，又是最大的发展中国家，与发展中国家拥有诸多共同利益，这种特殊的双重身份可使其成为南北沟通的桥梁。⑦

---

① Henok Birhanu Asmelash, Energy Subsidies and WTO Dispute Settlement: Why only Renewable Energy Subsidies Are Challenged, *Journal of International Economic Law*, Vol.18, Issue 2, 2015, pp.261-285.

② 叶波、梁咏：《论可再生能源补贴国际规则的制定》，《国际法研究》2014 年第 4 期。

③ The United States, and the European Union, *Mitsui & Co. Global Strategic Studies Institute Monthly Report*, January 2021.

④ 车丕照：《是"逆全球化"还是在重塑全球规则?》，《政法论丛》2019 年第 1 期。

⑤ 保建云：《如何应对逆全球化与新兴保护主义——对当前世界经济不确定性风险对分析研判》，《学术前沿》2017 年第 4 期。

⑥ 张帆：《国际公共产品理论视角下的多哈回合困境与 WTO 的未来》，《上海对外经贸大学学报》2017 年第 4 期。

⑦ Henry Gao, From the Periphery to the Centre China's Participation in WTO Negotiations, *China Perspectives*, No.1, 2012, p.63.

关于国际贸易法治变革特别是 WTO 改革对中国的影响及政策因应，有学者提出，有效推动 WTO 改革关乎中国的重大和长远利益，有助于处理好政府与市场的关系，在国有企业、产业补贴等问题上可以持更为开放、灵活的立场；[①] 要理性冷静分析，有些问题在大方向上与我国深化改革开放的目标一致，我们可持开放态度参与磋商谈判；对于明显具有歧视性的议题，则要坚决予以抵制。[②]

宋泓对中国参与 WTO 改革提出了如下建议。首先，中国可适时、主动地放弃或减少 WTO 中享受的发展中成员待遇；应不再过分强调发展中成员的整体利益。其次，可以有选择地接受发达国家提出的一些改革动议。再次，不能对多边贸易体制寄予过高期望；在未来，多边贸易体制只会是一种贸易自由化和治理的基准情形，作为一个大国，中国的主要精力应该放在双边和区域贸易协定的构建上。[③] 贺小勇和陈瑶提出，中国应直面和回应国有企业、补贴等敏感问题；明确反对使中国边缘化的条款；在争端解决机制改革方面中国可以建议增加防止贸易战的条款。[④]

（五）对研究现状的总体评价

全球化遭遇挫折背景下国际贸易法治的困境、发展出路及中国的选择这个主题涵盖面非常广泛，也涉及诸多层面的问题。如上所述，学术界对该主题给予了广泛关注，并对之提出了一系列很有价值的见解。这其中包含国际经济学、国际关系学、国际政治学、国际法等广泛领域学者从不同视角所贡献的研究成果。本课题的重心是国际贸易法治，自然

---

① "WTO 改革：机遇与挑战"课题组：《客观认识 WTO 当前困境以战略思维推进 WTO 改革》，《行政管理改革》2021 年第 7 期。

② 都亳：《上诉机构停摆后的 WTO 争端解决》，《南大法学》2021 年第 1 期。

③ 宋泓：《多边贸易体制制度设计与改革前景》，《世界经济与政治》2020 年第 10 期。

④ 贺小勇、陈瑶：《"求同存异"：WTO 改革方案评析与中国对策建议》，《上海对外经贸大学学报》2019 年第 2 期。

对国际法领域的研究成果关注更多些，但国际经济学、国际关系学、国际政治学等其他领域的研究成果也为本课题研究提供了重要支持。

出于以下因素的考虑，笔者认为本主题在以下几方面仍然存在进一步研究的空间。

1.在诸多问题上学术交锋还不充分。只有充分的理论交锋才能构成高质量的辩论。这意味着不仅双方有观点有论证，而且需对不同观点做出有针对性的回应。像"逆全球化"这一概念究竟是否可以证成，国际贸易法治的未来发展方向，自由贸易协定究竟是多边贸易体制的"垫脚石"还是"绊脚石"，国有企业的"公共机构"性质，等等，对这些问题的讨论往往对相反观点的回应不足，形成了一定程度的自说自话。

2.有些主流观点存在可商榷之处或不够深入。其一，主流观点认为《多方临时上诉仲裁安排》既不是诸边协定也不是条约。其二，美国对华301调查中指控中国的两类行为——网络窃密和对"走出去"企业提供支持——是否与WTO规则有关？对美国主张的"无关论"，国内外学术界几乎没有什么反对意见，但实有可商榷之处。其三，国际贸易法治的碎片化经常被人们当作一个问题，可是更理性地看，规则统一化只是一个乌托邦，碎片化才是常态。其四，学者们普遍关注诸边谈判在恢复谈判功能方面的作用，但有些学者主张利用WTO规定诸边协定的议题选择和多边化，这种观点不够切合实际。其五，对贸易争端中中国反制措施的合法性分析不够严谨可靠。

3.对某些重要问题关注不够。例如，在论及全球化受挫及国际贸易法治的困境时，学者往往会联系到单边主义，但对于什么是单边主义（以及与其对应的多边主义）却往往语焉不详，仅有的一些正面讨论也显然不够。又如，美日欧贸易部长多次《联合声明》中所提到的WTO补贴规则改革建议，还有一些WTO成员提出的强化透明度义务的惩罚性行政措施，均没有得到充分的关注。至少在笔者有限的阅读范围内，正面论述还明显不足。

4. 对某些问题的论证与经济学成果的结合不够。例如，不少学者提出恢复 WTO 不可诉补贴，但恢复其中的研发补贴并不具备坚实的经济学基础。在这方面是有经济学研究成果可以利用的，但在国际法学者的论证中并未得到体现。

5. 对国际贸易秩序困境下的中国因应变化，学者们已经提出了不少有价值的建议，但这些建议从总体上看原则性有余，具体性尚有不足。未来的研究还需要将原则性的方向落实在具体性的对策上。

三、研究思路和研究方法

（一）研究思路

本课题拟首先梳理近年来全球化遭遇挫折的表现，探讨这些挫折的性质及全球化发展的方向，其次总结近年来国际贸易法治特别是 WTO 多边贸易体制所面临的困境及其原因，探索国际贸易法治走出困境的适当路径，然后针对 WTO 改革中的重点问题进行专门探讨，最后提出中国在促使国际贸易法治走出困境及维护中国的正当利益上应该采取的战略和策略选择。

（二）研究方法

1. 法律分析方法。在课题研究的大部分内容特别是涉及国际贸易法治的困境和 WTO 改革有关重点问题的讨论中，都会涉及 WTO 规则及有关自由贸易协定规则的解释，这些部分就需要使用法律分析方法。法律分析方法和下文述及的案例分析方法是法学研究的基本方法。

2. 案例分析方法。本课题研究既涉及宏观层面的研究，也涉及微观层面的研究。其中关于 WTO 改革部分的研究和中美贸易争端的研究都会结合有关的争端解决案例展开分析论证。

3.经济学分析方法。在分析全球化遭遇的挫折及其原因部分，本课题会援引经济学研究成果展开论述。在中国的政策选择部分，本课题也会引用经济学研究成果阐明中国产业政策的有效性，从而为产业政策的调整提供经济学支持。

4.历史分析方法。在研究全球化遭遇的挫折及未来的发展方向以及国际贸易法治的发展方向时，会适当考察全球化的发展历史及国际贸易法治的发展历史，以为这两个方面的论证提供支持。

四、研究的主要内容

本课题研究共分为绪论、上篇、中篇和下篇。

（一）绪论

绪论部分主要是概括地讨论选题背景、研究意义、研究现状（文献综述）、研究思路、研究方法和研究的主要内容，为读者提供一个本课题研究的基本框架和思路。

（二）上篇

上篇主要从整体上讨论全球化在近年遭遇的挫折，国际贸易法治的困境及发展出路。上篇分为三章。

第一章主要讨论后金融危机时代全球化遭遇挫折的实质及对国际贸易法治的影响。首先概括了近年来全球化遭遇挫折的状况。其次讨论了全球化遭受挫折的性质，指出逆全球化是一个伪命题，并分析了全球化受挫与贸易保护主义和单边主义的关系，说明全球化可以被延缓或阻断，但不可逆转。最后总结了全球化遇挫现象对国际贸易法治的影响。

第二章主要讨论全球化受挫背景下国际贸易法治的困境。该章在阐明全球化受挫与国际贸易法治之间关联性的基础上，总结了 21 世纪以来国际贸易法治的困境。

第三章主要讨论全球化再平衡背景下国际贸易法治的未来发展方向。该章拟论证全球化遭遇挫折会延缓但不会改变全球化的主导方向，也不会从根本上阻滞国际贸易法治的发展，甚至可能为国际贸易法治的发展提供新的契机。

（三）中篇

中篇将围绕国际贸易法治的核心——WTO 多边贸易体制改革中的若干重点问题展开讨论。中篇共分为七章，即第四章到第十章。

第四章 WTO 改革总论。这一章主要总结 WTO 改革中的一般性问题，例如 WTO 改革的必要性，WTO 成员对改革的主要立场，及 WTO 改革的若干基础性问题，诸如改革的基本目标、改革的决策方式及改革谈判中的博弈与善意。

第五章主要研究以诸边谈判助力贸易谈判功能的恢复。本章总结了多哈回合谈判失败的原因，分析了诸边谈判及其成果在 WTO 体制中的合法性，并重点回应了学术界对适用诸边谈判的若干疑虑，最后讨论了诸边谈判成果与 WTO 现有制度的衔接问题。

第六章上诉机构危机的化解。本章在评析美国《上诉机构报告》及部分成员改革建议的基础上提出应对上诉机构危机的建议。

第七章贸易政策透明机制的强化。本章主要分析贸易政策透明义务履行不佳的原因，评析了 WTO 部分成员提出的改革建议的合理性和可行性，并提出自己新的建议。

第八章着重分析了 WTO 改革中的发展中成员地位认定问题。梳理了

WTO 成员在该问题上的主要争议，并就每一类问题的解决提出了解决方案。但中国的发展中成员地位问题将在本书第十二章中专设一目讨论。

第九章主要讨论 WTO 国有企业规则的改革。国有企业规则与第十章的补贴规则存在重叠之处，即 SCM 协定中"公共机构"的解释涉及国有企业是否构成公共机构的问题。这一问题将安排在本章讨论。本章还将讨论完善 WTO 国有企业非歧视义务与商业考虑规则、透明度规则等内容。

第十章主要讨论 WTO 补贴规则的改革。本章内容具体涉及禁止性补贴规则、可诉性补贴和不可诉补贴规则的调整和完善。本章还特别提出民用航空工业领域需要制定特殊的补贴规则。

（四）下篇

下篇讨论国际贸易法治困境中的中国选择。这部分共有两章，即第十一章和第十二章。

第十一章主要讨论在国际贸易法治困境下中国的战略选择。本章分析了中国在当前国际经贸关系中的特殊地位，以及中国在促进国际贸易法治发展方面积极作为的必要性，并提出了中国积极作为的战略选择。

第十二章将讨论中国在促进国际贸易法治的发展方面应有的策略选择，涉及中国在参与 WTO 改革谈判中在一系列具体问题上（特别是在与中国密切相关的问题上）应持有的立场，中国在处理中美贸易争端及应对经贸单边主义方面的对策以及在参加双边和区域自由贸易协定方面可采取的策略。本章涉及的多数问题已经在中篇做了基础性讨论，故本章侧重于在这些方面中国可以提出什么样的对策或方案。

上　篇

　　上篇分为三章。第一章分析了近年全球化遇挫的实质及其对国际贸易法治的影响。第二章总结了全球化受挫背景下国际贸易法治的困境，包括 WTO 多边贸易体制和区域贸易安排两个方面。第三章探讨了全球化受挫背景下国际贸易法治的未来发展方向。总之，上篇主要是讨论全球化受挫这个大背景对国际贸易法治的总体影响。

第一章
全球化受挫的实质及对国际贸易法治的影响

　　全球化自产生始就在曲折中前进，往往受到各种事件的冲击，其中最典型的就是战争、严重的经济危机和严重的自然灾害等。2008 年金融危机曾使世界经济备受打击。而近年来，全球化遭遇了新的挫折，例如，美国政府的"退群"外交；美国对华发动贸易战并对 WTO 若干成员的钢铝产品施加关税；英国脱欧；新冠疫情在全世界范围内大流行；乌克兰危机发生；西方国家对其他国家或其企业进行经济制裁，特别是随着乌克兰危机发生西方在广泛领域对俄罗斯实施大规模制裁，俄罗斯也在一定程度上实施反制裁；哈马斯与以色列之间爆发冲突。所有这一切都对全球化进程构成了不同程度的冲击，诸如在不同程度上阻断或妨碍了某些产业链，国际投资贸易和国际资金融通受到一定限制，跨境人员流动在不同阶段受到影响，一些国家参与国际组织的深入程度削弱。如果说全球化的基本特征是人类生产生活全方位的跨境联系日益紧密的话，21 世纪初的金融危机及近年全球化所受挫折则对全球化进程产生了较为显著的阻碍作用。

　　本章首先对近年来全球化遭遇的挫折做一梳理，分析这些挫折的实质，并进一步分析这种挫折是否会导致全球化趋势的逆转，最后讨论这些挫折对国际贸易法治发展的影响。

第一节 近年来全球化遭遇的挫折

2008 年的金融危机对世界经济造成严重冲击，对此学术界没有多少分歧。本节主要对近年来全球化所遭遇挫折的现象做简要概括。其是否构成所谓"逆全球化"将在下文讨论。

一、美国的"退群"外交

美国政府对外政策的基本特点之一就是连续退出美国主导或参加的一系列国际条约或国际组织，这种连续"退群"的行为也被称为"退出外交"。随后虽然有所调整，但在若干重要方面仍大体上维持了延续的态势。

（一）退出 TPP

近年来全球化遭受的挫折中，最受人们关注的就是美国退出《跨太平洋伙伴关系协定》(TPP)。TPP 的前身是 2005 年 7 月新西兰、新加坡、智利和文莱四国签订的《跨太平洋战略经济伙伴关系协定》（又称为"P4 协定"）。2008 年 2 月布什政府宣布加入谈判，并将之升级为 TPP。奥巴马政府更是高调参加 TPP 谈判，并成为 TPP 谈判的主导者，其试图建立一个高标准的亚太地区一体化合作协定。随后多国陆续加入谈判。2016 年 2 月，12 个成员国正式签署 TPP。TPP 通常被认为体现了国际经贸规则的最高水平，也被认为代表了国际经贸规则的发展方向。该协议还属于奥巴马政府"重返亚太"战略的重要组成部分，意图借此对抗中国在亚太地区的影响力。2017 年 1 月 20 日，美国宣布退出 TPP，被认为是"逆全球化"的代表性事件。

（二）退出《巴黎气候变化协定》（《巴黎协定》）

《巴黎协定》是 195 个国家于 2015 年 12 月签订的应对气候变化的多边公约，它是《联合国气候变化框架公约》的补充，其主要目标是减少温室气体的排放，将全球平均气温上升幅度控制在 2 摄氏度之内。各缔约国还提交了各自的气候行动计划，做出减少温室气体排放的承诺。美国是该协定的缔约国。

尽管该协定的制度并不具有强制约束力，盖因该协定规定了"共同但有区别的责任"，即发达国家应比发展中国家承担更多的减排责任，美国政府认为该协定对美国不公平，表示该协定是强加于美国工人、企业和纳税人的不公平的经济负担。① 同时也强调，该协定会损害美国的就业，并会对美国带来灾难性的财政负担。②2017 年 6 月 1 日，美国宣布退出《巴黎协定》，在国际社会引发了强烈反响，遭到了不少国家乃至美国国内的指责。2021 年 1 月 20 日，美国宣布将重新加入《巴黎协定》。③

（三）退出联合国人权理事会和联合国教科文组织

联合国人权理事会是联合国大会下设的加强促进和保护人权工作的政府间机构，负责对全球范围内的人权问题进行讨论并提出建议。2006 年 3 月 15 日，人权理事会取代了其前身联合国人权委员会而成立。2018 年 6 月 19 日，美国宣布退出联合国人权理事会，其指责联合国人

---

① Suzanne Goldenberg et al., Paris Climate Deal: Nearly 200 Nations Sign in End of Fossil Fuel Era, *The Guardian*, 12 December 2015.

② Donald Trump, Statement by President Trump on the Paris Climate Accord, 1 June 2017, http://www.enocarbon.com/newscontent?article_id=201, last visited on on 24 January 2023.

③ 《拜登宣布美国将重返〈巴黎协定〉和世卫组织》，中国新闻网，2021 年 1 月 21 日，https://www.chinanews.com.cn/gj/2021/01-21/9392847.shtml，访问日期：2022 年 6 月 5 日。

权理事会保护人权的侵犯者，并对以色列具有政治偏见。[①] 美国在人权问题上的一些做法受到人权理事会的批评，也是美国退出的原因之一。

联合国教科文组织是联合国的专门机构之一，其宗旨是通过教育、科学和文化活动促进国际合作，对世界和平作出贡献，并增进对于正义、法治、人权和基本自由的普遍尊重。2017 年 10 月 12 日美国宣布退出教科文组织，其不满教科文组织多次通过决议批评以色列占领东耶路撒冷以及给予巴勒斯坦成员国身份，认为教科文组织长期以来对以色列存在偏见，需要进行根本性改革。[②]2018 年 12 月 31 日，退出正式生效。以色列也于同日退出。

（四）退出世界卫生组织

世界卫生组织（WHO）是联合国专门机构之一，是世界上最大的政府间卫生组织。其宗旨是通过促进国家之间在卫生领域的合作，增进人类的健康。其对国际卫生工作提供指导和协调，促进各类疾病特别是流行病、地方病的防治和消灭，促进和指导有关医学领域的合作、研究和培训，制定有关诊断、药品和食品卫生等方面的国际标准等。

2020 年 7 月 6 日美国政府通知联合国秘书长，美国决定退出WHO。美国抨击 WHO 得到了美国的大量资金，却总是奉行"中国中心主义"，偏袒中国。[③] 在新冠疫情全球大流行，美国的疫情也日益严重并成为全球疫情最严重的区域之时，美国政府不是积极与 WHO 及其他国家合作抗疫，而是启动了退出 WHO 的程序，不仅没有得到其他国

[①] Steven Feldstein, The Steep Costs of America's Exit from the U. N. Human Rights Council, *World Politics Review*, 22 June 2018.

[②] 《美国和以色列 1 月 1 日正式退出联合国教科文组织》，新华网，2019 年 1 月 3 日，http://www.xinhuanet.com/world/2019-01/03/c_1210028955.htm，访问日期：2023 年 1 月 24 日。

[③] 肖河：《美国国内政争殃及世界卫生组织》，《中国经营报》2020 年 7 月 20 日第 E04 版。

家的支持，而且也遭到民主党的反对。当时的民主党候选人拜登就表示一旦当选将立即重新加入 WHO。[①]2021 年 1 月 20 日拜登签发行政文件，宣布美国将重新加入 WHO。[②]

美国退出 WHO，无论是对美国自身还是对于全球抗疫都是很大损失。在各国间商品和人员流动日益密切的大背景下，任何国家都不能在新冠疫情全球大流行中独善其身，国家之间的通力合作必不可少。WHO 在全球疫情中的表现是否足够好姑且不论，但毫无疑问它仍然是各国通力合作的一个重要平台。

（五）退出《美苏消除两国中程和中短程导弹条约》

《美苏消除两国中程和中短程导弹条约》（以下简称《中导条约》）是美国和苏联于 1987 年 12 月签署并于 1988 年 6 月 1 日正式生效的一项军控条约。该条约规定两国将销毁和禁止射程在 500 至 5500 公里的弹道导弹和陆基巡航导弹及其发射装置和辅助设施。《中导条约》实现了军控史上的几个"第一"：第一次裁减核武器运载工具，第一次销毁并禁止一整类导弹，第一次规定了现场视察措施，第一次实现了两国不对等裁军，这无疑有利于双方的战略稳定。[③]

2019 年 8 月 2 日，美国宣布退出该条约。之前美俄一直指责对方违反条约义务。[④] 有学者认为，美国退出该条约的原因在于，冷战结束后"一超多强"格局逐渐瓦解，美国战略优势地位下降，美国以退约来提升对具有战略威胁能力的中国和俄罗斯的打击能力，并力压中国参加

① 肖河：《美国国内政争殃及世界卫生组织》，《中国经营报》2020 年 7 月 20 日第 E04 版。
② 《拜登宣布美国将重返〈巴黎协定〉和世卫组织》，中国新闻网，2021 年 1 月 21 日，https://www.chinanews.com.cn/gj/2021/01-21/9392847.shtml，访问日期：2022 年 6 月 5 日。
③ 郭晓兵：《美国退出〈中导条约〉的动因与影响浅析》，《中国国际战略评论 2019》（上）。
④ 苏联于 1991 年解体，俄罗斯继承了《中导条约》，因此之后的条约主体表述为俄罗斯。

多边核裁军进程，同时也有振兴军事工业、服务美国经济的考虑。[①]

（六）退出《关于伊朗核计划的全面协议》

《关于伊朗核计划的全面协议》（以下简称《伊核协议》）又称为《联合全面行动计划》，是 2015 年 7 月伊朗与美国、英国、法国、俄罗斯、中国和德国达成的全面核协议。其核心内容是，美国以解除制裁为条件，换取伊朗大幅度削减核能力。签订《伊核协议》被认为是美国战略重心东移、应对新的战略对手中国和俄罗斯的一个体现。[②] 该协议也使得伊朗核问题进入一个相对稳定的阶段。

特朗普政府对《伊核协议》持有不同看法，其认为该协议对美国是个"亏本买卖"。2018 年 5 月 8 日美国单方面宣布退出该协议，并重启对伊朗的制裁。特朗普政府认为该协议虽然对伊朗核能力的发展施加了诸多限制，但其既不能永久解决伊朗核问题，也未限制伊朗的导弹开发，并且未遏制伊朗的中东扩张政策。美国退出该协议，一是意在遏制近年伊朗在中东地区崛起的步伐，二是试图通过制造可控混乱刺激油价上涨以从中牟利，三是在伊朗和以色列的关系中支持后者。[③]

（七）退出《开放天空条约》

《开放天空条约》是一项以提升军事活动透明度增加缔约国之间互信的多边条约。该条约于 1992 年签署，2002 年生效，其缔约国除了美国和俄罗斯之外，主要是北约成员国。该条约规定缔约国之间可以对对方领土进行非武装侦察飞行，这对于增加安全互信、减少军事误判、降低冲突风险具有重要意义。但由于美国和俄罗斯的侦察卫星图像比侦察

---

① 邹治波：《美国退出〈中导条约〉的当代含意与影响》，《国际经济评论》2020 年第 1 期。
② 田文林：《伊核协议与美国的战略调整》，《现代国际关系》2015 年第 9 期。
③ 田文林：《美国退出伊核协议的原因与影响》，《国际石油经济》2018 年第 9 期。

飞行所获图像更清晰，因此对于这两国来说，相互开放天空的象征意义已经大于实际意义。尽管如此，由实地考察所得到的透明和信任是卫星图像不可比拟的，并且，其他多数缔约国侦察能力较弱，该条约可以减少他们对美俄的情报依赖，因此仍是增加军事透明度的重要途径。①

2020年11月22日美国正式退出《开放天空条约》。2021年12月18日俄罗斯也正式退出该条约。美俄相互指责对方违反条约规定。② 虽然美俄两国对条约下的侦察飞行的依赖性已经不强了，但这两个最重要的缔约国的退出仍会对两国间以及美国与其北约盟国之间的军事互信产生消极影响。

美国除了退出以上国际组织和条约外，还曾威胁退出万国邮政联盟和WTO。2018年8月美国威胁退出万国邮政联盟，指责该组织关于国际邮费的安排导致发达国家的运费较高，从而使发达国家的邮政企业在与发展中国家的竞争中处于不利地位，并且与美国的国家安全利益不符。美国要求该组织对国际邮费的安排做出调整，否则美国将退出该组织。万国邮政联盟成员国于2019年9月决定，年入境邮件超过7.5万吨的国家（以2018年的数据为基准），可自2020年7月1日起自行确定终端费率。③ 这相当于对美国的要求做出了让步，美国这才没有退出万国邮政联盟。美国政府还多次威胁退出WTO，认为WTO是一个"非常糟糕"的协议，只是未真正退出。

在国际关系史上在同一任期内如此频繁和广泛地退出国际组织和国际条约，特朗普的"退出外交"可谓独树一帜。虽然拜登政府上台后更多地强调与其西方盟友的团结，要重振美国在国际政治和经济舞台上的

① 余小玲、刘华秋：《美俄相互邀请"参观后院"——揭开〈开放天空条约〉的内幕》，《现代军事》2005年第10期。
② 宫其芳：《美国"退群"，〈开放天空条约〉何去何从》，《解放军报》2020年7月10日第4版。
③ 杨双梅：《制度地位、"退出外交"与美国的国际制度选择》，《外交评论》2020年第4期。

33

领导地位，甚至已经恢复加入了一些国际组织，但美国"退出外交"对全球化进程仍然会存在持久的影响，只是在各个具体领域影响程度不同而已。

二、英国退出欧盟

欧盟是长期以来欧洲统一思想的产物。第二次世界大战结束后，欧洲统一逐渐步入实质化进程。1952 年成立欧洲煤钢共同体。1958 年成立欧洲经济共同体和欧洲原子能共同体。1965 年签订的《布鲁塞尔条约》决定将这三个共同体合并起来，统称欧洲共同体。1993 年 11 月 1 日，随着《马斯特里赫特条约》（亦称《欧洲联盟条约》）生效，欧盟正式成立，欧洲共同体中的三个共同体全部并入欧盟，欧盟成为当今世界上政治经济一体化程度最高的国际组织。及至英国脱欧前，欧盟共有 27 个成员国。

2016 年 6 月 23 日英国举行全民公投，51.9%的民众支持脱离欧盟。2017 年 3 月 29 日脱欧程序启动。2020 年 1 月 30 日欧盟批准了英国脱欧，正式结束了英国的欧盟成员国身份。其后进入为期 11 个月的过渡期。期间英欧未来关系谈判历经波折，但终于于 2020 年 12 月 24 日达成《欧盟英国贸易与合作协定》，宣告英国完成了脱欧的完整程序。自 2021 年 1 月 1 日起英国实现了全面的政治和经济独立。[1]

英国脱欧存在多方面的原因。英国的实用主义哲学和疑欧传统是英国脱欧的文化原因，欧盟高额的会费、欧债危机和欧洲难民危机对英国产生的冲击，是英国脱欧的现实原因。[2] 在这些因素的冲击下，英国的

---

[1] 《终于达成协议!》，腾讯网，https://new.qq.com/rain/a/20201225A07D7600，访问日期：2023 年 1 月 25 日。

[2] 徐则荣、王也：《英国脱欧的原因及对世界格局的影响》，《福建论坛》（人文社会科学版）2017 年第 6 期。

民粹主义高涨，在身份认同方面，有众多英国人拒绝欧洲身份而强化本国身份。①

英国脱欧公投后，无论是英国内部、欧盟其他成员国还是国际社会，对英国脱欧之举都是褒贬不一，但有一点是可以肯定的，英国脱欧会降低英国与欧盟成员国的政治经济合作水平。盖因如此，绝大多数学者都把英国脱欧与美国退出 TPP 一道视为"逆全球化"风潮的标志性事件。

三、WTO 部分主要成员之间发生严重贸易冲突

在特朗普就任总统后，美国针对包括中国和欧盟在内的 WTO 其他部分成员采取了多种关税措施，导致了美国与这些成员之间的贸易紧张关系。其中最重要的就是以《1974 年贸易法》第 301—310 节（通常简称"301 条款"）为基础发动对华 301 调查，并在 301 调查的基础上对中国发动大规模的贸易争端。美国还以国家安全为由对部分成员的钢铝产品加征关税。对此，被加征关税的成员均采取了反制措施。这些互相加征关税的行为对多边贸易体制的正常运行产生了冲击。

（一）中美贸易争端

2017 年 8 月 14 日，美国总统特朗普授权美国贸易代表（USTR）依据 301 条款对中国的系列政策发起 301 调查。其调查报告《根据〈1974年贸易法〉第 301 节对中国有关技术转让、知识产权及创新的法令、政策和做法的调查结果》（以下简称"对华 301 调查报告"）认定中国实施

---

① 王雪松、刘金源：《结束还是开始？——民粹主义视阈下的英国脱欧及其走向》，《国外理论动态》2020 年第 3 期。

的一系列法令、政策和做法不公平、不合理或具有歧视性，并对美国的商业构成负担或限制。①

2018 年 4 月 3 日，USTR 依据 301 调查结果宣布对原产于中国的 500 亿美元的进口商品加征 25% 的关税。2018 年 7 月 6 日，美国依据 301 调查结果开始对原计划 500 亿美元中国进口产品中的 340 亿美元产品加征 25% 的关税。2018 年 8 月 23 日，美国开始对其余 160 亿美元产品加征 25% 的关税。作为反制，中国随即分别针对相同数额的美国进口产品也加征同等关税。2018 年 9 月 18 日，美国宣布新的加税措施，拟自 2018 年 9 月 24 日起对 2000 亿美元的中国进口产品加征 10% 的关税，并自 2019 年 1 月 1 日起将加税税率提高至 25%。作为进一步的反制，中国则于 2018 年 9 月 24 日开始对 600 亿美元的美国进口产品加征不同税率的关税。随后双方的关税战再次升级，2019 年 8 月 15 日美国宣布对从中国进口的约 3000 亿美元商品加征 10% 关税，分两批自 2019 年 9 月 1 日（针对约 1260 亿美元的商品）、12 月 15 日（针对约 1560 亿美元的商品）起实施。中国针锋相对，于 2019 年 8 月 23 日宣布对原产于美国的约 750 亿美元进口商品加征 5% 或 10% 的关税，分两批与美国最新加税的同日起实施。在双方于 2020 年 1 月 15 日签署《中华人民共和国政府与美利坚合众国政府经济贸易协议》（简称《第一阶段协议》）后，美国取消了上述针对 1560 亿美元商品的关税计划，并承诺从 2020 年 2 月 14 日起将上述针对约 1260 亿美元商品的关税税率减半。

即便《第一阶段协议》达成后美国取消了部分关税，但仍保持了对

---

① Office of the USTR Executive Office of the President, Findings of the Investigation into China's Acts, Policies, and Practices Related to Technology Transfer, Intellectual Property, and Innovation under Section 301 of the Trade Act of 1974, 22 March 2018（hereinafter "USTR, Findings of the Investigation under Section 301"）.

近三分之二出口至美国的中国商品加征关税，并且对这些商品的关税税率仅由 21% 降至 19.3%，远高于贸易战爆发前 3% 的水平。[①]

中国在采取反制措施的同时将美国的关税措施诉至 WTO 争端解决机制。2020 年 9 月 15 日发布的"美国——关税措施案"专家组报告认定美国的加税措施违反 GATT 1994 第 1 条（最惠国待遇）和第 2 条（减让表）。[②] 尽管该案只涉及上述 340 亿美元和 2000 亿美元的产品，但针对其他批次产品的关税措施的性质与针对这两个批次产品的关税措施的性质并无差别，因此可以认为美国本次基于 301 调查对华上述所有批次产品的关税措施均违反了 WTO 协议。

由于中国的反制性关税并未获得 WTO 争端解决机构的批准，美国也对中国的反制措施的合法性提出了质疑，[③] 但并未将这些反制措施诉至 WTO，因此 WTO 争端解决机构对中国反制措施的法律性质并无定论，而学者们的看法尚且存在分歧。我国学者则努力从一般国际法或WTO 协议的例外规则中寻求反制措施的合法性根据。[④]

（二）围绕"232 调查"进行的关税战

2018 年 1 月 11 日和 1 月 17 日，美国商务部依据 1962 年《贸易扩

---

① 李俊久：《美国对华经贸规锁：典型事实、行为逻辑与战略约束》，《东北亚论坛》2021年第 1 期。

② Report of the Panel, United States – Tariff Measures on Certain Goods from China, WT/DS543/R, 15 September 2020, paras.8.1-8.3.

③ WTO Doc., United States – Tariff Measures on Certain Goods from China, Request for Consultations by China, WT/DS543/4, 18 July 2018；United States – Tariff Measures on Certain Goods from China, Request for Consultations by China, WT/DS543/5, 30 July 2018；United States – Tariff Measures on Certain Goods from China, Request for Consultations by China, WT/DS543/6, 3 October 2018.

④ 杨国华：《中国贸易反制的国际法依据》，《经贸法律评论》2019 年第 1 期；李居迁：《贸易报复的特殊与一般》，《经贸法律评论》2019 年第 1 期；廖诗评：《中美贸易摩擦背景下中国贸易反制措施的国际法依据》，《经贸法律评论》2019 年第 1 期。

展法》第 232 条"保障国家安全"和《美国联邦法规》第 15 卷"进口物品对国家安全的影响"分别作出《进口钢铁对国家安全的影响报告》和《进口铝对国家安全的影响报告》。同年 3 月 8 日，美国总统特朗普签署公告，对进口钢铁和铝产品分别征收 25%、10% 的关税，并于 3 月 23 日开始生效。[①] 随后，美国对最初实施的措施作出了一系列修订，个别成员获得关税豁免。

2018 年 4 月 5 日，中国就美国对进口钢铁和铝产品的 232 措施在 WTO 争端解决机制下向美方提出磋商请求，正式启动"美国——钢铝产品若干措施案"争端解决程序。印度、欧盟、挪威、俄罗斯、瑞士、土耳其也分别将美国对钢铝产品的关税措施诉至 WTO。美国则将中国等成员的反制措施也诉至 WTO。美国与加拿大和墨西哥之间本来也相互施加关税并相互诉至 WTO，但美国后来与这两国达成和解，这两国获得关税豁免，也就不再相互施加关税，也不再互诉。上述成员采取反制措施均未获得 WTO 争端解决机构的授权，这为其关税措施的合法性蒙上了一层阴影。

继钢铁和铝之后，美国又以"保障国家安全"为由相继对进口汽车和汽车零部件、铀矿和相关产品、海绵钛展开调查。商务部调查后认为汽车进口对国家安全构成威胁，因为它们影响到国内生产商的全球竞争力以及为维持美国军事优势所需的研发能力，2019 年 5 月 17 日，美国总统指示贸易代表与日本、欧盟和其他国家进行谈判。[②]

---

① The White House, "Presidential Proclamation Adjusting Imports of Steel into the United States", https://www.whitehouse.gov/presidential-actions/presidential-proclamation-adjusting-imports-steel-united-states-5/, last visited on 8 November 2019.

② Congressional Research Service, "Section 232 Investigations: Overview and Issues for Congress", p.2, https://crsreports.congress.gov/product/pdf/R/R45249, last visited on 8 November 2019.

WTO 以上主要成员之间的关税措施，有些已经明确违反了 WTO 协议，有些还未经争端解决机构确认其法律性质，但被其他成员指控不具合法性。无论如何，在争端解决机构（Dispute Settlement Body, DSB）对上述有关成员的关税措施的法律性质做出明确认定之前，目前互加关税的状态对 WTO 多边贸易体制的正常运行已经产生了冲击和影响。特别是在互加关税的各方多为 WTO 主要成员的情况下，这种冲击和影响的程度不容小觑。

（三）美国对部分中国企业和个人实施出口管制和制裁措施

2017 年 12 月 18 日发布的《美国国家安全战略》把中国定位为美国的首要战略竞争者和对手。美国政府以国家安全为由在政治、经济、文化交流等广泛领域对华采取施压或限制措施。例如，在政治领域，美国在涉香港、台湾、新疆、西藏、南海等事务上以国家安全或人权保护为由向中国政府有关机构或个人施加制裁措施。在文化交流领域，限制与技术发展有紧密联系的中国留学生和访问学者赴美学习。在经济领域，除了发动对中国的贸易战并维持常规的贸易救济行动（反倾销、反补贴和保障措施）之外，美国还频频以国家安全为由对中国企业采取各种各样的出口管制和经济制裁。

1. 出口管制

近年来美国依据出口管制法律中的实体清单制度对中国企业采取出口管制措施。实体清单（Entity List）制度的目的是进行出口管制，阻止导弹技术、核武器、生物武器和化学武器及相关技术的扩散。出口商除非得到美国商务部的许可，不得向被列入清单的企业出口特定物项，通常是与军事和高科技有关的物项。截至 2022 年 8 月 24 日，美国商务部产业与安全局（Bureau of Industry and Security, BIS）已将约 600 家中国实体列入了实体清单，其中 110 多家是自拜登政府上台以来新增的。①

2020 年 4 月 28 日，BIS 还对《出口管理条例》进行修订，加强了对中国出口军民两用物项的管制。对华为进行出口管制的专门立法也不断升级，进一步限制了华为获得半导体产品、技术和相关软件的可能。这次修订还利用《出口管理条例》下的"军事最终用户和军事最终用途"来限制中国企业获得其相关产品和技术，扩展了对中、俄和委内瑞拉的军事最终用途和军事最终用户在出口、再出口和（国内）转移上的管制。

2022 年 10 月 7 日美国商务部出台新规，禁止将使用美国设备制造的某些芯片（主要是高端芯片）销售给中国，还将 31 家中国公司、研究机构和其他团体列入实体清单，限制它们获得美国某些半导体技术的能力。②

2. 制裁措施

美国政府在实现美国对外政策目标的过程中非常重视经济制裁的使用，特朗普政府使用经济制裁特别是次级制裁的规模和范围远超前任政府。所谓"次级制裁"是针对"一级制裁"而言的。当美国企业或个人违反美国法律与制裁目标国进行特定性质的交易时，对这些企业或个人所进行的制裁称为"一级制裁"。当外国企业或个人违反美国法律与制裁目标国进行特定性质的交易时，对这些企业或个人所进行的制裁称为"次级制裁"或"二级制裁"。据统计，美国财政部 2017 年对 944 个外国实体和个人实施制裁，这已经创了历史新高，但特朗普政府在 2018 年就在制裁名单上增加了约 1500 个实体和个人，③2019 年前十个月又增

① 《美国将 7 家中国机构列入出口管制清单　涉航空航天和电子领域》，BBC 中文网，2022 年 8 月 24 日，https://www.bbc.com/zhongwen/simp/world-62658933，访问日期：2022 年 9 月 20 日。

② 《美限制芯片出口中方回应》，《环球时报》2022 年 10 月 9 日第 3 版。

③ Gibson Dunn Law Firm, "2018 Year-End Sanctions Update", 11 February 2019, https://www.gibsondunn.com/2018-year-end-sanctions-update/, last visited on 21 March 2021.

加了 606 个实体，总数超过 3100 个。[①] 这些被制裁对象虽非都是中国实体，但中国实体占有相当大的比例。

美国政府对中国实体和个人频繁使用的次级制裁包括但不限于如下实例。2016 年中兴通讯即因涉嫌违反美国对伊朗的制裁令而受到处罚。2020 年 6 月 17 日，特朗普签署法案，授权总统可对涉及中国特殊地方少数民族管理的实体实施制裁。2020 年 7 月 14 日特朗普签署《香港自治法案》，并发布了"总统关于香港正常化"的行政命令，声称香港特别行政区不再拥有足够的自主权使其作为中华人民共和国特别行政区受到差别对待，要求美国各部门暂停对香港的特殊待遇并对相关规定予以修改和公布，并规定了针对外国个人施加制裁的情形。之后 25 位中国中央政府和中国香港的高级别官员被列入制裁名单。2020 年 8 月 6 日，特朗普签署第 13942 号和第 13943 号行政令（号称"净网行动"），限制微信和 TikTok 在美国的交易，并要求 TikTok 的母公司字节跳动剥离在美国的资产。美国商务部禁止交易的相关命令在 11 月 17 日被法院宣布暂不生效。2021 年 1 月 5 日特朗普再次签发行政令"应对中国公司开发或控制的应用程序和软件构成的威胁"，限制 8 家中国应用程序的涉美交易。2020 年，中国多家企业和个人都因为参与到伊朗和委内瑞拉的石油石化贸易而被列入 SDN 清单。[②]

同时，美国政府还利用多种手段阻碍中美两国的资本向对方国家投资，一方面收紧美国资本向中国股市投资；另一方面通过提高中国企业在美国证券交易所的上市标准等方式打压在美国上市的"中概股"。

---

① OFAC, "Changes to the Specially Designated Nationals and Blocked Persons List, since January 2019", https://www.treasury.gov/ofac/downloads/adnnew19.pdf, last visited on 21 March 2021.

② 特别指定国民名单（Specially Designated Nationals and Blocked Persons List, 简称 SDN 清单），通常列入该清单的实体和个人会面临全面禁制、资产冻结、贸易和金融交易限制等。

拜登政府上台后，不仅前任政府采用的广泛的出口管制和制裁措施得以延续，而且还不断扩大这两类措施对中国企业的适用范围，使得中美之间在经济、科技领域有"脱钩"的危险。需要特别强调的是，美国政府在采取以上出口管制和经济制裁措施的过程中，绝大多数情况下都是以维护美国的国家安全为理由的。GATT 1994 第 21 条专门规定了 WTO 的安全例外，即当一成员为维护国家安全而采取某项措施时，即便该措施与 WTO 实体义务并不相符，该成员仍有权采取该措施，而不算违反 WTO 义务。但美国过宽地解释国家安全概念，导致国家安全概念的泛化，从而对 WTO 义务的履行产生了冲击。

美国对华贸易战、对 WTO 部分成员施加钢铝关税、对中国实体采用广泛的出口管制和制裁措施造成了主要经济体之间政治经济关系紧张，对全球化进程尤其是经济全球化形成了直接冲击。

四、新冠疫情大流行

自 2019 年 12 月以来，新冠疫情逐步演变成世界范围的大流行，几乎所有国家和地区无一幸免。截至 2023 年 5 月 5 日，全球感染新冠病毒的确诊病例超过 6.98 亿，导致超过 694 万人死亡。[①]

初期新冠疫情主要在中国流行。中国作为产业体系最为完整的国家，向不少国家的产业提供中间产品。疫情的冲击限制了中国生产活动的正常运行，导致向其他国家提供产品的链条被打断，相关国家一些企业的生产活动被迫收缩甚至陷入停滞，需要进口抗疫物资的国家更是格外被动。

---

① World Health Organization, https://www.who.int/emergencies/diseases/novel-coronavi-rus-2019, last visited on 19 October 2023.

　　在此背景下，一些国家例如美国、日本等主张缩短产业链，试图促进本国进行跨国投资的企业回流本土。美国政府为鼓励本国企业回迁，愿意承担"搬家"成本。日本的抗疫经济救助计划中的"改革供应链"项目，列出专款用于资助日企把生产线从海外投资的生产点迁回本土或迁至别国，实现生产基地多元化。[①] 实际上，美国自 2008 年金融危机后就推出一系列政策鼓励制造业回归，[②] 疫情进一步加强了美国政府的这种意愿。其实，不仅是美国和日本，不少国家特别是产业体系不太完整的国家也都不同程度地存在这种考虑。事实上，在中国抗击疫情的过程中，一些省份也由于受制于其他一些省份的疫情影响而主张缩短本省的产业链。

　　及至新冠疫情演变成世界范围的大流行病，对世界各国经济造成了沉重打击，各国的经济发展都遭受了断崖式下跌。由于疫情的影响，人员和生产要素的流动受到直接影响，从而使许多部门的生产和流通都受到抑制，"封国封城"及停工停产不仅直接影响供给，而且使国民收入急剧下降，消费受到极大抑制，各经济体需求全面下滑，[③] 从而不仅对各国国内的产业链而且对全球产业链造成了重大冲击。虽然世界上大多数国家都已放开防疫限制措施，但疫情本身仍然会存在持久的影响。

　　主张缩短产业链，是对产业链受到冲击的一种自然反应。从理论上说，对某一国家的某一企业或产业而言，在其他条件不变的情况下，产业链越长，则风险越大。产业链各个环节的集聚性越强，则风险越小。总体上来说，各国出于安全考虑，开始更多强调产业链的自主可控，促

---

① 聂芝芯：《中新时评：美日鼓励企业回迁的"政治经济学"》，东方网，2020 年 4 月 16 日，https://j.eastday.com/p/1587036098018504，访问日期：2022 年 6 月 6 日。

② 陶涛：《美国制造业会继续回流吗》，中国贸易救济网，2022 年 1 月 17 日，https://cacs.mofcom.gov.cn/article/flfwpt/jyjdy/zjdy/202201/171931.html，访问日期：2022 年 6 月 6 日。

③ 张志明等：《国际疫情蔓延、全球产业链传导与中国产业链稳定》，《国际经贸探索》2022 年第 2 期。

进产业链向区域化和本土化的方向发展。① 这也使人们顾虑全球化进程会不会由此发生逆转。

此外，需要注意的是，俄乌冲突、巴以冲突等众多不可控的突发因素都是影响全球化进程的重要因素。

第二节　全球化受挫现象与逆全球化

学术界对全球化所遭遇的这些挫折的性质及影响给予了广泛关注。有学者认为，2008 年全球金融危机的爆发成为全球化逆转的分水岭，随后出现了战后持续时间最长的逆全球化。②2017 年学术界极为流行的一种观点是，将美国退出 TPP、英国脱欧认定为逆全球化③ 或反全球化。④ 近年来题名冠之以逆全球化的论著不计其数。之后发生的中美贸

① 倪红福：《全球产业链呈现三个新态势》，新华网，http://www.xinhuanet.com/tech/2021-04/07/c_1127301083.htm，访问日期：2022 年 6 月 6 日。

② 胡鞍钢、王蔚：《从逆全球化到"新全球化"：中国角色和世界作用》，《学术界》2017 年第 3 期。

③ 这里列举部分代表性成果：郑永年、张弛：《逆全球化浪潮下的中国国际战略选择》，《当代世界》2017 年第 8 期；郑春荣：《欧盟逆全球化思潮涌动的原因与表现》，《国际展望》2017 年第 1 期；胡健雄：《本轮逆全球化和贸易保护主义兴起的经济逻辑研究》，《经济体制改革》2017 年第 6 期；詹建兴：《"一带一路"下全球化与逆全球化研究》，《河南社会科学》2017 年第 10 期；付随鑫：《美国的逆全球化、民粹主义运动及民族主义的复兴》，《国际关系研究》2017 年第 5 期；徐坚：《逆全球化风潮与全球化的转型发展》，《国际问题研究》2017 年第 3 期；雷达：《逆全球化概念辨析与全球化进程的梳理》，《世界经济研究》2018 年第 3 期；陶德强、范和生：《从国际社会团结看逆全球化产生及应对——基于国际政治社会学视角》，《太平洋学报》2021 年第 3 期；高运胜等：《贸易失衡引致了逆全球化吗——基于增加值贸易视角》，《国际贸易问题》2021 年第 9 期；何力：《逆全球化下中美贸易战与国际经济法的走向》，《政法论丛》2019 年第 5 期。

④ 白瑞雪：《论全球化与反全球化趋势并存的根源——兼论英国脱欧的原因和结果》，《福建论坛》（人文社会科学版）2017 年第 6 期。

易争端、新冠疫情大流行、乌克兰危机、巴以冲突、经济制裁等则强化了这种论断，如有人宣称乌克兰危机标志着全球化的终结。[①] 虽然也有一些学者主张并未发生逆全球化或全球化不可逆转，[②] 但与逆全球化论相比明显处于少数，并且对逆全球化论的缺陷没有给予多少回应和辨析，因而几乎被逆全球化论所淹没。还有学者在认为全球化不可逆转的同时认可存在逆全球化态势或逆全球化潮流。[③] 对于未来的发展趋势，有学者认为，以人工智能为代表的第四次技术革命很可能使全球化走向终结。[④]

全球化所遭遇的上述挫折构成逆全球化抑或并非逆全球化，这牵涉对世界政治、经济和国际关系格局的基本判断，涉及对国际政治、经济和国际关系发展方向的适当认识，对于中国采取适当的应对策略无疑至关重要。本书首先重新审视全球化和逆全球化的概念，然后讨论全球化所遭遇的上述挫折的实质，指出将上述挫折定性为逆全球化是不适当的，并进一步指出逆全球化论的认识误区，最后说明全球化具有内在驱动力和适当的外在支持条件，无论是现在还是将来都不可能发生逆转。

[①] William Watts, Larry Fink Says Globalization is over - Here's What It Means for Markets, *MarketWatch*, 28 March 2022, https://www.marketwatch.com/story/larry-fink-says-globaliza-tion-is-over-heres-what-it-means-for-markets-11648298038, last visited on 6 June 2023.

[②] 车丕照：《是逆全球化还是在重塑全球规则?》，《政法论丛》2019 年第 1 期；史蒂文·奥尔特曼、菲利普·巴斯琴：《全球化不会逆转：以贸易、资本、信息和人员的全球流动为例》，《金融发展研究》2021 年第 6 期；荆林波、袁平红：《全球化面临挑战但不会逆转——兼论中国在全球经济治理中的角色》，《财贸经济》2017 年第 10 期；黄靖：《俄乌战事如何改变全球化进程?》，国际网，2022 年 5 月 11 日，http://comment.cfisnet.com/2022/0511/1325581.html，访问日期：2022 年 6 月 6 日；江时学：《逆全球化概念辨析——兼论全球化的动力与阻力》，《国际关系研究》2021 年第 6 期。

[③] 吴志成：《经济全球化演进的历史逻辑与中国的担当作为》，《世界经济与政治》2023 年第 6 期；杨圣明、王茜：《马克思世界市场理论及其现实意义——兼论"逆全球化"思潮的谬误》，《经济研究》2018 年第 6 期。

[④] 万广华、朱美华：《逆全球化：特征、起因与前瞻》，《学术月刊》2020 年第 7 期。

一、"全球化""逆全球化"等概念的反思

要理解全球化上述所受挫折是否意味着所谓逆全球化，需首先审视和反思"全球化""逆全球化"这两个概念的涵义，因为关于逆全球化的争论很大程度上是概念运用不准确引起的。与"全球化"紧密相关的"反全球化"和"再全球化"概念的涵义，也将一并讨论。

（一）"全球化"概念的再审视

归纳起来，学者们可能会在三种意义上使用"全球化"概念：（1）人类生产生活跨境联系日益紧密的趋势；（2）人类生产生活跨境联系日益紧密的过程；[①]（3）人类生产生活跨境联系比以前更加紧密的一种阶段性状态。简言之，这三种涵义分别强调趋势、过程和阶段性状态。虽然学者们在其论著中不一定都做出这种明确的区分，但实际上这三个维度的含义往往在学者们的论著中交替使用。第一、二种涵义表达了全球化的本质特征。由于趋势必然通过一定的过程体现出来，同时表明了事物发展过程所具有的方向性特点，二者在表达上可以合二为一。就第三种涵义（阶段性状态）而言，人们会说"现在都全球化了，商品销售应着眼于全球了"或"现在都全球化了，很容易购买进口产品了"，这里的全球化就表示一种结果，即阶段性状态。由于这种状态是全球化这一过程和趋势在特定时期的表现，在一定程度上可以包含在前两种含义中，因此本书对"全球化"定义就不将"阶段性状态"这一内容单独列入。除此之外，人们还经常会说某些国家推行促进全球化发展的政策，指国家政策符合全球化发展的方向，但政策本身不是全球化。基于上述分析，本书将全球化定义为人类生产生活跨境联系日益紧密的趋势和

过程。

全球化包含许多内容，除政治全球化、经济全球化外，还有诸如观念和知识的国际流动，文化交流，全球市民社会及全球环境保护运动等，[①] 后者也可笼统地称为社会全球化。有学者甚至把各国法律中的某种趋同称为法律全球化。[②] 其中经济全球化指由商品、服务、资本和劳动力不断增加的流动带来的世界各国之间更为紧密的经济一体化，[③] 是全球化的主要内容。全球化表达的是一种长期、总体性趋势，而不是短期状况，也不是局部状况。

（二）"逆全球化"的涵义与特征

"逆全球化"在英文中常被表述为"de-globalization"（有时也被翻译为"去全球化"）"reverse globalization"或"reversible globalization"。有学者提出"逆全球化"指国际合作和相互依赖逐渐消减的全球性发展趋势，[④] 或指全球化趋势的逆转或倒退，[⑤] 或指一个与全球化相反的趋势，包含了由全面开放退回有条件开放甚至封闭的过程。[⑥] 这些定义均表达了"逆全球化"所包含的趋势、过程之意。考虑到这些定义，以及上文将"全球化"定义为人类生产生活跨境联系日益紧密的趋势和过程，这里就将与"全球化"相对立的"逆全球化"定义为人类生产生活跨境联系日益松散的趋势和过程。

---

① Joseph E. Stiglitz, *Making Globalization Work*, W. W. Norton & Company Inc., 2007, p.4.

② 关于法律全球化的含义学术界存在不少分歧，车丕照教授将之定义为"全球范围内法律规范的趋同化和一体化"。车丕照：《法律全球化——是现实？还是幻想？》，《国际经济法论丛》（第4卷），法律出版社2001年版，第31页。

③ Joseph E. Stiglitz, *Making Globalization Work*, W. W. Norton & Company Inc., 2007, p.4.

④ 吴志成、吴宇：《逆全球化的演进及其应对》，《红旗文稿》2018年第3期。

⑤ 江时学：《逆全球化概念辨析——兼论全球化的动力与阻力》，《国际关系研究》2021年第6期。

⑥ 鲁明川：《逆全球化的政治经济学论析》，《浙江社会科学》2021年第1期。

从逻辑上说，逆全球化具有以下特点：（1）逆全球化是指一种与全球化背离的趋势。与"跨境联系日益紧密"相对的是"跨境联系日益松散"，而不是跨境联系日益紧密这一趋势的暂时停顿。如果说全球化是向前进的话，逆全球化应指向后退，而不是全球化进程暂停或放缓。（2）逆全球化表达是一种长期的趋势。实际上，无论是全球化还是逆全球化表达的都是一种趋势，都是从长期发展的意义而言的，而不是就人类跨境联系的短期状态而言的。（3）与全球化一样，逆全球化指一种总体性趋势，而非局部性状况。在全球化进程中存在的一些不利于全球化发展的因素（如反全球化运动）就不能体现这种总体性趋势。在特定历史阶段，总体性趋势只能有一个，因此我们不能说既存在全球化趋势又存在逆全球化趋势。更何况逆全球化从来就没有出现过，也不可能产生（下文详述）。前述学者在认为全球化不可逆转的同时认可存在逆全球化态势或逆全球化潮流，[①] 是自相矛盾的，因为这种观点意味着承认两种趋势同时存在。

另外，"逆全球化思潮"与"逆全球化潮流"是两个根本不同的概念。前者顾名思义是一种思想潮流，是有一定影响力的学说，而后者是对社会现实状态的概括，二者不可混为一谈。

（三）"反全球化"和"再全球化"概念的澄清

与全球化紧密联系的概念"反全球化"（anti-globalization）和"再全球化"（re-globalization），这里也顺带澄清。全球化发展过程中内在地存在利益不平衡的现象，如不同国家受益不均，一国之内不同群体受益不均，加之环境破坏、气候恶化等问题的存在，全球化中受益不显著

---

① 吴志成：《经济全球化演进的历史逻辑与中国的担当作为》，《世界经济与政治》2023 年第 6 期；杨圣明、王茜：《马克思世界市场理论及其现实意义——兼论"逆全球化"思潮的谬误》，《经济研究》2018 年第 6 期。

甚至利益受损的群体就掀起了反对全球化的运动。当然，他们不是反对全球化的所有方面，而是反对全球化过程中产生和存在的消极方面。总体上来看，反全球化是指一定的社会力量持有全球化有害的理念并通过各种方式试图消解、阻碍全球化的运动。当然，这种运动中也内在地包含反全球化的观念，故本书将反全球化视为一种观念或运动。至于有学者认为，特朗普时期的政策具有反全球化特征，[①] 也有学者将英国脱欧认定为反全球化，[②] 这些观点并不准确，因为英国和美国并不反对全球化，只是不满参与全球化过程中的某些条件而已，或者说他们只是试图塑造符合自己诉求和利益的全球化。

有一种观点认为，逆全球化是反全球化的升级版，并且全球化趋势一直与反全球化趋势同时存在。[③] 基于逆全球化主要指一种趋势，反全球化更主要是一种运动，笔者认为对二者加以区分更为适当。上文提及，全球化与逆全球化无法同时存在，但全球化与反全球化可以同时存在。

近年来学术界和实务界倡导再全球化，[④] 这一说法实际上主要是针对 2008 年金融危机和近年全球化所受挫折（尽管大多数学者称之为"逆

---

① 约瑟夫·E. 斯蒂格利茨：《全球化逆潮》，李杨等译，机械工业出版社 2019 年版，封面。该书的原名是 Globalization and Its Discontents: Anti-Globalization in the Era of Trump，直译为中文即《全球化及其不满：特朗普时代的反全球化》，在书名中就提出了"特朗普时代的反全球化"特征。

② 白瑞雪：《论全球化与反全球化趋势并存的根源——兼论英国脱欧的原因和结果》，《福建论坛》（人文社会科学版）2017 年第 6 期。

③ 何志鹏：《全球化、逆全球化、再全球化：中国国际法的全球化理论反思与重塑》，《中国法律评论》2023 年第 2 期。

④ 何志鹏：《全球化、逆全球化、再全球化：中国国际法的全球化理论反思与重塑》，《中国法律评论》2023 年第 2 期；马科斯·特罗约：《深度全球化、去全球化、再全球化——正在塑造"再崛起市场"未来的大趋势》，《国际社会科学杂志》2017 年第 1 期；《WTO 总干事："再全球化"将创造更多就业机会　推动全球经济增长》，人民网，2023 年 10 月 29 日，https://baijiahao.baidu.com/s?id=1781068836508777054&wfr=spider&for=pc，访问日期：2024 年 1 月 7 日。

全球化")而言的,其实质是希望去除全球化发展中的阻碍因素,或者在制度建设上加以促进,实现全球化的正常、顺利发展。虽然目前人类跨境联系的状态仍然足以称为处于全球化状态,但毕竟受到挫折和消极影响。在这个意义上,再全球化的说法是可以接受的,再全球化也是国际社会应该努力促进实现的。

二、全球化受挫现象与逆全球化

在澄清了全球化、逆全球化等有关概念的基础上,我们再对上述全球化受挫现象是否可被适当地认为属于逆全球化进行分析。

（一）美国的"退出外交"与逆全球化

美国的"退出外交"尤其是退出 TPP 常被认为是逆全球化的典型例证。笔者认为,"退出外交"的主要原因是全球化进程产生的利益失衡,但其并不意味着美国政府推行逆全球化政策,更不意味着出现了逆全球化的状态和趋势。

就经济领域而言,美国在参与全球化进程中存在不同产业、不同群体的利益失衡。美国是当今世界上唯一的超级大国,政治、经济、科技实力出众,其无疑是全球化的最大受益者,尤其在技术领域和消费者可获得更便宜的商品方面收益显著。[①] 美国的经济总量也从 1991 年的 5.2 万亿美元提高至 2019 年的 21.42 万亿美元。[②] 然而,美国国内不同产业、

[①] T. V. Paul, Globalization, Deglobalization and Reglobalization: Adapting Liberal International Order, *International Affairs*, Vol.97, Issue 5, 2021, pp.1606.

[②] Statista Research Department, United States – Annual GDP 1990-2019（New York, 2021）, http://statista.com/statistics/188105/annua-gdp-of-the-united-states-since-1990/, last visited on 7 July 2023.

不同群体在全球化进程中的受益程度存在很大差别。美国的服务业和高科技产业是最大的受益者。相形之下，美国的传统制造业是经济全球化过程中最受冲击的产业，主要原因在于从事制造业的资本向发展中国家转移以追求相对廉价的劳动力。这导致美国的传统制造业如钢铁、汽车等产业不断衰落，形成了众所周知的"铁锈带"。另外，有众多的美国企业虽然并未将企业迁往发展中国家，但可能将所需要的一些服务（如会计服务、设计服务、科技服务等）通过网络外包给其他国家的企业，从而导致本土服务企业的利益受到不利影响。这些因素加剧了贫富分化。在此背景下，这些利益受损群体民粹主义高涨，他们不仅把失业归于外来移民的竞争，从而具有明显的反移民倾向，而且反对全球化，希望制造业的工作岗位能够回流到美国。特朗普正是这部分群体的政治代表。也正是这一群体的支持使特朗普赢得了 2016 年的美国大选（尽管只是微弱多数）。

2016 年 1 月奥巴马政府签署的 TPP 被公认为是国际最高水平的自由贸易协定，甚至被认为是经济全球化发展到新阶段的重要标志。而开放水平更高也可能意味着由经济全球化导致的利益失衡状况将进一步延续甚至恶化。同理，《巴黎协定》规定了"共同但有区别的责任"原则，意味着美国这样的发达国家有义务在减少碳排放方面承担更多的责任，美国的产业特别是有较大碳排放量的制造业势必首当其冲，将被迫进一步压缩产业规模。当特朗普声称 TPP 和《巴黎协定》都是"很糟糕"的条约，会损害美国的就业和利益时，其并不是说这些条约对美国整体不利，实质上是认为这些条约未能充分照顾原有的利益受损群体的利益，因而反对这些条约。特朗普政府退出 TPP 后，原有 12 个谈判国中的其余 11 个国家在 TPP 的基础上形成了《全面与进步的跨太平洋伙伴关系协定》（Comprehensive and Progressive Agreement for Trans-Pacific Partnership，CPTPP）。我们似乎更有理由认为生产要素、商品和服务的跨国流动变得更加密切，而不是相反。只是由于美国的退出，这种跨国流动的程度没有达到人们期望的高度而已。

美国多次威胁退出 WTO，虽然其尚未实际退出，但其阻挠 WTO 上诉机构任命新的大法官从而导致上诉机构的瘫痪，这与经济全球化中利益失衡的情形不尽相同，其主要原因是美国认为上诉机构长期违反 WTO 协议规则，并错误解释 WTO 协议规则，[①] 对美国产生了不当影响，并在更广泛的意义上损害了 WTO 的有效性和正常运转，特别是鼓励了扭曲市场的行为，损害了全球经济发展的效率。美国没有退出 WTO，而是试图通过给 WTO 争端解决机制的运转制造障碍，促使 WTO 的规则和机制做出缓解利益失衡的调整，最终实现利益的再平衡。

美国退出联合国教科文组织、联合国人权理事会、世界卫生组织等国际组织和《中导条约》《开放天空条约》《伊核协议》等国际条约，主要是政治方面的考虑。虽然说国家之间在政治关系方面加强合作和联系也是全球化的表现之一，但政治关系中的全球化与经济全球化具有明显不同的特征，前者更容易受到政治立场的影响。即便美国退出了这些组织和条约，也只意味着在这些领域暂时无法维持现有合作。

从以上分析可见，美国的"退出外交"并不能说明对国际合作不感兴趣，而是对现有合作条件不满意，要寻求符合美国利益的合作方式，其并非是试图阻断全球化进程或使全球化进程发生逆转。固然美国的政策具有重大国际影响，但也不能说明全球范围内出现了人类跨境联系日益松散的趋势。美国只是不满现有国际规则之下的全球化，试图重塑全球规则，[②] 建立新条件下的全球化。

---

① The United States Trade Representative, *Report on the Appellate Body of the World Trade Organization*, February 2020, pp.1-2.

② 车丕照：《是逆全球化还是在重塑全球规则?》，《政法论丛》2019 年第 1 期。

（二）英国脱欧与逆全球化

英国脱欧常被认为是逆全球化的又一个典型例证。这种看法同样不妥。推动英国脱欧的现实原因是欧盟高额的会费、欧债危机和欧洲难民危机对英国产生的冲击。[①] 英国多数人认为英国继续留在欧盟得不偿失。虽然从表面上看，英国退出欧盟的确显示出其至少与欧盟成员国的联系程度出现了倒退。可是即便如此，英国脱欧也不能说明英国试图推行抑制生产要素、商品和服务跨国流动的政策，相反，脱欧后的英国积极推动自由贸易。2021 年 11 月 19 日英国国际贸易大臣安妮-玛丽·特雷弗莲表示，自由贸易是推动增长和繁荣的引擎，英国将是全球自由贸易和公平贸易的捍卫者，将与志同道合的国家建立更牢固的贸易关系，以实现贸易自由化和开放市场；英国正在雄心勃勃地编织跨美洲和太平洋地区的现代自由贸易协定网络，要将英国置于这个网络的中心地位。[②] 截至 2021 年 12 月 15 日，英国已与欧盟及包括加拿大、新西兰、日本在内的 70 个欧盟以外的国家签订了自由贸易协议，并且与其中大多数国家均沿用了英国作为欧盟成员国时的条款。[③]2022 年 1 月英国和印度发表联合声明，自 2022 年 1 月 17 日正式开启双边自由贸易协定谈判。[④]2022 年

[①]　徐则荣、王也：《英国脱欧的原因及对世界格局的影响》，《福建论坛》（人文社会科学版）2017 年第 6 期。

[②]　Anne-Marie Trevelyan delivers speech on free trade at Centre for Policy Studies，UK Government, 22 November 2021, https://www.gov.uk/government/speeches/anne-marie-trevelyan-delivers-speech-on-free-trade-at-centre-for-policy-studies, last visited on 4 December 2023.

[③]　《英澳签署自贸协定，脱欧以来英国与哪些国家签过贸易协议?》，中华人民共和国商务部，http://chinawto.mofcom.gov.cn/article/e/t/202112/20211203229597.shtml，访问日期：2023 年 6 月 7 日。

[④]　"India-UK Joint Media Statement on Launch of Negotiations"，UK Government,13 January 2022, https://www.gov.uk/government/news/india-uk-joint-media-statement-on-launch-of-negotiations，last visited on 17 January 2023.

英国与澳大利亚签订了自由贸易协议。2022年和2023年英国还分别与新加坡和乌克兰签订了数字贸易协议。[①]2023年3月英国加入CPTPP这个代表最高开放水平的区域贸易协定。[②]

英国的上述政策显然都是促进全球化的政策，至少不是试图逆转全球化的政策。只是由于英国身份发生了变化（不再是欧盟成员国），参与全球化的方式和途径发生了相应变化。英国脱欧更不能说明全球范围内出现了人类生产生活跨境联系日益松散的趋势。

（三）新冠疫情、地区冲突等其他事项的冲击与逆全球化

从实际影响看，新冠疫情、乌克兰危机、巴以冲突、部分WTO成员间的贸易摩擦、经济制裁等国际事件对产业链的冲击乃至对全球化的冲击远超美国退出TPP和英国脱欧，因为这些国际事件意味着原有某些产业链的中断。但新冠疫情的大规模流行目前已经结束，战争毕竟属于短期因素，中美贸易争端及美国对一些成员的钢铝产品加征关税的行为也不可能长期持续。西方对诸多国家或其企业都存在经济制裁，其持续时间可能会长些，但主要限于高科技、军用物资或军民两用物资的贸易。西方国家对俄罗斯的经济制裁的涉及范围更广，持续时间会更长，俄罗斯对西方国家也有一定程度的反制裁，但随着未来战争结束，相互制裁的范围、幅度和持续时间也会随之降低。疫情、战争、贸易争端和经济制裁只是暂时妨碍了全球化进程，并未也无法导致人类生产生活跨境联系日益松散化的过程和趋势。如有学者指出，对俄制裁尽管给世界

---

① 《英国在2023年签署的自由贸易协议综述》，海中信息网，2023年12月23日，http://www.zjzcz.com/news/show-64615.html，访问日期：2024年1月23日。

② 《英国正式加入CPTPP，中国是下一个？多方表示欢迎》，中国新闻网，2023年7月18日，https://baijiahao.baidu.com/s?id=1771754631787751204&wfr=spider&for=pc，访问日期：2024年1月15日。

经济造成重大冲击，但世界经济的结构并没有发生根本改变。① 这也在一定程度上能说明问题。

受新冠疫情的直接影响，疫情期间一些国家主张缩短产业链。即便一些国家真的缩短了产业链，在一定程度上实现了产业回流，其程度也可能是有限的。对于发达国家而言，政府只能鼓励和倡导本国资本回流，而不可能强行要求资本回流。疫情结束以来，原在华外国资本较大幅度迁往东南亚国家，但这只是供应链多样化，试图降低对中国供应商的依赖，并未真正缩短产业链。另外，企业回迁中面临的一个问题是生产活动需要合适的"生态"环境。有研究表明，一些考虑将采购来源从亚太地区转移到中南美洲的美国进口商发现很难找到合适的供应商。② 由于将产业链完全迁回一国领土之内几乎不可能，可能出现的情形是，对于关键产业链，有能力的国家将在自身周边建立比较完善的产业链条，同时实现供应商的多元化。③ 当然，适合的"生态"环境问题并非不可克服的困难，但即便实现了供应商的多元化，也只是全球化的另一种表现形态，而并不意味着逆全球化，甚至不属于全球化的阻碍因素。

三、逆全球化论的误区

逆全球化论将近年全球化所受挫折视为逆全球化的表现，主要是由于存在以下认识上的误区。

---

① 黄靖：《俄乌战事如何改变全球化进程?》，国际网，2022 年 5 月 11 日，http://comment. cfisnet.com/2022/0511/1325581.html，访问日期：2023 年 12 月 6 日。

② Lydia O'Neal, U.S. Companies Face Hurdles in Moving Production Closer to Home, *The Wall Street Journal*, 18 April 2022, https://www.wsj.com/articles/u-s-companies-face-hurdles-in-moving-production-closer-to-home-11650301164, last visited on 6 June 2023.

③ 倪红福：《全球产业链呈现三个新态势》，新华网，http://www.xinhuanet.com/tech/2021-04/07/c_1127301083.htm，访问日期：2023 年 10 月 6 日。

（一）把阻碍全球化的暂时性因素当作趋势而忽视了对真正趋势的考察

如前所述，无论是全球化还是逆全球化，其中的"化"都表示的是"趋势"之意，体现的是人类生产生活跨境联系的长期性和总体性特点。所谓某次全球化浪潮，只是说在某些特定的历史阶段，全球经济联系的发展过程比较顺利，特点比较鲜明。学术界所称"某次逆全球化浪潮"，只能说是全球化遭遇了低潮时期或阶段性的挫折而已。逆全球化论者对这些挫折采用了"逆全球化"这一表示趋势的用语，而忽视了对真正的趋势的考察。例如，逆全球化论者只看到美国退出TPP和英国脱欧产生的暂时的"后退"效果，而忽视美英"后退"之后下一步打算做什么（即未关注未来的发展趋势），甚至对英国脱欧后一系列大力推动自由贸易的举措视而不见。又如，有学者认为，应对经济危机的最佳办法是采取逆全球化措施，即中断危机全球传导机制，阻断相互联系。① 这种说法就是将短期措施等同于逆全球化，有失妥当。

逆全球化论者也许会辩称，其所称的"逆全球化"就是指代全球化所遭遇的挫折。如果是这样，那也不符合现代汉语的表达习惯，因为"化"的本意就是"趋势"，不能说遭遇的暂时性挫折构成一种趋势。实践中阻碍全球化发展的因素基本上是短期的，即便所谓"第一次逆全球化"从"一战"前到"二战"结束共34年，放在历史发展进程中也很难称为一种长期趋势。如果把全球化比作车辆在前进，逆全球化就是车辆向相反的方向行进，而如果车辆遭遇了阻碍而无法继续前进，被迫停顿，那只能说是全球化遭遇挫折。

---

① 钱俊君、苏杨：《经济生态演化过程中的全球化及其可逆性》，《改革》2009年第4期。

（二）不当地认为少数国家的政策能够导致逆全球化

全球化描述的是一种全球性的总体趋势，尽管不同国家、不同产业有所差别。美英虽然均属发达国家，其对外政策（像前述美国的"退出外交"、英国脱欧等）势必对国际经济关系产生较重要的影响，但仅两国的政策举措并不足以导致全球出现逆全球化趋势。

美国退出 TPP 和英国脱欧对全球化的影响原本就没有人们想象中那么严重。前者影响的只是美国与 TPP 其他 11 个成员国之间的经贸关系，这 11 个成员国中只有日本、澳大利亚、加拿大的经济体量相对较大，其他 8 个成员国都是弱小国家。而其他许多重要的经贸关系，如中美之间、美欧之间的经贸关系以及其他国家相互之间的经贸关系均未受到影响。并且，美国退出 TPP，影响的只是经贸关系，而与政治关系、社会文化交流等无关。这就决定了其消极影响具有一定局限性。更何况，美国是在 TPP 尚未对其生效时就宣布退出该条约，等于说美国只是没有更进一步而已，但至少也没有退步。英国脱欧对全球化进程的影响也没那么严重，因为脱欧后的英国积极参加国际贸易，积极参与国际事务，只是以单独身份而非欧盟成员国身份进行活动而已。

即便这两国的举措具有推动逆全球化的意图，也不能说明全球已经形成了逆全球化的结果状态或发展趋势。更何况美英两国的上述举措原本就不具有推动逆全球化的意图。逆全球化论者仅因美国退出 TPP 和英国脱欧就宣称发生了逆全球化，而不考虑其他国家参与国际关系的整体状态，显然是以偏概全。

（三）不当地以贸易保护主义作为逆全球化的理由

逆全球化论者时常以经济危机带来的贸易保护主义作为逆全球化的主要理由。事实上，在全球化发展的历程中，贸易保护措施总是与全球化相伴而行，这是一种常见的现象。一国即便在未发生经济危机的情况下也会存在程度不等的保护措施，其原因主要是在自由贸易体制中不同国家受益不均、不同产业群体受益不均，有时非经济目标优先于经济目标也会导致保护措施。常见的非经济目标主要有国家安全、对过度依赖国际市场的担忧、保护环境、保护动植物的生命健康、维持某种生活方式（如维持老百姓习惯的农业生产方式）、劳工保护、食品卫生、产品安全标准、维持政治或经济权力等等。[①] 这是各个国家和地区在积极加入全球化的过程中也会在一定程度上维持贸易保护措施的原因。

各国在发生经济危机时会产生采取更多保护措施的冲动，这是完全可以理解的。在多边贸易体制建立之后至今，世界上也发生了多次具有重大影响的经济危机，在这些时候也总会涌现出更多的贸易保护措施。但如我们所看到的，贸易自由化的进程并未因此发生大的逆转，各国总体上来说顶住了石油危机、经济滞胀、金融危机等带来的巨大压力，没有重新采用 20 世纪 20 年代末经济大危机时各国采取的高筑关税壁垒、以邻为壑的政策，而是推动贸易自由化继续向前。经济全球化在多次遭遇挫折后仍在继续前行。因此，贸易保护措施的存在甚至在特定阶段贸易保护措施盛行不能说明出现了逆全球化趋势，逆全球化论者以贸易保护主义作为逆全球化的理由，有失妥当。

第三节　全球化受挫中的贸易保护主义和单边主义

在关于全球化受挫的讨论中，有些学者有时会将美英的上述政策特

---

① 约翰·H. 杰克逊：《世界贸易体制——国际经济关系的法律与政策》，张乃根译，复旦大学出版社 2001 版，第 24 页。

别是美国的上述政策与贸易保护主义及单边主义联系起来。例如有学者称，"逆全球化"在经济上表现为贸易保护主义和本土主义，并以美国退出 TPP、重谈 NAFTA 和中美贸易摩擦为例证。[①] 还有学者认为，2008 年金融危机后，美国走向了自由贸易的对立面。[②] 另有学者认为，美国的"退出外交"及 232 调查、201 调查、301 调查，重启 NAFTA 谈判和美韩、美日贸易谈判等，均属按照美国意愿重塑国际经济秩序的经济单边主义。[③] 此类观点影响甚广，但这些观点存在可商榷之处。

一、美英相关政策与贸易保护主义

全球化受挫中涉及的美英政策类型多样，不宜笼统地认定为贸易保护主义，需要具体问题具体分析。为适当地认识美英这些政策的性质，首先要厘清贸易保护主义和与之对应的自由贸易的概念。

（一）自由贸易与贸易保护主义

贸易保护主义既可指一种思想观念，也可指体现这种思想观念的政策。贸易保护主义作为一种政策也称为"贸易保护政策""保护主义政策""保护贸易政策""保护贸易制度"，指政府出于维护本国利益的需要而采取的各种对外贸易措施，主要是通过关税和非关税壁垒限制外国商品和服务的进口，也包括对本国商品和服务给予补贴，激励出口，从而达到提高本国商品和服务在国际市场的竞争力的目的。贸易保护主义

---

① 万广华、朱美华：《"逆全球化"：特征、起因与前瞻》，《学术月刊》2020 年第 7 期。

② 黄河、赵丽娟：《多边贸易体制的嬗变与亚太经贸一体化的路径选择》，《太平洋学报》2019 年第 5 期。

③ 王玉主、蒋芳菲：《特朗普政府的经济单边主义及其影响》，《国际问题研究》2019 年第 4 期。

历经重商主义政策、幼稚产业保护政策、超贸易保护政策和新贸易保护主义等阶段，每个阶段在保护方式、保护范围、保护程度等方面有一定差异，[1] 但奖出限入以提高本国产业竞争力的核心精神并未发生变化。

与贸易保护主义政策相对应的是自由贸易政策。自由贸易政策也称为自由贸易制度，指政府通过降低关税和减少非关税壁垒，实现商品和服务的自由进出口以及在国内外市场上自由竞争。[2] 工业革命后的英国开始推动自由贸易政策，第二次世界大战后更是在全球范围内出现了贸易自由化浪潮。自由贸易政策是经济全球化的重要内容。随着一轮又一轮全球化的进行，贸易自由化也不断发展。贸易自由化是一个自由化程度由低到高的过程，也不排除贸易自由化遭遇挫折。这样，在常见的情形下，贸易保护措施和贸易自由化措施是并存的。

笔者认为，可以针对以下两种情形去理解贸易保护主义政策。（1）在不存在贸易协定的情况下，如果一国的开放水平明显低于他国，或者说该国的贸易壁垒明显高于他国，我们可以说该国奉行贸易保护主义政策。（2）如果一国在贸易协定中做了一定开放水平的承诺，却违反了此种承诺，则可以认为其采取了贸易保护措施。这里将贸易协定所规定的承诺水平作为一个重要的参考因素，有助于确认某一特定政策是否属于贸易保护主义行为。当然，如果一国的低开放水平是其参加的贸易协定允许的，则不应称之为贸易保护主义措施。

（二）美英上述做法是否属于贸易保护主义

特朗普政府在301调查的基础上对原产于中国的产品加征大规模关

---

[1] 《世界经济概论》编写组：《世界经济概论》，高等教育出版社／人民出版社2011年版，第177—182页。

[2] 《世界经济概论》编写组：《世界经济概论》，高等教育出版社／人民出版社2011年版，第178页。

税，WTO 专家组已确认美国的关税措施违反了 GATT 1994 第 1 条（最惠国待遇）和第 2 条（减让表），[①] 从而构成贸易保护主义措施。需要注意的是，美国的这些贸易保护措施具有手段性特征，其除了在短期内的确能够产生保护国内产业的效果之外，更重要的是作为一种向他国施加压力的手段，压服其他国家开放更大市场或做出政策调整。

至于美国在处理贸易关系的过程中退出 TPP、重谈 NAFTA、分别与韩日进行双边贸易谈判，这很难说是贸易保护主义的体现。原则上，一国与哪些国家或地区签订经贸条约，是否签约，签订什么内容的条约，除非违背了对其现存有效的国际法律义务，都是一国的自由，外界最多是从政治和道义上对其加以评价。[②] 就重谈 NAFTA 而言，除非经对《美墨加协定》的内容做出具体分析，并确认其比之前更低的开放水平，很难仅因重谈NAFTA就说这是贸易保护主义行为。事实上，人们普遍承认，在重谈 NAFTA 基础上形成的《美墨加协定》属于高标准的新型自由贸易协定。正因如此，重谈 NAFTA 也不能认为属于全球化受挫的表现之一。

如上所述，美国对华 301 调查和关税措施属于典型的贸易保护主义措施，毫无疑问是我们应该坚决反对的。但也需要说明的是，美国的这一贸易保护措施并不意味着美国政府在整体上奉行贸易保护主义，放弃自由贸易的理念和政策。特朗普就曾反复强调，自己并不反对自由贸易。

二、美英相关政策与单边主义

尽管"单边主义"这个概念被人们越来越频繁地使用，但其尚未被

---

① Report of the Panel, United States – Tariff Measures on Certain Goods from China, WT/DS543/R, 15 September 2020, paras.8.1-8.3.

② 像重谈 NAFTA 而形成的《美墨加协定》包含歧视"非市场经济国家"的"毒丸条款"就是我们应该坚决反对的。

准确地界定，以至于对该概念的使用已经普遍出现较严重的偏差，需要我们重新审视。

（一）重新审视"单边主义"和与其对应的"多边主义"

学术界对于单边主义存在各种不同定义。例如，贾庆国认为，单边主义指一国在处理国际事务时单独行事、不与他国合作的理念和做法，常表现为蔑视国际组织和违反国际规则。与之对应，多边主义则指一国在处理国际事务时强调与他国合作、采取共同行动的理念和做法，常表现在支持国际组织和遵守国际规则上。[①] 韩立余认为，判断单边主义或多边主义的标准是看国家行为是否遵循现有多边规则。[②] 孔庆江认为，广义单边贸易措施是指一国不顾及现有多边贸易体制而对他国单方面采取的贸易措施，包括单边贸易制裁和威胁单边贸易制裁；狭义的单边贸易措施仅指单边贸易制裁，即撤回先前在国际法框架下给予他国的某种利益。[③]

上述学者给出的定义均有一定程度的合理性，但还不够完备和准确。笔者试图对单边主义 / 多边主义做一种基于经验的概括，即看人们通常是在什么情况下使用单边主义 / 多边主义这些概念的。

从人们对单边主义和多边主义这一对概念的通常使用来看，可以从广义和狭义两个层面去理解。（1）狭义的单边主义和多边主义。当一国在处理国际关系中的有关问题而采取某种行动时，若其原本有义务通过多边规则中规定的途径和方式采取措施，但该国却在多边规则框架之外单方面采取行动，则可适当地称之为单边主义。其典型表现就是国家在

---

① 贾庆国：《单边主义还是多边主义?》，《现代国际关系》2003 年第 8 期。
② 韩立余：《当代单边主义与多边主义的碰撞及其发展前景》，《国际经济法学刊》2018 年第 4 期。
③ 孔庆江：《WTO 与单边贸易措施适法性分析》，《国际经济法学刊》2018 年第 3 期。

解决国际争端时违反多边程序而单方面行动。相反，该国在多边规则规定的框架之内行动，则可适当地称之为多边主义。这是对单边主义和多边主义狭义的理解，也是人们最通常使用的涵义。①（2）广义的单边主义和多边主义。当在处理国际社会关注的共同性、全球性的问题时，在不存在现成多边规则的情况下，若一国主要寻求通过国际合作或达成多边规则解决共同面临的问题时，人们会说这是一种多边主义的途径。相反，若一国不愿采用与他国合作的途径，而是自行采取一些单方面的措施，这虽然可能并不违反国际义务，也有可能被认为属于单边主义途径。

需要强调的是，对单边主义和多边主义的狭义界定以多边规则为基础，因此主要是一种法律（国际法）的判断，或者说这种界定具有法律性质。当一国从事了这种意义上的单边主义行为时，这种行为就是违法的。这种意义上的单边主义在不少情况下都表现为大国强国的一种蛮横行为，而受到其他国家的指责。

与之相对的是，广义的界定既无多边规则为基础，就只能是一种政治上或道义上的判断，因为在不存在法律义务的情况下，从国际法的角度看各国可以自行其是。若一国从事了这种意义上的单边主义行为，其并不违法，最多是在政治或道义上加以非议，甚至在有些情况下在政治或道义上都不能加以非议。在该种意义下，单边主义和多边主义只是一种行为模式的选择，其并不必然是应受责难的。

同时，"单边主义"一词的使用还与所涉及的事项有关，特别是与解决国际组织或国际条约成员之间特定争端的途径有关。例如，当WTO 一成员的某一措施导致本国产品享有的某项国内税低于进口产品

---

① 按照这一标准，构成单边主义行为的，除了人们最经常提到的 301 调查及 301 措施之外，美国绕过联合国安理会，纠集一些北约国家发动伊拉克战争，也是单边主义的实例。

时，尽管其违反了 WTO 多边规则，但人们只会说该措施违反了国民待遇原则，而通常并不称其为单边主义措施。但若受损害成员未诉诸 WTO 争端解决程序解决该争端，而是自行报复，则构成单边主义。也就是说，并不是违反多边规则的所有行为都属于单边主义行为。

（二）美英上述政策是否属于单边主义

依照上述标准，特朗普政府认为中国的有关政策和行为对美国商业造成负担或限制，在 301 调查的基础上对原产于中国的产品加征大规模关税，既属于贸易保护主义，也属于单边主义。WTO 的 DSU 第 23 条明文规定，一成员若寻求纠正其他成员与 WTO 协议不符的行为，只能诉诸 DSU 规定的规则和程序，从而排除了成员诉诸单方面制裁的权利。301 关税明确违反了该条款，构成单边主义措施。

美国采取的上述 232 措施则有所不同。该措施援引 GATT 1994 第 21 条的国家安全例外对钢铝产品施加关税。即便该援引不能有效地成立，从而使该关税措施构成违反义务，最多构成贸易保护主义行为，但其援引 GATT 1994 第 21 条这一行为本身就表明其试图在 WTO 框架范围内行事，并非无视现有争端解决规则，因此并不构成单边主义措施。

至于美国的"退出外交"及英国脱欧，看起来似乎具有较强的背离现有国际合作的倾向，但并非单边主义行为。在满足有关退出的程序条件的前提下，退出国际组织或国际条约通常是一国的权利，在法律上无可指责。按照《维也纳条约法公约》（以下简称《条约法公约》）第 54 条的规定，若条约规定可以退出，或经全体当事国咨商其他各缔约国生效后表示同意，则一当事国可以退出条约。[①] 按照该公约第 56 条的规

---

① 《维也纳条约法公约》第 54 条。

定，若条约无关于退出的规定，原则上不得退出条约，除非经确定当事国原意为允许有退出之可能，或由条约的性质可认为含有废止或退出之权利；在此情况下，当事国应将其退出条约的意思至少提前 12 个月通知其他缔约国。[①] 第 56 条的规定显示，不得退出条约是原则，允许退出是例外。这样，缔约国合法退出条约似乎是一件很困难的事情。但实际情况并非如此。实践中退出条约通常都能被解释为符合该公约第 56 条规定的两项例外。迄今尚未出现一国无法退出一国际条约的实例。1997 年 8 月，朝鲜通知联合国秘书长，要求退出《公民权利和政治权利国际公约》（以下简称《公约》）。秘书长表示，除非该《公约》所有缔约国都同意朝鲜退出，否则不可能退出。1997 年底，联合国人权事务委员会通过了关于该《公约》义务连续性的一般性意见，坚决认为国际法不允许已批准或加入《公约》的国家谴责或退出《公约》。[②] 但这只是该机构发表的一个非约束性意见，朝鲜后来还是退出了该《公约》。再说，若一国执意退出条约却不能退出条约时，其在履行义务方面必然持消极态度，强行将其留在条约中实际意义并不大。就美国退出 TPP 而言，既然 TPP 尚未对美国产生效力，则退出该协议既谈不上贸易保护主义，也谈不上单边主义，当然也不意味着特朗普政府在贸易保护主义和自由贸易之间的选择。特朗普政府只是不满意该协议规定的交易条件（具体规则）而已。

退出国际组织与退出国际条约的情形类似。到目前为止，尚未有任何国际组织规定成员不得退出。有些国际组织的章程明文规定了允许退出，通常都以一定期限的事先通知为程序条件。有些国际组织对退出未做任何规定，在此情况下就涉及该国际组织章程的解释问题。原则上来

---

① 《维也纳条约法公约》第 56 条。

② 《联合国朝鲜人权状况调查委员会开始工作》，联合国，2013 年 7 月 16 日，https://news.un.org/zh/audio/2013/07/303442，访问日期：2022 年 6 月 7 日。

说，当国际条约或国际组织的章程对某一事项没有做出任何规定时，应做出有利于主权国家的解释，或者说应解释为当事国未承担义务。从国际法的效力根据来说，国际法是国家意志的协调，原则上赋予国家国际法上的义务要经过国家的同意。即便是国际强行法，也被认为是国家集体意志的表达，因此其与国家同意原则并不矛盾。[①] 无论从实践上还是从法理上来讲，国际组织都是国际合作的产物，而作为国际合作主体的国家都是主权者，拥有国际法上的平等地位，没有任何其他国家可以强迫其加入国际组织，也没有任何其他国家可以强迫一国留在某一国际组织之中。

有些论著批评美国退出国际组织造成对国际秩序的冲击，影响国际合作。这种观点从道义角度可以理解。但在通常情况下，从国际法的角度看，退出国际组织是成员国的权利，因此退出行为至少从国际法的角度无可厚非。有一种观点认为，国际合作已经构成一项国际法基本原则，已经具有国际强行法的性质。[②] 这种观点难以成立。国际问题的解决的确需要国际合作，但任何国家都没有必须参与国际合作的国际法义务。从这个意义上说，其他国家可以从政治上批评美国退群影响国际合作，但在其满足退出程序要求的前提下，其退出行为至少在国际法层面是无可指责的。英国退出欧盟的情形也是如此。

至于阻挠 WTO 上诉机构任命新成员，这并不直接涉及本国产业的保护，因此谈不上属于贸易保护主义，但毫无疑问属于一种单边主义措

---

① 新出现的国家面临现有国际法的约束是另外一种特殊情形，但这种约束主要是针对国际强行法和习惯国际法规则而言。除非是新国家继承的条约，通常现有条约对其没有约束力。新国家对现存习惯国际法规则也有表明自己态度的机会。若新国家持续反对某一项现存习惯国际法规则，有可能成为持续的反对者而不受该习惯国际法规则的约束。

② 曾令良主编：《国际公法学》，高等教育出版社 2018 年版，第 98—99 页。

施。虽然在现有的协商一致（consensus①）的决策机制下，支持或反对上诉机构新成员的任命都属于 WTO 成员的权利，法理学上对于"权利滥用"这个概念也存在质疑，但在美国对上诉机构的工作存在不满的情况下，不是积极地通过 WTO 协议规定的途径寻求解决问题的适当方案，而是在长达数年的时间里阻挠上诉机构新成员的任命，以至于使上诉机构彻底瘫痪，这也是一种单边主义措施。

与之相关的是，特朗普政府期间表现出更多试图通过双边谈判重塑国际经贸规则的倾向，这一点也被认为属于一种单边主义行为。笔者认为，这种看法不妥。单边主义至少从概念上直观地看是"单边"的，双边谈判显然既非单边主义，也非多边主义。三四个国家之间的小范围谈判（例如美墨加三国谈判）也是如此。即便将双边途径视为一种单边主义行为，也只是就道义上而言的，而非国际法意义上的概念。

最后要说明的一点是，美国采用了上述单边主义行为，并不意味着其完全放弃了多边主义，而只是说在特定阶段其采取了一些单边主义的政策，或者说其对外政策中的单边主义色彩在程度上有所变化。

第四节　全球化受挫会打断或延缓但不会逆转全球化

在全球化遭遇挫折的大背景下，全球化特别是经济全球化何去何从，成为人们高度关注的一个问题。这里将主要阐明推动全球化前进的内在因素和外在支持条件，同时将以全球化发展的实践为佐证，以证明全球化不会发生逆转。

---

① 有学者主张将 consensus 译为"达成共识"或"共识"。参见赵维田：《论 GATT/WTO 解决争端机制》，《法学研究》1997 年第 3 期。

一、全球化具有内在的驱动因素

（一）市场主体要在全世界寻求资源的优化配置

市场主体的逐利特征决定了其要不断地开拓市场，在更广大的范围内寻求资源的优化配置。对优化资源配置的不懈追求，是经济全球化程度不断加深的不竭动力。同时，消费者也会永远在全球范围内寻找物美价廉的商品。这种过程可能被战争、经济危机或自然灾害等因素打断或延缓，可是一旦阻碍因素消失，市场主体就会继续寻求向外扩展市场。

市场主体所拥有的这种扩张性是全球化的主导因素，相对而言，国家（政府）的因素居于次要地位。从理论上来说，政府能够控制市场主体的活动范围，甚至将本国企业的活动控制在本国领土范围内，但一方面现代国家通常赋予企业较大的经营管理自由，没有法定原因，政府不会干涉企业的经营管理活动。即便在新冠疫情打击下有些国家的政府表现出了缩短本国产业链的倾向，但政府也只能倡导、鼓励或以补贴吸引资本回迁，至少在绝大多数国家中，政府无权命令本国资本回迁到本国。这在"小政府、大社会"的国家中尤其如此。另一方面，企业在更大范围内展开自由竞争能够提高经济发展的效率，从而能够增加国家的经济、科技实力。如有学者所指出的，相对于躲在保护主义政策高墙之后依赖国内市场的国家，那些选择国际贸易作为经济增长支柱的国家经济增长更强劲也更富裕。① 正因如此，尽管全球化遭遇以上挫折，世界各国政府总体上顺应市场主体的要求，继续在全球范围内追求投资贸易

---

①   Peter Sutherland, et al., *The Future of the WTO: Addressing Institutional Challenges in the New Millennium,* Geneva: World Trade Organization, 2004, para.16, WTO, https://www.wto.org/english/thewto_e/10anniv_e/future_wto_e.pdf, last visited on 24 May 2023.

的自由化。多边层面的 WTO 改革固然不容易在短时间内完成，但区域贸易安排的数量则一直保持高速增长之势，至 2024 年 3 月向 WTO 正式通知的有效的此类协定已达 365 个。①

更何况，全球化的主要推动者（主要是拥有资本和其他经营优势的跨国公司）通常比全球化的反对者拥有更强大的影响力。全球化的反对者主要是全球化的失利者，即那些在资本和专业技能等方面相对弱势的群体。以美国为例，全球化的失利者虽然能够在 2016 年的美国大选中借助选票将特朗普推上总统之位，仍不能改变其在政治经济生活中相对弱势的地位。他们可以反全球化，可以提出自己的利益诉求，要求政府采取缓解利益失衡的政策，但并无有效逆转或阻碍全球化的能力。

（二）各种各样的全球性问题要求世界各国持续合作

当今世界有许多地区性甚或全球性问题需要国际社会合力解决。例如，即便是地区性武装冲突也具有全球效应，因此也关乎国际和平与安全。又如全球环境保护问题，尤其是全球气候变暖，不是部分国家做出努力就可以解决的。与之有关的海洋、极地、土壤、空气污染等问题的解决也在不同程度上需要国家之间的合作。再如，跨国犯罪的惩治也不是一个国家可以自行解决的，需要与他国合作。除此之外，现有的国际政治经济秩序例如联合国等国际组织的运转和发展，也需要各国的共同参与来维持或促进其变革。现在人们常说世界已是一个"地球村"，就是指各国密切联系的客观状态，任何国家已不可能完全自行其是而不产生外溢作用。

---

① See the chart titled "RTAs currently in force（by year of entry into force）, 1948-2024", WTO, http://rtais.wto.org/UI/PublicMaintainRTAHome.aspx, last visited on 22 March 2024.

更重要的是，上述问题不是说在一定期限内解决后就不再存在了，而是持续性存在。这也就决定了国家之间需要进行长期性的持续合作，只是合作程度因时、因事、因区域而不同罢了。

（三）人类对知识、思想和文化国际交流的需求具有持续性特征

人类是社会性动物，需要不断提高对社会和自身的认识。这种认识既是人类开展生产生活的基础，也是人类精神生活的重要内容。各种知识、思想和文化往往会表现出差异化的特点，但多样化的知识、思想和文化的交流无疑将有效地提高人们的认知水平。因此，展开有关的国际交流就成为人类生产生活的一种持续性的内在需求。而这种需求必然有助于促进全球化的发展，而不是相反。那种在知识、思想和文化领域搞闭关锁国的做法在现代社会是非常不智的，也已经非常罕见（尽管尚未绝迹）。

当然，有关知识、思想和文化的国际交流并不是单向的。固然西方国家建立了近现代资本主义文明，其知识、思想和文化有其先进之处，但其他国家往往也有自身的知识、思想和文化特质，有在这些领域的独特发展轨迹，其相互交流、相互碰撞更是有利于提高人类认识社会和自身的水平。

从以上分析可见，人类的生产生活有对全球化的内在需求，这种内在需求构成一种内在的驱动力。全球化可能被暂时的阻碍因素所打断或放缓，但没有一种内在动力促使人类跨境联系日益松散。

二、科技进步对全球化的外在支持作用有增无减

如上所述，市场主体所代表的资本力量追求在全球范围内优化资源配置，全球性问题需要各国持续合作，人类对知识、思想和文化的国际

交流具有持续性需求，所有这些方面都体现了人类生产生活对全球化的内在需求。但若没有交通、通讯等技术条件的支持，即便存在这种内在需求，全球化也不可能实现，就像缺乏适当的水分、温度和阳光的种子不可能发芽一样。

近代以来，以蒸汽机为标志的第一次科技革命、以电气化为标志的第二次科技革命和以信息技术革命为核心的第三次科技革命，使得全球交通、通讯获得极大的发展，人类在政治、经济、文化等广泛领域的交流和密切联系成为现实，世界成为"地球村"，有力地促进了全球化。如果说之前的三次科技革命已足以支持人类生产生活的全球化，并逐步加深全球化的程度，那么，时至今日，科技对全球化的支持作用有增无减。以人工智能、物联网和机器人为代表的第四次技术革命正在发酵，其必然对社会经济的发展产生深刻的影响，尤其是会对现有劳动力的就业结构产生显著影响。无论如何，前三次科技革命所积累的科技成果已足以支持全球化的继续进行，而新一轮科技革命对全球化的支持作用有增无减。全球化的需求与全球化的支持条件结合在一起，必然推动全球化继续前行。

在地理大发现之前的上千年中，社会生产力的发展水平总体上呈现较稳定状态，没有显著增长。随着近代科学技术的进步，整个社会生产力呈现加速增长的趋势，这种增长趋势是与全球化进程相伴而行的。可以说，全球化进程在开启一次后，可能会受到暂时性的阻碍，但永不可能发生逆转，因为全球化的需求和支持条件中的任何一项都不可能消除。只要不存在战争等阻碍因素，全球化就会继续。

三、人工智能无法终结和逆转全球化进程

逆全球化论中一种具有代表性的观点认为，人工智能的发展将使相

当比例的机器取代自然人成为产业发展中的劳动力，跨国公司就不必再到其他国家去寻求廉价劳动力，这会导致跨国投资和贸易的下降，从而很可能会终结全球化。①

这种观点看起来有一定道理，实则有很大的局限性。严格意义上，这种观点仅适用于由于看重发展中国家的廉价劳动力而进行对外投资的情形。而实际上，廉价劳动力只是对外投资的影响因素之一。就发达国家向发展中国家的投资而言，廉价劳动力的确是一个重要影响因素，但除此之外，也有其他多方面因素的影响，例如，新兴国家的巨大市场，东道国不断提高的人力资源质量尤其是研发能力的提高，东道国政府为外资提供税收和非税收优惠，部分国家拥有较为完整的产业链从而使投资者方便获得中间产品的供应或便于外包加工，等等。就发展中国家特别是新兴国家向发达国家投资而言，东道国的劳动力通常更为昂贵，但也有一系列有利因素吸引发展中国家进行投资，例如，发达国家通常有完善的法治环境和营商环境，突出的消费能力，高素质的技术工人，等等。这些因素可在一定程度上抵消劳动力价格高带来的消极影响。实践中，国际直接投资的现状正是各种类型国家的企业都向其他类型的国家进行投资，包括发达国家之间、发展中国家之间也可以相互投资，只是程度和规模有所不同而已。

这些情况说明劳动力价格并非企业进行对外直接投资的唯一因素。这样，人工智能的发展带来的机器对劳动力的替代，即使对企业跨国投资产生显著的影响，但仅凭此一项因素也不一定足以将企业留在母国。

人工智能取代原有的自然人劳动力，从国际贸易的角度来看也不会终结全球化，因为需求和供给的很多方面可能并未因人工智能而发生变

---

① 万广华、朱美华：《逆全球化：特征、起因与前瞻》，《学术月刊》2020 年第 7 期。

化。例如，中国消费者需要购买原产于法国的香水，并不会因为香水是机器人生产的产品而有所变化；法国企业也不会因使用了机器人作为劳动力而不把香水产品销往他国。相反，人工智能的使用可能会使国际贸易便捷化，例如更快的生产周期、更稳定的产品质量、更便宜的价格，从而增加国际贸易量。更何况，由于人工智能发展水平在各国的不均衡和人工智能产品的多样化，低水平国家的企业需要从他国进口高端人工智能技术和产品，高水平国家也可能基于机会成本的考虑而进口中低水平国家企业的人工智能产品，就像现在的美国也大量进口发展中国家的中低端商品一样。这样人工智能将成为一个巨大的产业，围绕人工智能本身的国际贸易将会大幅增加，成为国际贸易的重要组成部分。

那么人工智能能否取代跨国公司投资人的投资决策呢？人工智能能否拥有企业家精神呢？我们暂时无法给出确切答案，因为人工智能处于发展中，我们难以确定其发展的程度。我们只能说，依靠人工智能评估对外投资的外在条件（经营环境）和较客观的因素（如市场、原材料、燃料、劳动力、技术等），这是较容易实现的目标。相对而言，跨国公司主要投资人的胆识、经验和对市场的敏锐性等对外投资的内在因素（企业家精神），对人工智能而言会有更大的难度，至少到目前人工智能的发展水平还没有到达这样的程度。即便人工智能拥有了企业家精神，能有效帮助投资人决策，这必然有利于国际投资贸易，有利于全球化，而不会因此终结或逆转全球化。

由以上的分析可见，人工智能的发展不仅不会终结全球化，更不会逆转全球化，而且可能促进全球化，成为全球化的重要组成部分。

四、历史实践证明全球化不可逆转

自从全球化开启以来，人类经历了三次全球化发展较为顺利的阶段，也因此被称为三次（或三轮）全球化，同时一系列重大历史事件均对全球化进程产生了不同程度的冲击。有学者认为，第一次全球化是从哥伦布发现新大陆到一战前。一战爆发直到二战前是第一次逆全球化时期。第一次逆全球化浪潮的表现是殖民地国家的民族解放运动、资本主义经济大危机期间的贸易战、货币战以及两次世界大战。二战结束到冷战结束是第二次全球化。在第二次全球化的后期产生了第二次逆全球化，20 世纪 70、80 年代的经济危机、美国对日本的贸易战、贸易保护主义是其主要表现。[①] 第三次全球化是从冷战结束到 2008 年金融危机。金融危机及之后特朗普政府的"退群"外交、与贸易伙伴对抗等则是第三次逆全球化的表现。[②] 如上所述，这里所谓"逆全球化"只是全球化暂时遭遇了阻碍而产生的阶段性停歇或低潮，并不意味着人类生产生活的跨境联系日益松散的过程和趋势。

由上述归纳中可以肯定的一点是，全球化进程有些时期比较顺利，有些时期则遭遇了阻碍因素。这些阻碍因素往往是战争、经济危机、自然灾害、严重的国家间经济摩擦、政府的重大决策等。如果其消极影响足够大，则可能终结一个阶段的全球化，使全球化进入停歇阶段或低潮阶段。相反，若其消极影响不够大，则全球化进程即可继续进行。例如，冷战将世界市场一分为二，但世界仍处于第二次全球化进程中。至于在全球化进入低潮阶段的情况下，一旦阻碍因素消除或缓解，全球化总是会开启一个新的阶段，并且新阶段全球化的水平总是要高于前一阶段的全球化水平。

事实上，对全球化的顺利进行（高潮阶段）与受到阻碍（低潮阶

---

① 这里该学者所称第二次逆全球化似乎包含在第二次全球化阶段中，二者并存。但如前所述，总体性趋势意义上的全球化与逆全球化不可能并存。无论如何，这里的表述体现了对历史发展进程基本事实的判断。

② 鲁明川：《逆全球化的政治经济学论析》，《浙江社会科学》2021 年第 1 期。

段）做出上述阶段性划分，只是相对而言的。例如，在近年全球化遭遇挫折的情况下，人类生产生活的跨境联系仍然在进行，只是这种跨境联系的密切程度受到一些影响，未能达到人们期望的高度而已。又如，有学者基于从 20 世纪 70 年代到 21 世纪早期的国际贸易流量、全球实际资本交易量、全球劳动力流动总规模及跨国文化交流的程度等指标的变化，认为全球化正在持续进行，并未发生逆转。[①] 这里的论述虽然未涵盖近年全球化所受挫折，但至少涵盖了 20 世纪 70、80 年代的经济危机和 2008 年金融危机。可见，阻碍全球化的因素能产生多大消极影响，并非可以一概而论。在存在阻碍因素的情况下，全球化完全可能持续前进，虽然其程度和速度会受到一些影响。

综上所述，逆全球化论有明显理论缺陷，逆全球化是一个伪命题。无论从理论上还是从实践上看，全球化虽然可能被各种重大事件所打断或延缓，但不可能被逆转。从国家政策层面看，世界上绝大多数国家不可能推行逆全球化政策，因为这不符合国家的利益。即便个别国家闭关锁国，也不改全球化的总体趋势。学术界所言称的"逆全球化"只是全球化的一些短暂的阻碍因素而已。一旦这些阻碍因素消除，全球化仍将继续。

习近平主席在 2020 年金砖国家领导人会晤时曾表示，我们坚信，和平与发展的时代主题没有改变，世界多极化和经济全球化的时代潮流也不可能逆转。[②] 在 2022 年世界经济论坛上，习近平主席也强调，经济全球化是时代潮流。尽管出现了很多逆流、险滩，但经济全球化方向

---

① 荆林波、袁平红：《全球化面临挑战但不会逆转——兼论中国在全球经济治理中的角色》，《财贸经济》2017 年第 10 期。

② 习近平：《守望相助共克疫情 携手同心推进合作———在金砖国家领导人第十二次会晤上的讲话》，http://www.xinhuanet.com/politics/leaders/2020-11/17/c_1126752059.htm，访问日期：2024 年 1 月 15 日。

从未改变、也不会改变。[①] 这些论断具有充分的理论根据和坚实的实践基础，体现了中国政府的远见卓识。虽然这些讲话主要是针对经济全球化，但也在很大程度上反映了全球化的整体趋势，因为经济全球化是全球化的主要内容。这也意味着国际关系中各国政府应该顺应全球化的时代潮流，一方面要积极消除或避免采取阻碍全球化进程的政策，另一方面，如有学者所指出的，各国应建立新的制度安排，推动全球化转型升级，[②] 如在国内深化制度型开放，在国际关系中积极推动联合国、世界贸易组织、国际货币基金组织等国际组织机制的改革，为全球化进程提供良好的组织框架。前一方面是首要的，因为其是影响全球化进程的主要原因，后一方面则能从正面起到促进全球化的作用。

第五节 全球化受挫对国际贸易法治的影响

除极个别纯粹政治性事件如美俄终止《开放天空条约》外，近年全球化遭遇挫折对国际经贸关系会产生广泛的影响，无论是战争、新冠疫情还是贸易争端抑或西方的经济制裁都是如此。但全球化受挫对国际经贸关系的影响不同于对国际贸易法治的影响，后者更具有制度特色。全球化受挫对目前的国际贸易法治困境虽然具有一定程度的影响，但各种具体现象的关联程度不等。国际贸易法治遭遇的某些困境则与全球化受挫没有什么关系，现有研究对二者的关联程度做了偏高的估计。本节主要对二者的关联程度做出简要的分析说明。

---

① 习近平：《坚定信心 勇毅前行 共创后疫情时代美好世界——在 2022 年世界经济论坛视频会议的演讲》，《人民日报》2022 年 1 月 18 日。
② 陶德强、范和生：《从国际社会团结看逆全球化产生及应对——基于国际政治社会学视角》，《太平洋学报》2021 年第 3 期。

一、不同事件对国际贸易法治影响不等

全球化遭遇的某些挫折的确对国际贸易法治的正常运行或发展存在直接影响。例如，美国对华发动贸易战，已被 WTO 专家组认定为违反 WTO 义务。虽然 WTO 成员违反 WTO 规则的情形并不少见，但美国对华进口商品大规模地加征关税史无前例，对多边贸易体制的运行产生了直接冲击。

又如，美国退出 TPP。美国是世界上对国际贸易规则的发展最具影响力的国家，而且也拥有世界上最大的市场。美国退出 TPP 也意味着这一套贸易规则的适用范围大打折扣。从这个意义上说其对国际贸易法治产生了消极作用，那也未尝不可。但相对而言，其对国际贸易法治的发展并未产生大的消极影响。原因之一是，美国退出 TPP 时，其只是签署了 TPP，但尚未正式批准 TPP，即尚未真正成为 TPP 成员。美国的退出只是意味着其没有更进一步参加 TPP 而已。原因之二是，现今国际贸易法治面临的困境主要在于 WTO 多边贸易体制的困境，而美国退出 TPP 与此并无什么联系。

再如，英国脱欧对国际贸易法治的格局也有一定影响。脱欧前后英国与欧盟其他成员国之间适用的贸易规则自然会发生不少变化，英国与欧盟外其他国家之间的贸易规则也会由于其身份的变化有所不同。但英国在脱欧后随即与欧盟谈判缔结自由贸易协议，并积极地寻求与其他国家缔结双边或区域贸易协定，并且英国无论是否脱欧其本身都是 WTO 成员，仍然在履行 WTO 义务，这样英国脱欧对国际贸易法治并没有多大消极影响。2023 年 7 月，英国正式加入 CPTPP。[①] 同月英国和土耳

---

① "UK signs treaty to join vast Indo-Pacific trade group as new data shows major economic benefits", https://www.gov.uk/government/news/uk-signs-treaty-to-join-vast-indo-pacific-trade-group-as-new-data-shows-major-economic-benefits, last visited on 6 August 2023.

其宣布计划就双边自由贸易协定的升级进行谈判，扩展适用范围，特别是在服务和数字经济等领域。①

另外，由乌克兰危机衍生的西方国家与俄罗斯之间的相互制裁，以及美国对中国企业和个人的制裁，均对 WTO 义务的履行产生了明显消极影响，美国甚至中止了对俄罗斯的最惠国待遇，但这些行为对国际贸易法治本身并无直接影响。

二、全球化受挫的某些方面对国际贸易法治并无直接影响

全球化所遭受的若干挫折对国际贸易法治并无直接影响。例如，新冠疫情大流行对产业链造成了冲击，但无论是多边贸易体制还是双边和区域贸易协定，并未因此受到直接影响，最多是这些贸易协议的履行受到一些影响。又如，美国退出联合国人权理事会、联合国教科文组织等主要是政治方面的原因，产生的也主要是政治方面的影响，与国际贸易法治的发展并无直接关联。再如，乌克兰危机本身属于政治性事件，并不直接影响国际贸易法治。

从国际贸易法治存在的困境角度看，WTO 目前存在的最为突出的问题（即谈判、争端解决和监督功能不能正常发挥）主要是多边贸易体制长期演化中的内在问题，与近年发生的上述全球化挫折没有什么关系。区域贸易协定蓬勃发展导致的经贸规则碎片化的问题也是一个长期性的问题，只是程度有所加深而已。

尽管上述全球化受挫的有些方面对当前国际贸易法治困境的产生并无直接影响，或者只具有潜在的可能影响，但全球化受挫与国际贸易法

---

① "UK and Turkey to negotiate new trade deal", https://www.gov.uk/government/news/uk-and-turkey-to-negotiate-new-trade-deal, last visited on 6 August 2023.

治困境之间的关系仍然受到了人们的关注，特别是在全球化受挫背景下国际贸易法治发展的方向是人们关注的重点问题。这也是本课题将二者联系起来讨论的基本考虑。

第 二 章
全球化受挫背景下国际贸易法治的困境

虽然国际贸易法治的发展演变与全球化的发展状态并不完全同步，但二者存在千丝万缕的联系。在全球化遭遇上述挫折的背景下，近年国际贸易法治也处于困境之中，其中最主要是 WTO 多边贸易体制处于危机之中，区域贸易安排蓬勃发展也使得多边贸易体制存在被边缘化的风险，并导致整个国际贸易法治有进一步碎片化的趋势。本章着重梳理国际贸易法治在现阶段所遭遇的主要困难。

第一节　WTO 多边贸易体制处于危机状态

WTO 多边贸易体制处于危机状态的主要表现是其谈判、监督和争端解决三大功能的发挥均遭受挫折，同时在诸多方面存在体制性问题和规则发展问题，诸如发展中成员地位问题、西方成员所称"非市场导向政策和做法"、贸易新领域的规则发展问题等等。

一、多边谈判功能的发挥受阻

GATT/WTO 多边贸易规则的发展是通过一轮又一轮回合的多边贸

易谈判不断提高贸易自由化水平实现的。关贸总协定期间一共进行了八个回合的谈判，其中最后一个回合即乌拉圭回合谈判成立了WTO。1995年1月1日WTO正式成立。相比于GATT，WTO属于正式的国际组织，其在组织机构、法律地位、规则体系等方面都更为完善，因此也被寄予厚望进一步推进贸易自由化进程。可实际情况迄今远不如人意。

1996年12月新加坡部长级会议期间，部分成员签署了《关于信息技术产品贸易的部长宣言》（Ministerial Declaration on Trade in Information Technology Products, ITA，中文简称为《信息技术协议》）。2001年11月WTO第4次部长级会议决定开始新一轮综合性多边贸易谈判，此即多哈回合谈判，也被称为多哈发展议程，涉及农业、非农产品、服务贸易、知识产权、贸易规则、争端解决、贸易与环境以及贸易与发展等八个方面。[1] 多哈回合谈判原定于2004年末结束，但未能如期达成协议。2006年7月22日WTO总理事会曾一度批准谈判中止。后来虽于2007年恢复了谈判，但迄今只取得了有限成果。2013年12月在巴厘岛部长级会议上达成了《贸易便利化协定》。2015年12月在内罗毕部长级会议上，各成员达成协议，全面取消农产品出口补贴，同时就扩大ITA涵盖产品的范围达成一致。此外，TRIPS和作为诸边协定之一的《政府采购协定》在多哈回合期间得以修订。

多哈回合谈判中，自由化议题与发展议题谈判分歧明显，新兴发展中成员要求发达成员加强农业及非农产品的市场准入，取消农产品补贴；而发达成员则要求制定服务贸易、知识产权、环境、劳工等高标准规则。[2] 双方就原定的广泛议题均未达成协议，一直处于僵局状态。也

---

① 张帆：《WTO多哈回合谈判历程评述》，《山东经济》2007年第5期。

② 王燕：《全球贸易治理的困境与改革：基于WTO的考察》，《国际经贸探索》2019年第4期。

因此，各成员只能缩减谈判范围，就以上有限议题达成协议。2015 年内罗毕部长级会议声明未能就重申多哈回合谈判授权问题达成一致意见，① 这可以理解为多哈回合已经以失败告终。

二、上诉机构瘫痪

WTO 争端解决机制因其程序完备和高效被誉为"WTO 皇冠上的明珠"。WTO 成立后二十年来争端解决机制一直对于多边贸易体制的正常运转发挥着重要作用，并为各成员的贸易政策及争端解决提供合理预期。截至 2022 年 5 月 29 日，向 WTO 争端解决机构（DSB）正式通知的争端已达 622 个，而 DSB 也已发出 350 份以上的裁决。②

上诉机构无疑是 WTO 争端解决机制一个最为亮丽的组成部分，它为各成员以及 WTO 协议的实施提供了更多的统一性、稳定性和可预见性，对于国际法这种弱法来说无疑具有重要意义。但自 2017 年以来，美国一直阻挠上诉机构新成员（大法官）的任命，导致上诉机构成员在各自任期逐渐届满后，无法补充遴选新成员。2019 年 12 月 11 日，由于在任的上诉机构成员只剩下中国籍法官赵宏，因低于法定人数最低限度的 3 人要求，上诉机构停摆。2020 年 11 月，随着赵宏法官任满卸任，上诉机构已经没有在任成员。上诉机构彻底瘫痪。

2020 年之前美国就曾在各种场合特别是 WTO 争端解决机构的会议上表达对上诉机构的不满。2020 年 2 月，美国贸易代表发布了长达 166 页的《关于世界贸易组织上诉机构的报告》（Report on the Appellate

---

① WTO Doc., Nairobi Ministerial Declaration, WT/MIN（15）/DEC，19 December 2015.

② Dispute settlement, WTO, https://www.wto.org/english/tratop_e/dispu_e/dispu_e.htm, last visited on 14 February 2024.

Body of the World Trade Organization，以下简称《上诉机构报告》），比较系统和详细地论述了其认为上诉机构的运作所存在的一系列问题。该报告指称，上诉机构在裁判案件的过程中长期违反 WTO 协议规则，并错误解释 WTO 协议规则。[①] 该报告进一步认为，由于这些问题的存在，上诉机构的实际运作对美国产生了不当影响，其突出的表现是超过四分之一的 WTO 争端都挑战美国的法律或其他措施，具体来说，155 个争端是以美国为被诉方的，[②] 而没有任何一个其他成员被诉超过 100 次；并且据统计，美国为被诉方的争端中，大约 90% 都裁定美国的法律或其他措施不符合 WTO 协议。这意味着在过去的 25 年中美国每年都在五到六起争端中被认定与 WTO 协议不一致。该报告认为，上诉机构所存在的上述问题还损害了 WTO 争端解决机制，及在更广泛的意义上损害了 WTO 的有效性和正常运转，特别是鼓励了扭曲市场的行为，损害了全球经济发展的效率。[③]

　　为克服上诉机构瘫痪造成的上诉程序无法运行的状态，以欧盟和中国为代表的 WTO 部分成员于 2020 年 4 月签署了《多方临时上诉仲裁安排》（MPIA），其基于 DSU 第 25 条中的仲裁程序，[④] 建立了替代性的上诉仲裁程序。但如该协议名称显示的，该程序只是在目前上诉机构被迫停止运作期间所做的临时性制度安排，加上迄今参加方有限，其发挥作用的空间相对有限。除美国之外的绝大多数成员还是期望回归多边贸易体制中原有的上诉程序。从目前的情形来看，尽管

---

① USTR, Report on the Appellate Body of the World Trade Organization, February 2020, pp.1-2.

② 这里的数字是截至 2020 年 2 月该报告发布时美国作为被诉方的争端数量。

③ USTR, Report on the Appellate Body of the World Trade Organization, February 2020, p.3.

④ DSU 第 25 条第 1 款规定："WTO 中的迅速仲裁作为争端解决的一个替代手段，能够便利解决涉及有关双方已明确界定问题的争端。"

WTO 成员为安抚美国的情绪，已经提出了一些改进 WTO 争端解决机制特别是上诉机构的建议，[1] 但美国并不接受。美国与欧盟和日本发表了多次贸易部长《联合声明》，针对 WTO 体制中的一些实体问题提出了一系列主张，涉及非市场导向政策问题、国有企业、补贴规则、透明度等等，但对于争端解决机制包括上诉机构如何改革，美国始终没有正面提出自己的主张。这无疑为上诉机构危机的解决增加了变数。

三、贸易政策透明义务履行严重不佳

WTO 贸易政策透明机制严重失灵，贸易政策透明义务履行程度相当之低。这种状况对多边贸易体制的正常运转造成了很大障碍，从而成为 WTO 改革面临的一个突出问题。贸易政策透明义务履行状况差虽然不是近年发生的新状况，但在整个 WTO 多边体制面临危机的背景下，该状况尤其为人们所关注。[2]

贸易政策透明原则是 WTO 多边贸易体制的一项基本原则，它适应了经济生活对政策法规的可预见性和稳定性的要求，也是 WTO 监督各成员贸易政策、促使其遵守 WTO 义务的重要手段。[3] 透明度还能促成各成员对相互之间的经济政策在广泛意义上的讨论和理解，预防贸易争端的发

---

[1] WTO Doc., Communication from the European Union, China, Canada, India, Norway, New Zealand, Switzerland, Australia, Republic of Korea, Iceland, Singapore and Mexico to the General Council, WT/GC/W/752, 26 Nov 2018；WTO Doc., Informal Process on Matters Related to the Functioning of the Appellate Body, Communication from Japan，Australia and Chile（revision），WT/GC/W/768 /Rev.1, 26 April 2019.

[2] WTO 语境下的"透明"包含三个方面，一是各成员贸易政策法规的透明，二是 WTO 各组织机构运作的透明，三是 WTO 的活动为社会公众所了解。这三种透明要求的性质和内容存在显著区别，本书仅研究第一种意义上的透明。

[3] 张军旗：《WTO 监督机制的法律和实践》，人民法院出版社 2002 年版，第 68—69 页。

生，①并且有助于减少各成员间的信息不对称，从而促进各成员在贸易谈判过程中更大程度的平等。②相反，透明度不高则会使贸易政策缺乏可预见性，也更容易使政策法规缺乏稳定性，因为，既然政策法规是不透明的，成员政府就更有可能朝令夕改，这无疑大大增加了国际贸易的风险，也增加了监督的成本，从而必然会使其他成员的正当、合法利益和该成员境内公共利益受到不同程度的损害。③实际上，不仅在多边贸易规则中而且在区域贸易规则中，贸易政策透明都是其中的重要价值因素。④

为实现贸易政策透明，WTO 各协议主要为各成员规定了公布、通知、报告、设立贸易政策查询点和参加贸易政策审议的义务。以上各种义务具有不同的适用条件。公布的内容一般是成员制定的法律、法规、具有普遍适用性的司法判例或行政裁定以及该成员缔结的条约。而通知涉及的多是行政机关制定的具体贸易政策或措施，须根据 WTO各协议的具体要求，向 WTO 相关机构或其他成员做出通知。通知对象特定化有助于确保在相关事项上有利害关系的成员能及时获知成员所采取的政策或措施，便于其及时做出反应，同时也有利于 WTO 各机构对成员贸易政策的监测。报告多用于成员对某一阶段或某一专题的贸易政策进行综合性通报，⑤通常只针对 WTO 的组织机构。贸易

---

① Leonardo Borlini, A Crisis Looming in the Dark: Some remarks on the reform proposals on notifications and transparency, *Question of International Law（QIL）*, 31 January 2020, http:// www.qil-qdi.org/a-crisis-looming-in-the-dark-some-remarks-on-the-reform-proposals-on-notifications-and-transparency/, last visited on 9 May 2023.

② Dariga Mukhamedina, Reforming the WTO, part 4: Transparency is a precondition for trust, 11 May 2020, https://blogs.lse.ac.uk/brexit/2020/05/11/reforming-the-wto-part-4-transparency-is-a-precondition-for-trust/, last visited on 3 May 2023.

③ 张军旗：《WTO 体制下的贸易政策透明研究》，《财经研究》2002 年第 11 期。

④ 东艳等：《国际经贸规则与国家安全——基于区域贸易协定透明度规则的测度》，《国际经贸探索》2022 年第 10 期。

⑤ 有时报告与通知难以截然区分开来，因为部分通知的内容也具有一定程度的阶段性和综合性。

政策审议机制则是一种在国别基础上定期对成员的贸易政策进行综合性审议的监督程序，与上述其他透明程序具有互补性。《贸易政策审议机制》（TPRM）协议明确要求，报告中所包含的信息应尽最大可能与根据多边贸易协定和可适用的诸边贸易协定的规定做出的通知相协调，[①] 实际上强调了通知对于 TPRM 运行的意义。部分协定，例如 GATS、《技术性贸易壁垒协定》（TBT）还规定了各成员应建立贸易政策查询点，以答复其他成员或经营者的问询。此外，部分协定规定了反向通知程序，即一成员可对另一成员未通知的贸易政策向 WTO 有关机构反映。

实践显示，绝大多数透明程序运行良好，但通知义务的履行状况很差。TPRM 总体运行良好，但也会在一定程度上受到通知不足的影响。以下就通知义务的履行和 TPRM 的运行做具体说明。

（一）通知义务的履行状况很差

WTO 各协定下通知义务的履行程度参差不齐，但总体上很差。以下以补贴、农业等领域为例加以说明。

就补贴和反补贴领域而言，SCM 协定明文规定各成员有义务每年通知在其领土内给予或维持的任何专向性补贴，通知的内容应足够具体。[②] 即便不存在按照 SCM 协定应该通知的补贴，有关成员也应将此情况书面通知秘书处，[③] 此即所谓"零通知"。尽管该协定同时规定，关于一措施的通知并不预断该措施在《1994 年关税与贸易总协定》（GATT 1994）和本协定项下的法律地位、在本协定项下的影响或

---

① 《贸易政策审议机制》D（报告）部分。
② 《补贴与反补贴措施协定》第 25.1—25.3 条。第 25.3 条还进一步规定了补贴通知应包含的具体信息。
③ 《补贴与反补贴措施协定》第 25.6 条。

措施本身的性质,[①] 以试图打消各成员在做出补贴通知时的顾虑,但补贴政策的通知状况仍然非常糟糕。按照 WTO 秘书处对各成员自 1995 到 2019 年补贴通知义务履行情况的统计,除 1995 年做出通知的成员占成员总数的 50％之外,其他年份这一比例均维持在 39％—48％之间。除 1995 年、2011 年和 2013 年外,其他年份按规定做出通知和"零"通知的成员加在一起所占成员总数的比例均未超过 65％。而未作任何补贴通知的成员所占的比例除 1995 年只有 25％之外,1998 年到 2017 年间这一比例在 33％—45％之间浮动,2019 年更是历史性地增加到 55％。[②]

在农业领域,1995—2018 年总共有 1880 个未完成的定期通知,占预期应有通知的 25％左右。其中对国内支持未完成的通知达到 854 项,占国内支持应通知总数的 34％;对出口补贴未完成的通知达到 874 项,占出口补贴应通知总数的 30％。只有少数成员完全遵守所有通知要求,并且相当一部分成员对某些通知义务的完成率为 0。[③]

《进口许可程序协定》规定:"各成员承诺迅速和全面地完成关于进口许可程序的年度问卷。"[④] 可是,货物贸易理事会的统计显示,2015 到 2019 年完成了该问卷的成员分别有 42 个、39 个、24 个、22 个和 28 个,分别占当年 WTO 成员总数的 25.9％、24％、14.6％、13.4％和 17％。[⑤]

---

① 《补贴与反补贴措施协定》第 25.8 条。

② WTO Doc., Notification Provisions under the Agreement on Subsidies and Countervailing measures, G/SCM/W/546/Rev.11, 1 May 2020.

③ Note by the Secretariat, Compliance with Notification Obligations, G/AG/GEN/86/Rev.40, 19 November 2020. 该完成情况统计基于各成员于 2020 年 11 月 18 日的通知数量,不考虑通知的及时性或质量等因素。

④ 《进口许可程序协定》第 7.3 条。

⑤ WTO Doc., Updating of the Listing of Notification Obligations and the Compliance therewith as Set out in Annex iii of the Report of the Working Group on Notification Obligations and Procedures, G/L/223/Rev.27, 11 February 2020.

以上方面的状况并非穷尽式列举，而只是举例说明。[①] 这尚不涉及通知的质量，例如通知事项的充分程度，与各协议中透明度义务的相符程度等。如果进一步考虑通知质量的话，透明义务的履行可能处于更为糟糕的状态。

（二）贸易政策审议的质量受到通知义务履行不佳的影响

TPRM 规定的主要目标是通过提高贸易政策的透明度和对各成员的贸易政策获得更好的理解，促进多边贸易体制更好地运行，[②] 因此审议活动可以细分为提高贸易政策透明度和加强对贸易政策的理解这两个方面。本书重点关注前一个方面。

截至 2022 年底，贸易政策审议机构（TPRB）对 TPRM 的运行共进行了 6 次评估，每次评估报告均认为 TPRM 运转情况良好，总体上达到了审议目标。[③] 即便如此，各成员通知义务履行不佳，也会对审议质量产生消极影响。

贸易政策审议主要是在各成员方报告和秘书处报告的基础上进行的。前者是受审议成员政府综述自己的贸易政策和做法，通常比较概括，更重要的审议基础是秘书处报告。秘书处可从官方渠道和非官方渠道获取资料。官方渠道包括之前受审议成员向各机构所做的各种通知和报告，以及向受审议成员发出的问卷。非官方渠道如其他国际组织、受审议成员内部及国际上公开出版的资料。可见，秘书处报告的质量在很

---

① For details of the compliance of transparency obligations in trade in goods, please see WTO Doc., "Updating of the Listing of Notification Obligations and the Compliance therewith as Set out in Annex iii of the Report of the Working Group on Notification Obligations and Procedures", G/L/223/Rev.27, 11 February 2020.

② 《贸易政策审议机制》A 部分（目标）。

③ WTO Analytical Index, Trade Policy Review Mechanism – Paragraph F, https://www.wto.org/english/res_e/publications_e/ai17_e/tprm_parf_oth.pdf，last visited on 15 May 2023.

大程度上依靠各成员已做出的通知。这样，尽管 TPRM 大体上运行良好，但通知义务履行不佳同样会影响到贸易政策审议的质量，只是审议质量问题不太容易引起各成员的关注罢了。

有学者认为，贸易政策审议对国内透明关注不足，建议将国内透明纳入发展援助的范畴，并可以要求在相关报告中增加有关国内透明的内容。[①] 笔者认为，国内透明的实现程度与各成员内部的政治法律体制紧密相关，所以 TPRM 也只是鼓励和倡导国内透明而已，而并不对国内透明做强制性规定。固然发展中成员的国内透明度普遍要低于发达成员，但这主要不是经济发展水平问题，而是政治问题，发展中成员也不一定愿意在该领域接受"发展援助"；同时，受政治法律体制的影响，国内透明的程度具有相对稳定性，因此，要求受审议成员报告国内透明的发展，意义较有限。

四、其他体制和规则发展问题

就目前的 WTO 危机而言，最受人们关注的是谈判、争端解决和监督三大基本功能的发挥受挫，但实际存在着的问题远不止这些，WTO 成员目前关注的还有其他体制和规则发展问题，包括但不限于以下方面。

发展中成员地位及特殊和差别待遇问题。美欧等主要发达成员认为，有些发展中成员已经成为世界上重要的经济体，不应再像较弱小的发展中成员一样享受特殊和差别待遇，应承担全面义务。在这方面，发达成员与发展中成员存在较大分歧。

"非市场导向政策"问题。所谓"非市场导向政策"问题实际上就

---

① 张耀元：《世界贸易组织透明度机制整体改革研究》，《世界经济研究》2022 年第 3 期。

是非市场经济问题。可能"非市场经济体"这个概念是一个总体性质的概括，理论上容易陷入要么是市场经济体要么是非市场经济体这样的纷争，WTO改革讨论中西方成员基本上都使用"非市场导向政策和做法"（non market-oriented policies and practices，简称"非市场导向政策"）。这个说法可以在不判断一成员是否"市场经济体"的情况下，就其部分政策是市场导向还是非市场导向做出判断，更具灵活性。当然，二者的根本性质均涉及政府是否不当地干预了市场的问题。这是一个大筐子，美欧等成员将产能过剩、产业补贴、国有企业、强制技术转让、本地化要求等方面的问题都纳入其中。"非市场导向政策"问题主要针对中国，但也不完全是针对中国，例如印度也有较突出的国有企业问题，不少成员都有产业补贴的问题。在WTO改革讨论中，美欧提出在这些方面强化规则。而发展中国家则提出应削减美欧的农业补贴。

削减贸易壁垒问题。一些成员提出应制定新规则以解决服务和投资壁垒。需要解决对外国投资者的市场准入壁垒和歧视待遇。削减贸易壁垒，增加贸易减让，这是贸易谈判中的基本内容，只是由于多哈回合谈判失败，使得削减贸易壁垒方面未能取得多少成果。

数字贸易规则问题。数字贸易在国际贸易中的地位越来越重要，而目前数字贸易尚无系统的规则，只有GATS规则可获得有限适用，而服务贸易本来在GATS之下的减让水平就是比较低的。所以客观上需要为数字贸易规定系统的规则，消除数字贸易壁垒。

安全例外问题。美国频频以国家安全为由对其他成员加征关税，或对外国企业采取经济制裁或限制措施，引起了WTO安全例外条款下的合法性问题。而现有安全例外规则存在模糊之处，有待于在WTO改革中进一步澄清。

美国对华贸易战引发了301条款及关税措施在WTO中的合法性问题，人们更加关注在WTO谈判中如何进一步加强对经贸单边主义的规制。中国、欧盟、日本等曾受美国经贸单边主义直接影响的成员都关注这一问题。

随着新冠疫情和乌克兰危机对全球产业链造成冲击，WTO 还面临如何处理防疫物资流通以及如何通过贸易促进防疫的问题，新冠疫苗的知识产权豁免问题，由产业链受冲击导致的全球粮食供应紧张问题等。

仅从这些方面来看，说 WTO 面临的问题"堆积如山"也不过分，而且这些方面还是较为突出的问题。实际上，传统上讨论的不少问题也还是存在的，例如争端解决机制的改革，除了目前最为突出的上诉机构危机以外，从 WTO 建立以来各成员及学者们就已经提出了一系列改革建议，只是这些改革建议都被当前的上诉机构危机冲淡了而已。

第二节 多边贸易体制受到区域贸易安排的侵蚀

自从乌拉圭回合中期开始，各种区域贸易安排稳步增长，近年更是维持了蓬勃发展的势头。区域贸易安排由于排除了最惠国待遇的适用，因而对 WTO 多边贸易体制产生了一定侵蚀作用。

一、WTO 对区域贸易安排的有条件认可

GATT 1994 第 24 条将关税同盟和自由贸易区规定为最惠国待遇原则的重要例外。该条第 4 款规定：

"各缔约方认识到一些缔约方有意通过自愿签署协定发展他们之间更紧密的经济一体化，以增加贸易自由。他们还认识到，关税同盟或自由贸易区的目的应为便利成员领土之间的贸易，而非增加其他缔约方与

此类领土间的贸易壁垒。"①

　　该条第 5 款到第 8 款进一步规定了 GATT 1994 所允许设立的关税同盟和自由贸易区的条件，其中最具有实质性的部分是，关税同盟成员领土之间实质上所有贸易或至少对原产于此类领土产品的实质上所有贸易，取消关税和其他限制性贸易法规。对自由贸易区也有类似要求。②由于关税同盟和自由贸易区并非一经成员缔结协定即可达到这里规定的实质条件，因此该第 24 条还规定成员应提交形成关税同盟和自由贸易区的计划和时间表，③ 即须确定一个明确的过渡期。

　　无论是关税同盟还是自由贸易区均具有促进贸易自由化的一面，但同时也有违背 WTO 最惠国待遇原则的一面。GATT 1994 第 24 条的实质性法律功能在于制约 WTO 成员在"少边"④ 贸易自由化过程中在产品覆盖范围和内部贸易壁垒消除、自由化时间表等方面的随意性和选择性，从而对区域贸易安排发挥基本的塑形作用，避免国际贸易法治秩序的混乱，维持其起码的稳定性和可预见性。⑤

　　GATS 也存在类似规定。按照 GATS 第 5 条的规定，本协定并不阻止成员参加或达成实现服务贸易自由化的协定，但要求经济一体化组织应涵盖众多服务部门，并在所涵盖的部门范围内实质上取消所有歧

---

① GATT 1994 第 24 条第 4 款。

② GATT 1994 第 24 条第 8 款。

③ GATT 1994 第 24 条第 5 款。

④ "少边主义"，英文为 minilateralism，与多边主义相对。国内也有学者将其翻译为"微型多边主义"或"局部主义"。刘彬认为，"少边主义"虽然不太符合中文表达习惯，但有利于与"多边主义"形成对照式理解，意思表达上也比较准确。参见刘彬：《RTAs 涌现背景下国际贸易法治秩序的重构》，厦门大学出版社 2012 年版，第 136 页。这种观点很有见地，但考虑到国内学术界的用语习惯，笔者在自己的表述中仍会继续使用"区域贸易自由化"来表达类似内容。

⑤ 刘彬：《RTAs 涌现背景下国际贸易法治秩序的重构——一种外在的法律视角》，厦门大学出版社 2012 年版，第 136 页。

视。① 由于该条针对的是服务贸易，因此在具体规定上与 GATT 1994 第 24 条并不完全相同，但其体现的原则性要求是一致的。

GATT 1994 和 GATS 的上述规定显示，WTO 在一定条件下承认了区域贸易安排的合法性，并且在此情形下，其他成员不能援引最惠国待遇原则要求享有区域贸易安排成员相互给予的更优惠待遇。

二、多边贸易体制被边缘化的危险

在多边贸易体制遭受上述挫折和冲击的同时，各种区域贸易安排却蓬勃发展。从涉及国家来看，既有发达国家之间的区域贸易安排，也有发达国家和发展中国家之间及发展中国家相互之间的区域贸易安排。更重要的是，区域贸易安排的涵盖事项范围远超传统的贸易领域，扩展到投资、知识产权保护、劳工、环境、竞争、国内监管、中小企业、电子商务、合作与能力建设、反腐败等广泛领域。尽管 WTO 对于投资、知识产权等事项也有一定规制，但上述更为广泛的领域是 WTO 极少涉及的。即便在传统的贸易领域及投资、知识产权保护等事项上，新近自由贸易协定也表现出更高水平。在多边贸易规则的发展及多边贸易体制的运转遭受挫折的背景下，自由贸易协定的发展却具有轰轰烈烈之势，已经演变为塑造国际经贸规则的竞技场。

区域贸易安排具有复杂的原因，其与 WTO 多边贸易体制的关系也充满争论，有"绊脚石"和"垫脚石"理论之争（下文有进一步论述），

---

① 《服务贸易总协定》第 5 条（经济一体化）："1. 本协定不得阻止任何成员参加或达成在参加方之间实现服务贸易自由化的协定，只要此类协定：（a）涵盖众多服务部门，并且（b）规定在该协定生效时或在一合理时限的基础上，对于（a）项所涵盖的部门，在参加方之间通过以下方式不实行或取消第 17 条意义上的实质上所有歧视：（i）取消现有歧视性措施，和 / 或（ii）禁止新的或更多的歧视性措施，但第 11 条、第 12 条、第 14 条以及第 14 条之二下允许的措施除外。"

但其客观上使得 WTO 多边贸易体制存在被边缘化的危险。这种风险主要是经由贸易转移和投资转移产生的。在通常情况下，WTO 成员之间是要相互给予最惠国待遇的，而由区域贸易安排引起的贸易转移和投资转移会导致最惠国待遇不能落到实处。关税同盟自然也会产生同样的效果。可以想象，当涵盖不同国家的不同区域贸易安排大量出现时，WTO 成员依照 WTO 协议本应享有的最惠国待遇就被逐渐架空，形虽在而实不至。对某一具体成员来说，其加入的区域贸易安排越多，就越能对抗其他区域贸易安排带来的贸易转移和投资转移效果。

如上所述，区域贸易安排的盛行很大程度上是由于多边贸易谈判陷入僵局（尽管并非唯一原因），整体上的贸易自由化推进达成协议的难度很大。而区域贸易安排的参与国相对较少，更容易达成共识，满足各方的利益诉求，这样越来越多的国家便试图通过参与区域贸易安排而不是多边贸易谈判达到促进贸易自由化的目的，这又反过来影响到各国对 WTO 多边贸易体制发展的关注度。① 另外，区域贸易安排涵盖事项范围越来越广，相应地，其重要性也会日益增强。WTO 多边贸易体制的运转及改革若无重大起色，其重要地位就会逐渐受到损害。这样，多边贸易体制就存在被边缘化的危险。

第三节　国际贸易法治的碎片化趋势进一步加重

国际法本来就具有碎片化特征。多边贸易体制中也有碎片化现象，不过程度不高。区域贸易安排的蓬勃发展则使得整个国际贸易法治的碎片化进一步加重。这些对国际贸易法治的运行造成了一定的实际困难。

---

① 张洋：《区域贸易协定的盛行及对多边贸易体系的影响》，《价格月刊》2020 年第 11 期。

一、国际法的范围与碎片化特征

国际社会没有一个中央立法机关，而是由不同范围的主体（主要是国家和政府间国际组织）制定该范围内主体之间的法律。国际社会造法主体的这种分散性决定了国际法天生具有碎片化（或称分散化）特征。当然，这并不妨碍国际法某些领域的法律规制更具有统一性特征。

国际法本来就具有碎片化特征，这一判断是建立在"国际法并非只是普遍国际法"的基础上的，而对这一基础曾有争议，这里对此问题做一说明。

对于国际法是否只是普遍国际法，劳特派特修订的《奥本海国际法》（第八版）认为，对于一切国家毫无例外地具有拘束力的那一部分规则被称为普遍国际法，以别于只对两国或少数国家有拘束力的特殊国际法；但普遍国际法也必须与一般国际法相区别，后者指对于很多国家——包括主要国家在内——有拘束力的规则的总体。[1] 詹宁斯和瓦茨修改的《奥本海国际法》（第九版）仍然坚持这种观点。[2] 德国学者闵希也持相同的观点。[3] 但也有不少学者对上述观点表示反对。周鲠生先生认为，约束少数国家的条约的特殊规定并不就是国际法，也不够称为特殊国际法；这些规定即使有造法的作用，也只能通过长期的实践而采用，形成惯例，成为一般国际法的一部分；并明确指出，国际法只能是世界绝大多数国家一般承认遵行的共同国际法，理论和事实都是否认所谓特殊国际法的。地域性的国际法同样是要被否定的。[4] 王铁崖先生认

---

[1]　劳特派特：《奥本海国际法》，王铁崖、陈体强译，商务印书馆1971年版，第3页。

[2]　詹宁斯、瓦茨：《奥本海国际法》，王铁崖等译，中国大百科全书出版社1995年版，第3页。

[3]　英格·冯·闵希：《国际法教程》，林容远、莫晓慧译，世界知识出版社1997年版，第35—36页。

[4]　周鲠生：《国际法》，商务印书馆1976年版，第6—7页。

为，国际法只能有普遍国际法和特殊国际法之分，而所谓一般国际法如果不是对一切国家毫无例外地有拘束力，就不成为国际法。[①] 兰格兴尼也赞同普遍国际法的观点。[②] 这种"国际法只能是普遍国际法"的观点对中国国际经济法学也产生了较为广泛的影响。

法学理论通常认为，作为法律规范的规则应具有普遍适用性。但是，这种普遍适用性必然是针对特定范围的社会关系而言的。这里所谓"特定范围的社会关系"不仅指社会关系在内容属性上的特定化，而且涉及参加某社会关系主体数量的特定化。即便在内容具有同类属性的国际关系，其参加者可能是所有国家，也可能只是部分国家。由于世界各国在自身特点上存在着巨大差异，一国即便在同类事项上与外界也有不同程度的交往关系。根据所参加的国家数量的不同，形成了几类不同的国际关系：（1）所有国家都参加的普遍的国际关系；（2）大多数国家参加的多边关系；（3）少数国家参加的有限多边关系（"少边"关系）；（4）双边关系。后三类国际关系的每一类，其参加者都可能有不同的组合，而同一国家在同类事项上可能会同时参加上述四个范围的国际关系。可见，国际关系并不限于在整个国际社会范围内单一、普遍的国际关系，而是具有多重范围和多层次性。而各个层次和范围的国际经济关系客观上都需要法律的调整。

国家是国际法律规范的制定者。国际社会是一个平权社会，没有中央立法机关，所有国家有权一起制定它们之间在普遍国际关系范围内的行为规范，部分国家也有权在局部国际关系的范围内制定它们之间特殊的行为规范。当然，部分国家之间的行为规则可能通过形成国际习惯创设、确认或修订在整个国际社会具有普遍拘束力的规则，但是，这些部

---

① 王铁崖：《国际法引论》，北京大学出版社 1998 年版，第 40 页。

② 兰格兴尼：《现代国际法》，陈保林等译，重庆出版社 1987 年版，第 5 页。

分国家之间的行为规则本身在法律属性上与调整普遍国际关系的规则并无差别，它们都是国际法律秩序的组成部分。由此可以得出结论，国际法并不只限于对整个国际社会具有普遍拘束力的法律规范，一般国际法和特殊国际法也是国际法的组成部分。

二、区域贸易安排加剧了国际贸易法治的碎片化

在国际法整体具有碎片化特征这个大背景下，至少从 20 世纪 90 年代以来，区域贸易安排的数量迅速而持续地增加，导致国际贸易法治的碎片化特征日益突出。

据 WTO 官方统计，1948—1957 年尚不存在向 GATT 通知的区域贸易安排。1958—1970 年，累积有效的区域贸易安排只有 3 个。进入 20 世纪 70 年代后，区域贸易安排的数量开始缓慢增长，而从乌拉圭回合后半期开始提速，累积有效的区域贸易安排就从 1971 年的 4 个增加到 1994 年的 39 个。WTO 成立以来区域贸易安排的数量一直保持高速增长之势，如上所述，到 2024 年 3 月，累积有效的区域贸易安排数量达到 365 个。从这个数据也可以看出自由贸易协定发展之迅速、覆盖的国家和地区之广泛，而且这个势头暂时看不到衰减迹象。当然，主要经济体之间的大部分贸易仍然是在最惠国待遇的基础上展开的。但是，关税同盟、共同市场、区域和双边自由贸易区、特惠安排及其他种类繁多的贸易安排等构成的"意大利面碗"现象已达到使最惠国待遇成为例外待遇的程度。有学者甚至声称，在某种意义上说，最惠国待遇现在更适宜表述为"最差国待遇"（least-favoured-nation treatment）。① 当然，这并

---

① Peter Sutherland, et al., *The Future of the WTO: Addressing Institutional Challenges in the New Millennium*, Geneva: World Trade Organization, 2004, para.60, WTO, https://www.wto.org/english/thewto_e/10anniv_e/future_wto_e.pdf, last visited on 24 May 2022.

不意味着最惠国待遇真的是水平最低的待遇，两个国家如果未缔结任何多边或区域贸易协定，其相互之间可能连最惠国待遇也享受不到。

GATT 1994 第 24 条第八款要求关税同盟和自由贸易区成员"对成员领土之间的实质上所有贸易或至少对原产于此类领土产品的实质上所有贸易，取消关税和其他限制性贸易法规"，[①]《服务贸易总协定》第 5 条则要求经济一体化组织应涵盖众多服务部门，并在所涵盖的部门范围内"实质上取消所有歧视"。[②] 这样看起来区域贸易安排内部成员间的贸易自由化水平应该达到极高程度并因此不会有大的差别，但实际情况并非如此。"实质上所有贸易""应涵盖众多服务部门""实质上取消所有歧视"均属原则性表述，具体需要达到何种程度并无明确规定，这样，各区域贸易安排即便是在这些规定事项上都会存在各种各样的差别，例如，最经常为人们关注的原产地规则方面的不同，更不要说上述众多与贸易有关的其他事项，例如非贸易事项。

GATT 1994 第 24 条还规定了建设关税同盟和自由贸易区的过渡期，

---

① GATT 1994 第 24 条第 8 款规定："就本协定而言：(a) 关税同盟应理解为以一单一关税领土替代两个或两个以上关税领土，以便 (i) 对于同盟成员领土之间的实质上所有贸易或至少对于产于此类领土产品的实质上所有贸易，取消关税和其他限制性贸易法规 (如必要，第 11 条、第 12 条、第 13 条、第 14 条、第 15 条和第 20 条下允许的关税和其他限制性贸易法规除外)，及 (ii) 在遵守第 9 款规定的前提下，同盟每一成员对同盟以外领土的贸易实施实质相同的关税或其他贸易法规；(b) 自由贸易区应理解为在两个或两个以上的一组关税领土中，对成员领土之间实质上所有有关产自此类领土产品的贸易取消关税和其他限制性贸易法规 (如必要，按照第 11 条、第 12 条、第 13 条、第 14 条、第 15 条和第 20 条允许的关税和其他限制性贸易法规除外)。"

② 《服务贸易总协定》第 5 条 (经济一体化)："1. 本协定不得阻止任何成员参加或达成在参加方之间实现服务贸易自由化的协定，只要此类协定：(a) 涵盖众多服务部门，并且 (b) 规定在该协定生效时或在一合理时限的基础上，对于 (a) 项所涵盖的部门，在参加方之间通过以下方式不实行或取消第 17 条意义上的实质上所有歧视：(i) 取消现有歧视性措施，和 / 或 (ii) 禁止新的或更多的歧视性措施，但第 11 条、第 12 条、第 14 条以及第 14 条之二下允许的措施除外。"

这意味着在过渡期内关税同盟或自由贸易区的成员只要不对非成员实施高于或严于其成立前的关税或贸易法规（即形式上没有给非成员施加更多限制），并且制定了形成关税同盟或自由贸易区的计划和时间表，即便在此期间暂未达到对"实质上所有贸易"取消关税和其他限制这一要求，也不算违反第 24 条。而在此过渡期内，各个区域贸易安排成员之间的权利义务可能存在纷繁复杂的规定。更何况，各个区域贸易安排是否能完全达到 GATT 1994 第 24 条和 GATS 第 5 条的要求，还得另当别论。另外，参加多个区域贸易安排的国家即便有意努力在这些协定中规定相对一致的内容，实际上由于缔约对象的多寡及存在各种各样的利益诉求，最终仍将会有程度不等的差别。

　　总之，各个区域贸易安排的差别是明确而肯定的，与国际法其他领域的条约相比，国际贸易法治碎片化的特征更加明显。这也被称为"意大利面碗"现象。区域贸易安排导致的这种高度碎片化会产生一系列消极作用。这种消极作用集中体现在两个方面：（1）提高了成员政府履行义务及对各该协定进行监管的成本。有些 WTO 成员参加了三四十个区域贸易安排，有些协定内容庞杂，加上不同的过渡期长短不一，政府管理成本会大幅提升。（2）成员企业与不同区域贸易安排成员的企业进行贸易来往的过程中，须了解和遵循不同的贸易规则（例如适用不同的原产地规则），这会明显提高企业的经营成本。

第三章
全球化受挫背景下国际贸易法治的
未来发展方向

在国际贸易法治陷入上述困境并且仍在持续发酵的情况下，其未来发展方向如何，就成为国际社会和学术界关注的一个焦点问题。本章将基于上文对全球化发展趋势的分析，讨论全球化再平衡背景下国际贸易法治的未来发展方向。总体上来说，笔者持谨慎乐观态度，但对于化解WTO多边贸易体制危机、实现WTO的现代化改革，也要做好打持久战的思想准备。

第一节　全球化受挫不会从根本上阻滞
国际贸易法治的发展

如前所论，全球化遭遇挫折会延缓但不会改变全球化的主导方向。虽然全球化在现阶段遭遇挫折，国际贸易法治也遭遇困境，但全球化将继续向前，这决定了国际贸易法治仍将继续向前发展，甚至可能为国际贸易法治的发展提供新的契机。

一、多边贸易体制具有再度恢复活力的可能性

在 WTO 多边贸易体制三大功能的发挥遭受挫折，并且存在被边缘化危险的背景下，WTO 亟待改革。近年来各成员已经积极提出改革建议，2022 年 6 月第 12 届部长级会议也启动了改革程序。初看起来，改革建议五花八门，有些则针锋相对，让人产生一筹莫展之感。对于 WTO 到底将走向何方，有媒体甚至发出了"世贸组织改革还能有结果吗"之问。[①] 出于以下方面的考虑，笔者认为，多边贸易体制仍有可能恢复活力。

（一）世界各国对多边贸易体制的需求仍然存在

无论是多边贸易体制还是区域贸易体制都是国家实现贸易自由化的途径。WTO 及新近有代表性的自由贸易协定也在一定程度上包含了投资自由化的内容。只要各国继续追求贸易和投资自由化，就有推动和维护这两种贸易体制的动力。如前所述，经济学理论认为，贸易和投资自由化能够提高共同体经济发展的总体效率。尽管共同体的成员在贸易和投资自由化中受益程度不均，但通常均能受益。这是各国追求贸易和投资自由化源源不竭的根本动力。这也是世界各国纷纷积极加入多边贸易体制和各种区域贸易安排的根本原因。当然，任何国家在参与贸易自由化和投资自由化的过程中都试图努力打开他国市场，同时努力保护本国产业。这也是各种保护措施总是与各种开放措施并存的原因。只是由于各国在参加多边贸易体制或区域贸易安排中均做类似的努力，在谈判中讨价还价，才使得各国的权利义务达成一个相对的平衡，至少是谈判者"感觉"的平衡。无论如何，总体上而言，

---

① 雷蒙：《世贸组织改革还能有结果吗?》，《可持续发展经济导刊》2020 年第 9 期。

在国际分工基础上的贸易和投资自由化是各国提高经济发展效率的根本。有了经济发展的效率，进一步讨论公平问题才有意义。为了实现经济合作，共同体成员总是要进行讨价还价。任何一方提出过分要求，都可能导致合作无法正常进行，从而对所有各方均不利。因此，尽管有些情况下，达成协议的确非常困难，但各方往往努力寻求在相互妥协的基础上达成协议。

与区域贸易安排相比，多边贸易谈判虽然谈判成本高，不易达成协议，但一旦达成协议，作为全球性贸易公共产品平台，可节省分散谈判带来的大量组织成本，而且可在最大程度上提高国际贸易的运行效率。[1] 就目前的状况来看，虽然区域贸易安排在多边贸易规则这张大网上已经"戳了不少窟窿"，但未被"破坏"的部分仍占有相当大的面积，WTO 规定的最惠国待遇原则仍然可以在相当程度上得到实现。目前重要的区域贸易安排的成员数量都并不太多。作为关税同盟的欧盟现有 27 个成员国，这算是特例了。相比之下，RCEP 有 15 个国家和地区，USMCA 有 3 个缔约国，CPTPP 有 11 个成员，南部非洲关税同盟有 5 个成员国。另外，还存在大量的双边贸易协定或安排。这样，多边贸易体制的维护和发展仍然是一个值得追求的目标。有一种观点认为，区域贸易协定特别是 TPP/CPTPP 造成 WTO"名存实亡"，[2] 这实为一种夸大其词的说法，多边贸易体制仍然在发挥作用。此外，如果多边贸易谈判能够继续向前推进，也会有效减少其与各个区域贸易安排在减让水平方面的落差，从而缓解这种落差对多边

---

[1] 张帆：《国际公共产品理论视角下的多哈回合困境与 WTO 的未来》，《上海对外经贸大学学报》2017 年第 4 期。

[2] 唐跃军：《应对 TPP 危机》，《北大商业评论》2015 年第 11 期；袁源：《在博鳌读懂"逆全球化" WTO 多边机制已名存实亡》，新华网，2017 年 3 月 27 日，http://www.xinhuanet.com/finance/2017-03/27/c_129519431.htm，访问日期：2022 年 8 月 16 日。

贸易体制带来的冲击。

（二）主要成员迄今并未放弃 WTO

目前上诉机构瘫痪的直接原因是美国的阻挠，多哈回合谈判的失败和监督机制运转不良则很难简单地归因于哪个成员。而从各主要成员的态度来看，迄今各主要成员并未放弃 WTO。特朗普政府即便曾多次威胁要退出 WTO，但并未有退出的实际举动，反而还将有关争端诉至 WTO。美国还多次就 WTO 改革的诸多方面单独或与欧盟和日本一道发表改革主张。美国阻挠 WTO 上诉机构成员的任命，而且迟迟不提出具体条件，除其指称上诉机构本身存在一系列问题之外，更重要的是，美国要以上诉机构成员任命问题为杠杆向其他成员施加压力，要以此在 WTO 改革中寻求重塑贸易条件，获得更加有利的谈判结果，而并不是要放弃 WTO 多边贸易体制和贸易自由化。拜登政府则对推动 WTO 改革表示了更加积极的态度。《2022 年总统贸易政策议程》显示，拜登政府总体上支持 WTO 改革。[①]

美国之外的其他成员更是希望打破目前的僵局，推动 WTO 改革，力图维护多边贸易体制。除了单独或联合提出 WTO 改革的各种建议外，为解决上诉机构瘫痪导致的上诉程序无法正常运行的问题，以欧盟、中国为首的二十几个成员还于 2020 年 4 月签署了《多方临时上诉仲裁安排》（MPIA），建立了替代性的上诉程序。目前，MPIA 的成员已增加到 52 个。[②] 这一做法除了解决现存的上诉程序缺失问题之外，实际还表明了诸多成员维护多边贸易体制的决心。迄今 WTO 成员数量达到 166 个，这的确会导致进一步决策的困难，但如此数量的成员本身也意味着多边

[①] USTR, The President's 2022 Trade Policy Agenda, March 2022, p.11.

[②] "Multi-Party Interim Appeal Arbitration Arrangement（MPIA）", *Geneva Trade Platform*, https://wtoplurilaterals.info/plural_initiative/the-mpia/, last visited on 11 June 2022.

贸易体制的影响力，即便其受到多方面的消极影响甚至侵蚀，现有成员还是不会轻易离开的。第12届部长级会议虽然只取得了一系列轻量级的成果，但已经远超预期，能够有效地提振各成员对多边贸易体制的信心。

总体上看，WTO各成员并不愿意轻易放弃该组织，而是积极准备在未来的WTO改革谈判中争取制定对自己更为有利的规则。毫无疑问，各主要成员都有积极参与谈判的愿望，也有努力达成协议的积极性，从而使得关于WTO改革的谈判至少具有成功的可能性。毕竟谈判成功则共同受益（尽管受益程度必然不等），谈判失败则各方受损。即便WTO改革谈判不成功，甚至某个重要成员退出，我们有理由相信现有成员仍然会维持该组织的存在和运作，在可见的未来不可能出现可以替代该组织的体制。[1]

当然，是否能够实现WTO改革谈判的成功及取得何种程度的成功，主要取决于各主要成员的政治意志及其讨价还价的结果。在目前协商一致的谈判机制下，虽然形式上任何成员的反对都可能导致谈判失败，但主要成员的意志无疑仍然具有主导性地位。[2] 另外，虽然目前从总体上看各成员有积极参加WTO改革谈判的意愿，也有谈判成功的可能性，但另一方面来说也不能完全排除谈不成的可能性。毕竟这次的改革谈判不同于以往，除了经济利益方面寻求再平衡之外，还涉及国际政治格局的变化及主要力量之间的竞争和较量。这为WTO改革

---

[1]　韩立余：《构建国际经贸新规则的总思路》，《经贸法律评论》2019年第4期。

[2]　这并不完全是贸易大国无视中小成员的利益，其也具有某些方面的合理性。例如，就某种产品而言，一个出口份额很大的成员总会比出口份额小的成员更积极地在该商品上与其他成员讨价还价，前者获得的谈判成果可通过最惠国待遇原则适用于后者，后者甚至无须就此参加谈判。当然，这只是一种简单的事例。在主要成员在不同谈判领域进行利益交换时，中小成员的利益可能就无法得到充分考虑。后文第十一章第三节对此也会有专门论述。

谈判增加了不确定性。

二、区域贸易安排仍将继续蓬勃发展

从上文所引数据可见，WTO 成立后大部分时段区域贸易安排的数量呈现加速增长之势。出于以下方面的考虑，可以预见这种增长还将继续。

一方面，尽管各国国情不同，但都在不同程度上存在贸易投资自由化的现实需求，而多边贸易体制由于成员数量众多，不易达成协议，贸易投资自由化水平也会受到影响，难以满足成员贸易投资自由化的现实需求。相对而言，区域贸易安排是实现贸易投资自由化从而提高经济发展效率的便利途径。区域贸易安排的突出优点是成员数量比较有限，并且成员本身就具有选择性（例如产业具有互补性的成员），这样成员间易于达成协议，也容易实现较高程度的贸易投资自由化。另外，在多边规则谈判陷于僵局的背景下，通过自由贸易协定促进国际经贸规则形成的作用更为明显。① 自由贸易协定对于多边层次的市场开放起到"垫脚石"（building blocks）还是"绊脚石"（stumbling blocks）的作用？对此问题的争论尚无结论，但同时，有些决策者抱有"竞争性自由化"（competitive liberalization）的观念，认为参加自由贸易协定对多方面的自由化形成一种激励，并有助于在诸如投资规则和市场规制等领域形成创新政策。②

另一方面，区域贸易安排的蓬勃发展显然还有非经济因素的影响。

---

① 韩立余：《构建国际经贸新规则的总思路》，《经贸法律评论》2019 年第 4 期。

② Peter Sutherland, et al., *The Future of the WTO: Addressing Institutional Challenges in the New Millennium*, Geneva: World Trade Organization, 2004, para.84, WTO, https://www.wto.org/english/thewto_e/10anniv_e/future_wto_e.pdf, last visited on 24 May 2022.

至少到目前为止，大多数区域贸易安排都具有地区化特征，即成员主要是邻近国家。欧盟显然是最典型的事例，其建立关税同盟的最终目标是建立统一的欧洲。当然，地域的邻近性并非影响区域贸易安排建立的唯一因素，除促进本地区经济发展这一基本考虑外，其他非经济因素包括但不限于加强地区团结、促进本地区和平安全、加强与特定国家政治上的联系、成员原本具有政治上的共同性等。在目前国际格局正处于变动中的大背景下，建立区域贸易安排也是不少国家实现非经济目标的重要途径。

三、贸易投资自由化水平将会不断提高

由于 WTO 多边贸易体制存在恢复活力的可能性，而区域贸易安排毫无疑问会继续蓬勃发展，世界范围内的贸易投资自由化水平无疑会不断提高。即便 WTO 改革谈判不成功，贸易投资自由化水平仍会主要通过区域贸易安排而实现。如上所述，贸易投资自由化是经济发展的内在要求，这也决定了全球化的不可逆转性，这不仅体现在越来越多的国家参加各种区域贸易安排，[1] 而且各种区域贸易安排自身的贸易投资自由化水平势必会越来越高。

当然，贸易投资自由化水平在不同国家、不同地区间肯定是不平衡的，因为无论在多边贸易体制中还是在区域贸易安排中，自由化的本质是放松政府对经济生活的干预，开放本国市场以换取他国市场的开放。有些国家出于保护本国某些产业的目的而不愿意在某些领域开放，或不愿意马上开放，或不愿意维持较高的开放度，都有可能影响

---

① 截至 2024 年 3 月底，WTO 共有 166 个成员，占全世界国家数量的绝大多数，所以 WTO 成员数量继续增加的空间已经比较小了。

该国的贸易投资自由化水平，也会影响该国所参加的区域贸易安排或多边贸易体制中的自由化水平。无论如何，不管从单一国家来说，还是从整个国际经济关系来说，贸易投资自由化水平不断提高，这是必然趋势。

第二节　未来国际贸易法治将更多地体现利益的再平衡

全球化所遭受的现有挫折不会从根本上阻滞或逆转国际贸易法治的发展，但同时在权利义务的内容上必然发生这样或那样的变化，从而体现各方利益的再平衡。在贸易自由化这个大方向不会发生重大逆转的情况下，利益的再平衡总体上将会通过扩大开放而非提供更多保护来实现。当然这种所谓利益"再平衡"，就像之前所谓权利义务的"平衡"一样，是一种非常感性的认识，而非一种量化的判断。

一、各方利益再平衡的必然性

从一般意义上说，经贸规则的谈判必然伴随着各方权利义务内容的变化，这是不言自明的。这里想着重说明的是，前述全球化所受挫折中包含了若干重要国家的重要利益诉求，这种新诉求将会在很大程度上在国际经贸规则的谈判中体现出来。无论从理论上还是从实践的角度看，所有的国际规则都是国际合作的结果，国际经贸规则也不例外。要想继续国际合作，就免不了继续进行利益博弈。这显然并不意味着国家的所有诉求在与其他国家的互动中都能得到满足，但是国际合作能不能建立、持续和继续向前推进，很大程度上取决于国家之间妥协甚至容忍的程度。如果某一方认为自己的合理关切（至于是否真的合理或合理程度究竟如何另当别论）未能得到有效考虑，并达到较严重的程度，则有可能采取不合作的态度，或对现有机制的运转制造麻烦。而同时，当这样的国家在国际经贸关系中具有较大影响力时，其诉求很难被轻易地忽视，这些诉求毫无疑问要在多边或区域贸易谈判中被考虑和讨论，在经过讨价还价后也将不同程度地在谈判结果中得到体现。

可以想象，WTO 的重要成员都具有这样的影响力，只不过在不同领域不同事项上其具体的影响力不等而已。而就前述全球化所受挫折来说，在很大程度上关系到美国。以美国的综合经济实力和在国际经贸规则制定中的影响力，其试图以阻挠上诉机构成员的遴选作为杠杆撬动整个 WTO 改革，未来的改革谈判尽管毫无疑问要经过反复的讨价还价，但在谈判结果上必然在不同程度上体现美国的新诉求。这不仅会涉及多边贸易体制本身的调整，而且也可能涉及具体规则的调整。当然，在不同事项上不同成员的利益诉求也会得到不同程度的体现，这在很大程度上取决于相关成员的影响力以及讨价还价的结果，很难一概而论。

二、利益再平衡总体上将会通过扩大开放来实现

在国际经贸谈判中利益的再平衡有多种方式。对寻求做更有利的再平衡的国家而言，在现有权利义务的基础上为该国提供更多保护，或是谈判对方提供更多减让，都可以起到利益再平衡的作用。但总体而言，采取后一类方式的可能性更高，或者适用面更广。原因是，无论是多边贸易体制还是区域贸易安排，贸易自由化都是其核心内容，甚至可以说是国际经贸规则发展的主导方向。例如，GATT/WTO 中有"约束关税"

的概念，意思是关税一旦降低到一具体水平，未来只能维持或继续降低，而不能再行提高。事实上非关税壁垒的削减也适用这一原则，尽管并未在规则文本中如此明文规定。

而前一种方式（提高保护水平）是与贸易自由化这一大方向背道而驰的，这种方式即便不是完全弃之不用，适用范围也是非常有限的。相形之下，后一类方式与贸易自由化的大方向是一致的，因而更有可能被采用。

三、利益再平衡具有很强的主观特征

之所以说利益再平衡实质上是一种利益诉求的再平衡，是因为从经济学的角度看，所谓"利益再平衡"很难量化，而是谈判国政府"感觉"平衡了，甚至可以说各方经过讨价还价后只能取得某种程度的妥协，而这种妥协对谈判各国而言可以接受，那么就认为"平衡"了。[1] 这种情形有些类似于市场发现价格的过程。某一全新的产品在市场上的价格究竟应该是多少，可能很难通过理论推导确定下来，而需要通过市场交易去发现价格。国际经贸规则发展中的利益再平衡不能像市场发现价格一样产生一个确定的量化结果，但可以通过各国之间的博弈形成新的国际经贸规则。

第三节　多边体制与区域体制的共存与互动

当人们在论及多边贸易体制与区域贸易安排（区域贸易体制）的关

---

[1]　正是由于这样，往往每个国家在谈判结束后都宣称自己取得了胜利。

系时，通常会涉及后者导致前者的边缘化和贸易规则体系的碎片化，总体上感觉对区域体制的发展持一种略偏贬义的态度，但同时人们也认可区域贸易安排在提高自由化水平和创设新的贸易规则方面的作用，似乎觉得它又有可取之处。我们需要对多边体制与区域体制的关系进行反思，从理论上解决"绊脚石"与"垫脚石"之辩。

一、理性看待边缘化和碎片化问题

关于区域体制对多边体制的影响，人们总会论及区域贸易安排中的权利无法通过最惠国待遇原则适用于 WTO 其他成员，造成对 WTO 非歧视原则的损害。必须承认，这一基本判断本身是正确的。最惠国待遇原则强调公平竞争、机会均等，被誉为多边贸易体制的柱石。[①] 但是，非歧视不是 GATT/WTO 协定追求的唯一价值。如果 WTO 某一成员对某一产品规定了极高的关税税率，或规定了某种严苛的非关税壁垒，而依据最惠国待遇原则同等适用于来自其他成员的产品，这显然不是多边贸易体制所追求的。换言之，多边贸易体制追求的另外一个重要的价值是贸易壁垒的减少。贸易壁垒有关税壁垒和林林总总的非关税壁垒。贸易壁垒的减少就是要提高自由化水平。非歧视并不意味着贸易壁垒的减少和贸易自由化水平的提高，倒是区域贸易安排更加方便实现提高贸易自由化水平这一目标。

多边贸易协定尽管具有规则统一性强，易于管理和实施，涵盖面广等优点，但其明显的缺点是难以达成协议，决策效率低。而从理论上讲，以步调较为一致的方式推进贸易自由化是有一定极限或说能力边界的，[②]

---

① 赵维田：《最惠国与多边贸易体制》，中国社会科学出版社 1996 年版，第 53 页。

② 宋泓：《多边贸易体制制度设计与改革前景》，《世界经济与政治》2020 年第 10 期。

到达一定程度后可能很难推进了。而从经济发展的角度看，各国总是有内在的贸易自由化需求的，区域贸易安排较容易达成，并很快就会产生经济效果，自然会获得各国的偏爱。是固守非歧视原则而导致自由化停步，还是在局部范围内实现自由化而取得现实的经济效果，对此不难做出选择。当然，多边谈判效率低下并非区域贸易安排兴盛的唯一原因。由于各国经济结构不同，对于某些成员来说，在某些情况下可能仅希望与特定少数的其他成员达成贸易协定，而不一定追求一个面向所有 WTO 成员的多边贸易协议。还有如前文所言，有些成员在建立区域贸易安排过程中不仅追求经济目标，而且可能追求非经济目标，而非经济目标在区域贸易安排中更容易实现。

正因如此，如《WTO 的未来》这一报告所指出的，总体上来说，在 GATT 建立后近 50 年，最惠国待遇不再是规则，而几乎成为例外。① 需要说明的是，这个报告是 2004 年发布的，直到 20 年后的今天，这一特征不仅未有弱化，反而日益强化了。这其中毫无疑问也有"竞争性地参与区域贸易安排"的因素。无论如何，区域贸易安排的蓬勃发展是我们必须面对的现实，并且有其内在的合理性。既然如此，我们就需要认真考虑区域贸易安排在贸易自由化及规则制定方面的价值，认可这种价值，接受区域体制与多边体制并存且竞争的现实。

至于其对最惠国待遇原则的侵蚀，虽然多边体制与区域体制并非主从关系，但既然多边贸易规则规定了对区域贸易安排的规制，那就是 WTO 成员的义务，各成员在缔结或参加区域贸易安排的过程中也应继续遵守多边贸易规则在此方面的要求。在遵守这些要求的前提下，如

---

① Peter Sutherland, et al., *The Future of the WTO: Addressing Institutional Challenges in the New Millennium*, Geneva: World Trade Organization, 2004, para.60, WTO, https://www.wto.org/english/thewto_e/10anniv_e/future_wto_e.pdf, last visited on 24 May 2022.

果区域贸易安排继续"高歌猛进"，继续提高贸易自由化水平，这种状态显然比维护低开放水平下的最惠国待遇原则更值得人们追求。在此情况下，WTO 下的最惠国待遇原则就只能被推到次要地位了，无须对最惠国待遇原则过于"痴迷"。《WTO 的未来》报告指出，政治上的感觉告诉我们没有什么可有效防止区域贸易安排的进一步扩展，我们还是希望各成员政府在发起歧视性的新贸易协定之前，能考虑其对多边贸易体制的损害。如果发起新贸易协定的动机是促进非贸易议程或只是本能地想追赶或效仿其他国家，他们还是应该保持克制。[1] 概而言之，该报告只是倡导各成员政府保持克制，这也是无奈之举了。该报告显示了对最惠国待遇原则的留恋（当然也值得留恋），但也切实地感受到了自贸协定发展的现实。如此，何不放平心态，更理性地接受这种现实。更何况，WTO 尚未被彻底边缘化。即便未来被彻底边缘化了，那必然意味着自贸协定发展到了更高程度，覆盖了更广范围，WTO 已无用武之地，其历史使命已经结束，那就坦然接受。"沉舟侧畔千帆过，病树前头万木春"。

再就贸易规则的碎片化来说，如果制定统一的规则实在有困难，碎片化的规则就成为次优选择。人们甚至可以说它是一种最优选择。理想中的最优选择如果不能实现，将能够实现的规则称为"最优"选择，那也无妨。碎片化的规则总是优于没有规则。更何况，国际法规则本身就具有碎片化的特征，这是由国际社会的平权特征决定的。各国可以通过一些方式缓解碎片化，但不可能消除碎片化。既然如此，就不必太在意碎片化的问题。即便是在经贸领域，建立统一的法治都

① Peter Sutherland, et al., *The Future of the WTO: Addressing Institutional Challenges in the New Millennium*, Geneva: World Trade Organization, 2004, para.103, WTO, https://www.wto.org/english/thewto_e/10anniv_e/future_wto_e.pdf, last visited on 24 May 2022.

是一种"乌托邦"。①

至于学者们经常讨论的贸易争端的管辖权竞争问题，② 如果某一贸易争端的确构成管辖权的竞合，即同时落入 WTO 和某一区域贸易安排的规制范围之中，那么原则上来说，若两个协议对管辖权竞合有规定的，从其规定；没有规定的，双方可以协商解决管辖权竞合问题。既无专门规定又协商不成的，任何一方将争端提交多边争端解决程序或区域协定下的争端解决程序，从法律上来说都没有任何问题。当然，同一争端事实要经过两次争端解决程序，对当事方总是一种负担和资源浪费，所以我们可以期待当事方在管辖权竞合问题上的合作，至少是克制。最彻底的方法就是在缔结贸易协定时对管辖权竞合问题做出约定。即便没有约定，我们也不必为这一问题过于担忧。从实践来看，虽然的确发生了贸易争端管辖权的竞合问题，但总体上来看，区域贸易安排下的争端解决机制使用频率不高，人们常将此解释为 WTO 争端解决机制运行良好而为争端当事方所倚重。

二、多边体制的生存空间及与区域体制的互动

区域贸易安排蓬勃发展，似乎对多边体制形成了压制。但多边体制是不是就要崩塌，没有生存空间了呢？也不是。彼得斯曼认为世界需要捍卫多边主义的 WTO"乌托邦"理想。③ 我们有理由对多边体制的生存

---

① 这一措辞借鉴了彼得斯曼的说法。Urnst-Ulrich Petersmann, A Post-WTO International Legal Order: Utopian，Dystopian and Other Scenarios，*Journal of International Economic Law*，Vol. 24, Issue 2, 2021, p.5.

② 刘敬东：《多边体制 vs 区域性体制：国际贸易法治的困境与出路——写在 WTO 成立 20 周年之际》，《国际法研究》2015 年第 5 期。

③ Urnst-Ulrich Petersmann, A Post-WTO International Legal Order: Utopian，Dystopian and Other Scenarios，*Journal of International Economic Law*, Vol. 24, Issue 2, 2021, p.5.

或适度恢复活力抱谨慎乐观态度，并认为多边体制与区域体制可以存在良性互动。

第一，WTO 任何成员恐怕不会轻易放弃这么一个规则平台。在全世界绝大多数国家和地区之间建立起相对统一适用的规则，[①] 这本身就是一个巨大的成就，也是多边贸易体制长期发展积累的结果。它为数量巨大的成员之间的贸易设定了至少是一种"基础水平"的贸易规则。与区域贸易安排相比，WTO 的减让水平和规则发达程度虽然不高，但适用的广泛性无与伦比。脱离了这个平台，任何成员要想与世界绝大多数国家和地区达成贸易协定，都需要耗费极为巨大的谈判成本。

第二，未来 WTO 贸易谈判模式的调整可能提高决策效率。如果 WTO 贸易谈判模式容许采用诸边模式，特别是适用最惠国待遇的诸边模式，不仅会极大缓解由协商一致和一揽子接受所带来的谈判效率低下的问题，而且极为接近多边化。如果考虑到诸边模式的议题可以是单一性而非多议题并举，以上效果会更加明显。

第三，自贸协定在规则发展方面所具有的灵活性和先进性可以为多边贸易规则的发展提供养分，自贸协定的开放水平提高也可能促使 WTO 提高开放水平。区域贸易安排的规则样本作用不可忽视，不仅劳工、环境、投资、中小企业、竞争政策等新议题被频频纳入新型自由贸易协定中，而且传统领域的贸易减让水平也更高。而多边贸易规则也并非会一直停步不前，其向前推进的过程也正是缩小或缓解与自由贸易协定规则"落差"的过程。WTO 多边贸易规则也可能吸收自贸协定中的

[①] 之所以讲相对统一的规则，是因为不同身份的 WTO 成员享有的待遇不尽相同，例如发展中成员在 WTO 内享有特殊和差别待遇，最不发达成员还有进一步的特殊待遇。成员之间还可援引互不适用条款。像中国这样的成员还根据《中国加入议定书》承担特别的义务。

新规则，自贸协定下的开放水平普遍提高后，多边贸易体制的开放水平也可能水涨船高，这些都可能使 WTO"浴火重生"。[①] 从这个意义上，自贸协定是多边贸易体制的"垫脚石"。很难说各国由于重视自贸协定导致不重视多边谈判，或者说仅凭对非歧视原则的冲击不足以认定自贸协定是多边贸易体制的"绊脚石"。

第四，区域贸易安排不会一直"疯长"下去，不会把多边贸易体制的生存空间压榨殆尽。虽然从理论上来说，如果区域贸易安排的主体和规则覆盖面足够广，有可能使 WTO 多边贸易体制沦为"空壳"。但发生这种情况的概率很小。多边贸易体制有其发展的极限空间，自贸协定也不例外。区域贸易安排本身的产生受到经济结构、区域团结、成员政治关系状态等一系列因素的影响，很难一直"疯长"下去。

另外，当人们论及区域贸易安排对多边贸易体制的影响时，总会涉及区域贸易安排的成员之间相互给予了更多的权利，相互之间享有了更加优惠的待遇，从而产生贸易转移甚至投资转移的效果，但成员为获得这些利益而承担的义务（成本）却很少被人们所提及。让人感觉若不更多地加入区域贸易安排就会"吃亏"。笔者这里想强调的是，区域贸易安排成员在享有更多优惠的同时，也毫无疑问在承担更多义务。这也决定了区域贸易安排不会一直"疯长"下去。

第五，WTO 主要成员之间的贸易仍适用的是多边贸易协议下的最惠国待遇，特别是中国、美国、欧盟这三个世界上贸易总量最大的 WTO 成员相互之间并不存在区域贸易安排，仍然适用的是 WTO 协议下的最惠国待遇。这种状态是 WTO 多边贸易体制继续存在的重要

---

① 车丕照:《WTO 对国际法的贡献与挑战》,《暨南学报》（哲学社会科学版）2014 年第 3 期。

支撑。

　　当然，这并不是说我们在多边体制与区域体制的关系上可任其自由发展，无所作为。既然 WTO 对自贸协定的发展规定了规则以防范自贸协定的滥用，那就应严格遵守这些规则，至少可在一定程度上缓解这些自贸协定对非歧视待遇的侵蚀。

中　篇

　　WTO 多边贸易体制和区域贸易安排是国际贸易法治的两个分支，前者是国际贸易法治的核心内容，加之 WTO 多边贸易体制正处于动荡和改革时期，改革进程正在进行中，因此中篇重点讨论 WTO 多边贸易体制的改革。WTO 改革议题广泛，除了 WTO 改革总论以外，分论部分重点选择问题较为突出的领域展开讨论，除了谈判、争端解决和监督三项基本功能的恢复以外，还涉及发展中成员地位、国有企业规则及补贴规则的改革等问题。分论各部分大体上呈平行关系。当然，由于笔者能力和精力有限，对有些很有意义的方面，本篇未能讨论，如安全例外、贸易与环境、农业谈判等，有待于之后进一步研究。

第四章
WTO 多边贸易体制改革总论

本章将主要探讨 WTO 改革的必要性，总结各主要成员的改革建议以及改革的若干基础性问题。本章试图解决 WTO 改革的一些整体性问题。随后各章（即第五章至第十章）为分论，将涉及具体领域的规则改革。

第一节　WTO 改革的必要性

对 WTO 改革必要性的认识可从以下角度展开，即现有制度出现了什么问题，有何不足，还有没有改革的价值。前文在探讨国际贸易法治的发展前景时对多边贸易体制目前面临的困境和出路已有一定涉及，这里在前文的基础上对 WTO 改革的必要性做进一步的补充论证。

一、现有机制无法运转或不能完全满足需要

WTO 多边贸易体制的基本功能包括三个方面，即谈判、监督和争端解决。各成员经由一轮又一轮的多边贸易谈判创设和发展贸易规则，以适应各成员对贸易规则的需要。WTO 各级机构通过各种程序监督各

成员对规则的实施。当然，这并不排除各成员之间的相互监督。在成员之间存在贸易争端的情况下，由争端解决机构依照争端解决程序解决争端。但目前 WTO 的三大基本功能无法正常发挥，其基本原因在于 WTO 未随着时代的发展而发展。欧盟委员会 2018 年 9 月发布的《关于 WTO 现代化的概念文件：未来欧盟建议介绍》（以下简称《概念文件》）指出，自 1995 年以来世界发生了变化，但 WTO 却没变。[①]

就谈判功能的发挥而言，多哈回合谈判只取得非常有限的成果，即便把第 12 届部长级会议上所取得的《渔业补贴协定》和若干部长宣言等谈判成果包含在内，也不影响这一结论，这就使得 WTO 规则和制度没有发生大的变化，从而落后于时代发展的要求。例如，WTO 建立后，全球贸易的图景发生了巨大变化。商用互联网的普及，供应链的成长和服务贸易的不断增长都使贸易活动发生了极大扩展。而除极少数领域之外，WTO 规则并未随之现代化或做相应扩展。数字贸易、服务、与国有企业竞争、投资、劳工及环境问题都有可能成为多边贸易协定或诸边贸易协定未来谈判的主题。[②]加拿大在《强化与现代化 WTO：讨论文件》中指出，当前成员对贸易利益的分享并不公平，WTO 规则不再能够反映权利与义务的平衡。[③]

又如，谈判决策程序未随着成员数量及结构变化做出相应调整。当初的 GATT 是由 23 个缔约方在 1947 年建立的，由 GATT 发展演变而

---

① European Commission, Concept Paper: WTO Modernization - Introduction to Future EU Proposals, 18 September 2018，http://trade.ec.europa.eu/doclib/docs/2018/september/tradoc_157331.pdf，last visited on 18 June 2022.

② Congressional Research Service, *World Trade Organization: Overview and Future Direction*, p.41，Updated on 6 December 2019, https://crsreports.congress.gov/product/pdf/R/R45417/7, last visited on 15 June 2022.

③ WTO Doc., Strengthening and Modernizing the WTO: Discussion Paper, communication from Canada, JOB/GC/201, 24 Sept. 2018.

来的 WTO 在第 13 届部长级会议之前就已经拥有 164 个成员，涵盖了全球 98% 的贸易。[1]（这次部长级会议后，成员数量增加为 166 个。）不仅成员数量大幅增加，成员结构也发生了很大变化，特别是新兴经济体在世界经济中的地位大为提高。而美国虽然仍然是世界第一经济大国，但在世界经济中所占的比重却相对降低。在这种情况下，多边贸易谈判却仍然采用协商一致的决策程序，这就使得谈判难以达成协议。与之相关，多哈回合谈判的目标是在众多议题上达成对所有成员均有约束力的多边贸易协定，并且原则上采用一揽子方式接受。这些同样不能适应成员数量及成员结构方面的变化。只是在多哈回合谈判后期，各成员调整谈判策略，才达成了有限成果，也才使多哈回合谈判没有颗粒无收。

上诉机构危机很大程度上反映出各成员很难对司法权力加以监督的问题。《马拉喀什建立世界贸易组织的协定》（Marrakesh Agreement Establishing the World Trade Organization，以下简称《WTO 协定》）第 9.2 条规定的部长级会议和总理事会的权威解释无法正常发挥作用，导致当上诉机构出现法律解释错误时，各成员对之无能为力。这种问题本来在 WTO 建立时就存在，只是早些时候表现得并不明显。当美国认为上诉机构法律解释出错程度高，并与先例、造法、发表咨询意见等问题结合起来产生放大效应时，该问题就变得非常突出。由于美国的阻挠，上诉机构瘫痪，而现有机制显然不足以解决这样的问题。

再如，WTO 规则无法有效应对单边主义报复行为。虽然 DSU 第 23 条规定了单边主义措施的非法性，但当某一成员实际采用单边主义性质的报复行为时，仅仅宣布其非法性显然是不够的，受损害成员能不能采取反制措施？对此，WTO 协议并未做出明确规定，这就使得反制

---

[1]　Congressional Research Service, *World Trade Organization: Overview and Future Direction*, forewords, Updated on 6 December 2019, https://crsreports.congress.gov/product/pdf/R/R45417/7, last visited on 15 June 2022.

措施本身也面临 DSU 第 23 条的考验。

WTO 协定是一个庞大的条约群，其存在各种各样的不足是可以想象的。跟国内法相比，国际法规则本来就是一个"粗疏"的法律规则体系。更何况，国际经贸关系处于持续的发展变化之中，存在对国际贸易法律制度供给的持续性需求。

二、世界经济的发展仍需要 WTO

如前所述，世界各国和地区追求贸易和投资自由化具有充分的经济学基础，而 WTO 是实现贸易自由化的重要平台。多边贸易体制为世界各国经济的快速增长和数以亿计的民众摆脱贫困提供了基础。WTO 是紧张局势日益加剧时贸易的保护者，也是国际经济治理体系的支柱。即使在经济形势最为严峻之时，在 WTO 的帮助下，国际社会也避免了过去曾经引发经济衰退的贸易战。[1] 盖因如此，彼得斯曼认为世界需要捍卫多边主义的 WTO"乌托邦"理想。[2] 同时 WTO 改革也获得了包括中国、美国、欧盟在内的主要成员的支持。

特朗普政府曾多次抱怨美国在 WTO 中"吃亏了"，但如前所分析，这并不意味着美国真的吃亏了，而是存在结构性的利益不平衡。特朗普政府也曾多次威胁退出 WTO，但并未真正退出，反而继续向 WTO 争端解决机构提交争端，体现出其对 WTO 积极利用的一面。自 2017 年 12 月到 2021 年 11 月，美国还与欧盟和日本发布了九次贸易部长《联

---

[1] European Commission, Concept Paper: WTO Modernization - Introduction to Future EU Proposals, 18 September 2018，http://trade.ec.europa.eu/doclib/docs/2018/september/tradoc_157331.pdf，last visited on 18 June 2022.

[2] Urnst-Ulrich Petersmann, A Post-WTO International Legal Order: Utopian，Dystopian and Other Scenarios，*Journal of International Economic Law*, Vol. 24, Issue 2, 2021, p.5.

合声明》，提出三方对 WTO 有关问题的改革主张。在特朗普当政时期，人们曾怀疑美国在 WTO 改革中能否发挥领导作用，特朗普政府也曾明确表示优先谈判双边自由贸易协定，而不是多方协定（multiparty agreements）。[①] 但在拜登上台后，这看起来已经不成问题，拜登政府更加强调美国在国际事务中的领导作用及与盟友的合作，因此仍会在 WTO 改革谈判中发挥关键作用。

美国参加自由贸易协定的状况也显示了继续维护 WTO 的价值。通常美国参加的 FTA 被认为具有"WTO+"的特征，它们在 WTO 各协议的基础上消除了绝大多数关税和非关税壁垒，并在 WTO 尚未涵盖的领域规定规则和义务。例如，美国参加的绝大多数 FTA 都包含超过 GATS 的服务市场开放，或数字贸易义务。但是，美国的大部分对外贸易，包括与中国和欧盟的贸易，都是在 WTO 协议规定的贸易条件基础上进行的。2017 年，美国与非 FTA 伙伴间的贸易额达到 3.4 万亿美元，而同期与 FTA 伙伴间的贸易额为 1.8 万亿美元。[②] 这也从一个侧面说明了改革和维护 WTO 多边贸易体制对于美国及其贸易伙伴的重要性和必要性。

欧盟在《概念文件》中表示，欧盟历来是多边贸易体制的坚定支持者，并坚信 WTO 在保证自由和公平贸易方面不可或缺，因此，多边体制的健康发展和中心地位需要维护，必须不惜一切代价防止其被边缘化、被削弱和陷入衰退。[③]

---

① Congressional Research Service, *World Trade Organization: Overview and Future Direction*, pp.37, 39，Updated on 6 December 2019, https://crsreports.congress.gov/product/pdf/R/R45417/7, last visited on 15 June 2022.

② Congressional Research Service, World Trade Organization: Overview and Future Direction, p.39，Updated on 6 December 2019, https://crsreports.congress.gov/product/pdf/R/R45417/7, last visited on 15 June 2022.

③ European Commission, Concept Paper: WTO Modernization - Introduction to Future EU Proposals, 18 September 2018, http://trade.ec.europa.eu/doclib/docs/2018/september/tradoc_157331.pdf，last visited on 18 June 2022.

2018 年 11 月中国政府发布《中国关于世贸组织改革的立场文件》，表示：

"中国始终坚定支持多边贸易体制，……推动世贸组织在全球经济治理中发挥更大作用。""在世界经济深刻调整，单边主义和保护主义抬头，多边贸易体制遭受严重冲击的情况下，中方支持对世贸组织进行必要改革，以增强其权威性和有效性，推动建设开放型世界经济，构建人类命运共同体。"[1]

中国毫无疑问是多边贸易体制的受益者，因此也毫无疑问是多边贸易体制的坚决维护者。中国已经单独或与其他成员一道对 WTO 改革提出了一系列建议，展示了积极参与的姿态。

除了美国、欧盟和中国外，日本、加拿大、印度、澳大利亚、巴西、智利、墨西哥、新西兰、挪威、新加坡、韩国、瑞士、巴基斯坦、斯里兰卡和非洲集团[2] 都以不同形式发布或向总理事会提交了 WTO 改革建议，显示了各成员对 WTO 改革的期待。后续也将简要介绍这些建议的主要内容。

2022 年 6 月第 12 届部长级会议上，各成员取得了一定的谈判成果，提升了各成员对未来改革的信心。除了《MC12 成果文件》外，还包括 9 项成果，即《渔业补贴协定》和 8 项部长宣言或决定。尽管这些谈判成果被总干事恩戈齐·奥孔乔—伊维拉称为"史无前例的一揽子成果"，[3] 但总体上来说，如相关专家所指出的，必须清醒地认识到当前 WTO 仍然处于危机之中，MC12 的成果并不算是重大突破，也没有解

---

[1] 《中国关于世贸组织改革的立场文件》，中华人民共和国商务部，2018 年 12 月 17 日，http://www.mofcom.gov.cn/article/jiguanzx/201812/20181202817611.shtml，访问日期：2022 年 6 月 18 日。

[2] 非洲集团包含 44 个非洲国家。

[3] Speeches - DG Ngozi Okonjo-Iweala, MC12 Closing Session, WTO, https://www.wto.org/english/news_e/spno_e/spno27_e.htm, last visited on 17 June 2022.

决 WTO 所面临的根本问题。^①在 2004 年 2—3 月的第 13 届部长级会议上，同样只取得非常有限的成果，并未取得重大突破。尽管如此，就目前 WTO 所处的困难阶段而言，这些成果的取得仍然显得非常及时和关键，能有效提升人们对进一步谈判的信心。

第二节　各成员对 WTO 改革的主要立场

2018 年以来，WTO 各主要成员都对 WTO 改革做了不同形式的表态。总体上而言，各成员均高度认可 WTO 改革的必要性，但在改革目标和途径方面不尽相同。鉴于有些成员是单独表明立场，有些成员是发表联合声明，或者兼用两种方式，以下主要按照各成员阐明立场的方式分述。

一、美日欧《联合声明》

美日欧自 2017 年 12 月至 2021 年 11 月共发表了九次《联合声明》，表明其对国际贸易关系中若干问题的关注，并就 WTO 改革的不少方面提出建议。^②由于这些《联合声明》在诸多方面的内容都是大同小异，这里合并概括如下。

1. 关注产能过剩、产业补贴、国有企业、强制技术转让、本地化要求和偏好等所谓非市场经济问题，并提出了未来谈判应达到的三个目标，即提高透明度，更好地处理公共机构和国有企业问题，制定更有效

---

① 《对话张向晨：要客观评估 MC12 成果，WTO 改革仍面临挑战》，搜狐网，2022 年 6 月 18 日，https://www.sohu.com/a/558647827_260616，访问日期：2022 年 6 月 18 日。

② "2007-2021 Press Releases", USTR, https://ustr.gov/about-us/policy-offices/press-office/ustr-archives/2007-2021-press-releases, last visited on 1 February 2024.

和更严格的补贴规则。

2.强调加强 WTO 的监督职能,特别是加强各理事会和各委员会的职能,提高这些机构的有效性和工作效率。

3.认为各发展中国家自行宣称其发展中国家地位,会妨碍世贸组织谈判达成扩大贸易的新协议的能力。呼吁自行宣称为发展中国家的一些重要成员在当前正在进行和未来进行的世贸组织谈判中承担全面义务。

4.部长们同意继续努力,在数字贸易领域,在尽可能多的成员的参与下,及时展开高标准协定的谈判。

美国对贸易政策的安排通常还通过年度总统贸易议程体现出来,当然 USTR 也可能就某些问题发布专题报告。《2022 年总统贸易政策议程》显示,拜登政府总体上支持 WTO 改革,其主要目标是恢复贸易谈判机制的有效性并提高透明度;促进各成员遵守和实施在 WTO 协议中的现有承诺;使 WTO 能有效应对非市场经济体的不公平做法和全球市场扭曲。[①] 但该文件只是概括地描述改革的目标,较具体的改革建议主要体现在美日欧《联合声明》及美国单独或联合向总理事会提交的文件中。

二、欧盟《概念文件》

欧洲委员会于 2018 年 9 月发布《概念文件》,对 WTO 改革提出了系列建议。欧盟认为 WTO 改革的目标,一是使 WTO 更加适应已经变化了的世界,二是增强 WTO 的有效性。所提改革建议非常广泛,归纳起来,主要涉及以下三个方面。[②]

---

① USTR, The President's 2022 Trade Policy Agenda, March 2022,p.11.

② European Commission, Concept Paper: WTO Modernization - Introduction to Future EU Proposals, 18 September 2018,http://trade.ec.europa.eu/doclib/docs/2018/september/tra-doc_157331.pdf,last visited on 18 June 2022.

（一）WTO 规则的制定和发展

欧盟认为，急需扩展贸易谈判议程内容，改进规则，以实现公平竞争，在经济的所有领域解决市场准入、歧视及规制性壁垒问题，并增强贸易对可持续发展的贡献。（1）制定规则以实现多边贸易体制中的再平衡，实现公平竞争，特别是要解决扭曲市场的政府支持问题。具体来说，提高补贴的透明度；更好地规制国有企业，建议澄清"公共机构"的构成；应对那些严重扭曲贸易的各种补贴制定更加严格的规则。（2）应制定新规则以解决服务和投资壁垒。需要解决对外国投资者的市场准入壁垒和歧视待遇，包括强制转让技术问题，与投资有关的多边规则应该更新；需要消除数字贸易壁垒。（3）WTO 及其贸易议程应有益于更广泛的政策目标的实现，特别是促进可持续发展目标的实现。（4）为发展中成员享有特殊与差别待遇制定新规则。考虑到有些发展中国家已经成为重要经济体，不同于一般的发展中国家，因此应该区别对待；建议规定"毕业"条款；现有协议之下要增加特殊与差别待遇的话，应有一定条件限制。（5）在 WTO 制定规则的程序方面，建议多边谈判和诸边谈判并用；强化秘书处在谈判及规则实施和监督方面的功能；强化政治支持等。

（二）关于各理事会和委员会的日常工作及透明度

在这方面主要提出如下三个方面的建议。（1）关于贸易政策的透明度，建议建立更加有效的委员会层面的监督；采取一定的激励措施；对恶意而经常不履行透明度义务的国家规定制裁；更好地使用反向通知；强化贸易政策审议机制。（2）促进各理事会和委员会在调整和澄清 WTO 规则方面发挥作用，这可以在正式贸易谈判没有结果时使规则获得一些发展。（3）缩小那些作用不太明显的机构的规模。

（三）关于争端解决机制的改革

针对上诉机构危机，欧盟提出两步走的建议。第一阶段，回应美国在上诉机构运作方面的关切，对上诉程序做全面修改，以使美国不再阻挠上诉机构成员的补选。第二阶段，针对上诉机构对法律规则过度解释或不当解释的问题，WTO 成员着手讨论可能的解决方案。

三、《渥太华联合公报》

2018 年 10 月加拿大、澳大利亚、巴西、智利、欧盟、日本、肯尼亚、墨西哥、新西兰、挪威、新加坡、韩国和瑞士等 13 个成员针对 WTO 改革发布了《渥太华部长会议关于 WTO 改革的联合公报》（简称《渥太华联合公报》），主要表达了三项原则：（1）应维护和增强 WTO 争端解决机制，特别是迫切需要解决上诉机构成员的遴选问题。（2）必须重新激活 WTO 的谈判功能，同时需要解决由补贴及其他方式导致的市场扭曲问题，并继续关注发展问题。（3）应该强化监督，提高各成员贸易政策的透明度。①

四、加拿大的立场

2018 年 9 月加拿大向总理事会提交单独文件，提出改革 WTO 的建议，主要涉及三个方面：②

---

① Joint Communiqué of the Ottawa Ministerial on WTO Reform，WTO，25 October 2018，https://www.wto.org/english/news_e/news18_e/dgra_26oct18_e.pdf，last visited on 27 June 2022.

② WTO Doc., Strengthening and Modernizing the WTO: Discussion Paper, communication from Canada, JOB/GC/201, 24 Sept. 2018.

1. 促进监督功能的有效性。（1）完善国内措施的通知。建议对现有通知要求做综合评审，以确保这些要求不会不必要地复杂；适时更新通知要求；对落后成员给予技术援助等。（2）完善审议能力和机会。（3）通过常设机构中的讨论改善各成员应对某些贸易问题的机会和机制。

2. 维护和增强争端解决机制。（1）把某些争端或问题从现有争端解决机制的裁决机制中分离出去，使用诸如调解等替代机制解决问题。（2）简化裁判程序，使之对不同种类的争端更具灵活性和适应性。（3）更新并确保上诉程序的运行。

3. 新世纪贸易规则的现代化。21 世纪以来，特别是最近十年，需要发展替代性合作和决策方法以反映各成员不断增加的不同需要、发展水平和能力水平。为此需要识别规则现代化的优先事项，探索规则现代化的方式，并考虑发展维度。

五、47 成员《关于 WTO 改革的部长声明》

2022 年 6 月 14 日，即在 WTO 第 12 届部长级会议进行期间，非洲集团(代表非洲 44 个成员)、印度、巴基斯坦和斯里兰卡共同发表了《关于 WTO 改革的部长声明》，主张 WTO 应以具有系统性、透明性和包容性的方式应对体制性挑战；支持总理事会开始审议程序以识别多边贸易体制面临的体制性挑战，而且这种审议应有利于发展中国家的有效、充分和具有包容的参与，并应遵循《WTO 协定》及多边贸易协定规定的原则和目标。[1]

---

[1]　WTO Doc., Ministerial Statement on WTO Reform, WT/MIN（22）/18, WT/GC/250, 14 June 2022.

六、中国的原则立场

中国政府于 2018 年 11 月发布的《中国关于世贸组织改革的立场文件》提出了关于 WTO 改革的三个基本原则和五点主张。

三个基本原则分别是：第一，WTO 改革应维护多边贸易体制的核心价值，即非歧视和开放。第二，WTO 改革应保障发展中成员的发展利益。第三，WTO 改革应遵循协商一致的决策机制。

五点主张分别是：第一，WTO 改革应维护多边贸易体制的主渠道地位。第二，WTO 改革应优先处理危及 WTO 生存的关键问题，诸如上诉机构成员遴选，滥用国家安全例外和单边主义措施等问题，确保 WTO 各项功能的正常运转。第三，WTO 改革应解决贸易规则的公平问题并回应时代需要。应解决发达成员过度农业补贴对国际农产品贸易造成的长期严重扭曲，纠正贸易救济措施滥用特别是反倾销调查中的"替代国"做法对正常国际贸易秩序的严重干扰。第四，WTO 改革应保证发展中成员的特殊与差别待遇。第五，WTO 改革应尊重成员各自的发展模式。[1]

除了以上成员外，其他国际组织如国际货币基金组织和世界银行也呼吁 WTO 主要成员应表现出强烈的政治意愿，并采取实际行动推动 WTO 改革。

七、各成员改革建议简评

由于下文对具体问题做具体讨论，因此这里只是做些观察式概括总

---

[1] 《中国关于世贸组织改革的立场文件》，中华人民共和国商务部，2018 年 12 月 17 日，http://www.mofcom.gov.cn/article/jiguanzx/201812/20181202817611.shtml，访问日期：2022 年 6 月 18 日。

结。从各成员的建议文件来看，提高贸易政策的透明度是几乎所有提案中都主张关注的问题。除此之外，这些建议大体上具有以下特点。

1. 除美国之外的各方最为迫切的关注点是上诉机构成员的遴选问题。欧盟的建议在很大程度上试图照顾美国在上诉机构成员问题上的关切，但其提出建议的重点在程序方面，实体方面的问题留待第二阶段解决。但即使是程序方面的建议，有些美国也表示了明确反对，如美国反对将上诉机构成员的任期延长到 6—8 年。而美国一方面并未积极提出解决这一问题的具体建议，另一方面继续阻挠遴选程序的进行，以向其他成员施加压力。

2. 美、欧、日等西方成员在以下方面大体态度一致：（1）加强各理事会和各委员会的监督职能。（2）针对产业补贴及国有企业制定更为严格的新规则。（3）不同发展水平的发展中国家应区别对待，亦即发展中成员的身份认定及特殊与差别待遇问题。（4）推动在数字贸易等领域开展高水平协定的谈判工作。

3. 47 成员（全部为发展中成员）《关于 WTO 改革的部长声明》和中国的改革建议中着重强调发展中成员的特殊与差别待遇。中国还特别强调了滥用国家安全例外、单边主义措施和滥用贸易救济程序等问题，以及西方国家的农业补贴问题。

4. 西方成员具有联合施压中国的倾向。美日欧等西方成员所提建议中有一点是共同的，即在所谓非市场导向政策问题（产业补贴、国有企业、强制技术转让、产能过剩等）上有明显针对中国的意味。关于不同发展水平的发展中国家应区别对待的问题，牵涉中国、印度、巴西等发展中大国，尤其是中国。可以想象，随着 WTO 改革谈判未来逐步展开，西方发达国家成员联合对华施压的举动将会更为频繁和明显，中国应该充分注意这种动向。

第三节　WTO 改革的若干基础性问题

本节主要讨论 WTO 改革中的若干基础性问题。对 WTO 改革而言，这些问题具有一般性，会影响到改革的全过程。具体领域的问题将在随后各章中展开讨论。

一、WTO 改革的基本目标

在 WTO 第 12 届部长级会议通过的《M12 成果文件》中，部长们承诺对 WTO 进行必要改革，拟改进 WTO 的所有功能；改革工作应是成员驱动、公开透明、具有包容性的，并将考虑所有成员的利益，包括发展问题。总理事会及其附属机构将承担这一工作，审议谈判进展，并在适当时候做出决定提交下届部长级会议。部长们注意到上诉机构问题的重要性和紧迫性，承诺采取行动，期望在 2024 年恢复争端解决机制的正常运行。[①]《M12 成果文件》除了对恢复争端解决机制的正常运行规定了一个大体期限外，总体表述非常宽泛和原则。2024 年 2—3 月举行的 WTO 第 13 届部长级会议仅取得了诸项小的谈判成果，重要议题均未取得成果，但重申了继续 WTO 改革的决心。

对 WTO 改革的目标可以从多个层面去界定和认识，这里拟强调若干基本方面。

（一）着重解决体制性问题而非针对各成员的减让水平及具体政策

WTO 三大基本功能中，上诉程序已完全无法运作。恢复上诉机构

---

① MC12 Outcome Document – DRAFT（Revision），WT/MIN（22）/W/16/Rev.1，16 June 2022.

的正常运转是迫切需要解决的首要问题。当然，这牵涉到如何在制度上实现各成员对司法权力进行监督的问题。至于谈判功能的发挥，多哈回合虽然失败，但谈判机制仍然在运行，未来的关键是如何通过改革谈判方式提高谈判效率的问题。例如，是继续坚持多边模式，还是多边模式＋诸边模式，还是以诸边模式为主；谈判中的决策方式是继续协商一致还是协商一致＋投票表决等。监督机制效率的提高，同样涉及如何在制度上加以保障的问题。概而言之，当前的 WTO 改革要着重解决的是体制和机制问题。提高各成员的减让水平也不能说没有价值，但不是当前 WTO 改革的首要目标。

（二）仍须保持以规则为基础的性质

20 世纪 60、70 年代的 GATT 内法律虚无主义思潮泛滥，总干事和秘书处工作人员以及欧共体和日本等成员认为总协定只是"契约"，而非"法律"。由此而认为，各缔约方的行为不必拘泥于总协定的规则，遇有矛盾冲突，重要的是视实际需要进行谈判和妥协，而不是严格按规则办事；缔约方全体也只需要扮演一个"调解员"即可。[1] 在争端解决程序中，设立专家组和通过专家组报告，均需在缔约方全体（1960 年后在代表理事会）协商一致做出决议，也表现出很强的政治特征。而在 GATT 基础上建立的 WTO 不仅明确了 WTO 各协议的法律性质，规定："每一成员应确保其法律、法规和行政程序与所附各协议规定的义务相一致"，[2] 而且争端解决机制中的上诉机构、明确的审限、反向协商一致通过裁决报告等都表现出明显的国际贸易法院特征，因此 WTO 体制被广泛认为具有很强的"以规则为基础"的特征，这也是 WTO 体制受到

---

① 赵维田：《世贸组织的法律制度》，吉林人民出版社 2000 年版，第 15 页。
② 《WTO 协定》第 16.4 条。

广泛赞誉的重要因素。

WTO 改革仍须继续保持以规则为基础的性质,[①] 这一点对未来多边贸易体制的发展非常重要。以规则为基础意味着 WTO 及各成员的活动必须遵循 WTO 协议及可适用的国际法规则(如《条约法公约》),这可为 WTO 及各成员的行为提供可预见性,相应地也增强了行为规则的稳定性。这是多边贸易体制顺利运行的重要基础,也有助于保持 WTO 的法治底色。当然,这里的"规则"是 WTO 协议及相关国际法规则,而非任何国家的国内法或区域贸易规则。

在争端解决机制领域,如果通过专家组和上诉机构报告改回 GATT 期间的协商一致通过,将意味着被诉方或败诉方能很轻易地阻挠裁决报告的通过,从而大大强化争端解决程序的政治性,而削弱规则的可预见性和稳定性,也会削弱 WTO 以规则为基础的性质。

(三)应努力促使所有重要经济体仍留在 WTO 体制中

WTO 现在有 166 个成员,各成员法律人格是平等的,但经济实力及在多边贸易体制中实际地位的差别,亦属现实状况。确保所有重要经济体仍留在该体制中,[②] 有助于保证 WTO 具有足够涵盖面和影响力。实际上任何全球性的国际条约和国际组织都追求不断扩大涵盖主体的范围,WTO 也不例外。就 WTO 来说,强调这一目标也是具有现实针

---

① Anabel González, Confrontation, Disruptive Technologies, and Geostrategic Rivalry: The quest for renewed global trade governance, in Arancha González and Marion Jansen (ed.), *Women Shaping Global Economic Governance*, Centre for Economic Policy Research Press, 2019, p.80.

② Anabel González, Confrontation, Disruptive Technologies, and Geostrategic Rivalry: The quest for renewed global trade governance, in Arancha González and Marion Jansen (ed.), *Women Shaping Global Economic Governance*, Centre for Economic Policy Research Press, 2019, p.80.

对性的，例如美国曾多次威胁退出 WTO。[①] 又如，在中美贸易关系紧张的背景下，美国白宫经济顾问委员会主席哈塞特曾表示，中国作为 WTO 成员"行为不端"，并称要考虑把中国"开除"出 WTO。[②] 这里姑且不论这些说法和主张的现实性如何，有一点可以肯定，无论是中国还是美国，如果不能继续留在 WTO 中，对多边贸易体制乃至国际经贸关系的格局都会产生颠覆性的影响，并波及广泛的国际问题的解决，这必将导致各方利益受损。在 WTO 改革谈判中，各成员要尽一切可能避免这种情形的发生。

当然，这里所提出的三个目标只是非常基础的目标，更多、更细目标体现在一系列具体问题的谈判中。本书后文的论述也会有不同程度的涉及。

二、采取灵活的决策方式

在 WTO 成员数量大幅增加、成员结构发生了重大变化并且议题众多的情况下，WTO 改革谈判若采用协商一致及一揽子接受的谈判方式，将很难取得成功，其难度不亚于一个回合综合性的多边贸易谈判。WTO 改革谈判要取得有效进展和结果，应采用灵活的决策方式。WTO 改革本质上是对现有规则特别是体制性内容进行修正，因此 WTO 改革的决策方式不同于多边贸易谈判中的决策程序，应该适用《WTO 协定》的修正程序。依笔者之观察，现有《WTO 协定》第 10 条规定的修正程

[①] 金瑞庭：《高度关注美国退出 WTO 可能对我国产生的影响》，中华人民共和国商务部，2019 年 10 月 8 日，http://chinawto.mofcom.gov.cn/article/ap/tansuosikao/201910/20191002902086.shtml，访问日期：2022 年 6 月 20 日。

[②] 《白宫顾问要 WTO"开除"中国，耿爽：WTO 不是美国一家开的》，环球网，2018 年 11 月 22 日，https://world.huanqiu.com/article/9CaKrnKf7nY，访问日期：2022 年 6 月 20 日。

序能够较好地满足灵活决策的需要。

（一）可遵循现有的协商一致和投票表决相结合的方式

《WTO 协定》第 9.1 条规定协商一致是 WTO 决策的一般程序，投票表决为辅助决策程序。但这一条涉及的是一般决策程序。就 WTO 改革而言，更多涉及的是条约修正。[①] 这就需要适用第 10 条规定的修正程序。第 10.1 条规定，对于成员或各理事会提出的修正提议，通常部长级会议应经协商一致做出决定，将拟议的修正提交各成员供其接受。协商不成时部长级会议应以成员三分之二多数决定将拟议的修正提交各成员供其接受。第 10.3 条和第 10.4 条根据修正所涉事项的性质（是否影响各成员的权利和义务）对接受效果做了区分。第 10.3 条规定，对本协定及附件 1A（货物贸易的多边协定）和附件 1C（TRIPS）的修正，若部长级会议提交的修正具有改变各成员权利和义务的性质，则经成员三分之二多数接受后，对接受修正的成员生效。第 10.4 条规定，如若部长级会议提交的修正具有不改变各成员权利和义务的性质，则经成员三分之二多数接受后，对所有成员生效。第 10.5 条针对 GATS 也具有类似规定。

按照《WTO 协定》上述第 10.3 条和第 10.5 条的规定，在接受修正仅对接受成员生效的情况下，未接受修正的成员有权退出 WTO，或经部长级会议通过，仍为成员。这一规定意味着原则上未接受修正的成员就不能继续享有 WTO 资格了，除非部长级会议通过决议仍保留其成员资格。这一规定既试图保持 WTO 体制的统一性，又给不接受某种修正的成员留有余地。保留这种弹性是有意义的。GATT/WTO 体制中本来就有多边贸易协定在特定成员间互不适用的制度，[②] 发展中成员及最不

---

① 在少数情况下，若涉及《WTO 协定》和多边贸易协定的解释，则适用《WTO 协定》第 9.2 条规定的权威解释，即由部长级会议或总理事会以四分之三多数做出。

② GATT 第 35 条，《WTO 协定》第 13 条。

发达成员也在 WTO 中享有不同待遇，也就是说，WTO 中本来就存在权利和义务并不完全统一适用的情形。在修正的接受问题上适当留有余地从而保证特定成员对多边贸易体制的参与，这对多边贸易体制的维护是有价值的。当然，由部长级会议决定未接受某修正的成员是否继续保留成员资格，也是由权力机关对这种不接受的性质和内容进行审核和把关，促使成员在行使不接受的权利时秉持善意和谨慎从事。

总体上而言，《WTO 协定》第 10 条的修正程序对 WTO 改革谈判具有良好的适用性。当然，如果涉及条约的解释或修正程序之外的事项，则可以视情况适用第 9.2 条中的解释程序或第 9.1 条中的一般决策程序。

（二）不要求采用一揽子谈判和接受方式

这里的意思是说，建议 WTO 改革谈判不要求采用一揽子谈判方式，也不要求各成员一揽子接受谈判达成的协议。一揽子谈判和接受方式虽然有助于整体性地解决问题，但在现有的成员数量和结构之下，决策效率会很低。不要求一揽子谈判和接受反倒能促使取得一些成果，具有现实性。

这里应注意一揽子谈判与一揽子接受谈判成果之间的区别。一揽子谈判是指只有各个议题的谈判均达成协议（或各个达成，或交叉平衡一起达成），才算谈判成功，形成修正案。这是针对协商环节而言的。理论上来说达成协议并不意味着各成员当然接受协议。一揽子接受的要求意味着成员不能只接受部分谈判成果，而只能要么接受全部谈判成果，要么全不接受。这是就接受环节而言的。一揽子谈判与一揽子接受的区别早些时候较少为人们重视，这是因为实践中达成协议后各成员通常会接受谈判成果。一揽子贸易协定经过千辛万苦终于形成作准文本，这本身就被参与谈判的成员视为巨大成功。贸易协议的成本与收益又很难量化出来，因此一旦达成协议，各成员特别是参与谈判的成员往往都会宣布自己获得了成功，从而获取国内必要的政治支持。因此，达成协议后又不接受的情形极少出现。

在WTO改革谈判中，建议不要求采用一揽子谈判和一揽子接受方式，应允许既可就多个谈判议题达成协议，也可就单一议题达成协议，可就达成协议的部分内容提交部长级会议通过，并进一步提交成员接受。至于不接受部长级会议修正案的后果，只需要遵循《WTO协定》第10.3条和第10.5条的原有规定即可。

三、改革谈判中的博弈与善意

WTO改革谈判是一个寻求国际合作的过程，同时也是一个在各成员间寻求权利和义务平衡的过程，是一个博弈的过程。既然是国际合作，谈判各方所提出的各种诉求和关切就应该得到其他成员适当的尊重和回应。要充分认识到，在经济全球化（即便暂时遭受挫折）的背景下，任何国家都难以脱离国际经济合作而使本国经济获得有效发展。谈判成功，各方受益，反之各方利益受损。当然，谈判也意味着各方要反复地讨价还价。这就表明在WTO改革谈判中需要善意，需要韧性，在可能的情况下做出妥协和让步。以往的多边贸易谈判从来都是这样。而今WTO有166个成员，其间的矛盾和利益关系错综复杂，成员权力结构的变化客观上都加剧了WTO改革谈判的难度，要通过协商一致达成一致越来越困难，这就更加需要强调改革谈判中的善意和韧性。

也正因为如此，WTO成员要做好打持久战的准备。WTO改革谈判涉及问题极为广泛，而且不少问题都牵涉到修改WTO协议。众所周知，修改条约从来都不是一件容易的事情。可以本着先易后难的原则，积小成到大成。

第五章

诸边谈判与 WTO 谈判功能的恢复

近年来各成员和学术界越来越多地将恢复谈判功能的突破点放在诸边谈判上，本章就将在分析多哈回合谈判失败原因的基础上，讨论诸边谈判及其成果在 WTO 体制下的合法性及在 WTO 贸易谈判中的适用条件。

第一节　多哈回合谈判失败的原因

对于 WTO 谈判功能的发挥受到影响特别是多哈回合谈判失败的原因，学者们做了很多探讨。多哈回合谈判失败很难说是某个单一因素起到了决定性的作用，而是多方面因素叠加的结果。

一、权力分散化导致通过协商一致达成协议变得更加困难

无论是 GATT 还是 WTO，在多边贸易谈判中采用的都是协商一致的决策方式。根据《WTO 协定》第 9.1 条注解，"协商一致"指在做出决定时，出席会议的成员均未正式反对拟议的决定，则有关机构应被视

为经协商一致对提交其审议的事项做出了决定。① 当然,其前提通常是对所涉事项事先进行了协商。

GATT 成立之初只有二十几个缔约方,数量很少,并且美国在决策中居于主导地位,这样利益协调相对比较容易,并且在第二次世界大战结束后人心思定,各缔约方的合作愿望较高,虽然总协定规定了一国一票的多数表决制,但实践中无论是缔约方全体做出日常决定、缔约方全体及后来的代表理事会通过专家组报告还是多边贸易谈判,基本上都是通过协商一致的方式进行的。随着缔约方数量的增加,利益冲突复杂化,利益协调更加困难,多边贸易谈判所耗费的时间也逐渐拉长。例如乌拉圭回合谈判就耗费了八年之久。现如今 WTO 成员数量大幅增加,谈判达成协议的难度自然提高。

比成员数量大幅增加更具有实质性影响的是,成员的经济实力格局以及相应的国际经济权力格局也发生了很大变化。关贸总协定期间的八轮多边贸易谈判都是由美国主导谈判。虽然欧共体、日本和加拿大这些成员也能够发挥重要影响,但不影响美国的霸权地位。② 在多边贸易关系这个一极主导的权力格局中,美国借助于自己的主导力量向其他缔约方施压,多边贸易谈判较容易达成协议。GATT 期间八个回合的谈判中,较常出现的是美国与实力第二的欧共体之间拉锯、对峙甚至陷入僵局的情形,但经过反复讨价还价的过程,仍

---

① 看起来似乎每一成员对一项提案都拥有否决权,但实际上它与一国一票全体同意制还是存在区别的。首先,协商一致程序的特征在于提案不经投票而通过,并非票决;其次,国际组织所应用的协商一致仅指没有异议,而不一定是所有有关方面都真心同意某一议案,一方尽管不同意该议案,却很可能宁愿不投票反对它。潘逊:《国际公法(和平法)和国际组织术语手册》,中国对外翻译出版公司 1989 年版,第 160—161 页。

② GATT 存续的绝大部分时间里国际社会处于美苏对抗的冷战格局中,东方世界和西方世界基本上处于隔绝状态,苏联不可能参加 GATT,因此在 GATT 中,美国自然就是一极独大。

能够达成协议。

而自 WTO 成立后，各成员的经济实力格局发生了显著变化。美国虽然在经济、军事、科技以及综合国力等方面仍是世界上最为强大的国家，但至少经济发展出现了相对衰落。美国之外的其他传统发达成员（诸如欧盟、日本、加拿大等）仍然保持着相当大的影响力。以中国、印度、巴西、俄罗斯和南非为代表的新兴经济体经济实力显著提升，成为世界经济格局中的重要力量。东盟虽然基本上由小国组成，但区域经济也有显著发展，其在世界经济格局中的地位也有上升。与经济实力格局变化相应的是各国在多边贸易谈判中的发言权和影响力发生变化。美国虽然仍具有主导地位，但这种主导地位的品质有所下降。GATT 期间美国借助其主导能力促成一轮又一轮多边贸易谈判的实际完成，但现在却难以做到这一点了。相比之下，新兴经济体在多边贸易谈判中的发言权和影响力有明显提升，他们敢于坚持自己的主张，敢于坚持自己的利益诉求。[1] 当然，美国之外的发达国家仍具有相当的影响力。总体而言，这样一种格局表现出权力分散化的特征。任何一个有影响力的贸易大国虽然有能力阻止一项协议，但很难主导协议的积极达成。这样，当他们之间无法达成妥协时，就很难以协商一致的决策方式达成协议。

当然，这只是就成员的权力结构而言的。实际谈判过程中各方的利益诉求错综复杂，不仅有发达成员和发展中成员之间的利益冲突，而且发达成员之间及发展中成员之间也存在利益冲突。利益诉求的不同是永远存在的，多边贸易谈判的目的也正是在协调这些不同利益诉求的基础上寻求相对稳定的规则，从而实现各成员在贸易管理领域的

---

[1] 周航：《国际经贸谈判的停滞原因与再推进：诸边到多边》，《经济研究导刊》2016 年第 32 期。

合作。多哈回合谈判基本失败，也体现了各成员在利益诉求方面的复杂性。

二、新谈判需要面对以往谈判遗留的难题

各缔约方／成员在推动多边贸易体制建设的过程中面临各种各样的问题，例如，贸易壁垒有关税壁垒和非关税壁垒，非关税壁垒又有许多种类。就国际贸易关系的一般实践及人们通常的行为特征而言，各成员总是倾向于先易后难，即先从容易达成协议的领域着手，层层推进。例如，关贸总协定前几轮回合的谈判主要针对的是关税壁垒，就关税减让达成协议，而且总体的趋势是不断降低关税，以至于在不少产品领域已经实现了零关税。后来才逐步谈判削减非关税壁垒。到乌拉圭回合时，才纳入了服务贸易、与贸易有关的知识产权保护和与贸易有关的投资措施。就服务贸易而言，乌拉圭回合虽然订立了《服务贸易总协定》（GATS），但其主要是一个框架性协议，各成员的承诺水平并不高。

及至WTO建立后展开新的多边贸易谈判，特别是多哈回合的谈判，完全可以想象，早先的多边贸易谈判遗留的问题或者尚未充分解决的问题绝大部分是比较困难的问题，例如，发达国家要求进一步提高服务贸易的开放水平、进一步提高知识产权的保护水平。又如，长期以来未能解决的发达国家对农业的巨额补贴的问题，这在GATT期间就是难题，WTO期间仍然如此。这无疑为新回合谈判的成功增加了难度。

三、金融危机后贸易保护主义对多哈回合谈判的影响

一些学者认为2008年全球性金融危机导致的贸易保护倾向也影

响了各方推进多哈回合谈判的积极性。[1] 如果说这种状况对多哈回合谈判没有影响，那是不可能的，毕竟每当经济危机产生时，任何国家的政府都有采取贸易保护措施的自然反应，也多少会对多边贸易谈判产生一些影响。但不能高估这种影响。经济危机时期政府采取一些贸易保护措施毕竟与参与多边贸易谈判的状况是不同的，前者通常是应付较为迫切的需要，而多边贸易谈判通常并不是很快就能达成协议的。即便达成协议，其签署、批准、生效到实际履行都还有一个过程，因此无论做出积极还是消极承诺，都很难对克服经济危机中的困难状况立即产生影响。更何况，经济危机的存在反而可能刺激和促进谈判各方积极达成协议，至少不一定对多边贸易谈判造成拖累。从历史经验来看，从 GATT 产生到 WTO 成立之前，多边贸易体制也曾遭遇到经济危机的考验。例如，1973 年、1979 年和 1990 年分别发生了三次石油危机，而 GATT 的多边贸易谈判仍然取得了成功。因此，2008 年金融危机后的贸易保护主义对于多哈回合而言只是一个较小的外在影响因素，多哈回合的失败更主要的还是上述前两个方面的原因。

四、区域贸易安排与多哈回合陷入僵局的关系

不少学者在论述多哈回合陷入僵局时，都认为区域贸易安排的蓬勃发展是其原因之一。[2] 从表面上来看，区域贸易安排由于其成员数量较少而更容易达成协议，好像吸引了 WTO 成员的注意力，影响了

---

[1]　David S. Christy Jr., Round and Round We Go, *World Policy Journal*, Summer 2008, pp.19-27.

[2]　David S. Christy Jr., Round and Round We Go, *World Policy Journal,* Summer 2008, pp.19-27；张帆：《国际公共产品理论视角下的多哈回合困境与 WTO 的未来》，《上海对外经贸大学学报》2017 年第 4 期。

其参加 WTO 多边贸易谈判的积极性。特别是美国奥巴马政府积极推动 TPP 和 TTIP 谈判，受到了高度关注，也被认为是对 WTO 谈判兴趣下降的表现。但是，笔者认为，将区域贸易安排的蓬勃发展作为多哈回合陷入僵局的原因，这完全是颠倒了二者之间的因果关系。理由如下。

区域贸易安排有容易达成协议的优点，但多边贸易协定也有规则统一、适用面广的优点。但凡多边贸易谈判能够达成协议，或各成员感觉有达成协议的希望，相信绝大多数成员都会首选参与其中，促成多边协议的达成。而如果由于各种各样的原因导致各成员感觉达成协议希望渺茫，无法通过多边贸易谈判实现确定贸易规则的目标，这会促使他们更多地转向区域贸易安排。当然，在特定情况下多边规则即便有谈成的可能，一成员也可能首选区域贸易安排以追求更高程度的贸易自由化。但总体上而言，区域贸易安排蓬勃发展更有可能是多哈回合谈判失败的结果，而非其原因。相反，后者是前者的原因，虽非唯一原因。

第二节　诸边谈判模式的优势与实践发展

在多哈回合谈判陷入僵局的情况下，2007 年《华威委员会报告》就曾主张使用诸边模式进行贸易谈判。[①] 近年以诸边谈判重振 WTO 的谈判功能成为人们日益关注的一个重要方向，开放式诸边协定也相应地受到重视。欧盟在其关于 WTO 现代化的《概念文件》中明确提

---

① The First Warwick Commission, *The Multilateral Trade Regime: Which Way Forward?* Coventry: University of Warwick, 2007, p.30.

出应追求诸边谈判，并将谈判成果依照最惠国待遇原则适用于 WTO 各成员。[①]

一、诸边谈判模式的优势

与多边谈判模式相比，诸边谈判模式有两个方面的显著优势：

1. 协定可以由部分成员达成。这就打破了全体成员之间的协商一致要求，转而采用部分成员之间的协商一致。之前的 WTO 多边贸易谈判原则上要求全体成员之间的协商一致，而各成员在经济自由化、保护主义、可持续发展、劳工权利、知识产权保护等诸多理念和价值的多元化，导致在谈判中容易产生碰撞和冲突。[②] 部分成员之间的协商一致则大大降低了难度。当然，如果参加成员愿意，其也可通过协商一致以外的方式达成协议，只是迄今尚未出现这类实践。

2. 可以就单一或少数议题达成协定，从而避免一揽子承诺要求导致的困难。其实早在 2011 年 12 月 WTO 第八届部长级会议上，部长们就承认需要充分探索不同的谈判方法，承诺在能取得进展的领域推进谈判，允许各成员在一揽子承诺全部完成前，以协商一致的方式达成临时协议或最终协议。[③] 这些主张为谈判提供了一定灵活性，但仍是以一揽子承诺为原则的。而诸边谈判往往针对少数议题，不存在要求一揽子承诺的问题，因而具有更大的灵活性。

诸边谈判模式拥有的这些优势大大降低了贸易谈判的难度，提高

[①] European Commission, "Concept Paper: WTO Modernization - Introduction to Future EU Proposals", 18 September 2018, http://trade.ec.europa.eu/doclib/docs/2018/september/tradoc_157331.pdf, last visited on 10 November 2022.

[②] 宋晓燕：《全球治理视野下的国际经济秩序发展与法治化》，《东方法学》2023 年第 2 期。

[③] WTO Doc., Eighth Ministerial Conference: Chairman's Concluding Statement, WT/MIN（11）/11, 17 December 2011.

了谈判效率。人们期望可藉由诸边谈判以提高贸易自由化水平。在未来可预见的时期内，很难想象 WTO 成员会恢复采用传统的多边谈判模式。目前，学术界对诸边谈判的发展方向仍存在争议，有学者认为，诸边谈判模式只是传统多边谈判的补充方式。[1] 也有学者认为，诸边模式不应仅被视为一种实用、次优的贸易治理路径，而可被视为贸易治理的最佳路径。[2] 虽然对何者为优可以争论，但毫无疑问，可行性才是硬道理。各成员有持续推进贸易自由化的现实需要，而高效的诸边谈判模式能更好地顺应这种需要，因此完全有可能取代原有的多边谈判模式而成为 WTO 规则发展的主要途径。未来多边协定也可能更多从诸边协定特别是开放式诸边协定演变而来，而不是由多边谈判直接产生。这意味着国际经贸规则供给途径的重大变化。

二、诸边谈判模式的已有实践

早在关贸总协定期间就存在诸边谈判和诸边协定。乌拉圭回合由诸边谈判产生的四个诸边协定中的两个在 WTO 时期转为多边协定，剩下的两个诸边协定均属于封闭式诸边协定。多哈回合开始之前，WTO 也有采用诸边谈判的零星实践。例如，1996 年部分成员签署了《信息技术协定》（Information Technology Agreement，ITA），并于 2015 年达成了其扩围协定。近年诸边谈判有了显著发展。2017 年 12 月，不同组合的部分成员分别发布了《关于电子商务的联合声明》等 4 个部长声

---

[1] 参见石静霞：《世界贸易组织谈判功能重振中的"联合声明倡议"开放式新诸边模式》，《法商研究》2022 年第 5 期；钟英通：《WTO 体制中诸边协定问题研究》，西南政法大学 2017 年博士学位论文，第 83 页。

[2] See Robert Basedow, *The WTO and the Rise of Plurilateralism – What Lessons Can We Learn from the European Union's Experience with Differentiated Integration?* Journal of International Economic Law, Vol.21, Issue 3, 2018, p.414.

明。①2021 年 12 月，不同组合的部分成员分别发布了《贸易与环境可持续发展部长声明》等 3 个部长声明。② 这些"联合声明"或"部长声明"被统称为"联合声明倡议"（joint statement initiative）。"联合声明倡议"即部分成员就某一议题开启谈判的基础文件，其中有些规定了谈判目标（多边协定或开放式诸边协定），有些则未规定谈判目标和生效条件。但所有谈判毫无例外对 WTO 所有成员开放。在 2024 年 2—3 月的 WTO 第 13 届部长级会议上，123 个成员达成了《促进发展的投资便利化协定》，只是遗憾未能被纳入《WTO 协定》附件 4；同时，关于服务贸易国内规制的诸边谈判成果正式生效。③ 总体上来看，目前诸边谈判在 WTO 贸易谈判中呈现出勃兴之势。

三、作为诸边谈判结果类型之一的开放式诸边协定备受重视

诸边协定分为封闭式诸边协定和开放式诸边协定，前者对参加方（WTO 部分成员）产生权利和义务，后者仅对参加方产生义务，而其中

---

① WTO Doc., Joint Ministerial Statement – Declaration of the Establishment of a WTO Informal Work Programme for MSMEs, WT/MIN（17）/58, 11 December 2017; WTO Doc., Joint Ministerial Statement on Investment Facilitation for Development, WT/MIN（17）/59, 13 December 2017; WTO Doc., Joint Statement on Electronic Commerce, WT/MIN（17）/60, 13 December 2017; WTO Doc., Joint Ministerial Statement on Services Domestic Regulation, WT/MIN（17）/61, 13 December 2017.

② WTO Doc., Ministerial Statement on Trade and Environmental Sustainability（Revision）, WT/MIN（21）/6/Rev.2, 14 December 2021; WTO Doc., Ministerial Statement on Plastic Pollution and Environmentally Sustainable Plastics Trade（Revision）, WT/MIN（21）/8/Rev.2, 10 December 2021; WTO Doc., Ministerial Statement on Fossil Fuel Subsidies（Revision）, WT/MIN（21）/9/Rev.1, 14 December 2021.

③ 李宁：《世贸组织第 13 届部长级会议取得多项务实成果："此次会议是多边主义的又一次重大胜利"》，中国商务新闻网，https://epa.comnews.cn/pc/content/202403/04/content_14379.html，访问日期：2024 年 3 月 22 日。

的权利则依照最惠国待遇原则同等适用于所有 WTO 成员。

以开放式诸边协定为目标的谈判基础文件通常规定，若谈判结果能够满足参加方议定的"临界数量"（或称"临界多数"），即此类协定所涵盖产品的国际贸易量占到该产品国际贸易总量特定多数的份额，其中的权利就依照最惠国待遇原则适用于 WTO 所有成员，从而形成开放式诸边协定。若未达到临界数量的要求，则该协定无法生效。临界数量由参加方决定，并通常由秘书处根据相关统计资料确定是否达到了这个数量。开放式诸边协定又被称为"关键多数协定"（critical mass agreements）或"临界数量协定"。为了防止"搭便车"现象发生，临界数量要求通常比较高，例如 ITA 规定的临界数量是约 90%。[①] 由于协定涵盖领域的产业或市场集聚度高低不等，有时可能只涉及较少数量的成员就可达到临界数量，这使得此类协定较容易达成，同时可以有效地防止或缓解"搭便车"现象，而未被涵盖的极少数贸易份额已经在可容忍的范围之内。另外，开放式诸边协定非常接近多边化，也使其未来较容易发展演变为对所有成员具有约束力的多边规则。总之，此类诸边协定避开了少数成员可能提出的反对，实现了一个准多边化的规则制定。这是开放式诸边协定近年来受到高度重视的根本原因。上述 ITA 和 WTO 第 13 届部长级会议上生效的服务国内规制谈判成果均属于开放式诸边协定。

第三节　诸边谈判及其成果在 WTO 体制中的法律地位

《WTO 协定》未对诸边谈判的法律地位做出明确规定。GATS 则明确

---

① See WTO text, Ministerial Declaration on Trade in Information Technology Products, WTO, https://www.wto.org/english/docs_e/legal_e/itadec_e.htm, last visited on 3 March 2023.

规定将诸边谈判作为提高成员具体承诺总体水平的途径之一。[①] 对于诸边谈判可能产生的结果，多边协定的合法性自不待言。《WTO 协定》还明确规定了诸边谈判结果类型之一的封闭式诸边协定的合法性。按照《WTO 协定》的规定，诸边贸易协定属于 WTO 协议的组成部分，并对各该协定的成员具有约束力，但对未接受的成员既不产生权利也不产生义务。[②]（封闭式）诸边协定被列为《WTO 协定》附件 4，但某项诸边协定要纳入《WTO 协定》附件 4，需要由 WTO 部长级会议协商一致做出决定。[③]

一、诸边谈判及开放式诸边协定的合法性遭到质疑

由于诸边谈判及开放式诸边协定在《WTO 协定》中并无明确规定，因此其合法性遭到一些成员的质疑。

在多哈回合谈判困难、各成员探索更灵活的谈判模式的背景下，2011 年 12 月第八届部长级会议上，不少成员的部长都强调对不同谈判方法保持开放性，但也有一些部长对诸边谈判方式表示强烈保留；许多成员强调任何不同方法都要符合多哈谈判的授权，尊重一揽子承诺，并且应该是真正多边、透明和包容的。[④]

印度和南非于 2021 年 3 月致函总理事会，强调"联合声明倡议"的法律地位必须在《WTO 协定》的条文基础上予以评估；当"联合声明倡议"下的讨论转化为谈判，并且寻求将谈判结果置于 WTO 规则框架中时，就必须遵循《WTO 协定》规定的修正和决策程序；若认为"联

---

① 《服务贸易总协定》第 19.4 条。

② 《WTO 协定》第 2.3 条。

③ 《WTO 协定》第 10.9 条。

④ WTO Doc., Eighth Ministerial Conference: Chairman's Concluding Statement, WT/MIN（11）/11, 17 December 2011.

合声明倡议"下的谈判结果在最惠国待遇的基础上适用，就无须协商一致即可将之置于 WTO 框架之中，这种观点有悖于 WTO 的多边特征和协商一致的决策和修正程序。最后建议对"联合声明倡议"下的谈判结果的处理有三种选择：（1）依据《WTO 协定》第 10.9 条规定的部长级会议协商一致将新协定纳入附件 4；（2）不纳入 WTO 框架，作为 WTO 之外的自由贸易协定；（3）寻求修改《WTO 协定》第 10 条，规定一种"弹性的多边贸易体制"，以便在最惠国待遇基础上将开放式诸边协定中的利益适用于所有成员。[①] 简言之，印度和南非认为，只有经过《WTO 协定》第 9 条（决策）或第 10 条（修正）中规定的全体成员协商一致或多数票决，"联合声明倡议"及开放式诸边协定才能合法化。这些主张也得到了一些学者的支持。[②]

二、诸边谈判及开放式诸边协定的合法性之证成

从逻辑上来说，封闭式诸边协定的合法存在暗含了诸边谈判的合法性，但这只能是就封闭式诸边协定的谈判而言的。多哈回合之后出现的诸边谈判的目标已不仅仅限于达成封闭式诸边协定，因此不能仅仅以《WTO 协定》规定了封闭式诸边协定来反证以其他结果类型为目标的诸边谈判的合法性。

诸边谈判及开放式诸边协定虽未在《WTO 协定》中做出明确规定，但其合法性可通过 WTO 部长级会议的行为及各成员的行为而证成。（1）

---

① WTO Doc., The Legal Status of "Joint Statement Initiatives" and Their Negotiated Outcomes, communication from the delegations of India and South Africa, WT/GC/W/819, 19 February 2021.

② Jane Kelsey, The Illegitimacy of Joint Statement Initiatives and Their Systemic Implications for the WTO, *Journal of International Economic Law,* Vol.25, Issue 1, 2022, p.3.

2017 年和 2021 年的上述 7 项"联合声明倡议"虽然由参加方贸易部长发布，但都采用了 WTO 部长级会议的官方文号，体现了部长级会议对这些"联合声明倡议"的认可，从而为诸边谈判提供了 WTO 法下的合法性。（2）从各成员参与的角度来看，据笔者统计，至少有 134 个成员参加了上述 7 项"联合声明倡议"中的至少一项，占 WTO 全部 166 个成员的 80.7%。这代表了 WTO 绝大多数成员对诸边谈判的认可。（3）"联合声明倡议"及其下诸边谈判的合法性一旦确定，就能确认谈判结果的合法性。通常情况下诸边谈判产生的主要是开放式诸边协定，如此亦可证成开放式诸边协定的合法性。

从多边贸易体制历史实践的角度看，各成员的认可也可为协定规则未明文规定的行为提供合法性和正当性。最典型的事例莫过于 GATT 中协商一致的决策方式了。GATT 1947 规定的决策方式是一国一票简单多数表决制，[①]并且不存在任何有关协商一致的规定，然而实际上几乎没出现过由投票做出决策的情形，几乎所有决定都是依照实践中自然发展出来的协商一致方式做出的。如果严格依照关贸总协定的规则衡量，所有这些决定都会被认为缺乏合法基础。这种看法显然是荒谬的。相反，实践中 GATT 各缔约方普遍认可了协商一致这种决策方式。协商一致至少在关贸总协定多边贸易体制的范围内具有了习惯国际法规则的地位。这种创造性的实践恰恰为多边贸易体制增加了活力和灵活性。目前在 WTO 贸易谈判实践中出现的诸边谈判模式及开放式诸边协定也正是此种情形。原有多边谈判模式不能达成协议，无法满足贸易规则发展的需要，各成员这才有了诸边谈判及开放式诸边协定的实践探索。部长级会议允许部分成员以其名义发表宣言或倡议，这本身虽未经过正式的决策

---

① GATT 1947 第 25.3 条规定："每一缔约方在缔约方全体的所有会议上有权拥有一票。"
第 25.4 条规定："除非本协定另有规定，缔约方全体的决定应以所投票数的多数做出。"

程序，而是自然演绎而来，但实则暗含着对这种行为的认可。部长级会议本身就是权力机构，完全有可能在现行规则之外从事一些与现有规则不尽一致的行为而不引起合法性问题。

从条约法的角度看，开放式诸边协定也不违反"条约不为第三国创设权利和义务"的原则。按照《条约法公约》的规定，如果条约要为第三国创设义务，须经该第三国的书面接受；如果条约为第三国创设权利，虽然原则上也要经过该第三国同意，但若无相反表示则视为同意。[①] 对于某一开放式诸边协定的非参加方而言，它无须承担义务，却能够基于最惠国待遇原则享有该协定之下的权利，通常情况下会乐见其成而不会反对。

有学者借助《条约法公约》第 41 条关于多边条约诸边修订的规定论证"联合声明倡议"谈判（即诸边谈判）的合法性。[②] 该条规定多边条约的部分缔约方在一定条件下可以通过诸边协定的方式修订多边条约。且不论修订条件之宽严，这里问题的关键在于"联合声明倡议"谈判及其结果是否可以适当地视为对多边条约的"修订"。诚然，WTO 协议是一个规则体系，后续在 WTO 框架下产生的任何新规则在某种程度上都可以视为对这个规则体系的"修订"，特别是新规则与原有规则存在密切联系的情况下。但从严格意义上，修订行为很大程度上是针对原有规则文本而言的，是对原有规则文本的调整或补充，因此应以原有规则文本为基础。而目前不少以"联合声明倡议"启动的诸边谈判，诸如有关电子商务、塑料贸易、投资便利化等议题的谈判，现有 WTO 多边规则根本未涉及这些领域，将其理解为在 WTO 框架下增加新协议而不是"修订"原有协议，可能更为适当。《条约法公约》第 41 条可能无法

---

① 《维也纳条约法公约》第 34—36 条。

② 石静霞：《世界贸易组织谈判功能重振中的"联合声明倡议"开放式新诸边模式》，《法商研究》2022 年第 5 期。

适用于这些情形。这样以该条为基础论证这些诸边谈判的合法性就会面临困难。

三、诸边谈判及开放式诸边协定法律地位的明确化

从长远来看，为了使诸边谈判及开放式诸边协定的法律地位更加明确，未来应在《WTO 协定》中做出相应规定。这就需要部长级会议做出决定对《WTO 协定》做出修订。《WTO 协定》第 10 条规定了本协定及其附件的修正（amendment）程序。[①] 按照该条规定，部长级会议应经协商一致做出将拟议的修正提交各成员供接受的决定。如在确定期限内未能协商一致，则部长级会议应以成员三分之二多数做出此类决定。[②] 若做出决定的修正具有改变各成员权利和义务的性质，则经成员三分之二多数接受后，应对接受修正的成员生效。[③] 相反，若做出决定的修正不具有改变各成员权利和义务的性质，则经成员三分之二多数接受后，应对所有成员生效。[④] 明确规定诸边谈判及开放式诸边协定的法律地位显然居于前者。

由于部分成员明确质疑"联合声明倡议"及其下谈判成果的合法性，因此部长级会议对《WTO 协定》做出上述修正未必能达成协商一致，

[①] 《维也纳条约法公约》将条约的修订（revision）区分为两种：修正（amendment）和修改（modification），前者指修订原条约的国家意在使修订后的条约能为原条约全体当事国接受的那种修订；后者指修订原条约的国家意在使修订后的条约只为原条约少数当事国所接受的那种修订。李浩培指出，虽然理论上有这种区分，但结果也可能相同，因为"修正"后的条约也可能只被原条约的部分当事国接受。参见李浩培：《条约法概论》，法律出版社 2003 年版，第 366 页。事实上，《WTO 协定》第 10 条（修正）也暗含了部长级会议对本协定的修订只为部分成员接受的可能性。

[②] 《WTO 协定》第 10.1 条。

[③] 《WTO 协定》第 10.3 条。

[④] 《WTO 协定》第 10.4 条。

但要达到三分之二多数有很大可能性。原因有以下三个方面。

1. 绝大多数成员已参加了诸边谈判实践。如上所述，至少有 134 个成员参加了前述 7 项"联合声明倡议"中的至少一项，占 WTO 全部 166 个成员的 80.7%。所有这些成员总不可能不支持这些诸边谈判及其成果在 WTO 法上的合法性，其中包含中美欧等 WTO 重要成员。[①] 这说明诸边谈判及开放式诸边协定已经是一种得到成员广泛接受的客观存在。

2. 对许多非参加方而言，其能依据最惠国待遇原则享有这些协定中的权利而无须承担义务，会乐见其成，而不一定都像印度和南非一样要求严格遵守 WTO 现有协议。其实，即便是印度和南非也不一定反对修订《WTO 协定》，因为二者在质疑意见中提到了修订《WTO 协定》从而赋予开放式诸边协定合法性的可能。

3. 不接受修正的成员在成为少数的情况下须承担可能不被保留 WTO 成员资格的风险。由于对《WTO 协定》的上述修订必然具有改变各成员权利和义务的性质，因此经成员三分之二多数做出修正决定后，根据第 10.3 条第一句话的规定，仅对接受修正的成员生效。而第 10.3 条第二句话规定："部长级会议可以成员四分之三多数决定根据本款生效的任何修正是否属如下性质：在部长级会议对每种情况指定的期限内未接受修正的任何成员有权退出 WTO，或经部长级会议同意，仍为成员。"也就是说，在以上情况下，未接受修正的成员具有不被部长级会议认可为成员的风险。当然部长级会议也有权保留其成员资格，即便该成员未接受修订。这样，在没有重大利害关系的情况下，即便不积极支持修正的成员也可能宁愿接受修正而不愿承受上述风险。

---

① 在这一点上，印度和南非属于显著例外。即便如此，印度本身也是 ITA 的参加方，而印度和南非均未参加上述 7 项"联合声明倡议"及其下的诸边谈判。

总之，即便有些成员坚持反对对《WTO 协定》做出上述修正，但投票表决获得三分之二多数应较容易达到，即对《WTO 协定》做出上述修正具有较高的可行性。

第四节　诸边谈判成果与 WTO 法律体系的衔接

诸边谈判成果与 WTO 法律体系的衔接问题主要涉及如何适当地将诸边谈判成果纳入 WTO 法律体系中，同时实现与原有法律规则的协调，避免冲突。这既涉及将诸边谈判成果安置在 WTO 法律体系的哪一部分的问题，也涉及通过何种程序将其纳入的问题。在《WTO 协定》对诸边谈判只保持有限要求的情况下，纳入程序的存在为各成员提供了一道最后的屏障，可将诸边谈判中产生的各成员无法接受的协定排除在外。

一、在修正 WTO 规则之前可将开放式诸边协定暂列入"部长宣言和决定"

由于《WTO 协定》已明文规定将多边协定和封闭式诸边协定列于《WTO 协定》附件中，而对开放式诸边协定无任何规定，这里就需要解决开放式诸边协定列入 WTO 法律体系哪个部分的问题。

按照《乌拉圭回合多边贸易谈判结果最后文件》（以下简称《最后文件》）的说明，其包含三部分：《WTO 协定》、部长宣言和决定以及《关于金融服务承诺的谅解》。这三大块共同构成了 WTO 法律体系。在《WTO 协定》做出修正以前，如前所述，开放式诸边协定的合法性可以证成，但将其纳入《WTO 协定》附件没有明确的条文依据。在此情况下，将开放式诸边协定列入"部长宣言和决定"一类中是一个可行选择。这也可能是 ITA 采用"部长声明"形式的重要原因。① 上述 7 项"联合声明倡议",无论其目标如何,全部都采用"部长声明"的形式,也可能是出于此种考虑。尽管迄今部长级会议并未采取某种方式将 ITA 和这些"联合声明倡议"及其成果纳入《最后文件》的"部长宣言和决定"中,也不存在将这些文件纳入"部长宣言和决定"的程序,但这只意味着纳入问题被搁置,并不妨碍 ITA 和这些"联合声明倡议"及其成果发挥效力。

当然,将开放式诸边协定列入"部长宣言和决定"一类只是在《WTO 协定》做出修改之前采取的权宜之计。从严格意义上来说,开放式诸边协定也是贸易协定的类型之一,应与多边协定、封闭式诸边协定一样被纳入《WTO 协定》附件中,从而避免封闭式诸边协定和开放式诸边协定分属两个部分的不协调局面。这就需要对《WTO 协定》做出修订。

二、诸边谈判成果纳入《WTO 协定》的程序及其调整

诸边谈判有可能产生新协定,也可能产生针对现有协定的修正。在与 WTO 法律体系的衔接上,这两种情形应该适用不同的纳入程序。毫无疑问,对原协定的修正应适用《WTO 协定》第 10 条的修正程序。新协定既然不属于修正的情形,就不应适用该条的修正程序,而应适用《WTO 协定》第 9 条的一般决策程序。

(一)诸边谈判产生的新协定纳入 WTO 法律体系的方式

如前所述,诸边谈判有可能产生多边协定、封闭式诸边协定和开放

---

① ITA 的正式名称是《关于信息技术产品的部长声明》(Ministerial Declaration on Trade in Information Technology Products),该部长声明实质上是一项开放式诸边协定。

式诸边协定，这三种协定纳入 WTO 法律体系均可采用一般决策程序。

1. 多边协定的纳入可适用一般决策程序

若诸边谈判直接产生了新的多边协定，那必然意味着 WTO 所有成员都陆续参加了该协定，诸边谈判演变成多边谈判，并达成了一致。如此，适用《WTO 协定》第 9 条的决策程序将新产生的多边协定置于《WTO 协定》的附件中，在程序上是适当的。只是由诸边谈判直接产生多边协定的情形发生的概率极低，迄今尚未出现过。

2. 封闭式诸边协定纳入程序的调整

乌拉圭回合时考虑到尽量限制封闭式诸边协定的使用而为其纳入附件 4 规定了协商一致的要求。实践证明，这一要求过于严格，几乎杜绝了新的此类协定纳入附件 4。WTO 成立后从来没有成员请求将某一封闭式诸边协定纳入附件 4。这种情形虽然有助于防止贸易规则碎片化，但几乎杜绝的状态显然不利于贸易规则的发展。

在 WTO 改革谈判中，应适当放宽封闭式诸边协定的纳入程序，可以考虑适用《WTO 协定》第 9 条规定的一般决策程序，如此将构成协商一致要求的松动，可促进实现规则发展和防止规则碎片化之间的适当平衡。

3. 将开放式诸边协定纳入《WTO 协定》及纳入程序

为了适当地安置开放式诸边协定，可考虑在《WTO 协定》附件 4（诸边贸易协定）之下分设封闭式诸边协定（A 类）和开放式诸边协定（B 类）两类。两类协定均属诸边协定，可以适当地平行列于"诸边贸易协定"之下，只是这里的诸边贸易协定不再限于封闭式诸边协定。

开放式诸边协定不同于封闭式诸边协定，其已经非常接近多边化，如果对其纳入附件 4 也适用协商一致，会显得过于严苛。建议对开放式诸边协定纳入附件 4 也适用《WTO 协定》第 9 条规定的一般决策程序即可。虽然三分之二多数仍是一个很高的门槛，但其对开放式诸边协定与封闭式诸边协定的纳入的影响有很大区别。毕竟开放式诸边协定涵盖贸易额已超过了临界数量，必然涵盖了多数或主要的利益攸关方，非参加方也可以依据最惠国待遇享有其下的权利，这样，开放式诸边协定只要能够达成，其就有高概率通过三分之二多数的决策要求，从而被置入附件 4 的 B 类中。

如此一来，诸边谈判的成果无论是多边协定，还是封闭式诸边协定或开放式诸边协定，其纳入程序均适用《WTO 协定》的一般决策程序，有利于规则的统一适用和管理。

（二）诸边谈判产生的修正纳入 WTO 法律体系的方式

诸边谈判若达成对现有 WTO 各协定的修正，其纳入 WTO 法律体系的方式也因修正的对象协定不同而不同。诸边谈判的结果若修正的是多边协定，则适用《WTO 协定》第 10 条规定的修正程序（前文已有说明）。[1] 按其规定，该条只适用于《WTO 协定》和多边协定，而对诸边协定的修正则按各该诸边协定的规定执行。[2] 这里所说的"诸边协定"指封闭式诸边协定。如前所述，《WTO 协定》并未对开放式诸边协定做出规定，自然也未规定其修正程序，但理论上来说也应遵循开放式诸边协定自身规定的修正程序。

（三）减让表和具体承诺表的修改

无论诸边谈判达成的是新协定还是对原协定的修正，只要其能依照法定决策程序被纳入《WTO 协定》附件中，该协定涉及产品关税的部分即可顺理成章地纳入 GATT 1994 的减让表中。例如，ITA 对信息技

---

[1] 当然，对多边协定的修正提案除了由诸边谈判产生外，也可能由任何成员或理事会提出，但适用同样的修正程序。
[2] 《WTO 协定》第 10 条。

术产品的关税减让按协议要纳入 GATT 1994 第 2 条的减让表中。① 相应地，诸边谈判成果若涉及服务贸易具体承诺的内容，亦可顺理成章地纳入 GATS 具体承诺表中。有些谈判基础文件或谈判成果对此也有明确规定。例如，乌拉圭回合《关于基础电信谈判的决定》明文规定，后续谈判产生的任何承诺都应列入 GATS 所附具体承诺表中。②《关于自然人流动问题谈判的决定》也有类似规定。③《服务国内规制参考文件》则规定将其内容列入各参加方的具体承诺表中的"额外承诺"部分。④ 至于货物贸易中的关税减让和服务贸易中的具体承诺之外的内容，只需保留在原协定中即可。

（四）诸边协定的实施与 WTO 其他机构／机制的衔接

关于诸边协定项下的组织机构与 WTO 其他机制和机构的关系，《WTO 协定》原则性规定，诸边协定项下的组织机构在 WTO 的组织机构内运作，定期向总理事会报告其活动。⑤ 诸边协定下贸易争端的解决能不能适用以及在何种程度上适用 WTO 的一般争端解决机制，并不取决于《WTO 协定》的一般性规定，而主要取决于这些诸边协定自身的规定。⑥ 与之形成对比的是，《贸易政策审议机制》明确规定，贸易政策审议活动涵盖所有的多边协定和诸边协定。⑦ 这样诸边协定同样应接受贸易政策审议机构的审议。这些条文中的"诸边协定"原本都仅指封

---

① WTO legal text, Ministerial Declaration on Trade in Information Technology Products, WTO, https://www.wto.org/english/docs_e/legal_e/itadec_e.htm, last visited on 3 March 2023.
② WTO legal text, Decision on Negotiations on Basic Telecommunications，15 December 1993.
③ WTO legal text, Decision on Negotiations on Movement of Natural Persons, 15 December 1993.
④ WTO Doc., Joint Initiative on Services Domestic Regulation: Reference Paper on Services Domestic Regulation, IN/SDR/2, 26 November 2021.
⑤ 《WTO 协定》第 4.8 条。
⑥ 《关于争端解决的规则与程序的谅解》附录 1。
⑦ 《贸易政策审议机制》，A 部分（目标）。

闭式诸边协定。若开放式诸边协定被纳入 WTO 法律体系后，应类比适用这些规则，即应同样将开放式诸边协定涵盖在内。

第五节　对诸边谈判模式若干疑虑的回应

在对诸边谈判的合法性存疑之外，人们对诸边谈判可能产生的消极影响也存在顾虑，并提出一些修正意见，主要有以下方面。（1）诸边协定可能使全球贸易规则面临碎片化的风险，[①] 相应地也会对最惠国待遇原则构成侵蚀，因此 WTO 应要求新发起的诸边谈判以多边化为最终目标，甚或对诸边协定的谈判和适用进行全面规制。[②]（2）诸边谈判议题可能只符合特定国家的利益，容易造成"既定规则"从而对以后国际经贸规则的发展造成倾向性影响，因而 WTO 应该制定规则使议题选择机制化和规范化。[③]（3）诸边谈判可能使发展中成员特别是最不发达成员难以在谈判中发出自己的声音，[④] 或对发展中成员的特殊和差别待遇形成挑战。[⑤] 其中第（1）项与诸边谈判的多边化有关。第（2）项和第（3）项则认为诸边谈判模式本身存在弊端。

① 徐崇利：《中美实力变迁与国际经济立法模式的走向："规则—契约"谱系下的制度选择》，《法学家》2020 年第 5 期；柯静：《世界贸易组织改革：挑战、进展与前景展望》，《太平洋学报》2019 年第 2 期。
② 屠新泉、石晓婧：《重振 WTO 谈判功能的诸边协议路径探析》，《浙江大学学报》（人文社会科学版)2021 年第 5 期；钟英通：《WTO 改革视角下的诸边贸易协定及其功能定位》，《武大国际法评论》2019 年第 1 期。
③ 钟英通：《WTO 改革视角下的诸边贸易协定及其功能定位》，《武大国际法评论》2019 年第 1 期。
④ 都亳：《开放的诸边主义：世界贸易组织谈判改革的路径》，《太平洋学报》2019 年第 9 期。
⑤ Jane Kelsey, The Illegitimacy of Joint Statement Initiatives and Their Systemic Implications for the WTO, *Journal of International Economic Law,* Vol.25, Issue 1, 2022, pp.3-8.

适当地认识这些疑虑对诸边谈判的未来发展非常重要。笔者认为，总体上来说，这些疑虑尽管反映了一些方面的问题，但这些问题不应成为发展诸边谈判的障碍。WTO 不应对诸边谈判的议题或目标做出规制，对诸边谈判和诸边协定可能产生的上述消极影响也无须过分担忧。具体说明如下。

一、由 WTO 为诸边谈判规定多边化目标会对规则发展形成妨碍

从以上学者的论述来看，其所称"多边化目标"仅指形成多边协定而不包含开放式诸边协定。而从理论上讲，该目标的实现可能包含两种情形，一是诸边谈判进行过程中逐渐吸引了 WTO 全部成员加入并达成了多边协定；二是在谈判未能直接达成多边协定的情况下，部分成员暂时达成封闭式诸边协定或开放式诸边协定，之后逐渐吸引其他成员参加而演变成了多边协定。

如果多边化目标涵盖全部两种情形，特别是在涵盖情形二的情况下，由 WTO 为诸边谈判规定多边化目标意味着它容许暂时诸边谈判达成诸边协定。至于以后能否演变为多边协定，实际上完全不可控。因此，多边化目标就只能起到一种鼓励和倡导的作用。

如果多边化目标仅仅涵盖情形一，规定多边化目标就意味着要求谈判吸引全部成员加入并协商一致达成协议，否则不能生效。而吸引全部成员加入谈判是一个艰巨的任务。诸边谈判中成员是自愿参加谈判，如果在某一议题下没有多少利益，就未必愿意参加谈判。2023 年 7 月完成谈判的《促进发展的投资便利化协定》有 113 个参加方，[1] 是迄今参

---

[1] "Investment facilitation for development", WTO, https://www.wto.org/english/tratop_e/inv-fac_public_e/invfac_e.htm, last visited on 15 January 2023.

加方最多的诸边谈判。其他关于化石燃料补贴、服务国内规制、塑料贸易、电子商务、贸易与环境可持续性、中小微企业等议题的诸边谈判的参加方数量在 20 ～ 57 个之间。即便后面这 6 个诸边谈判中的欧盟涵盖 27 个成员国，再各自多计 27 个参加方，其与 WTO 全部成员（166 个）参加仍距离遥远。更不要说如果全体成员都参加谈判会面临协商一致问题。多边化目标无法实现则协定无法生效，甚至将开放式协定都排除在外，岂非对规则发展构成妨碍？

其实，上述 7 个"联合声明倡议"中的 3 个[①] 为各该议题规定了缔结"多边协定"(multilateral agreement)[②] 或多边成果 (multilateral outcome)[③] 的目标，可谓雄心勃勃。此等目标不易实现，但诸边谈判的发起者自行树立高远目标，自无不可，WTO 和其他成员也不必干预。

有些诸边谈判基础文件如启动 EGA 谈判的联合声明明确规定以达到临界数量为生效条件，[④]ITA 则在谈判成果文本中明确了该协定的生效条件为达到约 90% 的临界数量，[⑤] 这就直接排除了产生封闭式诸边协定的可能性，而只能产生开放式诸边协定甚或多边协定。开放式诸边协定已几近多边协定，硬性要求多边化已经没有多大价值。当然，有些诸边谈判基础文件和谈判结果没有规定这种生效条件，理论上仍有成为封

---

① 即《促进发展的投资便利化联合声明》《关于服务贸易国内规制的联合部长声明》《联合部长声明：关于为中小微企业设立非正式工作计划的宣言》。

② WTO Doc., Joint Statement on Investment Facilitation for Development, WT/L/1130, 10 December 2021.

③ WTO Doc., Joint Ministerial Statement on Services Domestic Regulation, WT/MIN（17）/61, 13 December 2017; WTO Doc., Joint Ministerial Statement – Declaration of the Establishment of a WTO Informal Work Programme for MSMEs, WT/MIN（17）/58, 11 December 2017.

④ Joint Statement Regarding Trade in Environmental Goods, SICE, http://www.sice.oas.org/TPD/ EGA/Negotiations/JointStatement_e.pdf, last visited on 11 March 2023.

⑤ Ministerial Conference, Ministerial Declaration on Trade in Information Technology Products, WTO, https://www.wto.org/english/docs_e/legal_e/itadec_e.htm, last visited on 3 March 2023.

闭式诸边协定的可能性。但人们无需担忧这个问题，因为此类协定需全体成员协商一致才能加入附件 4，这就极大地限制了封闭式诸边协定的产生。更何况，即便是诸边谈判仅达成封闭式诸边协定，其也具有扩大开放以及试验贸易规则的价值。尽管规则碎片化问题也是一种合理关切，但完全杜绝封闭式诸边协定的产生则走向了另一个极端，不利于贸易规则的发展。

二、诸边谈判的内容应由参加方主导而不应受到来自 WTO 的严格限制

诸边谈判议题选择、决策方式、规则内容、协定适用等应主要取决于诸边谈判的参加方。这种主导性是由诸边谈判的性质决定的。诸边谈判确定的是参加方之间的权利和义务。GATT/WTO 本来就属于成员驱动的体制，诸边谈判更应是参加方驱动的谈判模式。《WTO 协定》规定，除了诸边协定仅对参加方产生效力外，诸边协定的修改、加入、接受、生效、退出、保留、协定参加方之间的不适用等方面都有其自身的相对独立性。[①] 虽然这仅是对封闭式诸边协定而言的，但也从侧面印证了诸边谈判的议题、谈判等应由参加方来决定，其他成员乃至 WTO 都无权干预。部分成员发起的诸边谈判倡议只要符合最低限度的要求，如与贸易有关、谈判及谈判结果保持开放性和透明度，WTO 就应容许其存在。当然，这不妨碍 WTO 鼓励、倡导某些议题的谈判或促进谈判向某种方向发展。

有学者建议由 WTO 对发起诸边谈判的成员数量以及临界数量做出规定。[②] 这同样是希望加强 WTO 对诸边谈判的规制。考虑到无论是封

---

① 参见《WTO 协定》第 10.9 条、第 12.3 条、第 13.5 条、第 14.4 条、第 15.2 条和第 16.5 条。

② 白芳艳：《世界贸易组织下开放式诸边协定的合法性及与多边体系的衔接》，《武大国际法评论》2023 年第 1 期。

闭式诸边协定还是开放式诸边协定，总是要经由一定程序才能被纳入WTO法律体系之中，这必然对诸边谈判的内容产生一种潜在的制约，也就无须对谈判过程和内容做多少具体要求。虽然目前尚不存在关于开放式诸边协定纳入WTO法律体系的规定，但随着WTO改革的进行及有关实践探索的进行，后续必然对此问题做出明文规定。

三、成员可通过积极参与以防范和缓解"既定规则"的影响

诸边谈判本来就是部分成员参与的谈判，如果谈判中发生分歧，无法达成协议，结果只能是散伙或在更小范围的成员之间达成协议。参加方固然可能会考虑制度层面的公平合理性，从而对非参加方产生客观的影响，但在此过程中不必苛求现有参加方充分考虑非参加方的诉求。任何参加方只可能考虑与其他参加方的博弈。更何况非参加方的诉求本身处于未知状态。如果WTO某一成员担心参加方达成的诸边协定造成某种"既成规则"，影响未来相关国际经贸规则的发展，它可以积极参与到该项谈判中去影响规则的制定。至于其能发挥何种程度的实际影响，另当别论。

后续加入的参加方要面对已经形成的协定规则，这是不可避免的。现有协定规则也很难因新参加方加入而改变。对此，这些参加方可以在加入协议时寻求达成某种程度的弹性或例外条款，还可以在后续谈判中主张自己的诉求。

另外，在与既有谈判圈子成员无法志同道合的情况下，一成员也可以找到自己的志同道合者确定新的谈判议题，或就相同或类似的议题提出新的规则体系。这虽然看起来可能产生规则的冲突，但由于其约束的主体并不相同，因此并不会产生真正的规则冲突。实践中大量存在的区域贸易协定即是如此。至于说同一领域的不同规则对未来经贸规则的发

展分别会产生什么样的影响，则大可自由竞争。而这种自由竞争的关键是谈判议题及规则是否公平合理，是否符合更多成员发展对外经贸关系的需要。

四、适当认识发展中成员在诸边谈判中的影响力和待遇问题

盖因实践中发达成员往往在诸边谈判中发挥主导作用，并且谈判的诸边特征使得参加方可以自由选择谈判对象和谈判议题，前述有学者担心发展中成员在诸边谈判中影响力不足，导致其特殊和差别待遇无法得到保障。这种忧虑不是没有一点道理。就诸边谈判的议题来看，ITA 涉及的信息技术产业、各项"联合声明倡议"所涉服务的国内规制、电子商务、贸易与环境等都是发达成员关注的重点领域。其实，发展中成员的影响力及特殊和差别待遇问题同样存在于多边谈判中。一轮又一轮的多边谈判中发达成员都占据主导地位，所谓"绿屋会议"决策模式，即由少数成员进行非正式磋商主导谈判内容然后在正式会议上交由其他成员通过的决策模式，更是频遭民主正当性方面的诟病。[①] 对此，我们可以从以下方面进行认识。

第一，贸易谈判是确定贸易条件的过程，是一个讨价还价的交易过程。每一成员的实际影响力主要取决于其在产业和贸易中所占的市场份额。无论在多边谈判还是诸边谈判中都是如此。发展中成员在谈判过程中处于弱势，这与其说是民主正当性问题，不如说是影响力大小的问题。经济甚或政治力量的差别势必会影响到各成员在 WTO 谈判和决策中的作用。[②] 与之相关联，不少情况下实力较弱的发展中成员未参加

---

① 余锋：《"绿屋会议"：WTO 走出合法性危机的一道坎》，《东方法学》2009 年第 6 期。

② 彼得·范德博思、单文华：《世界贸易组织法原理》，尚宽、贺艳译，法律出版社 2020 年版，第 166 页。

谈判并不影响其自身利益。例如，EGA 共有 18 个参加方（涵盖 46 个 WTO 成员 ①），发展中成员只占 3 个。② 问题在于，即便 EGA 谈判初期只有 14 个成员时，其已经涵盖了环境产品国际贸易近 90% 的份额，③ 可见绝大多数发展中成员在环境产品中利益甚小，并且，它们即便是非参加方却仍可享有 EGA 下的权利而无须承担任何义务。显然这种情形并不会对发展中成员的利益造成什么影响。又如，无论是多边谈判还是诸边谈判，在关税谈判部分都适用"主要供应国原则"，即当各方就某产品进行关税谈判时，只有占有出口份额最大的前几位出口成员有权向进口成员提出谈判要求，其他出口成员则无权申请进行关税谈判。④ 原因是，出口份额大的成员比出口份额小的成员在关税减让方面必然要价"更狠"，进口份额大小的不同成员间亦然。进出口份额大的成员之间博弈的结果往往即是当下能够实现的最佳交易条件。由于谈判结果总是要在参加成员甚或全体成员间适用最惠国待遇原则，那么实力弱小的成员参加谈判的必要性就不强了，相应地往往也没有参与谈判的积极性。

第二，"绿屋会议"决策模式很大程度上是基于决策效率的考虑。如果全体成员直接参加谈判，费时费力，而且不易达成协议。"绿屋会议"本身也经历了长期演化，在西雅图会议后，"绿屋会议"的参加范围大致维持在 20 ～ 40 个成员（欧盟计为 1 个成员），少数核心成员仍

---

① 欧盟本身就是 WTO 的正式成员，在名义上可以与其 27 个成员国并列，各自以自己的名义参加谈判。但在 WTO 行使投票权时，欧盟及其成员国最多只能计 27 票。欧盟是 EGA 的参加方，而其成员国并未以自己的名义参加，因此才有"实际涵盖"一说。

② "Environmental Goods Agreement（EGA）", WTO, https://www.wto.org/english/tratop_e/envir_e/ega_e.htm，last visited on 11 March 2023.

③ "Azevêdo Welcomes Launch of Plurilateral Environmental Goods Negotiations", WTO, https://www.wto.org/english/news_e/news14_e/envir_08jul14_e.htm, last visited on 11 March 2023.

④ 傅星值：《WTO 非正式决策机制"绿屋会议"研究》，《世界贸易组织动态与研究》2010 年第 2 期。

然发挥着主导作用，但也会吸收发展中成员代表参加，并不是简单地将发展中成员排除在外。

第三，发展中成员的确存在谈判能力不足的问题。即便像中国、印度这样的新兴大国也存在能力不足的问题，[①] 甚至在例外情况下发达成员也有接受技术援助的实例，[②] 更遑论一般的发展中成员和最不发达成员。谈判能力不足会影响发展中成员特别是最不发达成员的参与度，特别是在谈判中发挥影响的程度。从维护发展中成员的利益和多边贸易体制健康发展的角度看，这一问题值得高度重视。发展中成员可通过多种方式加强能力建设，诸如积极参与谈判和 WTO 的其他活动，发展中成员之间协调立场以集体谈判的方式增加筹码等。WTO 也应该通过技术援助帮助发展中成员提高参与国际经贸谈判的能力。

第四，现有诸边谈判对发展中成员的特殊和差别待遇至少已有一定程度的关注。在上述 7 项"联合声明倡议"中，有 4 项均明确涉及对发展中成员特别是最不发达成员的特殊和差别待遇。[③] 当然，已经产生的诸边协定如《服务国内规制参考文件》对发展中成员的特殊和差别待遇是否充分、适当，这可以讨论。其他几项"联合声明倡议"对发展问题已有方向性的规定，只是尚未产生谈判成果。但这些谈判基础文件至少

---

① 张向晨等：《WTO 改革应关注发展中成员的能力缺失问题》，《国际经济评论》2019 年第 1 期。

② 2021 年加拿大在依据《实施动植物卫生措施协定》第 9 条向发展中成员和最不发达成员提供技术援助时，中国香港在被援助对象之列，援助内容是在动物健康的能力建设方面提供培训。See WTO Doc., Technical Assistance to Developing Countries, Communication from Canada, G/SPS/GEN/2070, 21 October 2022.

③ WTO Doc., Joint Statement on Investment Facilitation for Development, WT/L/1130, 10 December 2021; WTO Doc., Joint Initiative on Services Domestic Regulation: Reference Paper on Services Domestic Regulation, IN/SDR/2, 26 November 2021; WTO Doc., Ministerial Statement on Plastic Pollution and Environmentally Sustainable Plastics Trade（Revision），WT/MIN（21）/8/Rev.2, 10 December 2021; WTO Doc., Ministerial Statement on Fossil Fuel Subsidies（Revision），WT/MIN（21）/9/Rev.1, 14 December 2021.

显示诸边谈判对发展问题已给予了相当关注。至于以后在发展问题上实际能达成何种程度的协议，有待观察。

另外，值得注意的是，上述 7 个"联合声明倡议"下的诸边谈判实践中，发展中成员还是积极参与了谈判，发展中成员的数量分别占到各该倡议参加方总数的 61% ～ 79%，[①] 这也与发展中成员占 WTO 成员总数的比例（四分之三）大体相当。这说明发展中成员在上述对发达成员有利的议题上也有一定利益。

总之，发展中成员影响力不足及特殊和差别待遇问题不是诸边谈判模式的特有问题，也不是由诸边谈判模式造成的，因此其不是 WTO 发展诸边谈判的障碍。即便现有诸边谈判对发展问题的关注有不足之处，毕竟已有一些特殊和差别待遇落到了实处。在多边谈判无法达成协议的情况下，发展中成员则不可能有什么收获。从这个意义上说，诸边谈判对发展中成员也还是有利的。当然，发展问题仍值得 WTO 各成员在诸边谈判中高度重视，以实现包容性发展。

五、不必过分担忧诸边谈判造成国际经贸规则碎片化问题

国际法本身就是碎片化的。[②] 国际社会是一个平权社会，没有一个中央立法机关，不同组合的部分国家均有权在局部国际关系的范围内制定它们之间特殊的行为规范。这就注定了国际法不可能是一个统一的规

---

① 笔者依据国际货币基金组织 2019 年《世界经济展望》对"发达经济体"和"新兴市场和发展中经济体"的分类，并结合 7 个"联合声明倡议"，分别统计出各倡议中发展中参加方所占比例。上述分类详见国际货币基金组织：《世界经济展望报告》（2019），第 127 页。

② Report of the Study Group of the International Law Commission, *Fragmentation of International Law: Difficulties Arising from the Diversification and Expansion of International Law*, A/Cn.4/L.702, 18 July 2006.

则体系，只可能在有限范围内具有统一规则。

国际经贸规则同样如是。至少从 20 世纪 90 年代以来，区域贸易协定的数量迅速而持续地增加，导致国际经贸规则的碎片化特征日益突出。种类繁多的区域贸易安排构成的"意大利面碗"现象已达到使最惠国待遇成为例外待遇的程度。有学者甚至声称，在某种意义上说，最惠国待遇现在更适宜表述为"最差国待遇"（least-favoured-nation treatment）。[①] 当然，两个国家如果未缔结任何贸易协定，其相互之间可能连最惠国待遇也享受不到。另外，即便在 WTO 多边体制中，发展中成员也享有比最惠国待遇更优惠的特殊和差别待遇。不同成员对某一成员宣示的发展中成员地位的认可程度不同，也会造成后者在不同成员之间那里享有的待遇并不相同。

在此情况下，不少学者都担心多边贸易体制被区域贸易协定边缘化以及国际经贸规则的碎片化。[②] 即便彼得斯曼认为世界需要捍卫多边主义的 WTO"乌托邦"理想，[③] 但国际经贸规则的碎片化无论现在还是未来都是不可避免的。统一化的国际经贸规则只是一个"乌托邦"而已。在诸边谈判日益受到重视的背景下，即便是增加封闭式诸边协定，也只是为这个原本就碎片化的国际经贸规则体系多增加了一些"碎片"而已。更何况开放式诸边协定已几近多边化，其虽然不能实现特定规则的完全统一化，但必然能提高规则的统一性程度，或者说更靠近统一化而更远

---

① Peter Sutherland, et al., *The Future of the WTO: Addressing Institutional Challenges in the New Millennium*, Geneva: World Trade Organization, 2004, para.60, WTO, https://www.wto.org/english/thewto_e/10anniv_e/future_wto_e.pdf, last visited on 24 May 2022.

② 肖冰：《国际经贸规则改革的美国基调和中国道路选择》，《上海对外经贸大学学报》2021 年第 4 期；刘敬东：《多边体制 vs 区域性体制：国际贸易法治的困境与出路——写在 WTO 成立 20 周年之际》，《国际法研究》2015 年第 5 期。

③ Urnst-Ulrich Petersmann, A Post-WTO International Legal Order: Utopian, Dystopian and Other Scenarios，*Journal of International Economic Law*, Vol.24, Issue 2, 2021, p.5.

离碎片化。

另外，尽管规则碎片化的确会引起规则管理、适用和遵守等方面一定的消极影响，但规则碎片化对国际法的运行并未造成重大障碍，并且在缺少规则（或规则发展停滞）与规则碎片化之间，显然人们更关注前者。后者属于技术性的、可以克服的困难。

第六章

上诉机构危机的化解

早在 1994 年马拉喀什部长级会议上，部长们就要求在《WTO 协定》生效四年后全面审查争端解决规则和程序，以决定是否继续、修改或终止某些争端解决的规则和程序。1997 年争端解决机构开始了审查活动，此后由于 WTO 各成员分歧较大，未能就修改文本达成一致，该项谈判一再推延。另外，从 WTO 建立之日起，学者们对于争端解决机制的方方面面也提出了许多批评和修改意见。① 但毫无疑问，上诉机构的瘫痪造成了争端解决机制乃至整个 WTO 多边贸易体制的重大危机，从而使上诉机构问题成为争端解决机制改革的核心，争端解决机制其他方面的改革建议则变得居于次要地位。基于此，本章的研究重点也放在上诉机构危机的化解上。

作为应对上诉机构危机的临时措施，部分成员于 2020 年 4 月签署了《多方临时上诉仲裁安排》（MPIA），其基于 WTO《关于争端解决的

---

① 2019 年 6 月的 DSB 特别会议报告概括总结了 DSB 特别会议在 2017 年 5 月至 2019 年 7 月间所讨论的 DSU 改革问题，就涉及以下 12 个方面的问题：（1）双方同意的争端解决办法；（2）第三方的权利；（3）严格保密的信息；（4）DSU 第 21.5 条与第 22 条的适用顺序问题；（5）后报复程序；（6）透明度与法庭之友；（7）时间框架；（8）发回重审；（9）专家组的组成；（10）有效遵守；（11）发展中国家的利益；（12）灵活性、成员对 WTO 裁决机构的控制和额外指导。WTO Doc., Special Session of the Dispute Settlement Body, APPENDIXA, TN/DS/25, 21APril2011, paras.i5-16。

规则和程序的谅解》（DSU）第 25 条中的仲裁程序，[①] 建立了替代性的上诉仲裁程序。但如该协议名称显示的，该程序只是在上诉机构被迫停止运作期间所做的临时性制度安排，加上迄今参加方有限，发挥作用的空间相对有限。除美国之外的绝大多数成员还是期望回归多边贸易体制中原有的上诉程序。从目前的情形来看，尽管 WTO 成员为安抚美国的情绪，已经提出了一些改进 WTO 争端解决机制特别是上诉机构的建议，[②] 但长时间以来美国对于上诉机构如何改革始终没有正面提出自己的主张。直到 2022 年 4 月美国才表示可以讨论争端解决机制的改革。2022 年 6 月 WTO 第 12 届部长级会议通过的《M12 成果文件》表示，部长们注意到上诉机构问题的重要性和紧迫性，承诺在 2024 年内恢复争端解决机制的正常运转。[③]2024 年 2 月召开的 WTO 第 13 届部长级会议只是重复了上述承诺，并未产生实质性进展。目前，多方谈判仍在僵局之中，结果殊难预料。

本章将首先审视美国《关于世界贸易组织上诉机构的报告》（以下简称《上诉机构报告》）所提批评意见的是非曲直，总结美国制造上诉机构危机的根本原因，然后在归纳总结部分成员所提改革建议的基础上，提出应对上诉机构危机的建议。

---

① DSU 第 25 条第一款规定："WTO 中的迅速仲裁作为争端解决的一个替代手段，能够便利解决涉及有关双方已明确界定问题的争端。"

② WTO Doc., Communication from the European Union, China, Canada, India, Norway, New Zealand, Switzerland, Australia, Republic of Korea, Iceland, Singapore and Mexico to the General Council, WT/GC/W/752, 26 Nov. 2018；WTO Doc., Informal Process on Matters Related to the Functioning of the Appellate Body, Communication from Japan, Australia and Chile（revision），WT/GC/W/768 /Rev.1, 26 April 2019.

③ MC12 Outcome Document – DRAFT（Revision），WT/MIN（22）/W/16/Rev.1, 16 June 2022.

第一节　美国对上诉机构的主要指控

2020 年之前美国就曾在各种场合表达对上诉机构的不满。2020 年
2 月，美国贸易代表发布了长达 160 多页的《上诉机构报告》，系统阐
述了其认为上诉机构的运作所存在的一系列问题，指控上诉机构长期违
反 WTO 协议规则，并错误解释 WTO 协议规则，[①] 对美国产生了不当影
响，并在更广泛的意义上损害了 WTO 的有效性和正常运转，特别是鼓
励了扭曲市场的行为，损害了全球经济发展的效率。[②]

美国的《上诉机构报告》认为上诉机构的运作主要存在以下两大类
问题，这里按该报告的列举做出简要归纳。

一、超越权限，违反 WTO 规则审理案件

美国所指控的这第一大类问题（简称"违规审案"）主要包含以下
情形。

1. 上诉机构经常超越审限审理案件（以下简称为"超越审限"）。
DSU 第 17.5 条规定上诉程序通常应在 60 天内完成，但在任何情况下
都不得超过 90 天。但自 2011 年以来上诉机构经常违反强制性的审案
期限，甚至不与当事方协商。有些上诉要耗费一年以上的时间才能
完成。[③]

2. 上诉机构单方面宣称其有权允许已届满的上诉机构成员继续参与
审理未完成的上诉案件（以下简称"超期服役"）。WTO 协议并未授予

---

① USTR, *Report on the Appellate Body of the World Trade Organization*, February 2020, p.1-2.

② Id., p.3.

③ Id., pp.26-32.

上诉机构这样的权力。有些上诉机构成员超期服役长达一年以上，并继续领取薪水和津贴。①

3. 上诉机构经常超越权限审查专家组认定的事实问题，包括对WTO 成员方内部管理所做的事实认定（以下简称"审查事实"）。按照DSU 第 17.6 条的规定，上诉机构仅有权审理法律问题。WTO 争端中涉及的内部规定只能作为事实来对待。②

4. 上诉机构超越权限，对与解决争端并非必需的事项发表咨询意见（以下简称"发表咨询意见"）。上诉机构通过发表咨询意见试图抽象地解释或创造法律。上诉机构耗费时间和资源去发表咨询意见还会延迟上诉程序的进程，并且会在各成员没有机会表达意见的情况下影响各成员的权利，特别是在这些咨询意见被不当地视为具有约束力的"先例"的情况下。③

5. 上诉机构曾错误地宣称，除非有"强有力的理由"，其报告应被后案专家组视为有约束力的先例加以遵循（以下简称"先例问题"）。WTO 各成员越来越多地受制于之前的上诉机构报告，而没有机会表达不同意见。要求专家组遵循上诉机构报告中的法律解释还会固化上诉机构错误的法律解释，并且，会促使一些成员更加看重上诉机构的法律解释，损害各成员谈判新贸易协议的积极性。④

除了上述"违规审案"的情形外，美国的《上诉机构报告》还列举了上诉机构的其他情形，⑤ 多属于较为具体的事项，兹不一一列举。

---

① Id., pp.32-36.

② Id., pp.37-46.

③ Id., pp.47-54.

④ Id., pp.55-63.

⑤ Id., pp.64-75.

二、上诉机构错误解释 WTO 有关协议

美国指控上诉机构在一些重要争端中错误解释有关协议条款（以下简称"错误解释法律"），增加或减少了成员的权利和义务，主要涉及以下方面：（1）错误地将 SCM 协定中的"公共机构"解释为"拥有或行使政府权力的实体"；[①]（2）基于被诉措施对一成员的进口产品比另一成员的进口产品有更大影响，而认定该措施是歧视性的；[②]（3）禁止使用"归零法"（zeroing）[③] 确定倾销幅度；[④]（4）使用有缺陷的外部基准测试法削弱了各成员应对扭曲贸易的补贴的能力；[⑤]（5）要求一成员的有权机关在采取保障措施之前在其报告中证明"未曾预料的发展"以作为采取保障措施的条件，还为确定《保障措施协议》下的"严重损伤"确立了更高标准；[⑥]（6）错误地解释 SCM 协定，限制了同时对来自非市场经济体倾销产品和受补贴产品采取行动的能力。[⑦] 美国认为这些法律解释错误导致进口成员采取贸易救济措施（反倾销、反补贴和保障措施）的能力受到严重限制，并且特别强调上述六方面的情形只是举例性的，而非穷尽列举。

以上内容是美国在其关于上诉机构的专门报告中对上诉机构表达的不满。直观地看起来，这成为美国阻挠上诉机构成员任命的理由。

---

① Id., p.82.

② Id., pp.90-94.

③ "归零法"是指在计算倾销幅度时，只考虑那些出口价格低于正常价值的交易，而不考虑那些非倾销的交易（出口价格高于正常价值的交易），即将这部分交易对倾销幅度的影响算作零。

④ USTR, *Report on the Appellate Body of the World Trade Organization*, February 2020, pp.95-104.

⑤ Id., pp.105-109.

⑥ Id., pp.110-114.

⑦ Id., pp.114-119.

第二节　美国的《上诉机构报告》评析

从 WTO 改革的角度看，既然美国提出了这些问题，就有必要对这些问题加以审视和回应。只有正面回答这些问题，才有利于形成共识，找到适当的解决方案。[①] 总体上来看，美国的指控既有合理之处，也有不合理的方面。

一、对"违规审案"指控的评析

《上诉机构报告》指控的"违规审案"问题在上诉程序实践中的确在一定程度上存在，可是也应该适当看待。

（一）司法造法问题

这里首先需要对司法造法与法律解释做出区分。尽管有时候二者很难清晰地区分开来，但有一点是可以肯定的，即造法是在没有某种权利或义务的明文规定时，肯定该权利或义务的存在。如上诉机构肯定专家组和上诉机构可接受"法庭之友"的书状，就属于造法行为。如果专家组和上诉机构只是阐明 WTO 协议中某一概念或条文的涵义，就属于法律解释，而不算造法。例如，SCM 协定第 1.1 条中"公共机构"的解释问题，不能视为造法，尽管对这一概念的解释最终会影响到成员的权利和义务。

其次，从原则上说，DSB 包括专家组和上诉机构都是 WTO 协议的

---

① 李晓玲：《世贸组织上诉机构改革的谈判进程与岔路口选择》，《国际经贸探索》2020 年第 4 期。

实施者，其没有创设权利和义务的权力。这些权力归于各成员。如杰克逊教授所言，"磋商决策程序是制定规则的程序，而争端解决机制则是执行规则的程序。"[①] 在处理各成员在谈判中留下的"建设性模糊"的时候，专家组和上诉机构可能"被迫"造法以解决争端。这种现象在上诉机构及专家组的裁决实践中的确存在。事实上，司法造法在所有国际性法院和仲裁法庭都是不同程度存在的，这个问题之所以在 WTO 中比较突出，一个重要原因是 WTO 成员的广泛性和贸易活动的频繁性使得 WTO 规则要被反复适用，这样司法造法就更容易对后续争端产生持续影响。本来《WTO 协定》第 9.2 条规定了部长级会议和总理事会对本协定和多边贸易协定进行解释的专有权力，即所谓"权威解释"，可用来澄清有关规则，以消除裁决机构的造法行为及不当法律解释的影响。盖因该条规定解释 WTO 协议应由成员的四分之三多数做出，票数要求甚高，这种权威解释从来没有使用过。有些最不发达成员因财力紧张，在日内瓦没有常驻使团，经常不参加 WTO 各机构的会议，也是四分之三多数难以达到的重要影响因素。这也导致有些不明确的条款难以通过权威解释加以澄清，加剧了专家组和上诉机构造法的需求。

从以上分析可见，专家组和上诉机构的造法行为情有可原甚或在一定程度上是必要的。WTO 各协议所涉事项的广泛性和复杂性决定了也强化了这种必要性。只是需要把握一个度，否则，如果一味地倚重争端解决程序，不仅有损于法律规则的可预见性，而且会加重争端解决机制的负担。专家组及上诉机构在造法时有必要保持克制。

（二）先例问题

当今国际社会中的各个裁判机构几乎无一例外地不具有创设先例的

---

① 　约翰·H. 杰克逊：《世界贸易组织及其未来》，《世界贸易组织动态与研究》2000 年第 12 期。

权限，① 同样，WTO 上诉机构的法律解释也没有先例效力，上诉机构更不能自己宣称其法律解释对后案专家组具有约束力。在这一点上美国的批评具有合理性。当然，这并不妨碍上诉机构及专家组在未来审案中自愿考虑或援引之前专家组和上诉机构做出的法律解释，从而可能形成事实上的先例。实践中专家组和上诉机构经常会援引之前专家组特别是上诉机构的法律解释，这可能是由于之前的法律解释具有说服力，也可能是基于司法经济的考虑，甚至有可能仅仅为了方便而直接援引现成的解释，特别在现成法律解释比较一致的情况下。这是一种自然演绎的结果，对此不必过于担忧。

（三）"发表咨询意见"问题

美国在这一点上的指控首先在表述上具有一定偏差。美国认为上诉机构发表咨询意见的情形，有些的确与"咨询意见"有关，而有些仅仅是认为上诉机构做出了对解决争端不必要的裁决。

与专家组一样，上诉机构是裁决争端的机构，因此，其裁决（包括法律解释）只能与争端解决有关。上诉机构发表咨询意见势必涉及权利和义务，从而对后案专家组或上诉机构的裁决产生影响。而增加或减少权利和义务，不是上诉机构的权力，该权力在各成员。

对此，其他成员已经做出了积极反应，欧盟、中国等 12 个成员提交的改革建议中已建议修改 DSU 第 17.12 条，规定上诉机构应在"与争端解决有关的程度上"审理当事方在上诉中提出的每一个问题。② 这也算是满足了美国在这一点上的要求。

---

① 车丕照：《我们需要怎样的国际多边体制?》，《当代法学》2020 年第 6 期。

② WTO Doc., Communication from the European Union, China, Canada, India, Norway, New Zealand, Switzerland, Australia, Republic of Korea, Iceland, Singapore and Mexico to the General Council, WT/GC/W/752, 26 Nov. 2018.

（四）关于"违规审案"的其他问题

对"违规审案"中涉及的其他问题，兹集中加以简要说明。关于超越审限的问题，应该注意到，WTO 争端有大有小，涉案事项有多有少，少者只涉及 1 项措施，多者像"欧共体——航空器案"涉及 60 多项措施，上诉机构很难在规定的 90 天期限内完成裁决。美国在这一点上的指控只讲上诉机构违反规定，不讲现实情况，这有失妥当。当然，美国主张，若延长审案期限则应与当事方协商，这一点是合理的。

关于"超期服役"，美国的指控不尽合理。任期届满的上诉机构成员继续参与审理未完成的上诉案件本身是合理的。案件未审结时中途换人，无疑会造成人力资源的浪费，并影响案件审理的效率与质量。当然，要继续审案，应做必要的程序安排，如事先通知当事双方及 DSB。

关于"审查事实"问题，WTO 争端中的国内法的确只能属于事实，而不能属于法律，因为在一个 WTO 争端中需要适用的法律是 WTO 协议。这一点在原则上并无多大争议。美国指控上诉机构曾在审案实践中出现过审理事实的情形。在"美国——双反措施案"中，上诉机构对于专家组法律专向性裁决的复审意见主要体现在事实审查方面而不是法律解释方面，[①] 只是通过个案难以确定出现此类问题的程度。

二、对"错误解释法律"问题的认识

美国《上诉机构报告》所指称的上诉机构"错误解释法律"是与"违规审案"并列的另一个大的方面，也是更为重要的方面。总体上来说，

---

① 张军旗：《WTO"美国——双反措施案"中我国政策性贷款的法律专向性认定疑析》，《上海财经大学学报》2014 年第 6 期。

上诉机构的法律解释的确存在错误之处，但对此不必苛责。

按道理，只有逐一分析研究上诉机构在各个案件（至少是美国所提及案件）中的法律解释，才能确认上诉机构的法律解释不存在错误。而这对任何单个学者来说都是艰巨的任务。但人们的确可以通过个案研究确认上诉机构存在法律解释错误，尽管难以确定错误程度。例如，在"公共机构"的解释上，上诉机构的解释的确存在可商榷之处。① 在归零法的使用上，也是如此。尽管对上诉机构对特定条款的解释是否存在错误，不同成员和学者会有不同看法，但在存在充分理论交锋的情形下特定法律解释是否发生错误还是能够讲清楚的。

本来设置上诉程序的目的是为了纠正专家组程序中的法律解释错误，但从理论上说，我们必须设想上诉机构的法律解释也有发生错误的可能性。上诉机构成员通常具有很高的专业水平，但这并不能保证其在法律解释方面不犯任何错误。在国内法中，为纠正上诉审中可能发生的法律解释错误，在满足一定条件的前提下，还可诉诸审判监督程序。有些国家还存在三审终审制，例如英格兰和威尔士的知识产权案件就实行三审终审制。② 而在国际性法庭上，通常都是一审终审制。WTO 设有上诉程序已经领先一步了。即便如此，人们也不能苛求上诉机构的法律解释不发生错误，或者说要在一定程度上容忍上诉机构的法律解释错误。

---

① 张军旗：《WTO 改革背景下〈补贴与反补贴措施协定〉中"公共机构"法律解释的反思》，《当代法学》2021 年第 3 期；白巴根：《"公共机构"的解释及国有企业是否构成"公共机构"——"美国对华反倾销和反补贴案"上诉机构观点质疑》，孙琬钟、左海聪主编：《WTO 法与中国论丛》，知识产权出版社 2012 年版，第 61 页；Michel Cartland, Gérard Depayre & Jan Woznowski, Is Something Going Wrong in the WTO Dispute Settlement? *Journal of World Trade*, Vol.46, Issue 5, 2012, pp.1001-1015；Joost Pauwelyn, Treaty Interpretation or Activism? Comment on the AB Report on United States -ADs and CVDs on Certain Products from China, *World Trade Review*, Vol.12, 2013, pp.235-237。

② 参见"司法救济"，中华人民共和国商务部，http://ipr.mofcom.gov.cn/hwwq_2/zn/Europe/UK/J_remedy.html，访问日期：2023 年 6 月 10 日。

三、多种因素叠加导致美国阻挠上诉机构的继续运行

在法律解释错误不可绝对避免的情况下，对发生此种错误的容忍程度取决于发生此种错误的程度，甚或说取决于成员所"认为"的出错程度。更何况，只要一个或一些成员"认为"发生了较高程度的法律解释错误，就已经产生了监督司法权力的需求。目前的上诉机构危机反映了一种系统性关切，即缺乏一种机制可使作为立法者的各成员对司法权力做有效检查，[1] 即缺乏各成员对司法权力的监督机制。《WTO 协定》第 9.2 条规定的权威解释本是一种可资利用的监督手段，但票数要求太高，不方便使用。成员仅对上诉机构报告发表不同意见又难以起到直接作用。[2]

实际上，在 GATT/WTO 发展演变过程中，法律解释错误、先例问题、司法造法问题、发表咨询意见都不是新问题。在 GATT 期间，美国尚可借助"协商一致通过专家组报告"防止这些问题造成严重影响。而在 WTO 成立后适用"反向协商一致"通过裁决报告，任何成员无法阻挠裁决报告的通过，这就使上述问题造成的影响逐渐累积。近年来，中美竞争的大背景下，美国认为上诉机构在"公共机构"、双重救济等问题上的错误解释支持了非市场经济而不利于市场经济，[3] 而这种错误解释还会由于先例问题、司法造法等问题而固化和放大，美国却无其他有效途径扭转这种局面。这多种因素叠加成为美国阻挠上诉机构成员遴选的根本原因。至于"违规审案"问题，只是美国阻挠行为的次要原因，或者说只是美国顺带指出的反对上诉机构的原因。

---

① Weihuan Zhou & Henry Gao, 'Overreaching' or 'Overreacting'? Reflections on the Judicial Function and Approaches of WTO Appellate Body, *Journal of World Trade*, Vol.53, Issue 6, 2019, pp. 18-19.

② DSU 第 17.14 条规定，通过上诉机构报告不损害各成员就上诉机构报告发表意见的权利。

③ USTR, *Report on the Appellate Body of the World Trade Organization*, February 2020, p.2.

四、美国被诉 / 败诉案件最多无法说明其"受害尤深"

美国《上诉机构报告》指称上述上诉机构的种种不当行为对美国的影响尤甚，截至 2020 年 2 月，155 个争端是以美国为被诉方的，而没有任何一个其他成员被诉超过 100 次；[①] 并且在美国为被诉方的争端中，大约 90% 都裁定美国的法律或其他措施不符合 WTO 协议。[②] 笔者认为，仅因被诉和败诉次数最多就说自己"受害更深"，这显然在逻辑上是讲不通的。

就被诉次数而言，一成员被诉次数与上诉机构"越权审案"或"错误解释法律"毫无关系，因为后面的情形是在被诉乃至上诉以后才发生的。实践中，一成员被诉次数与其他诸多因素有关，例如贸易规模、对待国际义务的态度、国内的政治经济生态、与其他成员的贸易关系状态等。就贸易规模而言，贸易大国特别是发达国家成员由于贸易流量庞大、流向复杂，也就容易在多方面受到冲击，因此比之于较弱小的成员有更多背离规则的需求。[③] 截至 2023 年 12 月底，在 WTO 中被诉案件居于前列的成员及被诉次数如下：美国 158 起，欧共体 / 欧盟 93 起，中国 49 起，印度 32 起，加拿大 23 起，日本 16 起。[④] 虽然这只是一种粗略的统计，不能体现被诉案件的具体事实及其影响，但也大体上反映了被诉次数与经济体量尤其是贸易规模存在内在关系。

至于败诉比例，从 WTO 已裁决案件的总体情况来看，到目前为止，被诉方败诉的比例大约在 90%，这与美国的败诉率没有多大区别。至

---

① 这里的数字是截至 2020 年 2 月该报告发布时美国作为被诉方的争端数量。

② USTR, *Report on the Appellate Body of the World Trade Organization*, February 2020, p.3.

③ 张军旗：《论 WTO 国际法律责任的范围及其发展方向》，《政治与法律》2006 年第 6 期。

④ 笔者根据 WTO 官方网站的数据所做的统计。"Disputes by Member", WTO, https://www.wto.org/english/tratop_e/dispu_e/dispu_by_country_e.htm#complainant, last visited on 30 December 2023。

于美国败诉次数多,这与上诉机构"违规审案""解释法律错误"不能说没有一点联系,但联系程度如何,只能逐案分析确定,二者很难简单地联系起来。由此可见,美国以被诉和败诉次数多为由称自己"受害更深",这没有说服力。

第三节 部分成员提出的改革建议评析

尽管美国《上诉机构报告》不尽合理,但中国、欧盟、印度等一些WTO重要成员为化解上诉机构危机,还是提出了一系列积极的建议,一方面试图回应美国的关切,促进美国回归多边合作的轨道,另一方面为防范上诉机构危机再次发生,也在增加上诉机构的独立性和有效性方面提出了建议。

一、回应美国关切的建议

2018年11月23日,欧盟、中国、加拿大、印度等12个WTO成员致函总理事会(以下简称《12成员建议》),对美国指称上诉机构存在的越权问题提出了一些改革建议。[①] 日本、澳大利亚和智利于2019年4月向总理事会联合提交文件(以下简称《日澳智建议》),建议DSB以做出决定的形式回应美国的诉求。[②]2019年1月总理事会主席

---

① WTO Doc., Communication from the European Union, China, Canada, India, Norway, New Zealand, Switzerland, Australia, Republic of Korea, Iceland, Singapore and Mexico to the General Council, WT/GC/W/752, 26 November 2018.

② WTO Doc., Informal Process on Matters Related to the Functioning of the Appellate Body, Communication from Japan, Australia and Chile(revision), WT/GC/W/768 /Rev.1, 26 April 2019.

任命新西兰驻 WTO 大使戴维·沃克（David Walker）为协调员，以非正式方式沟通、协调各成员对于上诉机构改革的意见。沃克在综合各成员意见的基础上，发布了四次总结报告。这些报告也被学者们称为"沃克文件"（Walker papers）或"沃克方案"。总理事会主席希望以"沃克方案"为蓝本通过总理事会决定，从而试图在 2019 年末上诉机构可能的停摆发生之前取得进展，但并未获得成功。由于这些不同主体提交的改革文件内容总体上类似，而其中"沃克方案"的表述又相对更为细致和完备，这里就重点评介"沃克方案"（以 2019 年 10 月的版本为例[①]）的各种建议。该版本述及在上诉机构改革问题上各成员存在不少分歧，汇集在该文件中的均是认识一致性较高的建议。

具体来说，"沃克方案"主要包含以下内容：（1）关于上诉机构任期届满成员的过渡规则，首先明确规定 DSB 决定上诉机构人选的权力和责任；在上诉机构成员任期届满前 180 天时，遴选程序自动启动；在其他有上诉机构成员空缺的情况下，DSB 的主席应立即启动遴选程序；在上诉机构成员任期届满前 60 天，仍可以被分配给新的案件。（2）关于审限，在案件复杂或上诉案件量大的情况下，当事双方可与上诉机构协商延长审限，但应通知 DSB。（3）规定国内法的涵义应被视为事实问题，上诉程序不能审查；DSU 不允许上诉机构对争端中的事实问题做"从头开始的"审查或"完善分析"；当事方应避免为了在上诉程序中推翻专家组的事实认定而提出宽泛和不必要的主张。（4）关于咨询意见，上诉机构不得就争端中未提出的问题做出裁决，而只能在涉及与解决争端有关的必要程度上做出决定。（5）WTO 争端解决机制不创造先例，但专家组和上诉机构应考虑先前有关的专家组报告和上诉机构报告。(6)

---

① WTO Doc., Agenda Item 4: Informal Process on Matters Related to the Functioning of the Appellate Body – Report by the Facilitator, H.E. Dr. David Walker（New Zealand）, JOB/GC/222, 15 October 2019.

专家组和上诉机构应遵循《反倾销协议》第 17.6 条（ii）^① 规定的审查标准解释该协议规则。（7）应建立各成员与上诉机构的定期对话机制，以便各成员可以表达他们对各种问题的观点，但不涉及特定裁决报告的通过；该对话机制为非正式会议，每年至少一次；为维护上诉机构的独立性和公正性，应制定明确规则，确保对话不针对任何正在审理的争端及上诉机构任何成员个人。^②

直观地来看，前 5 项建议比较充分地回应了美国在各该问题上的关切，也具有较强的可行性。第（5）项建议中的"专家组和上诉机构应考虑先前有关的专家组报告和上诉机构报告"只是为后案专家组和上诉机构规定了"考虑"（consider）的义务，这种"考虑"义务只是要求参考而已，而没有规定"遵循"的义务，这一点也是合理的。

第（6）项建议中提及的"审查标准"，从条文规定来看，只是专家组在审理反倾销争端中处理事实问题时应遵循的原则，而由于上诉机构根本无权审查事实问题，只要上诉机构不越权审查事实问题，"审查标准"对其就没有适用的可能性，因此，也无须明确规定上诉机构必须遵守"审查标准"。

第（7）项建议的主要目的是应对"法律解释错误"问题，其希望通过定期对话给各成员就与上诉程序有关的各种问题（包括法律解释问题）表达意见的机会。这是一种非常柔性的方式，合理可行，但力度不

---

① 《反倾销协定》第 17.6 条（ii）规定："专家组应依照关于解释国际公法的习惯规则解释本协定的有关规定。在专家组认为本协定的有关规定可以做出一种以上允许的解释时，如主管机关的措施符合其中一种允许的解释，则专家组应认定该措施符合本协定。"这一规定又被学者们称为"评审原则"（standard of review），其强调在处理反倾销案件时，专家组应对反倾销调查机关（主管机关）的事实认定给予一定的尊重。

② WTO Doc., Agenda Item 4: Informal Process on Matters Related to the Functioning of the Appellate Body – Report by the Facilitator, H.E. Dr. David Walker（New Zealand）, JOB/GC/222, 15 October 2019.

够。如上所述，与先例、造法等因素叠加使"法律解释错误"效应放大，并被美国认为支持了非市场经济政策，而美国又无有效途径加以制约，这是美国阻挠上诉机构成员遴选的根本原因。这样，仅仅设立定期对话机制显然不足以解决美国在"法律解释错误"方面的关切。

也有学者认为，美国的关切是系统性和结构性的，而非技术性的，像"沃克方案"这样仅对 DSU 做技术性修补不能解决问题，需要确认上诉机构在 WTO 体制中的有限作用。[①] 从根本上说，这套建议没有解决 WTO 中的监督司法权力问题。

二、增强上诉机构的独立性和稳定性的建议

2018 年 11 月 23 日，即提交《12 成员建议》的同一日，中国、欧盟和印度还致函总理事会，对增强上诉机构的独立性和稳定性提出建议（以下简称《中欧印建议》）：（1）上诉机构成员的任期可设定为 6～8 年；（2）将上诉机构成员的人数由现有的 7 个增至 9 个，既能提高上诉程序的效率又能促进上诉机构成员的地域平衡；（3）改变上诉机构成员现有的兼职做法，改为专职；（4）规定在上诉机构成员任期届满前特定时间（例如六个月）补选程序自动开启。[②] 另外，上诉机构前主席张月姣女士也提出了延长上诉机构成员任期、保证争端解决的独立公正性等改进建议。[③]

---

①　Warren H. Maruyama, Can the Appellate Body Be Saved? *Journal of World Trade*, Vol.55, Issue 2, 2021, pp.200, 230.

②　WTO Doc., Communication from the European Union, China and India to the General Council, WT/GC/W/753, 26 November 2018.

③　Zhang Yuejiao, Protection of the WTO's "Crown Jewel" —Appellate Body Reform Proposals, in Arancha González and Marion Jansen（ed.）, *Women Shaping Global Economic Governance*, Centre for Economic Policy Research Press, 2019, pp.46-49.

这些建议试图从任期、人数、专职化和自动开启补选程序等方面增强上诉机构的稳定性，降低目前的危机再度出现的可能，合理可行，在争端解决机制改革讨论中应该得到重视。但只要未能解决美国的关切（监督司法权力问题），美国仍会反对这些建议。在 2018 年 12 月份的总理事会会议上美国就明确反对《中欧印建议》，认为这些建议只会使上诉机构更加不负责任、更容易越权。[①] 笔者认为，这些建议与美国的诉求并不矛盾，只要美国的诉求得到解决，这些建议中的做法完全可以合理地存在。

第四节　应对上诉机构危机的若干建议

学术界对于上诉机构的前途并不乐观。有学者认为，美国的真正目的是摧毁上诉机构。[②] 类似的观点认为美国改变立场从而使原上诉机构得以复活的可能性很小。[③] 其他解决方案还有如 WTO 争端解决机制可抛开上诉程序，只建立一个常设性专家组程序，[④] 或考虑将 DSU 第 25 条之下的上诉仲裁程序（即 MPIA）常设化。[⑤]

在关于 WTO 改革的讨论中，美国在其他领域不吝提出各种建议，

---

① WTO Doc., Minutes of the Meeting, WT/GC/M/175, 20 February 2019.

② Yang Guohua，The Causes of the Crisis Confronting the WTO Appellate Body，*Journal of WTO and China*，Vol. 9, Issue 4, 2019, p.102.

③ 孔庆江：《一个解决 WTO 上诉机构僵局的设想》，《清华法学》2019 年第 4 期。

④ Bernard M. Hoekman & Petros C. Mavroidis, To AB or Not to AB? Dispute Settlement in WTO Reform, *Journal of International Economic Law*, Vol. 23, Issue 3, 2020, p.10.

⑤ Julia Ya Qin, DSU Article 25 Arbitration: A Long-Term Solution for the Appellate Body Crisis? International Economic Law and Policy Blog, https://ielp.worldtradelaw.net/2022/09/dsu-article-25-arbitration-a-long-term-solution-for-the-appellate-body-crisis.html, last visited on 3 December 2023.

但从来没有对恢复上诉机构开出任何条件，而目前在 WTO 内部包括美国在内的主要成员正在就争端解决机制进行非正式磋商，这显示恢复上诉机构尚存一线希望。笔者认为，WTO 各成员应积极努力恢复原上诉程序。上诉程序对于多边贸易体制仍然具有重要价值，而废除上诉程序并不能真正有效地解决美国的关切。

WTO 设立上诉程序的基本目的在于纠正专家组程序中法律解释方面的错误，这有助于提高法律解释的正确性和一致性，也能进一步提高法律规则的可预见性。国际贸易的经常性和频繁性决定了 WTO 规则具有很强的反复适用性，规则解释的正确性和一致性要求就尤为显著。上诉程序的存在无疑有助于实现这一目标。以上只设立常设性专家组程序的建议并未提出令人信服的解决法律解释错误问题的思路。MPIA 实现常设化虽可在一定程度上满足上诉需求，但以当事双方的同意为前提，更何况，美国不加入 MPIA，这些因素无疑会使其影响力大打折扣。实践中，各成员对上诉程序具有现实的需求，目前正在进行的争端解决机制改革谈判中除美国之外的绝大多数成员均支持保留原有的上诉程序。尽管上诉机构的法律解释也会发生错误，但如果因此而废除上诉程序，实属因噎废食。至于美国关注的法律解释错误及其被固化的问题，各成员可以通过增强对司法权力的监督等其他方式来解决。

之所以说废除上诉程序并不能真正有效地解决美国的关切，是因为废除了上诉程序，专家组同样会存在法律解释错误、造法及先例问题。例如，即便在 GATT 期间专家组的司法解释就已形成了事实上的先例，只不过在 WTO 成立后上诉机构的法律解释更受重视而已。

基于上述分析，本书这里提出促进化解上诉机构危机、维护原上诉机制的若干建议。以上部分成员提出的完善建议中，笔者对其合理性和可行性已经做过评论的，兹不重复。

一、降低权威解释的门槛以便更切实可行地落实对司法权力的监督

现有的协商一致决定上诉机构成员的遴选本身就带有监督司法权力的特征，它可使各成员反对其认为不合格的个人连任上诉机构成员，但这种监督不能解决法律解释错误、先例、司法造法等其他问题。有些学者提出了部长级会议和总理事会应发挥权威解释作用的建议。[①]

从目前《WTO 协定》所安排的权力结构来看，第 9.2 条下部长级会议和总理事会的权威解释是解决"错误解释法律"问题最具正当性的途径，只是由于所有成员的四分之三多数通过的要求过高，导致其很难适用，即使对上诉机构的法律解释极为不满的美国也从未试图通过这一程序去寻求澄清有关法律规则。这里的"四分之三"的要求原本是乌拉圭回合谈判者有意设置，以防止 WTO 决策机构权力过大而损害各成员的主权，[②] 缺乏可操作性使之成为一个摆设。既然如此，可通过降低多数票的要求，让它变得更加实际可行一些。至于通过票数调减为三分之二还是五分之三，这可以由各成员协商议定。当然，做如此调整的目的不是用权威解释去代替多边谈判，原则上权威解释只能用于解决规则文本的解释问题。

之前 WTO 成员的诸项建议之所以完全没有提及加强权威解释对司法权力的监督，盖因现有的权威解释难以有效利用，降低权威解释的多数票要求又意味着要对《WTO 协定》进行修改，而修改条约在国际法

①　Zhang Yuejiao, Protection of the WTO's "Crown Jewel"——Appellate Body Reform Proposals, in Arancha González and Marion Jansen（ed.）, *Women Shaping Global Economic Governance,* Centre for Economic Policy Research Press, 2019, pp.46-47.

②　约翰·H. 杰克逊：《世界贸易组织及其未来》，《世界贸易组织动态与研究》2000 年第 12 期。

实践中向来都是一件困难的事情。但笔者认为，目前热议的 WTO 改革最终不可避免地涉及 WTO 协议的修改，难则难矣，但不妨碍我们在学术研究中考虑各种可能的调整方案，以备各成员在 WTO 改革谈判中做出选择。

二、促进对司法解释的监督的其他途径

除了让《WTO 协定》第 9.2 条下的权威解释变得更切实可行以外，还可以以其他方式促进对司法解释的监督。权威解释可视为一种刚性的解决法律解释问题的程序，相形之下，就专家组和上诉机构法律解释给各成员以充分的表达不同意见的机会则属一种重要的柔性程序。

（一）定期在各成员与上诉机构成员间举办针对司法解释的专题对话会

根据前文所述《12 成员建议》，上诉机构和各成员举行年度会议，各成员可在会议上对上诉机构的法律解释发表看法，但不影响特定上诉机构报告的通过；为此需要保持充分的透明度，制定会议基本规则，以避免对上诉机构成员施加不当压力。[1] 这一建议是合理的。即使调整了《WTO 协定》第 9.2 条下的权威解释多数票要求的情况下，权威解释也不可能频繁做出，因此，给各成员一个充分表达意见的机会就非常重要。

（二）委托专家对有关司法解释做专题分析

DSB 可随时就一些涉及法律解释争议的裁决交由独立的特别专家

---

[1]　WTO Doc., Communication from the European Union, China, Canada, India, Norway, New Zealand, Switzerland, Australia, Republic of Korea, Iceland, Singapore and Mexico to the General Council, WT/GC/W/752, 26 November 2018.

小组做专题分析，对有关法律解释发表意见。这些专家意见只代表他们个人意见。特别专家小组的研究报告应公开发布，也可在 WTO 的官方网站上设置专栏发布这些研究报告，之下设置评论区，允许学者们对研究报告进一步发表意见，以实现高质量的辩论和交流。特别专家小组的专题分析只是促进交流的方式之一，与对话会等其他形式并行不悖。

前上诉机构美籍成员杰内弗·希尔曼在美国参议院财政委员会作证时曾提出，在 WTO 中建立监督委员会，由总理事会、货物贸易理事会、服务贸易理事会、知识产权理事会和 DSB 的主席组成，由该委员会委任四名独立的贸易法专家定期或依请求审查上诉机构是否依法行事。[①]该委员会之下的专家审查显然属于一种具有综合性的监督，而不限于监督司法解释问题。这一建议合理可行，并且不妨碍 DSB 建立特别专家小组对法律解释问题做出专门研究。

（三）在上诉程序中增加中期评审环节

DSU 可效仿专家组程序中的中期评审程序，[②]规定在上诉程序中增加中期评审环节，向当事双方发布中期报告，使当事双方有机会获知上诉机构的法律解释和法律适用情况；当事双方应被允许对报告涉及的任何问题（包括司法解释）提出书面意见。[③]还应规定预留合理时间供上诉机构考虑这些意见并决定是否对裁决报告做出修改。若在征求意见期间未收到任何一方的意见，中期报告即视为最终报告。

---

① Jennifer A. Hillman, The United States Needs a Reformed WTO Now, 29 July 2020，https://www.cfr.org/report/united-states-needs-reformed-wto-now，last visited on 23 June 2023.

② 《关于争端解决的规则和程序的谅解》（DSU）第 15 条。

③ 刘勇、柯欢怡：《WTO 多边贸易体制的困境与解决方案研究——以 USTR〈上诉机构报告〉为切入点》，《经贸法律评论》2021 年第 3 期。

三、不宜恢复以协商一致方式通过裁决报告

有学者提出了较为激进的建议，即建议将 DSB 由"反向协商一致"通过裁决报告改为"（正向）协商一致"通过裁决报告，从而赋予 DSB 否决裁决报告的权力。[①] 这实际上是回归了 GATT 期间争端解决机制的做法。这种做法无疑会最大限度地实现成员对司法权力的监督，美国肯定非常希望恢复使用这种决策机制，但这种做法无疑会使专家组和上诉机构完全丧失国际贸易法庭原有的独立性，变成仅能提出建议的"顾问小组"。

历史上 GATT 争端解决机制协商一致设立专家组及通过专家组报告的做法曾饱受诟病。从规则的合理性上来说，这是一种根本性的缺陷，[②] 它意味着争端解决程序未确立对缔约方间的争端进行司法审查的权力。但是直至 20 世纪 80 年代末，一直没有出现过阻挠专家组报告通过的情况，这至少有 4 个原因。（1）撤销贸易限制措施可以增加经济福利，GATT 争端解决机制经常可以帮助政府抵御国内来自贸易保护主义者的压力。[③]（2）不履行总协定义务所产生的政治压力也促使有关缔约方纠正其违法行为，而不采取阻挠行动。（3）作为申诉方的美国在其要求不能得到满足的情况下，可能会诉诸单边主义制裁，因为专家组报告被阻挠，使申诉方失去了请求授权报复的必要基础。[④] 而实践中美国的单边主义制裁向来为其他国家和地区所忌惮和反对。（4）GATT 缔约方数量相对较少，国际经贸权力结构较为集中，在此背景下形成了较好的

---

① 胡加祥：《WTO 法律解释权的错配与重置》，《法学》2021 年第 10 期。

② 赵维田：《世贸组织（WTO）的法律制度》，吉林人民出版社 2000 年版，第 458 页。

③ Ernst-Ulrich Petersman, *The GATT/WTO Dispute Settlement System*, Kluwer Law International Ltd. 1997, p.67.

④ 张军旗：《WTO 监督机制的法律和实践》，人民法院出版社 2002 年版，第 43 页。

经贸合作氛围。但在20世纪80年代末90年代初出现了两三起阻挠专家组报告通过的情形，其数量虽少，但均为美国和欧共体在欧美贸易争端中做出的阻挠，所以仍然对多边贸易关系造成了很大的震动。也正因此，在乌拉圭回合谈判期间，美国力促各缔约方接受反向协商一致设立裁决报告的做法，甚至以自己克制使用单边主义报复为筹码，并建立上诉机构，明确审限，建立起了一个高效、快捷的国际贸易争端解决程序。虽不称"法庭""法院""法官"，但仍具有国际贸易法庭的实质。这一争端解决机制曾广为人们所赞赏和称道。

现在的问题是，在美国对上诉机构非常不满的背景下，美国很有可能愿意回归GATT争端解决机制中的协商一致。美国最终会做出何种选择还有不确定性。但有一点可以肯定，如果将争端解决机制中的反向协商一致决策改回协商一致决策，被诉方及败诉方阻挠裁决报告通过的概率将大大提高，而无法再现GATT期间很少发生阻挠的情景。前述GATT期间极少发生阻挠的4项因素中，前3项因素仍然在发挥作用，但第4项因素已经发生了根本性变化。具体来说，WTO成员相比GATT缔约方已大为增加，尤其是由少数贸易大国主导贸易关系的格局发生了变化，各成员力量结构多元化，这样在经贸关系乃至政治关系紧张的成员之间很容易阻挠裁决报告的通过。特别是美国对上诉机构存在诸多不满，势必会更频繁地阻挠上诉机构报告的通过。如此，争端解决机制的独立性将受到严重破坏，将难以发挥国际贸易法庭的作用。

四、不宜以投票方式决定上诉机构成员

有学者主张DSB可以采用投票方式决定上诉机构的人选，笔者认为，就现有的法律框架来看，这种方式法律依据不足。

DSU将上诉机构人员的任命权授予DSB。DSU第17.2条规定："争

端解决机构应任命在上诉机构任职的人员，任期 4 年，每人可连任一次。"而 DSU 第 2.4 条规定："如本谅解的规则和程序规定由争端解决机构做出决定，则争端解决机构应经协商一致做出决定。"从这些规定来看，决定上诉机构人选需要在 DSB 中协商一致决定，而 DSB 的成员是所有 WTO 成员。这就意味着任何成员都有阻挠上诉机构成员人选的权利。美国正是利用这一规定加以阻挠的。

《WTO 协定》第 9.1 条规定协商一致是 WTO 决策的一般程序，投票表决为辅助决策程序。该条规定："WTO 应继续实行 GATT 1947 所遵循的经协商一致做出决定的做法。除非另有规定，如无法经协商一致做出决定，则争论中的事项应通过投票决定。"有学者认为，《WTO 协定》第 9.1 条与 DSU 第 2.4 条存在冲突，而《WTO 协定》第 16.3 条规定，"在本协定的条款与任何多边贸易协定的条款存在抵触时，应以本协定的条款为准"，因此 DSB 在上诉机构成员任命问题上，在协商一致无法做出决定时，也可以采用投票制度。① 另有学者认为，《WTO 协定》第 9.1 条与 DSU 第 2.4 条之间并不冲突，后者并未规定"只能"采用协商一致，这样前者第二句话规定的投票就同样适用于后者，因此在无法达成协商一致时，DSB 可以投票决定上诉机构的人选。② 这两种观点尽管理由不同，但结论是一致的。显然这些观点是为投票决定上诉机构成员任命而寻求法律依据，以便避开美国的阻挠。但以上观点难以成立，理由如下。

首先，《WTO 协定》第 9.1 条已经指明除非"另有规定"才适用补

---

① Jennifer Hillman, Three Approaches to Fixing the Appellate Body: The Good, the Bad and the Ugly?https: //www.tresor.economie.gouv.fr /Articles /4c69c305-4f37-45f5-aa28-09a6aab19768 /files /6907e255-e134-410a-8135-070e9fe62cda, last visited on 2 June 2023.

② 房东：《解决 WTO 上诉机构危机：启动投票制度的初步设想》，《国际经济法学刊》2019 年第 4 期。Jennifer Hillman, Three Approaches to Fixing the Appellate Body: The Good, the Bad and the Ugly?https: //www.tresor.economie.gouv.fr /Articles /4c69c305-4f37-45f5-aa28-09a6aab19768 /files /6907e255-e134-410a-8135-070e9fe62cda, last visited on 2 June 2023.

充性投票程序，而 DSU 第 2.4 条显然属于"另有规定"的范畴。前者规定的是 WTO 的一般决策程序，后者规定的是 DSB 的决策程序，二者属于一般法与特别法的关系。按照"特别法优于一般法"的原则，后者应优先适用。相应地，《WTO 协定》第 16.3 条也失去了在这里适用的可能。

其次，DSU 第 2.4 条肯定无疑地排除了投票表决。上述学者认为该条"并未规定'只能'采用协商一致"从而认为该条并未排除票决，这种看法很勉强，理论上也讲不通。若 DSB 的决策也遵循《WTO 协定》第 9.1 条规定的决策程序，就没必要在 DSU 第 2.4 条做出规定了，更不可能做出不同的规定。DSU 第 2.4 条仅规定了协商一致就说明排除了投票表决，即便是补充性投票表决。

如此解释，投票决定上诉机构的人选就没有法律依据。相反，只能适用协商一致倒是具有清晰的法律依据。退一步说，即便将 DSU 第 2.4 条解释为包含了投票表决程序在内，从政治方面考虑还是要谨慎从事。WTO 毕竟是国际合作的产物，将美国这个经济实力最强的国家尽量留在 WTO 之中，并保持良好的合作，对整个 WTO 及各成员无疑是有重要意义的。有学者指出，盖因通过投票方式决定上诉机构成员人选在政治上过于冒险，迄今各成员尚未推动投票决定。[①] 在法律依据不足的情况下，更不应贸然投票决定。

五、在上诉机构恢复前继续发挥 MPIA 的暂时替代作用

如上所述，部分成员建立了 MPIA，试图满足在争端解决中对上诉程序的需要。也有学者建议在不改变专家组和上诉机构现有架构的前提

---

① Geraldo Vidigal，Living Without the Appellate Body: Multilateral，Bilateral and Plurilateral Solutions to the WTO Dispute Settlement Crisis, *Journal of World Investment & Trade*，Vol.20, Issue 6, 2019, p.889.

下，在 WTO 框架之外另行建立一个诸边性质的上诉机构，以暂时替代无法正常运行的原上诉机构；一旦原上诉机构恢复功能，新设立的上诉机构就不受理新的案件。[①] 罗昌发则提出可考虑在 WTO 内建立诸边性质的 DSU。[②] 这些建议与 MPIA 具有类似的性质。无论如何，MPIA 的建立暂时替代了原有的上诉职能，任何成员只要愿意都可以加入进来。目前的问题是，加入的成员只有 52 个，[③] 与 166 个成员的总数相比，数量明显偏少，现表示可能把上诉提交到 MPIA 的案件数量也较少。在争端解决机制的改革形势不太明朗的情况下，估计有些成员对加入 MPIA 尚持观望态度。继续维持 MPIA 的运转一则表明参与成员维护一个正常的上诉程序的决心，二则可为未来 WTO 原上诉机构的复活和改革积累经验。MPIA 本身就强调了其临时性或应急性，目的在于避免各成员担心因实施该机制而影响恢复上诉机构运作的努力。[④]

也有人认为，类似于 MPIA 的临时仲裁只是形式上的二审，名为上诉，实为两层专家组，并且临时找来的仲裁员往往也不会比专家组高明多少。这种观点的目的是支持保留上诉机构。笔者支持其这一结论，但不太同意这里的论证，说临时仲裁"实为两层专家组"缺乏依据，更不能仅因临时仲裁的"临时"性质就怀疑仲裁员的专业能力。上诉机构的常设性质也不能保证其成员的专业能力一定高于临时仲裁的仲裁员。

---

①   Qingjiang Kong & Guo Shuai, Towards a Mega-Plurilateral Dispute Settlement Mechanism for the WTO? *Journal of World Trade*, Vol.53, Issue 2, 2019, pp.273-292；孔庆江：《一个解决 WTO 上诉机构僵局的设想》，《清华法学》2019 年第 4 期。

②   Chang-fa Lo, A Milder but Effective WTO Reform – Possible Plurilateral FTAs and Plurilateral DSU within the WTO, *Asian Journal of WTO and International Health Law and Policy*, Vol.14, No.2, 2019, pp.331-332.

③   Multi-Party Interim Appeal Arbitration Arrangement（MPIA）, *Geneva Trade Platform*, https://wtoplurilaterals.info/plural_initiative/the-mpia/, last visited on 11 June 2022.

④   石静霞：《WTO〈多方临时上诉仲裁安排〉：基于仲裁的上诉替代》，《法学研究》2020 年第 6 期。

MPIA 的运转还面临着一些实际问题。例如，美国驻 WTO 大使谢伊致函 WTO 当时的总干事阿泽维多，反对 MPIA，其声称美国并不反对 WTO 各成员利用 DSU 第 25 条或其他非正式程序解决争端，但 MPIA 包含甚至加剧了上诉机构实践中存在的某些最为糟糕的方面，例如，弱化了上诉报告的强制性审限；考虑在上诉审中审查专家组报告中的事实问题；由追求法律解释的一致性而导致的司法造法的问题等。美国还反对 MPIA 适用 WTO 的预算经费和行政支持。[①] 对于这些现实问题，MPIA 在具体运作中可逐步探索和完善。

为了继续维持 MPIA 的运转，有必要适当地认识其性质。主流观点认为 MPIA 不是条约，也不属于诸边协定。[②] 如有学者认为，MPIA 不属于《WTO 协定》附件 4 意义上的诸边协定，而是混合了参加成员的政治承诺和个案中有约束力的仲裁协议。[③] 还有学者认为，MPIA 只是对争端解决程序所作的临时安排，不涉及 WTO 成员市场准入方面的权利和义务，也没有经过加入的成员立法机关批准，因此它不是诸边贸易协定，只是一份"君子协定"。[④] 当然，也有学者将基于 DSU 第 25 条

[①] Permanent Mission of the United States to the World Trade Organization, 5 June 2020, https://www.worldtradelaw.net/document.php?id=misc/USLetterJune5.pdf&mode=download, last visited on 22 May 2022.

[②] 石静霞：《WTO〈多方临时上诉仲裁安排〉：基于仲裁的上诉替代》，《法学研究》2020 年第 6 期；Murilo Lubambo de Melo, International Trade Dispute Settlement: Ready to Blossom Again? *American Society of International Law*, 12 July 2020, https://www.asil.org/insights/volume/24/issue/19/international-trade-dispute-settlement-ready-blossom-again, last visited on 22 May 2022；刘瑛：《WTO 临时上诉仲裁机制：性质、困境和前景》，《社会科学辑刊》2021 年第 4 期；宋歌：《重建常态化 WTO 上诉机构：以〈多方临时上诉仲裁安排〉实施为契机》，《商事仲裁与调解》2021 年第 6 期。

[③] 石静霞：《WTO〈多方临时上诉仲裁安排〉：基于仲裁的上诉替代》，《法学研究》2020 年第 6 期。

[④] 胡加祥：《从 WTO 争端解决程序看〈多方临时上诉仲裁安排〉的可执行性》，《国际经贸探索》2021 年第 2 期。

建立上诉仲裁程序的协议称为"诸边《仲裁协定》",①显示认可其属于诸边条约。

否定 MPIA 条约性质的主要理由是 MPIA 主文和附件 2 没有为参加方规定义务性内容。笔者对此有些不同看法。尽管 MPIA 主文中不少地方用了"indicate""envisage"这些语气比较弱的措辞,但参加方在其中明确地承诺,在上诉机构恢复运转前他们将诉诸 DSU 第 25 条作为临时上诉仲裁程序,并且将不寻求 DSU 第 16.4 条和第 17 条下的上诉。这些属于 MPIA 的核心内容,也确切无误地属于义务性内容。一个参加方的义务对其他参加方则意味着权利。MPIA 规定参加方在向 DSB 做出通知的前提下可以退出 MPIA,也属于权利性内容。对 MPIA 适用范围的界定则关系到参加方权利和义务的范围。凭这些内容就足以认定 MPIA 为条约。当然,它不属于《WTO 协定》附件 4 意义上的诸边贸易协定。但如上所述,WTO 体制下还可以有其他形式的诸边协定,MPIA 仅对部分成员有效,将之称为"诸边协定"未尝不可。MPIA 的临时性与程序性并不影响其包含权利义务的性质。成员立法机关的批准也不是缔结条约的必要条件,在某些情况下行政机关或外长签字甚至"君子协定"也可形成一项条约。

---

① 石静霞、白芳艳:《应对 WTO 上诉机构危机:基于仲裁解决贸易争端的角度》,《国际贸易问题》2019 年第 4 期。

第七章

贸易政策透明机制的强化

如前所述，WTO 贸易政策透明机制运行不佳，特别是通知义务的履行存在严重问题。为在未来的 WTO 改革中有效地解决或缓解这些问题，本章首先分析存在这些问题的原因，其次，将对各成员目前提出的透明度改革建议做出评析，即讨论这些改革建议的合理性和适当性，并进一步提出自己的建议。

第一节 贸易政策透明义务履行不佳的原因

贸易政策透明义务履行状况差具有多方面的原因，既有主观原因又有客观原因；既有现有制度不完善的原因，也有透明义务本身特点的原因。

一、有些情况下成员有意不认真履行透明义务

多边贸易体制的历史表明，各成员为了达到保护本国产业的目的，往往有意使其贸易政策处于隐蔽状态。上述大比例的 WTO 成员在许多领域不做出通知，很难说都是客观原因或能力不足原因导致的。

尽管 WTO 协议对透明程序的规定广泛而细致，但当成员政府有意不公开其相关的贸易政策和措施时，其他成员往往难以知悉。即便在现今的互联网时代，一成员的贸易政策和措施可能由其他成员政府的日常性监督而被发现，但也需要付出很高的监督成本。有些政策或措施则是跨国经营者在其经营活动中实际遇到时才能发现，而这时这些经营者的利益可能已经因此受到了损害。另外，一些成员未按时履行通知义务，也会影响另外一些成员做出通知的积极性，后者不愿在非对等的情况下单方面履行通知义务，① 这会导致"向低看齐"的效应。

二、有时需要适用多重规则才能确定透明义务的范围

在有些情况下，尽管 WTO 协议明确规定了透明义务规则，但其中透明义务的实际内容需当事成员适用相关协议规则才能确定，这会大大增加履行透明义务的难度。

以补贴的通知为例。SCM 协定第 25 条规定，各成员有义务通知在其领土内给予或维持的任何专向性补贴。这项义务看似明确，但要完全满足该规则的要求，却并非轻而易举。有些措施可能明确地属于该条规定范围，例如政府针对个别企业提供赠款，就明显地属于专向性补贴。但有些措施是否属于专向性补贴的范畴，要经过复杂的适用法律的过程。首先，按照 SCM 协定第 1.1 条的规定，判断一项措施是否构成补贴，需要判断政府或任何公共机构是否提供了财政资助，而其中"公共机构"的含义如何，仅是在 WTO 的专家组和上诉机构之间

---

① 金建恺：《WTO 透明度规则的改革进展、前景展望与中国建议》，《经济纵横》2020 年第 12 期。

就充满分歧。① 又如，SCM 协定第 1.1 条中所称的"一般基础设施"，至少从协议本身来看并非一目了然，而需要借助专家组和上诉机构的法律解释才能确定其涵义。其次，要判断一项财政资助行为是否满足 SCM 协定第 1.1 条所规定的补贴的第二个条件——授予了利益，也有不少争议。再次，即便一项措施构成补贴，要判断专向性的存在有时也是非常复杂的，往往要结合具体案情进行判断。总之，在并非显而易见属于专向性补贴的情况下，成员有可能判断错误，也可能借助这种模糊性宁愿将其理解为不具专向性，从而将其归于无须做出通知的范围。

三、WTO 现有法律责任无法对违反透明义务的行为形成有效制约

WTO 现有关于法律责任的规定原则上同样适用于违反透明义务的情形。但实际上这些法律责任对于违反透明义务的情形没有什么用处，这是由透明义务的特点决定的。

按照 WTO《关于争端解决的规则和程序的谅解》（DSU）规定的法律责任，被认定违反义务的成员应撤销该违法措施。如果不能撤销该违法措施，可在当事双方同意时提供补偿。如果既不撤销违法措施，也未经协商达成补偿协议，申诉方可经 DSB 授权对被诉方进行报复。而无论是补偿还是报复都只是临时性措施，最终仍需撤销违法

---

① Report of the Panel, Korea – Measures Affecting Trade in Commercial Vessels, WT/DS273/R, adopted 11 April 2005, p.28; Report of the Panel, European Communities and Certain Member States – Measures Affecting Trade in Large Civil Aircraft, WT/DS316/R, adopted 1 June 2011, pp.742-743; Report of the Panel, United States – Definitive Anti-dumping and Countervailing Duties on Certain Products from China, WT/DS379/R, adopted 25 March 2011, p.50；Report of the Appellate Body, United States – Definitive Anti-dumping and Countervailing Duties on Certain Products from China, WT/DS379/AB/R, adopted 25 March 2011, p.122.

措施。①

DSU 规定的这三种主要责任方式（撤销违法措施、补偿、承受报复）对于违反透明义务的行为不可能起到什么作用。如果一成员被专家组或上诉机构认定为违反透明义务，要求其"撤销违法措施"就意味着要求其履行透明义务。可是，至少在争端提交到 WTO 时，申诉方就已经通过其他途径获知了该贸易政策的内容，从而使得"撤销违法措施"变得没有实际意义。由于补偿和报复都是以违法措施继续存在为前提的，也由于申诉方已经了解了未通知的贸易政策的内容，补偿和报复也就失去了适用的基础。这样，裁决机构认定某一成员违反透明义务，这只能构成一种道义压力，相应地难以对违反透明义务的行为形成有效制约。这也可能使得那些不认真履行透明义务的成员有恃无恐。

四、发展中成员履行透明义务存在一定困难

一些发展中成员强调，通知义务的履行与国家的能力和资源密不可分，其需要深入理解整个 WTO 协议，还要有成熟的机构设置及人力资源的能力，而这些正是发展中成员经常缺乏的。② 这些主张是适当的。机构设置与成员的经济管理能力有关，它直接涉及次中央机构的贸易政策能否适当地汇集到履行透明义务的中央行政机关来。同时，有关人员需熟悉 WTO 协议，并且需要具备适用 WTO 协议对贸易政策信息做出分析的能力。发展中成员特别是最不发达成员在履行有些技术性较强

---

① 《关于争端解决的规则和程序的谅解》第 3.7 条。

② WTO Doc., An Inclusive Approach to Transparency and Notification Requirements in the WTO, JOB/GC/218/Rev.2, JOB/CTG/15/Rev.2, JOB/SERV/292/Rev.2, JOB/IP/33/Rev.2, JOB/DEV/58/Rev.2, JOB/AG/158/Rev.2, 26 July 2019.

的通知义务时，就比较困难，他们可能缺乏这方面的专家。"南方中心"发布的报告甚至认为，即便来自 WTO 的技术援助项目能够发挥作用，仍然不能弥补一些发展中成员在人力资源方面的有限性。如果一成员只有非常少的职员能够从事与 WTO 有关的所有事务，其能力问题就不是技术援助可以解决的。[①]

各成员均认可发展中成员存在能力不足的问题，但能力因素对不同发展中成员的影响也存在差别。另外，在考察一成员履行透明义务的状况时，也应该将能力不足与有意违反的情形区分开来，不能混为一谈。

五、成员政治经济体制和历史文化因素的影响

各成员方内部的政治经济体制甚或历史文化因素亦会对透明义务的履行产生影响。发达成员通常奉行市场经济体制，国内经济民主化程度较高，其贸易政策的国内透明度就比较高。例如，美国的贸易立法和政策在形成的过程中在其国内是相当透明的，各种利益相关者都有充分地发表自己意见的机会，[②] 相应地，其贸易政策的国际透明水平也整体较高。另外，像在《实施动植物卫生措施的协定》（SPS）中有关透明度和风险评估的国际标准很大程度上是仿照发达成员的标准制定的，[③] 在此情况下发达成员就更容易实现相应标准的国际透明。相对而言，国内

---

① Aileen Kwa & Peter Lunenborg，Notification and Transparency Issues in the WTO and the US' November 2018 Communication，South Centre research paper No.92，*SSRN Electronic Journal*，https://papers.ssrn.com/sol3/papers.cfm?abstract_id=3559647，last visited on 9 May 2023.

② 曲延英：《WTO 贸易政策审议机制研究》，上海三联书店 2009 年版，第 156 页。

③ 黛布拉·斯蒂格主编：《世界贸易组织的制度再设计》，汤蓓译，上海人民出版社 2011 年版，第 195 页。

经济民主化和法治水平较低的成员，总体上国内透明和国际透明的水平都相对较低。历史文化因素也可能有一定影响，例如有学者在指出中国在通知义务履行方面的一些不足时，指出传统文化中对法律透明度的厌恶也是影响因素之一。[①]

当然，成员政治经济体制或历史文化等属于影响贸易政策透明度的内部因素。WTO 规则要求各成员贸易政策在国际层面保持透明，这是一种结果性要求，但对于成员如何整合内部资源，如何克服内部影响实现透明的因素，这是需要各成员自行解决的问题。这也符合一般国际法上对履行国际义务的通常要求，即注重结果而不问方式，除非另有规定。总之，对这些因素的分析可以加深我们对于透明义务履行状况的认识，但本书以下提出的完善建议仍将主要着眼于多边体制的完善。

第二节 部分成员对贸易政策透明机制的改革建议

面对 WTO 贸易政策透明义务特别是通知义务履行不佳的现状，近年不少成员包括各主要成员都提出了完善贸易政策透明机制的建议。

2017 年 12 月到 2021 年 11 月，美日欧的贸易部长发布了九次《联合声明》，其中六次《联合声明》均强调提高贸易政策透明度的重要性，表示要提高 WTO 监督职能的有效性和效率，特别是加强通知要求。三方在这六次《联合声明》中承诺在完善贸易政策透明机制方面加强合

[①] Henry Gao, The WTO's Transparency Obligations and China, *Journal of Comparative Law*, Vol.12, No.2, 2017, pp.253-354.

作。[①]2018年9月欧盟发布《概念文件》，提出了加强委员会层面的监督、强化反向通知、以贸易政策审议机制促进通知义务的履行、对不履行通知义务行为施加制裁等建议。

在以上思路的基础上，美国、欧盟、日本、阿根廷和哥斯达黎加于2018年11月1日向总理事会和货物贸易理事会提交了《提高WTO透明度、强化通知要求的程序》建议。[②] 该建议在总理事会和货物贸易理事会进行了多次讨论，也根据讨论情况做出修改，到2021年7月15日形成了第六次修订版。联署成员也增至15个（以下简称为《15成员建议》），这些成员以发达成员为主，也有少数发展中成员。该建议文件提出了以对违反通知义务规定法律责任为核心的系列建议。

非洲国家集团、古巴、印度和阿曼向总理事会、货物贸易理事会、服务贸易理事会、知识产权理事会等WTO主要机构提交的《改进WTO透明度和通知要求的包容性策略》（以下简称《非印建议》），则强调发展中国家履行通知义务的能力不足、资源有限，反对惩罚性做法。

---

① 美国贸易代表办公室网站上有这六次《联合声明》的全文。第二次《联合声明》：https://ustr.gov/about-us/policy-offices/press-office/press-releases/2018/march/joint-readout-meeting-united-states；第三次《联合声明》：https://ustr.gov/about-us/policy-offices/press-office/press-releases/2018/may/joint-statement-trilateral-meeting；第四次《联合声明》：https://ustr.gov/about-us/policy-offices/press-office/press-releases/2018/september/joint-statement-trilateral；第五次《联合声明》：https://ustr.gov/about-us/policy-offices/press-office/press-releases/2019/january/joint-statement-trilateral-meeting；第六次《联合声明》：https://ustr.gov/about-us/policy-offices/press-office/press-releases/2019/may/joint-statement-trilateral-meeting；第七次《联合声明》：https://ustr.gov/about-us/policy-offices/press-office/press-releases/2020/january/joint-statement-trilateral-meeting-trade-ministers-japan-united-states-and-european-union. 访问日期：2022年5月10日。

② WTO Doc., Procedures to Enhance Transparency and Strengthen Notification Requirements under WTO Agreements, Communication from Argentina, Costa Rica, the European Union, Japan, and the United States, JOB/GC/204，JOB/CTG/14/，1 November 2018.

2018 年 11 月时任中国驻 WTO 大使在货物贸易理事会会议上曾表示，惩罚措施并非解决透明度问题的好办法，应当以积极的激励手段来取而代之。① 中国于 2019 年 5 月向 WTO 提交的《中国关于世贸组织改革的建议文件》（以下简称《中国建议文件》）也就改进通知义务的履行提出了建议，强调发达国家成员的示范作用和对发展中国家的援助，但对惩罚性做法未明确表态。

以下笔者将概括上述各项建议的主要内容，归纳总结各项建议的主要特点，并在下文就这些建议涉及的核心内容的合理性和可行性进行讨论。

一、《15 成员建议》

该建议文件的各个版本不断修订，但总体上来说所提建议及适用条件大同小异。这里就以最新的第六修订版为准简介其主要内容。②

1.建议对未按时做出通知的成员采取行政措施（administrative measures），具体分为第一阶段措施和第二阶段措施。对超期一年未通知的成员，适用第一阶段措施，即（1）认定该成员为"迟延通知成员"，并在其在总理事会发言时标明这种认定；（2）在 WTO 各种正式会议上该成员只能在其他成员发言之后、观察员发言之前发言；（3）秘书处每

---

① China Criticizes WTO Transparency Proposal Advanced by U.S., Others, *Inside U. S. Trade's*, 16 November 2018, https://insidetrade.com/trade/china-criticizes-wto-transparency-proposal-advanced-us-others, last visited on 29 June 2022.

② WTO Doc., Procedures to Enhance Transparency and Strengthen Notification Requirements under WTO Agreements, communication from Argentina, Australia, Canada, Chile, Costa Rica, the European Union, Israel, Japan, New Zealand, Norway, Singapore, Switzerland the Separate Customs Territory of Taiwan, Penghu, Kinmen and Matsu, United Kingdom, and the United States, JOB/GC/204/Rev.6，JOB/CTG/14/Rev.6, 15 July 2021.

年要向货物贸易理事会报告该成员履行通知义务的总体情况。若第一阶段措施适用满一年，该成员仍未做出所要求的通知，则叠加适用第二阶段措施，即（1）秘书处每年向总理事会报告该成员履行通知义务的情况；（2）对该成员在贸易政策审议中提出的问题，受审议成员不必回答；（3）该成员的代表不得被任命为 WTO 各机构的主席。如果有困难成员在通知期限到期两年内已请求秘书处援助，并向秘书处等相关机构提交了有关援助和能力建设的书面信息，则不适用上述行政措施；最不发达国家只要向秘书处等相关机构提交了有关援助和能力建设的书面信息，就不适用上述行政措施。

2. 鼓励各成员对其他成员未通知的政策措施做出反向通知。

3. 未按期提交通知的成员在期满后 6 个月内向相关委员会做出预期延迟提交的时间表，并解释该成员做出部分通知的影响因素。

4. 成员可在收集信息完成通知的过程中请求秘书处的帮助。

美国还在总理事会会议上强调，以上这些建议并不试图扩大现有通知义务或增加通知要求，而只是寻找促进各成员满足现有通知义务要求的途径。①

上述建议中最为突出的内容就是对违反通知义务的行为采取行政措施。行政措施是一种惩罚性做法，或者说是一种行政责任。即便对最不发达国家规定了更加宽松的条件，但依然是有条件的。上述第 3 项建议也是一项新内容，之前的协议及实践中都未做出这种要求。至于反向通知和秘书处协助，这些内容实质上在 WTO 现有协议及实践中都是存在的，只不过在这里加以强调而已。

---

① U.S. Statement on transparency proposal at General Council, WTO, 28 July 2021, https://geneva.usmission.gov/2021/07/29/us-statement-on-transparency-proposal-at-general-council/, last visited on 14 November 2021.

二、欧盟《概念文件》中的建议

在违反通知义务的法律责任方面，欧盟《概念文件》中提议的"制裁"与上述《15 成员建议》中的"行政措施"是一致的。后者是前者的具体化，因为欧盟也是后一建议文件的联署成员。相对于后者，《概念文件》明确强调必须区分两种情况，一是由能力不足和有正当理由错过期限导致的未通知，二是系统性地不透明。欧盟认为后者是严重违背多边贸易体制的精神和规则的，而目前存在这类行为的成员却无须承担什么后果。需要对与能力无关的不履行行为施加制裁，诸如在政治层面和公共层面给予有关成员更多批评，限制其参与 WTO 活动的某些权利。[①]

《概念文件》还建议在 WTO 各委员会层面实施更有效的监督，提出各个委员会可做出以下方面的探索，即（1）要求相关成员解释其迟延通知的原因，并对来自其他成员的评论做出实质性回应；（2）允许秘书处就通知和对这些评论的回应做出质量评价；（3）在 WTO 的公共数据平台上公开这些评论及对这些评论的回应；（4）不仅在书面文件中而且在各种会议上标明这些不履行成员的身份。

在反向通知方面，《概念文件》建议志同道合的成员间加强合作，探索秘书处参与其中的可能性，并增强被反向通知时的后果。另外，《概念文件》还建议授权秘书处在贸易政策审议中在准备秘书处报告时设专章评估受审议成员的通知状况，特别是系统阐明受审议成员的质量，以及自上次审议以来履行通知义务的进展。

总体上来看，欧盟的《概念文件》除了支持对违反通知义务规定法律责任外，其建议着重于利用现有的机构设置（包括各委员会和贸易政

---

① European Commission, Concept Paper: WTO Modernization - Introduction to Future EU Proposals, 18 September 2018，http://trade.ec.europa.eu/doclib/docs/2018/september/tradoc_157331.pdf，last visited on 18 June 2022.

策审议机构），通过讨论、批评、敦促等方式发挥这些机构在促进履行通知义务方面的作用。

三、《非印建议》

与《15 成员建议》和《概念文件》相比，《非印建议》在很大程度上提出了不同主张，甚至有些针锋相对的意味。

《非印建议》主张现有通知义务应做合理化调整，以与各成员的发展水平相适应；发展中国家、弱小经济体和最不发达国家不应承担超越其能力的通知义务；反对增加新的通知义务；在通知义务方面，也应考虑给予发展中国家尤其是最不发达国家特殊和差别待遇（例如简化有关表格，只有在被请求时才提供详细资料），或给予更多技术援助，或在某些情形下延长通知的时间要求；采用惩罚性方法实施透明义务是不可接受的；通知只能由相关成员做出，其他成员所做的反向通知是无效的，无论是秘书处还是其他成员都无权代表一成员通知有关信息，除非现存协议规定了这种可能。① 该建议文件还指出，一些发达国家对GATS、TRIPS、非从价关税等方面（如 GATS 第 3.3 条）通知义务的履行长期处于低水平状态。最后，该建议文件认为，透明度不能只着眼于通知义务，更重要的是 WTO 的运行必须是透明和包容的，例如各种委员会会议的安排经常冲突；非正式谈判会议使得小国代表无法参与整个谈判；每个成员都应有平等的机会参与决策程序，所有会议都应该向所有成员公开，而不只是在绿屋会议程序中仅向少数成员开放。

---

① WTO Doc., An Inclusive Approach to Transparency and Notification Requirements in the WTO, communication from the Africa Group, Cuba, India and Oman, JOB/GC/218/Rev.2, JOB/CTG/15/Rev.2 JOB/SERV/292/Rev.2, JOB/IP/33/Rev.2, JOB/DEV/58/Rev.2, JOB/AG/158/Rev.2, 26 July 2019.

《非印建议》总体上强调发展中国家在履行通知义务方面能力不足，在通知义务方面应给发展中国家优惠待遇，并明确反对施加惩罚性措施。至于其所强调的"WTO 的运行必须是透明的"，这里主要涉及的是谈判程序、各委员会的日常监督程序等。与其说该建议想强调这些程序的透明性，不如说其想强调的是这些程序的民主性，即大小成员都可以参与。这与本部分讨论的贸易政策透明不是一回事情。

四、《中国建议文件》

中国于 2019 年 5 月向 WTO 提交的《中国建议文件》充分肯定了加强成员贸易政策透明度的价值，并就提高通知义务的履行程度提出了五项建议：一是发达成员发挥示范作用，确保通报全面、及时、准确；[①]二是成员应提高补贴反向通报的质量；三是成员间应增加经验交流；四是秘书处应更新通报技术手册并加强培训；五是应努力改进发展中成员通报义务的履行，对于确因能力不足无法及时履行通报义务的发展中成员特别是最不发达国家，应通过技术援助加强其通报能力建设。[②] 中国的建议较为突出的两个特点是强调发达成员的示范作用和对发展中国家的技术援助，但对于违反通知义务的行政责任，没有表明任何态度，至少没有明确反对。

总体上来看，上述各成员的建议在需要提高贸易政策透明度的必要性上并无多大分歧，但在实现这一目标的途径和方式上却存在较大分歧，预示着未来各方在这一点的谈判也将是比较困难的。

---

① WTO 协议中的 notification 有时被译为"通知"，有时被译为"通报"，两种译法没有什么区别，均可接受。本书采用"通知"，但在中国官方文件中使用"通报"时也将保持原样。

② 《中国关于世贸组织改革的建议文件》，中华人民共和国商务部官方网站，http://images. mofcom.gov.cn/sms/201905/20190524100740211.pdf，访问日期：2021 年 11 月 14 日。

第三节　改革 WTO 贸易政策透明机制的适当路径

以上是到目前为止各成员针对通知义务的履行提出的有代表性的改革建议，其中加强对发展中成员特别是最不发达成员的技术援助，以帮助这些成员进行能力建设，是上述各个改革建议中难得的共识。[①] 下文将主要针对有明显分歧的建议讨论其合理性和可行性，同时，在有些方面也将提出新的改革建议。

一、支持适当条件下为违反透明义务行为规定行政责任

如前所述，由于透明义务自身的特性，撤销违法措施、补偿、报复这些典型的法律责任形式对违反透明义务的行为无法产生实际作用。虽然相对于 GATT，WTO 争端解决实践中被诉方被认定违反透明义务的案例有所增加，但最多构成一种道义压力，这显然不利于透明义务的履行。中国强调发达成员履行透明义务的示范作用，这固然很有意义，但还是不够，仍需一定的法律责任为最后手段。惩罚性措施虽然可能加剧部分发展中成员的负担，但加强透明度对维护多边贸易体制的长远发展是有益的，[②] 并且发展中成员的负担可以通过以下其他方式加以缓解，因此，原则上可以支持规定一定行政责任。《15 成员建议》提出的"行政措施"类似于法律责任，其之所以被称为"行政措施"，很大程度上是由于这些不利后果是在 WTO 日常行政活动中体现的，而且可能由行

---

① 陈咏梅：《对企业参与 WTO 争端解决的技术援助和能力建设——以发展中成员为视角》，《江西社会科学》2012 年第 7 期；潘德勇：《WTO 技术援助的改革——UNDP 和 UNCTAD 相关制度的借鉴》，《科协论坛》2008 年第 12 期。

② 宋泓：《多边贸易体制制度设计与改革前景》，《世界经济与政治》2020 年第 10 期。

政机构（各理事会和各委员会）决定责任的承担，其实质内涵是行政责任。

《概念文件》和《15 成员建议》所建议的行政责任的形式多为在政治层面和公共层面给予有关成员更多批评，限制其参与 WTO 活动的某些权利，更主要体现为提醒、敦促及批评的属性，只有少数建议较为严厉（例如不得担任各委员会的主席），这种程度的行政责任具有较高程度的可行性。

违反透明义务具有不同的原因和情节，有意违反与能力不足两种情形应该加以区分，系统性违反与偶然违反也应该加以区分，从而规定行政责任产生的不同条件及承担行政责任的不同形式与程度，只有在例外情况下才能豁免行政责任。《非印建议》仅以发展中成员能力不足为由反对设置行政责任，而忽视有意违反的情形，较为片面。而《15 成员建议》在主张规定"行政措施"时未区分违反通知义务的不同因由，同样有失偏颇，很容易引起发展中成员的反感，因为能力不足的确是发展中成员面临的普遍问题，也的确应成为设置行政责任及其程度时应该考虑的重要因素。

二、适当简化透明义务规则

如前所述，通知义务履行不佳的原因之一是有些规则本身不够明确，或者可能需要成员适用较复杂的协议规则才能确定通知内容。在未来的 WTO 改革中，可考虑对相关条文做出调整，以适当简化透明义务。如前引 SCM 协定第 25 条规定各成员有义务通知在其领土内给予或维持的任何专向性补贴，对此也可以考虑把"专向性"删去，即要求各成员通知其采用的全部补贴。这样同样看似扩大了要求通知的范围，但实际上更加容易操作，避免了复杂的专向性判断，也可降低对各成员的能力要求，从而缓解发展中成员由于能力不足而导致的履行不足问题。

三、肯定和鼓励广泛的反向通知

反向通知本身并不属于透明义务的范畴，而只是在双边监督的基础上对不履行通知义务的行为进行检举的措施。虽然反向通知具有一定程度的滞后性，相关跨国经营者的利益可能已受到损害，但由此发现问题至少对后续经营及其他经营者不失为一种亡羊补牢的办法。实践中 WTO 成员对此也有运用。①

上述《非印建议》认为，通知只能由相关成员做出，反向通知是无效的，无论是秘书处还是其他成员都无权代表一成员通知有关信息，除非现存协议规定了这种可能。②这种主张也得到一些学者的支持。③的确，只有部分 WTO 协议明确规定了反向通知，④但即使对那些未明确规定反向通知的协议，各成员也有权做反向通知。对于一成员未履行协议义务

---

① USTR, United States Issues WTO Counter Notification Concerning India's Market Price Support for Various Pulses，https://ustr.gov/about-us/policy-offices/press-office/press-releases/2019/february/united-states-issues-wto-counter，last visited on 17 November 2022.

② WTO Doc., An Inclusive Approach to Transparency and Notification Requirements in the WTO, communication from the Africa Group, Cuba, India and Oman, JOB/GC/218/Rev.2, JOB/CTG/15/Rev.2 JOB/SERV/292/Rev.2, JOB/IP/33/Rev.2, JOB/DEV/58/Rev.2, JOB/AG/158/Rev.2, 26 July 2019.

③ Aileen Kwa & Peter Lunenborg，Notification and Transparency Issues in the WTO and The US' November 2018 Communication, South Centre research paper No.92, *SSRN Electronic Journal*, https://papers.ssrn.com/sol3/papers.cfm?abstract_id=3559647, last visited on 9 May 2023.

④ 明文规定了反向通知的协定条款包括但不限于 GATT 1994 第 17 条、《农业协定》第 18 条、《补贴与反补贴措施协定》第 25 条、《保障措施协定》第 12 条、GATS 第 3 条、《关于数量限制通知程序的决定》。未规定反向通知的协定条款包括但不限于 SPS、TRIMs、TBT、《贸易便利化协定》《与贸易有关的知识产权协定》。

（包括透明义务）的任何行为，任何其他成员都有权向相关理事会或委员会反映情况，这具有充分的正当性。即便是其利益未受到影响的成员也有权依据 GATT 1994 第 23.1 条所规定的"总协定目的的实现受到妨碍"为由就此行为向 WTO 提起争端，更不要说向有关机构做出反向通知了。秘书处也曾经表示，虽然 SPS 协定中没有规定反向通知，但其他成员仍可在 SPS 委员会会议上对未通知的措施提出关切。[①] 另外，其他成员做出反向通知并不是"代表"未通知成员做出通知，而是检举该成员违反通知义务的行为。

反向通知的采用具有一定的现实可行性。有些成员采取的某些贸易政策虽然没有按照 WTO 要求做出通知，但可能在其国内是公开的。例如，提供补贴的政府机关往往要显示自己的政绩并希望得到政治上的赞誉，而总会在国内媒体上公开补贴信息，这就为"盯梢者"提供了机会。经营者在经营实践中也会遭遇未通知的贸易政策。虽然这些信息往往是分散的，难以对之有一个总体把握，并且反向通知在获得和分析信息上需要一定的投入，要花费成本，但反向通知毕竟可以在一定程度上起到补充透明的作用，值得鼓励。《中国建议文件》中提出的提高反向通知的质量，有助于提高反向通知的准确性和针对性，防止反向通知程序的滥用，也是值得肯定的。

四、强化对第三方资料的利用

在各成员履行透明义务不佳的情况下，从 WTO 以外来源尤其是其他国际组织和非政府组织获取相关信息也是一条有益的补充途径。这就需要加强 WTO 与其他国际组织和非政府组织之间的联系。

---

①   WTO Doc., Report – Workshop on Transparency, G/SPS/R/89, 19 March 2018, para 3.4.

　　建立 WTO 与其他国际组织和非政府组织的联系具有充分的法律基础。《WTO 协定》第 5 条规定，总理事会有义务就与职责上同 WTO 有关的政府间组织进行有效合作做出适当安排，[①] 并可以就与相关的非政府组织进行磋商和合作做出适当安排。[②] 到目前为止，WTO 在统计、研究、标准设定及技术援助和培训等方面与近 200 个其他国际组织保持着工作关系。[③]1996 年 7 月总理事会通过的《与非政府组织关系安排指南》（以下简称《指南》）规定秘书处应积极与非政府组织建立联系。[④] 虽然《指南》明确指出非政府组织尚不可能直接介入 WTO 的工作或参加 WTO 的会议，与非政府组织更紧密的协商和合作只可能通过在各成员方内部层面的适当程序来构建，但秘书处与非政府机构有交换信息的机会，也可能共同召开非正式会议。[⑤] 这样，秘书处对第三方资料的运用就有了一定的具体渠道。

　　实践中，WTO 尤其是秘书处已经在一定程度上使用第三方资料。其他国际组织和非政府组织往往在某一领域具有专业优势，信息来源多样化，的确可对各成员的通知起到补充作用。例如，2023 年 5 月 25 日国际货币基金组织、经合发展组织、世界银行和WTO共同宣布设立"联合补贴平台"，用于发布产业补贴的有关信息。[⑥] 这一举措对于促进通

---

① 《WTO 协定》第 5.1 条。

② 《WTO 协定》第 5.2 条。

③ "The WTO and Other Organizations"，WTO，https://www.wto.org/english/thewto_e/coher_e/coher_e.htm，last visited on 19 May 2023.

④ WTO Doc., Guidelines for Arrangements on Relations with Non-Governmental Organization, WT/L/162, 23 July 1996.

⑤ 徐昕：《非政府组织对世界贸易组织事务的参与及制度性安排》，上海人民出版社 2012 年版，第 170 页。

⑥ WTO, *International Organizations Launch Platform to Promote Access to Subsidy Information*, 25 May 2023, https://www.wto.org/english/news_e/news23_e/scm_24may23_e.htm, last visited on 8 July 2023.

知义务的履行具有非常积极的意义，也可以为在其他领域设立类似平台探索经验。又如，美国的非政府组织"国家政策资源中心"于 2010 年创建的 Subsidy Tracker 数据库涵盖了美国联邦和州政府自 1976 年以来的各种补贴计划和企业接受补贴的状况，也是一个很好的实例。只是从目前透明义务履行不佳的现状看，迄今 WTO 还需要进一步提高对第三方资料的利用程度，目前类似的第三方平台和数据库数量还比较少。同时，任何成员若通过第三方资料发现未通知的贸易政策，既可通过双边途径向对方成员寻求澄清，也可以通过反向通知程序直接向 WTO 相关机构做出通知。

五、不宜将未通知的补贴直接规定为禁止性补贴或视为造成严重侵害

2020 年 1 月美日欧第七次《联合声明》中主张在 SCM 协定第 25 条中加入新的激励措施，即对其他成员反向通知一成员未通知的补贴，除非补贴成员在原定时间内以书面形式提供了要求的信息，否则此类未通知补贴视同禁止性补贴。[①] 欧盟《概念文件》则提出将未通知的补贴推定为导致严重侵害的补贴。[②] 这两种提议，都意图将未通知补贴的行为规定为违反 SCM 协定，并要求该成员承担撤销该补贴的法律责任。

SCM 协定并未规定禁止性补贴的一般判定标准，而是径行将出口

---

① Joint Statement of the Trilateral Meeting of the Trade Ministers of Japan, the United States and the European Union, 14 January 2020, https://ustr.gov/about-us/policy-offices/press-office/press-releases/2020/january/joint-statement-trilateral-meeting-trade-ministers-japan-united-states-and-european-union, last visited on 20 March 2023.

② European Commission, Concept Paper: WTO Modernization - Introduction to Future EU Proposals, 18 September 2018，http://trade.ec.europa.eu/doclib/docs/2018/september/tradoc_157331.pdf，last visited on 20 May 2023.

补贴和进口替代补贴规定为禁止性补贴。这种规定显示，只有那些能够明显扭曲贸易的补贴才被列为禁止性补贴。可诉性补贴中的严重侵害自然也意味着造成了对贸易的明显扭曲。反观未通知的补贴，其虽然也可能对其他成员的利益造成不利影响，但这种不利影响的程度是不确定的，即便把未通知行为对可预见性的影响考虑在内，也显然达不到"明显扭曲贸易"的程度。因此，笔者认为将未通知的补贴直接规定为禁止性补贴或视为造成严重侵害，这种法律责任偏重，不宜做出这种规定。相比来说，前文所述对未通知补贴规定行政责任更为适当。

第八章

WTO 改革中的发展中成员地位认定问题

2019 年 7 月 26 日，美国政府发布了《关于改革世界贸易组织中发展中国家地位的备忘录》（以下简称《备忘录》）。《备忘录》指出，WTO 采用的发达成员与发展中成员二分法已经不合时宜，使得一些成员在国际贸易领域获得了不公平的优势，"近三分之二的 WTO 成员将自己定义为发展中成员，以便获得特殊待遇并在世贸组织框架下承担更少的承诺"。[1] 据此，美国要求对 WTO 中发展中成员地位和待遇问题进行改革。[2]

这并非发达成员首次提出针对发展中成员问题的改革要求。2017 年 12 月，美国贸易代表莱特希泽提出，当前 WTO 的新规则只适用于少数成员，而大多数成员都通过自我宣示获得了发展中成员身份从而免除了大部分义务。[3]2018 年 9 月，美国、欧盟和日本举行纽约会谈后将

---

① White House, "Memorandum on Reforming Developing-Country Status in the World Trade Organization", 26 July 2019, https://www.whitehouse.gov/presidential-actions/memorandum-reforming-developing-country-status-world-trade-organization/, last visited on 29 July 2020.

② WTO 各协议中都使用 developing country member（发展中国家成员）一词。但因港澳台只是单独关税区成员，故使用"发展中成员"这一概念。

③ USTR, "Opening Plenary Statement of USTR Robert Lighthizer at the WTO Ministerial Conference", 11 December 2017, https://ustr.gov/about-us/policy-offices/press-office/press-releases/2017/december/opening-plenary-statement-ustr, last visited on 15 July 2020.

"发展中成员地位"问题纳入三方关于 WTO 改革的第四份《联合声明》中，呼吁在 WTO 中拥有发展中成员地位的"发达成员"做出全面承诺,[①]并在后续三份《联合声明》中，不断强调解决这一问题。2020 年 8 月 20 日，莱特希泽在《华尔街日报》发表题为"如何纠正世界贸易?"的文章，提出经济大国与发达经济体不应当在 WTO 内享有特殊和差别待遇。[②] 美日欧三方的上述主张使得发展中成员地位问题成为 WTO 改革讨论中的焦点问题之一。

由于发展中成员可在一定范围和条件下，背离各协定所规定的一般权利和义务而享有较优惠的待遇，即所谓"特殊和差别待遇"（Special and Differential Treatment，SDT），所以，在现有研究成果中，学者们通常一并探讨发展中成员地位问题与 SDT 问题。但是应当明确，发展中成员地位与 SDT 是两个问题，前者涉及 WTO 成员的分类、发展中成员的认定方式及认定标准，后者涉及发展中成员可享有的具体待遇及其实施。目前的焦点是前一个问题，本章也主要对该问题做出分析。

自 WTO 成立以来，发展中成员地位的认定问题就一直受到学术界的关注。现有研究大多将发展中成员的认定问题与 SDT 改革一并探讨，或重点关注中国的发展中成员地位问题。在现有的发展中成员地位认定的改革方案中，也往往将细化分类、认定方式和认定标准合并讨论，而未从不同方面对这一问题进行深入的细化分析。

本章从实践中产生的争议入手，将发展中成员的地位问题分为细化分类、认定方式与认定标准三个方面，分别进行探讨并提出具体的改革方

---

① USTR, "Joint Statement on Trilateral Meeting of the Trade Ministers of the United States, Japan, and the European Union", 25 September 2018, https://ustr.gov/about-us/policy-offices/ press-office/press-releases/2018/september/joint-statement-trilateral, last visited on 15 July 2020.

② Robert Lighthizer, "How to Set World Trade Straight?" 20 August 2020, https://www.wsj.com/ articles/how-to-set-world-trade-straight-11597966341，last visited on 22 August 2022.

案。中国的发展中成员地位问题将在最后一章的中国策略部分进行讨论。

第一节　WTO 中有关发展中成员地位的争议

发展中国家是与发达国家相对应的概念，根据不同的经济及社会发展水平进行区分。在多边贸易体制内外，曾使用多种术语指称发展中国家，如贫困（poor）国家、未开发（undeveloped）国家、落后（backward）国家、不发达（underdeveloped）国家等。1964 年新增的 GATT 1947 第四部分正式使用了"欠发达国家"（less-developed countries）的称谓。1968年第二届联合国贸易和发展会议后，联合国文件一般采用"发展中国家"（developing countries）的概念。[①] 当前国际上没有形成普遍认同且由国际法加以确定的发展中国家定义标准，实践中通常是指国内经济发展水平、科学技术研究水平、居民生活水平相对较低的国家。[②] 至于"较低"的界线究竟是什么、以何种指标衡量则尚无定论，因而就 WTO 中发展中成员的地位问题产生了诸多分歧。概括而言，目前关于发展中成员地位的争议集中在三个方面：是否应当细化发展中成员的分类？是否应当调整自我宣示的认定方法？细化分类后各类成员的划分标准是什么？

一、是否应当细化 WTO 中的成员分类

GATT 在成立时虽然也有中国、印度、巴西、巴基斯坦等经济发展

---

① 黄志雄：《从国际法实践看发展中国家的定义及其识别标准——由中国"入世"谈判引发的思考》，《法学评论》2000 年第 2 期。

② 漆彤、范睿：《WTO 改革背景下发展中国家待遇问题》，《武大国际法评论》2019 年第 1 期。

水平不高的国家，[①] 但总协定的基本原则是权利和义务应该统一适用于所有缔约方，且当时"发展中国家"的概念尚未产生，所以 GATT 并未对缔约方进行分类。随着许多欠发达国家的加入，成员间的实质不平等愈发显著，在欠发达国家的努力下 SDT 条款逐渐产生，国际社会也形成了"发展中国家"的概念，GATT/WTO 中发达成员与发展中成员的二分法应运而生。多年来，GATT/WTO 一直按照发达成员与发展中成员两分法对成员进行分类，其中发展中成员能够享有 SDT。目前 WTO 中近三分之二的成员都是发展中成员，均可适用 SDT 条款。

在当前 WTO 改革背景下，以美欧为首的发达国家对二分法提出了质疑。美国指出，GATT/WTO 成立半个多世纪以来，发展中成员的经济已经取得了长足发展，发达成员与发展中成员间的发展鸿沟趋于弥合，特别是部分发展中成员消除了与发达成员之间的差距，甚至已经实现超越，反而是发展中成员内部间的发展差异逐渐拉大。[②] 欧盟也认为，在 SDT 问题上缺乏更细致的分类是 WTO 局势紧张的主要根源，也是谈判取得进展的障碍。因为赋予三分之二的 WTO 成员无差别的 SDT，使那些真正需要发展援助的成员难以从 SDT 中获得实质利益，打击了各成员参与 WTO 谈判的积极性。[③] 欧盟表示，继续坚持发达成员与发展中成员两分法既不符合实际，也不利于 WTO 谈判的推进。

---

① GATT 有 23 个创始缔约方：澳大利亚、比利时、巴西、缅甸、加拿大、锡兰（斯里兰卡）、智利、中国、古巴、捷克斯洛伐克、法国、印度、黎巴嫩、卢森堡、荷兰、新西兰、挪威、巴基斯坦、南罗得西亚、叙利亚、南非、英国及美国。由此也可见"GATT 是富人俱乐部"的说法并不妥当。

② WTO Doc., An Undifferentiated WTO: Self-Declared Development Status Risks Institutional Irrelevance, WT/GC/W/757/Rev.1, 14 February 2019, https://docs.wto.org/dol2fe/Pages/SS/directdoc.aspx?filename=q:/WT/GC/W757R1.pdf&Open=True，last visited on 12 January 2021.

③ European Commission, WTO Modernization Introduction to Future EU Proposals, 20 September 2018, https://trade.ec.europa.eu/doclib/docs/2018/september/tradoc_157331.pdf. last visited on 11 November 2020.

与 WTO 一成不变的两分法形成鲜明对比的是，世界银行、国际货币基金组织（IMF）与联合国开发计划署（UNDP）等国际组织对于国家的分类一直与时俱进。以 IMF 为例，1964 年其将成员国分为三类：工业化国家、其他高收入国家与欠发达国家。20 世纪 70 年代初，各成员国被重新划分为：工业化国家、较发达地区的初级产品生产者、欠发达地区的初级产品生产者。到了 20 世纪 70 年代后期，IMF 又将国家分类进行了细化，具体分为四类：工业化国家；欧洲其他地区及澳大利亚、新西兰、南非；石油出口国；其他欠发达地区。1980 年，IMF 首次发布了《世界经济展望》（WEO），将国家分类简化为两类：工业化国家和发展中国家。1997 年，由于工业化国家制造业占比普遍下降，WEO 将工业化国家重新命名为先进国家。1993—2004 年，因苏联解体，一批国家由计划经济开始转向市场经济体制，WEO 为这些国家新增了转型期国家的分类。2004 年，基于 8 个转型期国家加入欧盟，WEO 将发展中国家与转型期国家合并组成了一个新类型——新兴和发展中国家，这个新分类一直延续到现在。[1] 尽管 IMF 在重新划定国家分类时，有时并不公布重新分类的原因及考虑因素，但其分类绝非毫无根据，往往与世界经济格局的变化相关。例如，20 世纪 70 年代，两次石油危机的爆发使世界各国意识到石油对经济的重大影响，石油国家走上了与传统工业国家不同的发展道路，故 IMF 将石油出口国单列一类。此外，以苏联为首的社会主义国家的产生与解体，也对 IMF 的国家分类产生了明显影响。

主张细化发展中成员分类的成员提出，鉴于上述发展状况的巨大变

---

① Lynge Nielsen, Classifications of Countries Based on Their Level of Development: How it is Done and How it Could be Done, *IMF Working Paper* WP/11/31, February 2011, https://www.imf.org/en/Publications/WP/Issues/2016/12/31/Classifications-of-Countries-Basedon-their-Level-of-Development-How-it-is-Done-and-How-it-24628, last visited on 12 January 2021.

化和发展中成员内部日渐增长的差异性，当前 WTO 应效仿 IMF 和世界银行，对成员发展状况作出更多区分。还有些成员提出，应在个案协商基础上根据各成员不同的发展水平给予不同待遇，即逐案确定成员身份。①

　　发展中成员则反对细化成员分类。中国、印度、南非等国家向 WTO 联合提交的《惠及发展中成员的特殊和差别待遇对于促进发展和确保包容的持续相关性》指出，发达国家与发展中国家间的发展鸿沟非但未减少，在某些领域反而有所扩大，因而目前几乎所有国际组织都会使用发达国家与发展中国家二分法来描述世界经济结构，并且认为，在 WTO 中发达成员与发展中成员的差异体现在谈判能力上，并已反映在各协定条款中，因此，无需对成员方进行再分类。② 由此可见，发展中成员与发达成员就是否应当细化成员分类这一问题的观点完全对立，双方选取的衡量发展的指标截然不同，对发达成员与发展中成员间发展鸿沟的认识亦不同。

二、是否应当改变发展中成员身份的认定方法

　　目前，在 WTO 内并不存在一个就成员身份进行认定的机构。从严格意义上说，在 GATT/WTO 体制中，发展中成员身份的认定方法有两种：一种是一般情形下的自我宣示，由成员自行认定其属于发达成员还是发展中成员；另一种是普惠制中由给惠国（发达成员）认定，即发达成员单方面确定拥有优惠待遇的受惠国（发展中成员）。发达成员主要

① WTO Doc., Strengthening and Modernizing the WTO: Discussion Paper, JOB/GC/201, 24 September 2018.
② WTO Doc., The Continued Relevance of Special and Differential Treatment in Favour of Developing Members to Promote Development and Ensure Inclusiveness, WT/GC/W/765/Rev.2, 4 March 2019.

关注前一种情形，而发展中成员则关注后一种情形。

发达成员和发展中成员在经济发展水平方面存在巨大差距，这是发达成员同意给予发展中成员 SDT 的基础。然而，进入 21 世纪以来，新兴经济体经济快速增长，逐渐取代发达经济体成为推动全球经济增长的主要力量。[①] 在这一现实背景下，发达成员认为，自我宣示的方式使经济发展已迈入发达国家行列的成员仍宣称自己为发展中成员，享受 SDT，造成了不公平的贸易环境。

美国在向 WTO 总理事会提交的名为《一个无差别的 WTO——自我认定的发展状态导致体制的边缘化》的文件中强调，自我认定方式可能导致在实施和执行现有 WTO 协定方面产生不可预测和不合逻辑的结果，OECD 成员国、二十国集团成员国和其他在发展方面取得重大进展的成员可以在它们认为适当的任何时候和任何地方声称自己是发展中成员。例如，哈萨克斯坦按照 UNDP 的指标属于极高人类发展水平国家，且之前从未宣称自己为发展中成员，但为减轻其在《贸易便利化协议》下的义务，它开始宣称自己是发展中成员。在非农产品市场准入谈判、农业谈判等 WTO 谈判中，许多发达成员利用自我宣示方式逃避义务，导致 WTO 的规定只约束少数成员。[②] 美日欧三方联合声明也不断敦促自称属于发展中成员的"发达成员"在正在进行的和今后的 WTO 谈判中作出全面承诺，[③] 以改革 WTO 中自我宣示的发展中成员认定方法。

---

① 李双双：《WTO"特殊和差别待遇"透视：改革争议、对华现实意义及政策建议》，《国际贸易》2019 年第 8 期。

② WTO Doc., An Undifferentiated WTO: Self-Declared Development Status Risks Institutional Irrelevance, WT/GC/W/757/Rev.1, 14 February 2019.

③ USTR, "Joint Statement on Trilateral Meeting of the Trade Ministers of the United States, Japan, and the European Union", 14 January 2020, https://ustr.gov/about-us/policy-offices/press-office/press-releases/2020/january/joint-statement-trilateral-meeting-trade-ministers-japan-united-states-and-european-union, last visited on 18 August 2020.

发展中成员则认为，自我宣示的认定方法是 WTO 不可分割的组成部分，是多方谈判和妥协的结果。SDT 和发展中成员自我宣示的确定方法都是在 GATT 1947 下具有合法性的长期做法，按照《WTO 协定》第 16.1 条的规定，[①] 其已成为 WTO 应遵循的习惯做法的一部分。另外，对于发展中成员来说，尽管经济上得到了短暂而快速的发展，但结构性限制和能力缺失使它们继续处于不利地位。自我宣示的认定方法使发展中成员在融入世界贸易体系时享有一定的政策空间，可以逐步调整国内相关规定以符合 WTO 义务。因此，采取自我宣示的方法有助于发展中成员成功融入全球经济和实现高速和持续的经济增长。[②] 可见，在发展中成员认定方式的问题上，发达成员主张因时而变，认为自我宣示的认定方法已经导致不公平的贸易环境，应当被取代，而发展中成员则主张遵循 GATT 的惯例，维持自我宣示的认定方法。

三、如何确定发展中成员的认定标准

WTO 各协定未就发展中成员的认定标准、认定因素作出规定，仅有少数条款提及一些模糊的标准。如 GATT 1994 第 18 条被视为专门为发展中成员设计的条款。第 18.4 条（a）项规定："经济只能维持低生活水平且经济处在发展初期阶段的缔约方，有权按本条 A 节、B 节和 C 节暂时偏离本协定其他条款的规定。"据此，"只能维持低生活水平"与"处于发展初期阶段"是确定发展中成员的两大标准。但这两个标准相

---

① 《马拉喀什建立世界贸易组织的协定》第 16.1 条规定："除本协定或多边贸易协定项下另有规定外，WTO 应以 GATT 1947 缔约方全体和在 GATT 1947 范围内设立的机构所遵循的决定、程序和惯例为指导"。

② WTO Doc., The Continued Relevance of Special and Differential Treatment in Favour of Developing Members to Promote Development and Ensure Inclusiveness, WT/GC/W/765/Rev.2, 4 March 2019.

当笼统，可操作性不强。该款注释称："在考虑一缔约方的经济是否'只能维持低生活水平'时，缔约方全体应考虑其经济的正常状况，而不得根据对该缔约方一种或几种主要出口产品暂时存在特别有利条件的特殊情况做出判断"，"'处于发展初期阶段'的措辞并不意味着仅适用于刚开始经济发展的缔约方，也适用于为纠正过分依赖初级生产而经济正处在工业化过程中的缔约方"。这一注释可为发展中成员的认定提供些许参照，但仍然不充分。

又如，《补贴与反补贴措施协定》第 27.2 条（a）项规定了两类特殊的发展中成员不适用第 3.1 条（a）项规定的禁止性补贴规则，这两类发展中成员包括联合国指定的最不发达成员和人均 GDP 在 1000 美元以下的发展中成员。但这一规定仅能明确最不发达国家与人均 GDP 在 1000 美元以下的国家确实属于发展中成员范畴，对于认定这两类情形之外的其他发展中成员的认定并无帮助。根据世界银行的统计数据，2019 年世界人均 GDP 已达 11435.6 美元，[①] 人均 GDP 在 1000 美元以下这一标准与之差距甚大，已难有实际意义。

无论是细化发展中成员分类还是改变自我宣示的认定方法，都不可避免地涉及认定标准问题。发达成员往往使用经济总量、全球货物和服务出口份额、全球农业价值份额等经济方面的总量指标。发展中成员通常认为，发展的本质是人，因此在评估一国发展水平时，必须优先考虑人均指标，除了经济指标外，还应当考虑发展中成员的能力缺失，如谈判能力不足、机构协调能力较差等。因此，双方在认定因素的选择上存在很大分歧，始终无法达成一致意见。

关于发展中成员地位认定的上述分歧具有深刻的国际政治和经济背

---

① 世界银行网站，https://data.worldbank.org.cn/indicator/NY.GDP.PCAP.CD?view=chart，访问日期：2020 年 7 月 29 日。

景。2008 年全球金融危机后，主要发达国家整体经济增长放缓，而发展中国家通过开放国内市场迅速融入全球经济。随着新兴国家加入全球贸易产业链条，欧美自由大市场的贸易优势逐渐被中国等国家追赶乃至超越。[①] 与此同时，全球治理体系也正在由欧美发达国家主导的传统格局，向大变局时代发达国家与新兴国家联手共治的新格局转变。[②] 为维护自身的优势地位，一些发达国家提出，现行国际经贸规则使发展中国家获益更多，今后发展中国家应与发达国家履行一样的义务，并试图通过双边与区域自由贸易协定构建新的国际经贸规则。[③] 例如，美国正在试图通过阻挠 WTO 上诉机构成员遴选、制造中美贸易争端、主导并签署 USMCA 等新型自由贸易协定来重塑世界贸易规则。而有关发展中成员地位问题之争，亦是新的国际政治和经济格局下大国博弈的一个重要方面。

第二节　完善发展中成员地位认定规则的建议

国际社会中，各国际组织对国家进行分类的目的往往是使不同类型、具有不同发展水平的国家承担与自身能力相符的国际义务。一个国家是否被归类为发展中国家，对该国在发展援助、贸易优惠、气候变化承诺等许多方面都有重大影响。[④] 在 WTO 内，针对发展中成员的 SDT 条款已达 155 款，包含确保发展中成员利益、给予发展中成员执行协议

① 孙南翔：《美国经贸单边主义：形式、动因与法律应对》，《环球法律评论》2019 年第 1 期。
② 庞金友：《大变局时代大国政治格局与演变趋势分析》，《人民论坛》2020 年第 7 期。
③ 刘志中、王曼莹：《国际经贸规则演变的新趋向、影响及中国的对策》，《经济纵横》2016 年第 6 期。
④ Joost Pauwelyn, The End of Differential Treatment for Developing Countries? Lessons from the Trade and Climate Change Regimes, *Review of European and International Environment Law,* Vol.22, Issue 1, 2013, p.29.

的灵活性、允许发展中成员享有更长过渡期等 6 类条款。[①] 可以说，发展中成员的地位问题涉及所有 WTO 成员的切身利益。在当前国际形势下，WTO 面临被边缘化风险，体制改革已箭在弦上，停滞不前可能导致多边贸易体制崩溃。[②] 只有妥善解决当前的争议，兼顾发达成员与发展中成员的诉求，才能调动各成员的谈判积极性，使 WTO 重新走上正轨。

一、与时俱进——细化发展中成员分类

（一）细化分类的理由

WTO 对其成员进行分类的主要目的在于让具有不同发展水平的成员承担不同的义务，以促进国际社会的整体发展，追求实质上的平等。正如一些成员提交的文件所说，近几十年来，不少发展中成员的经济得到了长足的发展，其与发达成员间的差距逐步缩小。时至今日依然将 WTO 所有成员简单分为发达成员与发展中成员已不能反映发展中成员在发展水平上的差异。目前，不同群体的发展中国家在经济发展水平上的差别不可谓不大，已经获得世界公认的"最不发达国家"类型的存在就在一定程度上说明了这一点。新兴国家群体之所以被称为"新兴国家"，也是因为这些国家的发展水平显著高于其他发展中国家。因此，细化发展中成员分类具有一定的合理性，新兴国家应当直面这一现实。

有学者曾提出，对发展中成员进行再分类是将发展中成员分为三六九等，旨在剥夺包括中国在内的经济发展较快的发展中成员享受

---

① WTO Doc., Special and Differential Treatment Provisions in WTO Agreements and Decisions, WT/COMTD/W/239, 12 October 2018.

② 刘敬东：《WTO 改革的必要性及其议题设计》，《国际经济评论》2019 年第 1 期。

SDT 的权利，再分类只会加速发展中成员的分化。[①] 其实，从严格意义上讲，发展中成员经济发展的分化是发展中成员再分类的原因，而不是结果。况且，实践中一部分发展中成员在入世承诺中便放弃了部分 SDT。以中国为例，中国为了以发展中成员身份加入 WTO，加入 WTO 时放弃了 45 条优惠待遇。[②] 普惠制下发达成员给予发展中成员的优惠待遇，更是取决于发达成员方内部制度的规定，发展中国家及最不发达国家的身份都是由给惠国自行认定。一方面，发达国家时常将发展中国家具有重要出口利益的商品排除于清单外且广泛实施配额；另一方面，发达国家可以通过修改国内立法随时改变 SDT 的适用甚至取消一国的受益资格。[③] 也就是说，目前在 WTO 中处于同一分类中的发展中成员实际上本就享有不同程度的 SDT，和承担不同程度的义务。

基于以上分析可以看出，细化发展中成员内部分类，具有一定的合理性，对发展中成员来说也具有一定的可行性。对发展较快的发展中成员而言，在新分类下，尽管其不能享有 WTO 协议规定的关于发展中成员的所有 SDT，但它们仍然属于发展中成员，能够享有一定的特殊待遇。

（二）细化分类的方案

关于打破 WTO 传统的二分法、细化成员分类的建议早在 1996 年就已出现，[④] 但由于这一问题涉及 SDT，各成员难以达成一致，所以时

[①]　何易：《论普惠制实施中的差别待遇——兼论 WTO 发展中国家成员分类问题》，《国际经济法学刊》2006 年第 2 期。

[②]　李双双：《WTO"特殊和差别待遇"透视：改革争议、对华现实意义及政策建议》，《国际贸易》2019 年第 8 期。

[③]　柯静：《新一轮世贸组织特殊和差别待遇之争及其前景》，《现代国际关系》2019 年第 8 期。

[④]　Guglielmo Verdirame, The Definition of Developing Countries under GATT and Other International Law, *German Yearbook of International Law,* Vol.39, 1996, p.174.

至今日仍无结果。解决重新分类的问题，不是要在发达成员与发展中成员之外再设定其他新的类型、剥夺部分发展中成员享有 SDT 的资格，而是在发展中成员内部进行进一步划分，使不同类别的发展中成员享有不同程度的 SDT。具体来说，可以考虑将发展中成员进一步细分为三类，即最不发达成员、新兴成员和欠发达成员。

1. 最不发达成员

联合国确定的 47 个最不发达国家中有 36 个是 WTO 成员，它们属于发展中成员是毫无争议的。在 WTO 各协定的具体规定中，一般将最不发达成员与其他发展中成员归为一类。例如，《与贸易有关的投资措施协定》第 5.3 条规定："如果某一发展中成员，包括最不发达国家成员，可证明其在实施本协定规定方面存在特殊困难，货物贸易理事会可应请求延长其过渡期。"也有少数条款专门为最不发达成员设定了豁免条款，如《补贴与反补贴措施协定》附件 7 的（a）项豁免了最不发达成员在该协定第 3.1 条（a）项下的义务。

最不发达成员的社会经济发展水平低下，人力和机构能力薄弱，依靠少量初级商品的出口作为财政收入的主要来源，这使它们极易受到外部贸易条件冲击的影响。相较于 WTO 内的其他发展中成员，最不发达成员所面临的发展问题更为棘手，需要更多的特殊条款帮助它们摆脱困境。最重要的是，最不发达国家的名单由联合国确定，发展政策委员会每三年审查一次名单，并通过收入、人力资产、经济脆弱性三项指标就最不发达国家的认定和毕业提出建议，使得最不发达国家名单鲜有争议且与时俱进。因此，WTO 可考虑将最不发达成员单列为发展中成员下的一个组别，从而使这一组别的成员最大程度地享有 SDT。

2. 新兴成员

当前发展中成员地位问题的改革焦点在中国、印度、新加坡等发展速度较快、各项经济指标排名较为靠前的发展中成员上。例如，美国从人类发展指数（Human Development Index，HDI）、宏观经济指标和贸易三方面观察发展中国家的发展，指出中国、印度等国家与撒哈拉以南非洲国家间的差异显著。从各项贸易指标来看，许多发展中国家在出口总量、高科技产品贸易、外商直接投资等方面均有了长足的发展，而美国、欧盟、日本等发达国家和地区的相同指标均有较为明显的下降。[①] 欧盟也指出，发展中国家集团现在包括一些世界最大的贸易国家，它们与该集团的其他成员在经济方面有着重大差异，在某些情况下，这些成员的发展水平甚至超过了 WTO 内的某些发达国家。[②] 诚然，美国、欧洲国家所采用的指标基本上是单一的经济指标，并不能完全反映一国的综合发展水平，但中国、印度、巴西、俄罗斯等经济体量大、发展速度快的发展中国家的确已与其他发展中国家尤其是最不发达国家拉开了差距。

在当前的 SDT 框架下，大部分特殊待遇的决定权被发达成员所掌握，这类发展较快的发展中成员实际上能够获得的 SDT 明显少于其他发展中成员。例如 2014 年欧盟最新普惠制安排将受惠国从原来的 177 个减少至 90 个，67 个国家将在普惠制之外享受一定的市场准入优惠，20 个中高和高收入国家将不再享受任何优惠待遇。[③] 因此，WTO 改革中可将这类发展迅速的成员单列为发展中成员下的一个分类，将其称为"新兴成员"，它们仍然享有 SDT，但可享有 SDT 的数量与程度与其他

---

① WTO Doc., An Undifferentiated WTO: Self-Declared Development Status Risks Institutional Irrelevance, WT/GC/W/757/Rev.1, 14 February 2019.

② European Commission, WTO Modernization Introduction to Future EU Proposals, 20 September 2018, https://trade.ec.europa.eu/doclib/docs/2018/september/tradoc_157331.pdf, last visited on 12 January 2021.

③ European Commission, Revised EU Trade Scheme to Help Developing Countries Applies on 1 January 2014, https://ec.europa.eu/commission/presscorner/detail/en/memo_13_1187，last visited on 18 June 2020.

发展中成员不同。这样既将它们与其他发展中成员作了区分，能反映各国实际发展状况，也保留了它们享有一定 SDT 的权利。

3. 欠发达成员

可将最不发达成员与新兴成员之外的其他发展中成员称为"欠发达成员"，以显示其与其他两组成员的差别。这类成员不像新兴成员发展迅猛、贸易体量大、有追赶发达成员之势，也不像最不发达成员深陷经济停滞、资源匮乏、贫困落后的窘境。细化发展中成员的分类对这一组别的成员来说影响最小。这类成员可以享有 WTO 协议规定的适用于发展中成员的各种 SDT，但不包括最不发达成员单独享有的待遇。

综上，细化发展中成员的分类将现在处于统一类别下的成员划分为三类：最不发达成员、欠发达成员与新兴成员。这一分类很大程度上借鉴和契合了国际组织中的现有国家分类，具有较强的实践基础，各成员也容易接受。当然，这里只是提供一个概念框架，三类成员具体的划分标准则应由 WTO 各成员谈判决定。至于三类发展中成员在 WTO 框架下各自可享有何种不同的 SDT，又是另外一个问题。

二、采取自我宣示与机构认定相结合的认定方法

在对发展中成员分类进行细化后，可以考虑采取自我宣示和机构认定相结合的认定方法。WTO 各成员均可自我宣称自己具有何种身份，是属于发达成员还是发展中成员，若是发展中成员的话，属于发展中成员中的哪一类别。但这种自我宣示没有决定性效力。若其他成员对某一成员自我宣示的身份提出质疑，则可由一专门机构根据相应标准进行审查，判定该成员的身份。该专门机构的设置可参考联合国经济及社会理事会下设的发展政策委员会，具体而言，可以考虑在 WTO 总理事会之下设立一个专门委员会，其专门负责确定成员身份。专门委员会遵循由

WTO 各成员谈判确定的认定标准（下文有比较详细的说明）和认定程序进行认定，其好处在于使成员身份的确定相对客观化，避免自我宣示方式主观性较强的问题，并且能够打破之前成员身份存在异议时无人裁判的僵局，不会导致因身份认定分歧阻碍 WTO 谈判的局面。当然，专门委员会的认定结果应当对各成员具有拘束力。

前已述及，发达成员批评发展中成员的自我宣示方式不合理，而发展中成员则批评普惠制下的给惠国在决定哪些成员属于发展中成员时享有太大的自由裁量权。在本书所主张的自我宣示与机构认定相结合的认定方式下，发展中成员的自我宣示不再具有决定性效力，在有争议的情况下以机构认定为准。笔者认为，机构认定的结果对普惠制中发展中成员的身份认定也应具有拘束力，即普惠制中给惠国也应遵循专门委员会的认定结果。在相关谈判中，发展中成员应当提出改变当前普惠制中发达成员单方面决定 SDT 适用者的局面，普惠制下各给惠国确定的受惠国名单应当与 WTO 确定的发展中成员名单保持一致。所有发展中成员都应当是受惠国，发达成员可以针对不同类别的发展中成员设定不同的优惠待遇，但处于同一类别的发展中成员则应当享有同等待遇。发展中成员可将此作为同意改革的实质性交换条件，在推动 WTO 发展中成员地位问题改革的同时使 SDT 得以落实，从而为自身争取更多权益。

一些成员主张的"逐案认定"方式，其认定结果在很大程度上取决于相关成员与主要发达成员之间的谈判，并且会受到发达成员强大经济实力的影响，因此，具有较大不确定性，这显然对发展中成员更为不利。相比之下，专门委员会依据明确标准做出认定，无疑更加具有客观性和确定性。

在专门委员会审查模式下，一旦一国的发展状况与其身份不符，其他成员便可能对其身份提出质疑并提交专门委员会审查，从而促使一国所处的分类能够真实反映其发展状况。由于身份审查程序复杂，同时也为防止针对某些成员连续提出身份质疑，一国的身份经审查决定后，一定期限（比如说 5 年）内不应再受审查。

因此，如何保证该委员会审查的公正性则至关重要。专门委员会的组成和审查程序是保证审查公正性的两个重要方面。就前者而言，可由各国轮流指派人选，尤其是使其中发达成员与发展中成员的代表保持适当的比例。就后者而言，正当的审查程序必不可少，例如，审查程序的透明度、给 WTO 各成员提供表达意见的充分机会。当然，专门委员会成员的确定方式、审查程序的具体内容还有待 WTO 成员通过谈判确定。

三、各类成员的认定标准

在解决了发展中成员的认定方式后，下一个问题便是当专门机构对一国进行身份审查时，究竟适用怎样的标准？"发展中国家"的定义不清晰、认定标准不明确，是导致发展中成员地位问题产生争议的根源。要给发展中国家下一个定义、明确一套确定发展中国家身份的规则相当困难。"发展"到底包含哪些因素？ 1998 年诺贝尔经济学奖得主阿玛蒂亚·森认为，发展的最终目标应关注个人自由选择的权利，即努力提高每个人选择自己认为有价值的生活的"能力"。他批驳了仅仅以 GDP 或人均 GDP 的增长来衡量发展的狭隘观点，并将发展范式由促进经济增长转变为扩展人们的能力，将经济增长与经济发展进行区分。[①] 埃梅卡·阿迪贝认为，现代意义上的发展是指获得更好的生活水平和资源，

---

① WTO Doc., The Continued Relevance of Special and Differential Treatment in Favour of Developing Members to Promote Development and Ensure Inclusiveness, WT/GC/W/765/Rev.2, 4 March 2019.

以使生活更轻松和更愉快。[①] 一个国家是否变得更强、更发达，需要衡量经济、政治、文化等多方面的因素，且各国间面积、人口、资源、历史文化、经济发展水平均有很大差异。WTO 在短期内创建一套全新的认定标准难度极大，且需要各成员达成一致，因此，建议参考当前其他国际组织的现行标准以确定 WTO 细化分类后各类成员的认定标准。

（一）各国际组织的认定标准

世界银行在每年 7 月 1 日，依据各国人均国民收入水平（Gross National Income，GNI）对各国经济发展状况进行衡量并将其分成四组：低收入国家、中等偏下收入国家、中等偏上收入国家和高收入国家。其中中、低收入国家均为发展中国家。根据世界银行 2020 年的最新标准，人均 GNI 在 1035 美元及以下的经济体为低收入经济体；人均 GNI 在 1036~4045 美元之间的经济体为中低收入经济体；人均 GNI 在 4046~12535 美元间的经济体为中高收入经济体；人均 GNI 为 12536 美元及以上的经济体为高收入经济体。[②] 世界银行的认定标准只考虑人均 GNI 一项指标，其优点是操作简便，但认定因素单一导致它难以真实反映一国的发展状况。

UNDP 的 HDI 改变了经济发展状况这种单一衡量标准。HDI 从人本身出发，将人类发展的概念通过健康长寿的生活、受教育情况和体面生活三个指标做了简便、概括性的衡量。它将预期寿命、入学率、识字率和收入水平几个尺度结合在一起，比单独使用收入水平（经常被等同

---

① Emeka Adibe, World Trade Organization（WTO）: Trade Rules/Agreements and Developing Countries, *Nnamdi Azikiwe University Journal of International Law and Jurisprudence*, Vol.4, 2013, p.122.

② 世界银行网站，2020 年 7 月 1 日，http://datatopics.worldbank.org/world-development-indicators/the-world-by-income-and-region.html，访问日期：2020 年 7 月 29 日。

于福利）更全面地反映一个国家的发展。[①] 根据 2019 年人类发展报告，2018 年共有 62 个经济体的 HDI 达到 0.8 及以上，属于"极高人类发展"经济体；54 个经济体的 HDI 在 0.7（包含 0.7）至 0.8 之间，属于"高人类发展"经济体；37 个经济体的 HDI 在 0.557（包含 0.557）至 0.7 之间，属于"中人类发展"经济体；35 个经济体的 HDI 在 0.557 以下，属于"低人类发展"经济体。另外，朝鲜、摩纳哥、瑙鲁、圣马力诺、索马里、图瓦卢 6 国由于数据不全，无法被评估。[②] 相较于纯粹经济指标，HDI 将个人发展纳入衡量范围，更能体现发展的实质。

根据 IMF2019 年 10 月的 WEO 报告，IMF 把全球 193 个国家和地区划分为两类：发达国家及地区 39 个，新兴和发展中国家及地区 154 个。但 IMF 并未明确其划分标准，报告中称，IMF 的分类并非基于严格的经济或其他标准，分类的目的是通过提供合理有意义的数据组织方法来促进分析，且分类标准会与时俱进。[③]IMF 确定的所有发达国家按照 UNDP 和世界银行的标准也属于发达国家范畴。

联合国在确定最不发达国家名单时，明确了 3 个评估指标：人均国民总收入、人力资产和经济脆弱性。收入由人均 GNI 反映，若某国三年平均人均 GNI 低于世界银行确定的低收入国家标准，则符合被纳入最不发达国家范畴的收入标准，毕业标准则比纳入标准高 20%。人力资产由 5 岁以下儿童的死亡率、营养不良人口的百分比、孕妇死亡率、中学入学率和成人识字率 5 项指标组成，通过最大—最小规范化（max-min procedure）将这些数据转化为人力资产指数（Human Assets Index，

---

① 《2003 年人类发展报告》，中国财政经济出版社 2003 年版，第 60 页。

② United Nations Development Programme, *Human Development Report 2019*, pp. 300-303, http://hdr.undp.org/sites/default/files/hdr2019.pdf, last visited on 12 January 2021.

③ IMF, *World Economic Outlook*, October 2019, pp.124-125, https://www.imf.org/en/Publications/WEO/Issues/2019/10/01/world-economic-outlook-october-2019, last visited on 12 January 2021.

HAI），HAI 越低则一国的人力资产越低。2018 年，60 是被纳入最不发达国家名单的 HAI 门槛，66 则是最不发达国家的毕业门槛。经济脆弱性指数（Economic Vulnerability Index，EVI）包括 8 项指标：生活在旱地的人口比例、低海拔沿海地区的人口比例、一个国家与世界市场距离的贸易加权平均值、货物和服务出口的不稳定、商品出口集中度、自然灾害的受害者、GDP 中农林渔业的占比和农业生产的不稳定性，同样通过最大—最小规范化将这些数据转化为 EVI，EVI 越高则该国经济越不稳定。被纳入最不发达国家的 EVI 门槛为 36，毕业门槛为 32。[①] 联合国的认定标准最复杂，其认定指标涵盖范围最广，能够从多方面体现国家的发展程度。

（二）WTO 中发展中成员的认定标准

由于发展是一个多维概念，涵盖政治、经济、人文等多方面，所以，像世界银行使用的单一经济指标，显然不能真实反映一国的发展水平。相较之下，联合国确定最不发达国家名单所使用的认定标准既考量了一国的收入水平、经济稳定性、经济结构，还结合了一国国民的健康水平与受教育程度，总共囊括了 14 项指标。针对每一项指标，其都通过最大—最小规范化将这些数据转化为可量化的指数，从而评判一国的发展水平。笔者认为，WTO 各成员在谈判中可参照联合国的指标制定WTO 的成员身份认定标准。

虽然联合国这一套认定体系目前只适用于最不发达国家，但其认定指标同样构成其他类型国家的发展指标，因此，对门槛数值进行调整后，也可将其适用于其他类型国家的认定。而且，这些指标在最不发达

---

① The official website of UN Committee for Development Policy, https://www.un.org/development/desa/dpad/least-developed-country-category/ldc-criteria.html, last visited on 29 June 2020.

国家认定方面有较长时间的实践，因此在适用于其他类型国家的认定时也容易被各成员接受。以 HAI 指数为例，WTO 不需要改变 HAI 指数内含的 5 项指标与计算方法，只需针对不同类型国家设置不同阈值即可。例如，66 是联合国确定的最不发达国家的 HAI 毕业标准，WTO 可将 HAI 指数在 66 到 72 之间的成员认定为欠发达成员，将 72 到 78 之间的成员认定为新兴成员，78 以上的被认定为发达成员（此处数据仅用于举例）。另外两项指标亦然，只需对欠发达成员、新兴成员与发达成员另设门槛值。若一成员的 3 项指标处于不同分类，则将该成员纳入其中发展水平最低的一项分类中，也就是，若 A 成员的人均 GNI 与 HAI 已处于发达成员水平，但 EVI 尚处于新兴成员范畴，则 A 成员仍是新兴成员而非发达成员。当然，相关认定标准的具体运用与门槛数值设定应由 WTO 各成员谈判决定。

此外，联合国发展政策委员会每三年会对最不发达国家名单进行审查，并对认定指标作出相应修改，使得联合国的认定标准更加科学。2020 年 3 月 31 日，发展政策委员会公布的《最不发达国家标准全面审查结果》就对 HAI 和 EVI 的构成指标做了增减，为 2021 年的三年期审查做好准备。[①] 因此，将联合国标准用于 WTO，亦使 WTO 的成员分类标准与时俱进。

在当前发展中国家认定标准不清的情形下，普惠制中发达国家常常根据本国国家利益和外交政策来分配 SDT，从而加强其影响某些国家决策的能力，某些发展中国家可能被任意排除在受益方名单之外。[②] 长

[①] United Nations Committee for Development Policy, *Outcome of the Comprehensive Review of the LDC Criteria*, 31 March 2020, pp.3-4, https://www.un.org/development/desa/dpad/wp-content/uploads/sites/45/CDP-2020-Criteria-review-outcome.pdf, last visited on 12 January 2021.

[②] Guglielmo Verdirame, The Definition of Developing Countries under GATT and Other International Law, *German Yearbook of International Law,* Vol.39, 1996, pp.195-196.

此以往，包括中国在内的发展中国家不但难以从 SDT 中收获实质利益，反而会形成发达国家通过普惠制单方面筛选、把控发展中国家名单的状况。在各成员通过谈判确定了发展中成员认定标准后，发达成员在确定 SDT 受惠国时应当遵循该标准，不得再通过国内法自行选定 SDT 的受惠国。

　　以上是本书提出的关于发展中成员地位认定问题的基本思路和原则，而具体的实施方案则需由 WTO 成员谈判解决。与之相关的一个突出问题是发展中成员谈判能力缺失的问题。当然这并不是说发展中成员完全没有谈判能力，而是说其谈判能力不能满足需要，并且与发达成员相比存在较为明显的差距。这种差距主要体现在贸易谈判人才的不足、贸易谈判的政府管理机制不完备和对贸易谈判的社会支持不足等方面。[1] 为解决谈判能力缺失的问题，发展中成员可从多方面着手：（1）发展中成员之间应积极合作，加强协调，增强集体谈判的能力；（2）加强对 WTO 多边贸易规则的了解和掌握；[2]（3）积极、广泛地参与 WTO 的各种活动，诸如争端解决、贸易审议、各理事会和各委员会的工作等；（4）重视建立本国与贸易谈判有关的机构间协调机制与信息共享机制；（5）应努力扩大政府与产业界及学术界的交流，并重视与发达成员之间的交流。

---

① 张向晨等：《WTO 改革应关注发展中成员的能力缺失问题》，《国际经济评论》2019 年第 1 期。

② 张向晨等：《WTO 改革应关注发展中成员的能力缺失问题》，《国际经济评论》2019 年第 1 期。

第九章
WTO 国有企业规则改革

国有企业是 WTO 改革讨论中的重点问题之一。本章将结合新近新型自贸协定和 WTO 成员有关国有企业规则改革的争论，讨论 WTO 国有企业补贴规则发展中的以下问题：国有企业的定义；SCM 协定中"公共机构"的法律解释与国有企业的公共机构性质；国有企业的透明度；国有企业规则中的非歧视义务和商业考虑义务；国有企业规则中的市场准入规则和国企公司治理机制等。中国在 WTO 国有企业规则改革中应持有的立场和策略，归并于第十二章第一节。

第一节　WTO 国有企业规则改革动因

随着全球经贸格局的巨大变化，WTO 现行规则和机制出现了与变动的经贸格局不相匹配、不相适应等诸多问题，WTO 亟需改革成为诸方共识。国有企业议题因发达成员的高度关注与国有企业自身的特殊性，成为本次 WTO 改革的关注焦点之一。

一、国有企业在国际贸易中的特殊性

国有企业自身的特殊性是这一议题引发广泛关注的首要原因。国有企业不同于私营企业,其背后是国家所有权,国有企业既是商业活动的参与者,也可能要承担一定的社会职能。政府作为国有企业的股东,与国有企业间本身便存在天然联系。而当国有企业履行社会职能时,其身份更为特殊,政府可能赋予国有企业更多竞争优势以实现一定的政策目标。在经济全球化的背景下,越来越多的国有企业在国际贸易中扮演重要角色,一些国有企业享有的不当竞争优势可能对他国企业造成巨大影响。

(一)国有企业在全球经济中的角色日益凸显

进入 21 世纪,国有企业在国际贸易中的重要性越来越显著,《财富》世界 500 强中,国有企业的比例从 2005 年的 9%上升到 2014 年的 23%。全球 2000 家最大的上市公司中有 204 家是国有企业,这些国有企业的总销售额达 3.6 万亿美元,占 2000 家世界最大公司总销售额的 10%以上,超过了英国、法国或德国等国家 2010 年的国民总收入。[1]

相较于发达国家,国有企业在新兴经济体中的重要性更为显著。在上述 204 家大型国有企业中,有 70 家中国国有企业,30 家印度国有企业,9 家俄罗斯国有企业与 8 家马来西亚国有企业。根据经合组织的报告,在全球 2000 家最大的上市公司中,有 260 家来自金砖六国(BRIICS,巴西、俄罗斯、印度、印度尼西亚、中国和南非),其中 47%的企业(123 家)被经合组织归为国有企业。这些国有企业的市场价值占金砖六国国民总收入的 32%,其资产价值的总和相当于六国国

---

[1] Przemyslaw Kowalski & Max Büge & Monika Sztajerowska & Matias Egeland, State-Owned Enterprises—Trade Effects and Policy Implications, *OECD Trade Policy Paper* No.147, April 2013, p.20.

民总收入的价值。① 中国国有企业的发展则最为瞩目，2021 年《财富》世界 500 强中共有 135 家中国（含香港）公司，其中国有企业数量合计为 95 家。②

短短几十年间，国有企业在世界贸易中的份额大幅增长，围绕国有企业补贴、透明度等问题产生的争议也不可避免地增多，出现了很多现有规则无法解决的新问题。

（二）国有企业具有双重属性

国有企业是一个与私营企业相对应的概念，是国家对之拥有所有权的企业。国家所有权的存在使国有企业不同于一般的市场主体，除从事商业活动外，还可能承担部分准政府职能，即兼具商业性与社会管理性。一般而言，私营企业运营的首要目标是盈利，其行为往往出于商业考虑，遵循市场的一般规律。而国有企业常常被看作是纠正市场失灵的一个手段，③ 它们可能承担着多种社会功能，如扩大就业、维持社会稳定、扶植幼稚产业等，以弥补市场不足。因国有企业不以盈利为唯一目的，它们的行为便可能偏离一般市场主体的行为准则，造成国有企业效率降低等不利后果。

（三）国有企业容易获得不当竞争优势

正因国有企业通常不以盈利为唯一目的，承担着一定的社会职能，

---

① Id., pp.21-22.
② 国务院国有资产监督管理委员会：《国资报告：独家解析 2021 年度〈财富〉世界五百强上榜国企名单》，2021 年 8 月 2 日，http://www.sasac.gov.cn/n2588025/n2588119/c20045407/content.html，访问日期：2022 年 7 月 28 日。
③ Ines Willemyns, Disciplines on State-Owned Enterprises in International Economic Law: Are We Moving in the Right Direction? *Journal of International Economic Law*, Vol.19, Issue 3, 2016, p. 659.

国有企业普遍存在效率低下问题。政府作为国有企业的股东，与国有企业间具有天然联系，更倾向于采取各种手段维持国有企业存续、提升国有企业的实力。例如，政府可能向国有企业直接或间接提供各种财政资助，给予税收优惠或宽松的监管待遇。且因国有企业与政府关系密切，国有企业更容易掌握私营企业难以掌握的市场信息，从而享有竞争优势。

同时，国有企业履行社会职能产生的支出，应当由政府进行补贴填平，但因国有企业透明度差，政府对国有企业社会职能的补贴很容易被挪用至竞争性业务中，形成交叉补贴，使国有企业的商业活动享有私营企业没有的竞争优势。有时，国有企业自身便是产业政策的工具，政府通过国有企业扶植新兴产业、战略性产业的发展，在世界经济中寻求优势。

总之，国有企业的双重属性与其背后的国家所有权使之区别于一般的私营企业，国有企业的商业活动更容易产生扭曲市场的效果。新兴国家的崛起与国有企业在世界市场中的迅速发展，使国有企业的影响力随之扩大，其可能产生的扭曲市场的结果也跨越国界，引发高度关注。

二、WTO 规则对国有企业的规制存在缺陷

尽管国有企业本身具有很强的特殊性，但在 GATT 时期与 WTO 成立初期，国有企业在世界贸易中的重要性远不如今日，尚未引起缔约方的普遍关注，相关规则不健全。且近几十年世界贸易的迅速发展衍生出许多新现象与新变化，WTO 规则已多年未变，无法对新形势下的问题做出应对。

（一）现有的国有企业相关义务难以落实

WTO 经由关贸总协定发展而来，其基本法律文件被无数补充规

则及安排、解释、豁免、争端解决专家组报告和委员会决议延展和修改，① 规则体系相当庞杂。与国有企业相关的规则散见于 GATT 1994、GATS、SCM 协定及成员加入议定书中，分布零散。且 WTO 因成员众多，有些内容规定得比较原则，有些则因谈判分歧较大采取了模糊化处理，② 文本自身的模糊性导致规则实施起来难度较大。例如，总协定第 17 条规定国营贸易企业须承担非歧视义务，但此项义务是否涵盖国民待遇则并无定论，后续经由争端解决机制专家组做出裁定，国营贸易企业非歧视义务的范围才得以确定。

此外，因国有企业与政府关系密切，沟通渠道多样，其他成员在与国有企业的相关争端中难以收集到关键信息。加之 WTO 成员通知义务履行情况差，违规行为很难被发现，事实上增加了成员纠正他国国有企业扭曲市场行为的成本与难度。

（二）针对部分国有企业扭曲市场的行为存在规则缺失

在 WTO 成立后的近 30 年中，新兴国家的国有企业快速发展，国有企业在国际贸易中的重要性显著提升，但 WTO 规则却并未随之更新。WTO 仍旧没有对国有企业的概念做出界定；SCM 协定只适用于货物贸易领域，服务贸易与投资领域补贴规则缺位，自然在后两个领域国有企业的补贴问题就不能被涵盖在内；市场准入规则供给不足，国有企业可能利用垄断或优势地位排除或限制竞争。国有企业规则缺失导致成员间矛盾激化，部分成员开始转向双边与区域自由贸易协定，试图在 WTO 外设置新规则限制国有企业进一步扩张。

---

① 伯纳德·霍克曼、迈克尔·考斯泰基：《世界贸易体制的政治经济学——从关贸总协定到世界贸易组织》，刘平等译，法律出版社 1999 年版，第 9 页。

② 胡加祥：《WTO 法律解释权的错配与重置》，《法学》2021 年第 10 期。

三、国有企业问题成为 WTO 改革的焦点之一

自 2017 年 12 月至 2021 年 11 月，美日欧三方已发布九份贸易部长《联合声明》，其中核心就是不断要求加强国有企业规制。在 2018 年 9 月 25 日发布的第四份《联合声明》中，三方强调了确保公平竞争的重要性，并聚焦于如何制定有效的规则来解决国有企业扭曲市场的行为和对抗特别有害的补贴实践。[①]2019 年 5 月 23 日发表的第六份《联合声明》提出，有些国家将国有企业发展为"国家冠军企业"，破坏以市场为导向的贸易环境，并指导这些国有企业控制全球市场。此外，国有企业所拥有的非市场优势和非市场的国内行为对美日欧三方国内的农民、工人和企业产生了扭曲的负面影响。2020 年 1 月 14 日，美日欧发布的第七份《联合声明》提出，许多补贴是通过国有企业提供的，上诉机构报告中对"公共机构"的解释损害了 WTO 现行补贴规则的有效性。在确定某一实体是公共机构时不必认定该实体"拥有、行使或被授予政府权力"。[②]

2018 年 9 月，加拿大提交了有关 WTO 改革的工作文件，将解决贸易扭曲作为 WTO 改革的优先事项，其中包括通过国有企业造成的市场扭曲效应、工业补贴以及透明度问题。[③] 欧盟在《概念文件》中也将强

---

① Office of the United States Trade Representative, Joint Statement on Trilateral Meeting of the Trade Ministers of the United States, Japan and the European Union, 25 September 2018, https://ustr.gov/about-us/policy-offices/press-office/press-releases/2018/september/joint-statement-trilateral, last visited on 28 July 2022.

② Office of the United States Trade Representative, Joint Statement of the Trilateral Meeting of the Trade Ministers of the United States, Japan and the European Union, 14 January 2020, https://ustr.gov/about-us/policy-offices/press-office/press-releases/2020/january/joint-statement-trilateral-meeting-trade-ministers-japan-united-states-and-european-union, last visited on 28 July 2022.

③ WTO Doc., Strengthening and Modernizing the WTO: Discussion Paper, JOB/GC/201, 24 September 2018.

化对不公平贸易行为的打击、加强对国有企业的约束作为 WTO 改革的重要事项。①

由于成员改革意愿强烈，而 WTO 改革进展缓慢，部分成员试图绕过 WTO，通过双边与区域自由贸易协定创设新型国有企业规则。为了快速填补国有企业规则的空白，美欧将目光投向了源起于澳大利亚的竞争中立原则。竞争中立原本旨在使各种所有制企业在市场竞争中处于公平竞争状态，美欧则将其改造为国有企业"公平竞争"的行为规范。CPTPP 以前的自由贸易协定一般是将国有企业和指定垄断相关内容嵌入竞争政策章节，彰显国有企业规则与竞争政策之间的内在关系。在 CPTPP 之后，《美墨加协定》《欧日经济伙伴关系协定》《欧越自由贸易协定》等美欧主导的贸易协定都开始将国有企业议题独立成章。②

这些自由贸易协定中的国有企业章节往往对国有企业概念进行了详细界定，扩展了 WTO 现有的国有企业义务，有些还针对国有企业创设了新规则，以加强对国有企业的规制。具体而言，竞争中立原则对国有企业的规制主要体现在三方面：以新型反补贴规则消除国有企业的固有优势；以商业考虑规则保障国有企业商业化运作；以高标准的透明度规则与现代公司治理规则推进国有企业的身份独立，尽可能减少政府对国有企业商业行为的干预。③

尽管新型自由贸易协定只对缔约方有约束力，但国有企业规则具有

① European Commission, WTO Modernization Introduction to Future EU Proposals, 20 September 2018, https://trade.ec.europa.eu/doclib/docs/2018/september/tradoc_157331.pdf, last visited on 28 July 2022.
② 沈伟、方荔：《国际经贸协定国企条款的立法趋势与中国的立场演化》，《国际经济评论》2022 年第 5 期。
③ 刘雪红：《国有企业的商业化塑造——由欧美新区域贸易协定竞争中立规则引发的思考》，《法商研究》2019 年第 2 期。

溢出效应。当欧美将国有企业规则纳入其自由贸易协定范本，这就使越来越多的国家或主动或被动地接受了国有企业新规，对国有企业施加更严格的规制就在某种程度上成为国际共识。众多发展中成员对既有国有企业规则发起根本性挑战已不现实。中国已完成《中欧全面投资协定》谈判并积极申请加入 CPTPP，这也反映出中国对国有企业规制的态度开始发生转变。WTO 第 12 届部长级会议开启了 WTO 改革程序，国有企业规则改革必然是其中的重要内容之一。

第二节　明确 WTO 中的国有企业定义

对国有企业缺乏明确、一致的定义是国际法规制国有企业面临的难题之一。目前，各新型自由贸易协定对国有企业的界定有所不同，但都把政府所有权与控制权作为界定的关键因素。在本次 WTO 国有企业规则改革中，无论采取何种形式设置国有企业规则、强化国有企业义务，都需要先明确国有企业的定义。

一、多边贸易规则下的国营贸易企业

GATT 1947 第 17 条"国营贸易企业"的相关规则被认为是国有企业规则的源头，它对晚近区域贸易协定项下的国有企业规则发展提供了基本依据。在 GATT 1947 谈判时期，盖因政府干预市场的问题在当时并不突出，其架构中并没有对非市场经济问题做出多少规定。到了 WTO 时期，成员结构发生了较大变化，很多非市场经济体加入了 WTO。但 WTO 为降低谈判成本，并没有以修改协定文本的方式解决国有企业问题，而是通过在新成员的《入世议定书》中加入了一些额外义

务对其进行约束。①

国营贸易（state trading）一词来源于西方自由市场经济国家，指在某些敏感行业中，把本应由私人公司经营的国际贸易交由国家承办，政府依法指定某家企业独家经营或专买专卖，其目的是排除本国同行业的市场竞争，因此对国际贸易有特殊的限制与扭曲作用。②GATT 1947 谈判时，设置第 17 条主要就是为了规制缔约方通过国家机构进行的贸易行为，例如，旨在稳定农产品价格波动的小麦营销局在当时就相当流行。③ 国营贸易企业与关税、海关手续、数量限制、国家补贴并列为阻塞贸易的五大障碍。

在乌拉圭回合之前，GATT 1947 缔约方认为，国营贸易的形式多样，应避免将相关规则的涵盖范围描述得过于死板，因此一直未对国营贸易企业进行清晰界定。④ 直到乌拉圭回合达成了《关于解释 1994 年关税与贸易总协定第 17 条的谅解》，才对国营贸易企业下了一个工作定义：被授予包括法定或宪法权力在内的专有权、特殊权利或特权的政府和非政府企业，包括销售局，在行使这些权利时，它们通过其购买或销售影响进出口的水平或方向。⑤

据此，国营贸易企业有两个显著特征，一是享有各种形式的经营特

---

① Petros C. Mavroidis & Merit E. Janow, Free Markets, State Involvement and the WTO: Chinese State Owned Enterprises（SOEs）in the Ring, *European University Institute, Robert Schuman Centre for Advanced Studies, Global Governance Programme Working Paper* No. RSCAS 2017/13（2017）, pp.1-4.

② 赵维田：《国家垄断贸易经营规则——解读〈中国入世议定书〉第 5、6 条》，《国际贸易》2002 年第 3 期。

③ Petros C. Mavroidis & Merit E. Janow, Free Markets, State Involvement and the WTO: Chinese State Owned Enterprises（SOEs）in the Ring, *European University Institute, Robert Schuman Centre for Advanced Studies, Global Governance Programme Working Paper* No. RSCAS 2017/13（2017）, p.2.

④ 陈瑶：《国际贸易协定对国有企业的规制研究》，华东政法大学 2021 年博士学位论文，第 54 页。

⑤ 《关于解释 1994 年关税与贸易总协定第 17 条的谅解》第 1 段。

权，二是可以影响进出口的水平或方向。它既可以是政府机构、国有企业，也可能是私营企业。判断国营贸易企业的关键不在于所有权，而在于政府对一企业授予的权力，以及此种特权可能产生的贸易扭曲后果。

二、新型自由贸易协定中的国有企业定义

直到现在，国际社会依然未能就国有企业的定义达成一致，各贸易协定中关于国有企业规则涵盖的范围并不相同。

NAFTA 开始就竞争政策单独成章，其第 15 章为"竞争政策、垄断与国家企业"，包含 5 个条款。NAFTA 中使用的国家企业（state enterprise）一词，是指一方拥有或通过所有者权益控制的企业。[①] 至于"拥有"和"控制"的标准，则没有进一步阐释。

2004 年，《美国——新加坡自由贸易协定》（以下简称"美新 FTA"）首次规定了较高标准的国有企业条款。[②] 它对"政府企业"（government enterprise）采取双轨制定义，美国政府企业指政府通过所有者权益拥有或控制的企业，而对于新加坡来说，政府企业指政府对其施加决定性影响的企业。决定性影响包括两项判断标准：第一，政府及政府企业单独或合计持有超过 50% 表决权；第二，政府及其政府企业能够对企业董事会或其他管理机构的成员实施实质性影响，决定企业战略、财务或运营政策，或对该企业的管理运营施加实质性影响。此时，即使政府及其政府企业单独或合并持有该实体的表决权未超过 50%，只要其持有的表决权达到 20%，或属于最大的表决权主体，就推定存在决定性影响。[③]

在美新 FTA 后，美欧主导的新一代自由贸易协定开始对国有企业

---

① 《北美自由贸易协定》第 1505 条。

② 杨秋波：《国企条款透视：特征、挑战与中国应对》，《国际商务》2018 年第 2 期。

③ 《美国——新加坡自由贸易协定》第 12.8.5 条、第 12.8.6 条。

定义做出详细规定，事实上扩大了国有企业规则的适用范围。CPTPP 第 17.1 条规定，国有企业是指主要从事商业活动，并满足以下条件之一的企业：（1）政府直接拥有 50% 以上的股份资本；（2）政府通过所有者权益控制 50% 以上的投票权；（3）政府拥有任命过半数董事会或其他同等管理机构成员的权利。[①] 即判断国有企业的关键因素是，政府通过所有权、投票权或任命权对企业达到足以控制的程度。USMCA 则更进一步，不再要求政府直接拥有 50% 以上股份资本或投票权，即便政府通过国有企业或其他手段间接拥有的股权或投票权达到 50% 以上，也认为该企业构成国有企业。同时，政府实际控制的要素也不再限于股权、投票权与任命权，政府通过任何其他所有者权益实现控制的企业，都是国有企业。[②]

可以看出，国有企业的判断要素从所有权延伸至承认其他方式的控制，使得国有企业外延有扩张的趋势。无论是投票权、任命权还是其他所有者权益，只要政府可以通过行使这些权益对一企业达到可以控制的程度，可以左右该企业的商业决定、人员任免，那么这一企业就将被判定为国有企业。这里的控制是一种身份上的控制，强调一种可以控制的能力，而不是对企业的具体行为已经做了现实的控制。

此外，美式自贸协定往往通过附件排除国有企业规则对规模较小的、地方政府拥有的国有企业的适用。例如，CPTPP 第 17.13 条第 5 款和第 17.9 条第 2 款分别规定，国有企业非歧视待遇和商业考虑、非商业援助等规则，不适用于年度收入较低的国有企业，及附件 17-D 中所列的由各缔约方次中央政府拥有或控制的国有企业。[③]USMCA 也作了类似规定。[④] 这使得美式国有企业规则主要针对规模较大的、中央政府

① 《全面与进步的跨太平洋伙伴关系协定》第 17.1 条。
② 《美墨加协定》第 22.1 条。
③ 《全面与进步的跨太平洋伙伴关系协定》第 17.13.5 条、第 17.9.2 条，附件 17-D。
④ 《美墨加协定》第 22.13.5 条，附件 22-D。

控制的国有企业。

三、WTO 改革背景下国有企业的界定

从 TPP/CPTPP 设置独立的国有企业章节后，对国有企业适用的行为规则从与其他政府主体"合并规制"的做法走向"分立规制"，相应地，国有企业界定也从传统的"类政府主体"的判断转向一种全新的"国有企业主体"判断。[①] 国有企业定义中不再强调政府授权与政府职能，以所有权为核心的"广义控制说"成为国有企业定义的核心。

这一变化与国有企业在国际贸易中角色的变化有关。在传统上，WTO坚持所有制中立原则，认为可能造成扭曲市场结果的并非国家所有权本身，而是容许国有企业享有特权以及垄断地位。[②] 但如今，国有企业被指控从事的扭曲市场行为不再限于利用政府授权与垄断地位，更多的是国有企业获得的政策性支持产生不正当竞争优势。国家所有权乃至更广泛意义上的"政府控制"，就足以授予国有企业信息优势、各种形式的支持以及优惠的监管待遇。随着国有企业的跨国商业行为不断增加，其产生的贸易扭曲作用也溢出国界。在这一背景下，WTO 在确定国有企业规则的适用范围时，应侧重政府对企业的控制能力，且此种控制不一定是通过授予政府职能、完成政策目标等"行为"达成的实际控制，而是一种"身份"上的控制，即只要政府对一企业具有控制的实际或潜在可能性即可。

另一方面，目前的国有企业条款中不约而同地设置了大量例外条款，使不少本应受到规制的国有企业被排除在外。首先，以 CPTPP 与USMCA 为首的自贸协定对国有企业的规模与层级做了要求，中央政

---

① 毕莹：《国有企业规则的国际造法走向及中国因应》，《法商研究》2022 年第 3 期。
② 毕莹：《国有企业规则的国际造法走向及中国因应》，《法商研究》2022 年第 3 期。

府控制的大型国有企业才需受到国有企业条款的规制。但 CPTPP 与 USMCA 均规定，在协定生效后就这一问题进行进一步谈判，日后可能涵盖所有层级的国有企业。^① 其次，一般而言，国有企业条款仅适用于主要从事商业活动的国有企业。^② 例如，欧日 EPA 第 13.2.1 条规定，若一国有企业同时从事商业活动与非商业活动，国有企业条款只适用于其商业活动。^③ 最后，自贸协定中的国别例外清单使缔约方得以根据自身国情，以负面清单的方式排除国有企业条款对部分国有企业的适用。

WTO 成员的发展模式与发展水平差异很大，各成员方国有企业的特点也各不相同。对于发展中经济体而言，其私人企业难以与境外的跨国资本相抗衡，更需要国有企业积极引导国民经济整体运行，^④ 所以国有企业在发展中经济体中更为常见，也是发展中经济体进行国际贸易的主体。而且，严格的国有企业规则对发达成员与发展中成员造成的影响不同，实际上对发展中成员施加了更重的负担，发展中成员需要承担更高的制度调整成本以遵守国有企业规则。因此，WTO 国有企业条款需要考虑各成员发展实际，设置例外条款使成员达成最低程度共识。

第三节　"公共机构"的法律解释与国有企业的公共机构属性

本节将着重讨论 SCM 协定中"公共机构"的法律解释问题，在对

---

① 《全面与进步的跨太平洋伙伴关系协定》附件 17-C，《美墨加协定》附件 22-C。
② 《全面与进步的跨太平洋伙伴关系协定》第 17.1 条，《美墨加协定》第 22.1 条。
③ 《欧盟——日本经济伙伴关系协定》第 13.2.1 条。
④ 孙晋：《竞争性国有企业改革路径法律研究——基于竞争中立原则的视角》，人民出版社 2020 年版，第 96 页。

专家组和上诉机构不同法律解释进行辨析的基础上提出"公共机构"的
"政府控制权标准"，并进一步讨论国有企业在 SCM 协定下的公共机构
属性。

一、"公共机构"法律解释的争议

SCM 协定中"公共机构"的法律解释问题，长期以来在 WTO 补贴
和反补贴争端实践中备受争议，也无疑属于各主要成员关注的突出问
题。[①]"公共机构"的解释关系到 WTO 补贴和反补贴争端中国有企业是
否属于 SCM 协定第 1 条第 1 款规定的"公共机构"。[②] 争论这一问题的
意义在于，如果国有企业属于公共机构，则可直接构成 SCM 协定之下
适格的补贴主体；如果国有企业未被认定为公共机构，则其可能会被假
定具有私人机构的地位，只有证明受到政府或公共机构的委托或指令，

[①]　自 2017 年底至 2021 年 11 月，美国、日本和欧盟围绕 WTO 改革问题先后发布了九次
美日欧三方贸易部长《联合声明》，其中三次就明确提及"公共机构"的界定问题。欧
盟于 2018 年 9 月发布的关于 WTO 现代化的《概念文件》也提及"公共机构"的界定问题。
中国政府于 2019 年 5 月向 WTO 提交了《中国关于世贸组织改革的建议文件》，其中也
明确表达了对于"公共机构"问题的立场。

[②]　为了方便读者对照原文，这里首先将 SCM 协定第 1 条第 1 款列举如下：

1.1 就本协定而言，如出现下列情况应视为存在补贴：

（a）（1）在一成员领土内，存在由政府或任何公共机构（本协定中称"政府"）提供的
财政资助，即如果：

（ⅰ）涉及资金的直接转移（如赠款、贷款和投股）、潜在的资金或债务的直接转移（如
　　　贷款担保）的政府做法；

（ⅱ）放弃或未征收在其他情况下应征收的政府税收（如税收抵免之类的财政鼓励）；

（ⅲ）政府提供除一般基础设施外的货物或服务，或购买货物；

（ⅳ）政府向一筹资机构付款，或委托或指示一私营机构履行以上（ⅰ）至（ⅲ）列举的
　　　一种或多种通常应属于政府的职能，且此种做法与政府通常采用的做法并无实质差别；
　　　或（a）（2）存在 GATT 1994 第 16 条意义上的任何形式的收入或价格支持；及（b）则
　　　因此而授予一项利益。"

方能成为适格的补贴主体。

WTO 多起补贴和反补贴争端都涉及到"公共机构"的解释。在"韩国——商船案""欧共体——民用大飞机案"和"美国——双反措施案"中，专家组将其界定为"政府控制的实体"（以下简称"政府控制标准"）。① 但这一解释在"美国——双反措施案"中被上诉机构推翻，上诉机构将"公共机构"解释为"拥有或行使政府权力的实体"（以下简称"政府权力标准"）。② 在之后的"美国——热轧钢案"和"美国——反补贴税案"中，"政府权力标准"在争端解决机构的裁决中大体上得以沿用。

近十年来该问题受到学术界及 WTO 主要成员的持续关注，学术界对于以上解释存在两种截然不同的态度，有学者批评"政府控制标准"，③ 有学者质疑上诉机构的"政府权力标准"，④ 也有学者支持"政

---

① Report of the Panel, *Korea—Measures Affecting Trade in Commercial Vessels*, WT/DS273/R, 7 March 2005, para.7.50; Report of the Panel, *European Communities and Certain Member States—Measures Affecting Trade in Large Civil Aircraft*, WT/DS316/R, 30 June 2010, para.7.1359.

② Report of the Panel, *United States – Definitive Anti-dumping and Countervailing Duties on Certain Products from China*, WT/DS379/R, 22 October 2010（hereinafter "WT/DS379/R"），para. 8.94. Report of the Appellate Body, *United States – Definitive Anti-dumping and Countervailing Duties on Certain Products from China*, WT/DS379/AB/R, 11 March 2011（hereinafter "WT/DS379/AB/R"），para. 317.

③ 蒋奋：《反补贴语境下的国有企业定性问题研究》，《上海对外经贸大学学报》2017 年第 1 期；龚柏华：《国有企业是否当然为〈补贴与反补贴协定〉第 1.1 条意义上"公共机构"辨析——兼评美国对来自中国某些产品最终反倾销和反补贴税措施 WTO 争端案》，《国际商务研究》2010 年第 6 期；廖诗评：《"中美双反措施案"中的"公共机构"认定问题研究》，《法商研究》2011 年第 6 期。

④ Michel Cartland, Gérard Depayre & Jan Woznowski, Is Something Going Wrong in the WTO Dispute Settlement? *Journal of World Trade*, Vol.46, Issue 5, 2012, pp.1001-1015；Joost Pauwelyn, Treaty Interpretation or Activism? Comment on the AB Report on United States -ADs and CVDs on Certain Products from China, *World Trade Review*, Vol.12, Special Issue 2, 2013, pp.235-237.

府权力标准"。① 另有学者在批评"政府权力标准"的基础上提出"公共机构"是"指除政府以外的为全社会或国家的'公共利益'服务的实体"。②

目前 WTO 各成员正瞩目于 WTO 的改革和现代化，此时对"公共机构"含义的反思无疑正当其时，笔者认为，从条约解释的角度看，"政府控制标准"和"政府权力标准"均存在缺陷。由于"美国——双反措施案"专家组和上诉机构对"公共机构"的解释存在系统化的论述，特别是上诉机构的不当解释构成后续争端一系列错误解释和争论的基础，本节拟追本溯源，重新审视该案专家组和上诉机构对"公共机构"的法律解释，逐一分析说明其各自解释中存在的错讹之处，在此基础上，遵循《条约法公约》解释条约的规则，将"公共机构"解释为"政府对之拥有控制权（控制能力）的实体"（"政府控制权标准"，注意不是"政府控制标准"）。

二、专家组的"政府控制标准"所存在的缺陷

SCM 协定对于"公共机构"并无正面界定，"美国——双反措施案"

---

① Thomas J. Prusa, Edwin Vermulst, United States - Definitive Anti-Dumping and Countervailing Duties on Certain Products from China: Passing the Buck on Pass-Through, *World Trade Review*, Vol.12, Special Issue 2, 2013, p.197；韩立余：《国际法视野下的中国国有企业改革》，《中国法学》2019 年第 6 期；陈卫东：《中美围绕国有企业的补贴提供者身份之争：以 WTO 相关案例为重点》，《当代法学》2017 年第 3 期；徐程锦、顾宾：《WTO 法视野下的国有企业法律定性问题——兼评美国政府相关立场》，《上海对外经贸大学学报》2016 年第 3 期；时业伟：《WTO 补贴协定中"公共机构"认定标准研究——以 DS379 案为例》，《比较法研究》2016 年第 6 期。

② 白巴根：《"公共机构"的解释及国有企业是否构成"公共机构"——"美国对华反倾销和反补贴案"上诉机构观点质疑》，孙琬钟、左海聪主编：《WTO 法与中国论丛》，知识产权出版社 2012 年版，第 96 页。

专家组遵循《条约法公约》的解释规则对"公共机构"进行解释，并提出了"政府控制标准"。以下笔者将归纳专家组的法律解释，并着重指出其中存在的问题。

（一）专家组未能将其援引的辞典涵义与其解释结论联系起来

由于专家组使用的辞典并无"公共机构"一词，专家组分别查阅了"公共"和"机构"两个词的含义并加以整合，认为"公共机构"指"属于社会或国家的团体"。[①] 专家组还援引法语版本、西班牙语版本以及苏格兰和欧共体的有关文件，以证明"公共机构"包括政府拥有或控制的实体，而不限于那些具有严格政府属性的实体。[②]

各种不同语言及各国的不同文件中使用的"公共机构"可能存在不同涵义，人们可能会由此质疑专家组援引国别语言或文件的适当性，但总体上而言，专家组基于辞典所作的文义解释是适当的，即便是上诉机构对之也没有表示异议。问题在于，按照专家组的说法，所有权只是与控制高度相关的因素，并不必然意味着控制。[③] 可是"属于社会或国家的团体"明显地体现出一种所有权关系，按道理更应成为"政府控制权标准"的基础，而不是"政府控制标准"的基础，而专家组并未提供充分理由说明其援引的辞典涵义是如何支持"政府控制标准"的。同时，专家组的这一说法显示，专家组的"政府控制标准"中的"控制"是指政府实际行使了控制，而不仅仅是具有控制能力。而政府对某一实体的（多数）所有权毫无疑问意味着政府对该实体拥有控制权（控制能力），即便政府未实际行使这种控制权。

另外，专家组认为其运作完全未受政府影响和控制的国有实体不能

[①] WT/DS379/R, para.8.59.

[②] WT/DS379/R, paras.8.61, 8.62.

[③] WT/DS379/R, para.8.69.

算作公共机构，① 那么在这种情况下，该国有实体又应该算是什么机构呢？难道属于私人机构吗？笔者认为，那种认为未受政府实际控制的国有实体属于私人机构的观点是荒谬的，它完全背离了"私人机构"这一概念的通常涵义。私人机构本来就是由于其为私人所有才被称为"私人机构"的，或者说，私人机构本来就是以所有权为基础确定其性质的。与之相对应的"公共机构"也应该是基于所有权而确定其性质的，除非另有专门界定（以下将举例说明）。同时，从通常含义来看，"公共机构"和"私人机构"呈并列或对立关系，不存在这二者之外的第三种性质的机构。如果一定要列出第三种的话，公私合营的机构可以算作第三种，但即便是公私合营的机构通常亦按照其所有权比例而被归于公共机构或私人机构。

（二）专家组不当地以 SCM 协定之外的词语涵义作为上下文解释的基础

专家组认为，SCM 协定第 1 条第 1 款（a）项（1）中的"政府"（government）与"任何公共机构"（any public body）之间使用了连词"or"，并且 government 之前加的是"a"，而 public body 之前用的是"any"，都说明"政府"与"公共机构"是两个不同的概念；"公共机构"比"政府"或"政府机构"涵盖更为宽广的范围。② 同时，SCM 协定第 1 条第 1 款（a）项（1）将"政府"与"公共机构"合称为"政府"，并不意味着二者功能相同，而只是一种简称，避免在整个 SCM 协定中不断重复"政府或任何公共机构"这一较长的表述，即便二者有不同涵义。③ 这些说法无疑是正确的，但专家组类比其他类似概念对"公共机

---

① 　WT/DS379/R, para.8.136.

② 　WT/DS379/R, para.8.65.

③ 　WT/DS379/R, para.8.66.

构"做上下文分析却存在问题，具体说明如下。

专家组认为，辞典将"private enterprise"定义为"私人拥有而非国家控制的企业等"，[1] 而将"public sector"定义为"国家控制的经济体或产业等"，[2] 在此基础上认为"公共机构"就应该指那些由国家控制的实体。[3]

直观地看起来，辞典对"private enterprise"和"public sector"的解释成为专家组提出"政府控制标准"的直接基础，但从严格意义上看，这里专家组以这两个概念作为上下文分析的依据是不适当的，原因是这两个概念并非 SCM 协定中的概念，甚至不是 WTO 其他协议中的概念，怎么能用来作 SCM 协定中"公共机构"的上下文呢？

专家组的上下文解释还分析了 GATS 的《关于金融服务的附件》对于"公共实体"（public entity）的界定是否可作为"公共机构"解释的上下文。与"韩国——商船案"专家组一样，本案专家组认为"public body"与"public entity"是两个不同协议中的不同用语，没有关联性。[4] 专家组的这一观点是适当的。

（三）专家组的目的和宗旨解释不到位

专家组援引了之前上诉机构对 SCM 协定目的和宗旨的解释，即"加强和促进与使用补贴和反补贴措施有关的 GATT 纪律"，[5] 及早些时候其他专家组的解释，即"对扭曲国际贸易的补贴施加多边纪

---

[1] L. Brown（ed.），*Shorter Oxford English Dictionary*, Claredon Press, 1993, Vol. II, para. 2359（Original footnote 170 of WT/DS379/R）.

[2] Ibid（Original footnote 171 of WT/DS379/R）.

[3] WT/DS379/R, para.8.69.

[4] WT/DS379/R, para.8.92.

[5] Appellate Body Report on *US – Softwood Lumber IV*, para. 64（Original footnote 175 of WT/DS379/R）.

律"，①及"约束扭曲贸易的补贴以为各成员的期望提供有法律约束力的保障"。②专家组还提及上诉机构和多个案件专家组都曾强调避免过窄解释 SCM 协定的重要性，以免产生法律漏洞，从而导致各成员逃避纪律约束。在此基础上，专家组认为不能把 SCM 协定第 1 条第 1 款（a）项（1）解释为排除了各类由政府控制的实体实施的非商业行为，这会导致逃避 SCM 协定的纪律；③并认为，将"公共机构"解释为"政府控制的机构"最符合 SCM 协定的目的和宗旨，这样可确保无论公共实体采取何种形式，控制该实体的政府能够对其有关 SCM 协定的行为直接负责。④相反，如果将"任何公共机构"解释为仅限于政府机构或被赋予并行使政府权力的其他实体，大量政府控制的实体将被合法地假定为与政府无关，政府可轻易地躲在这些假定为"私有"性质的实体后面提供扭曲贸易的补贴。⑤

专家组的目的和宗旨解释强调防范政府操纵其他实体提供补贴，并强调将政府控制的实体纳入"公共机构"的范畴，也的确是抓住了实践中存在的主要问题，但就"公共机构"的解释而言，其仍存在局限性。既然加强补贴纪律属于该协定的目的和宗旨的内容，而补贴纪律的目的是限制公共资源不当地向产业流动，那么该协定规定的行为主体就应该有意将所有拥有公共资源的实体涵盖进来。⑥专家组显然对这一点认识不足，在对"公共机构"进行目的和宗旨解释时一味强调政府控制，而未能把拥有公共资源的其他实体都考虑进来。政府之外的所有国有实体

---

① Panel Report on *Brazil – Aircraft*, para. 7.26.（Original footnote 176 of WT/DS379/R.）

② Panel Report on *US – FSC（Article 21.5 – EC）*, para. 8.39.（Original footnote 177 of WT/DS379/R.）

③ WT/DS379/R, para.8.76.

④ WT/DS379/R, para.8.79.

⑤ WT/DS379/R, para.8.82.

⑥ 张军旗：《WTO 补贴规则框架下人民币汇率的国际法风险》，《法治研究》2019 年第 3 期。

都拥有公共资源，但可能由于不能证明政府控制的存在而无法归入"公共机构"，而这些实体拥有的公共资源仍然有可能向产业流动。"政府控制标准"将这些实体排除在"公共机构"的范围之外，恰恰未能充分体现 SCM 协定目的和宗旨的要求。

（四）"政府控制标准"存在条文结构协调及规则有效性方面的困难

1."政府控制标准"忽视了公共机构是形式上与政府平行的行为主体

由于专家组明确地将其运作完全不受政府控制的国有企业排除在公共机构的范畴之外，[①] 并且，专家组在认定一实体是否属于公共机构的过程中主要是从所有权、选举董事的权利、参加董事会会议的权利以及国内立法等方面去检视政府与该实体的关系，这样，"政府控制标准"必然要求证明政府对该实体存在实际的控制。而如果能够证明政府对某一实体的实际控制，那么按照《国家就其国际不法行为的责任条款草案》（《草案》）第 5 条所体现的习惯国际法规则的精神，[②] 由该实体提供财政资助的行为即可直接归因于政府，即该行为可视为政府行为，这样"任何公共机构"的规定将变得多余。这明显不符合 SCM 协定规定的补贴主体结构，完全忽视了公共机构作为行为主体所具有的独立性。

2."政府控制标准"无法有效防止政府暗中操控国有实体提供补贴

专家组的上述目的和宗旨解释体现出防范政府操纵国有实体提供补贴之意，可是，按照"政府控制标准"，只有在有证据证明政府控制了一国有实体时，才能确认该实体属于公共机构，而若政府暗中操纵（比

---

①   WT/DS379/R, para.8.136.

②   《草案》第 5 条规定："虽非第 4 条所指的国家机关但经该国法律授权而行使政府权力要素的个人或实体，其行为应视为国际法所指的国家行为，但以该个人或实体在特定情况下以此种资格行事者为限。"

如说口头通知、电话通知甚至暗示）一国有实体提供财政资助，反补贴调查机构或 WTO 争端解决机构就难以获得进行操纵的证据。在此情况下，该国有实体就很难被认定为公共机构，相应地其提供财政资助的行为就既不属于政府的行为，也不属于公共机构的行为，也就不能落入 SCM 协定的规制范围，这样就形成了一个明显的法律漏洞。

（五）专家组否认《草案》可适用性的理由不当

本案当事双方的辩论中涉及《草案》是否构成《条约法公约》第 31 条第 3 款（c）项规定的"可适用于当事双方关系的相关国际法规则"，是否应在解释"公共机构"时加以适用，特别是《草案》第 5 条的适用性。

专家组认为，虽然在一些争端中，《草案》条文确实得到援用，但其只起到对照作用，以便更好地理解 WTO 协议条文的可能涵义；[1] 专家组和上诉机构在以往的争端解决实践中明确表述了《草案》没有约束力，却并未表示《草案》是在解释 WTO 协议时作为"可适用于当事双方关系的相关国际法规则"而必须得到考虑；[2] 即便《草案》可以适用，按照特别法优于普通法的一般原则，在解释 SCM 协定中的"公共机构"时，SCM 协定作为特别法规则应予适用。[3]

笔者同意专家组做出的"《草案》在公共机构解释问题上不具可适用性"这一结论，其理由也不能说错，但专家组未能抓住最关键的问题，即《草案》中根本没有任何条款与"公共机构"的解释有关联，因而没有任何适用的可能性。至于《草案》第 5 条，其涉及的是某一实体的"行为"的归因性问题，而非某一实体"本身"的性质，因此，同样与"公共机构"的解释没有关系。就"公共机构"的解释而言，《草案》

---

① WT/DS379/R, para.8.87.

② WT/DS379/R, para.8.89.

③ WT/DS379/R, para.8.90.

与 SCM 协定也谈不上一般法与特别法的关系。

综上所述，"美国——双反措施案"专家组对"公共机构"的解释的少数方面是适当的，但多方面的论证存在不足，难以有效支持其"政府控制标准"的结论。

三、上诉机构的"政府权力标准"也难以成立

在"美国——双反措施案"上诉程序中，上诉机构推翻了专家组"政府控制标准"，提出了"政府权力标准"。[①] 相比于专家组的解释，上诉机构的解释在逻辑上存在更为严重的缺陷，结论难以成立。具体说明如下。

（一）上诉机构援引的辞典涵义同样与其结论脱节

1. 上诉机构的文义解释对辞典涵义中的关键部分置之不理

像专家组一样，上诉机构也首先进行文义分析，在分别查阅"公共"和"机构"的辞典涵义的基础上，认为"公共机构""包括拥有或行使政府权力的实体，以及属于社会或国家的实体"。[②]

相对于专家组援引的辞典涵义（"属于社会或国家的实体"），上诉机构援引的辞典涵义多了一个部分"拥有或行使政府权力的实体"。盖因行使政府权力的实体通常是政府，而政府也是属于社会或国家的实体，因此上诉机构认为其援引的辞典涵义与专家组援引的辞典涵义并无多大区别。[③] 但严格地讲，"拥有或行使政府权力的实体"（第一类实体）既包括政府机关，也包括获政府授权行使政府权力的非政府实体，而这

---

①   WT/DS379/AB/R, para.317.

②   WT/DS379/AB/R, para.285.

③   WT/DS379/AB/R, footnote 193.

些非政府实体原本可能是私人实体，也有可能是国有实体。其中经授权行使政府权力的私人实体能否适当地归于"属于社会或国家的实体"，还是存在疑问的。

这里想着重说明的是，在上诉机构所提供的辞典涵义中，第一类实体是"行使政府权力的实体"，而第二类实体"属于社会或国家的实体"与第一类实体并列，说明第二类实体应该不具有行使政府权力的特点，而只表现出与国家或社会的所有权关系。也就是说，第二类实体的这一特征明显不支持"政府权力标准"，但上诉机构在后续的分析讨论中未对此做出任何说明。如前所述，专家组的文义解释与其结论不符，这里上诉机构犯了同类错误。

2."政府权力标准"与上诉机构自行援引的"私人""公共"的通常涵义相抵触

上诉机构经查辞典认为，"私人"商业或服务就是指"由个人而非国家或公共机构提供的"商业或服务；对于自然人而言，"私人"是指那些不拥有官方职位的人。[1] 而按照上诉机构的"政府权力标准"，那些为政府所拥有但未行使政府权力的实体在 SCM 协定之下就会被认定为"私人实体"。这一论断显然与上诉机构自己援引的"私人""公共"的通常涵义是矛盾的。[2]

（二）上诉机构的上下文解释存在逻辑错误

1. 关于政府与公共机构的共同性

上诉机构认为，SCM 协定第 1 条第 1 款（a）项（1）将狭义上的"政府"与"任何公共机构"合称为集合概念"政府"，并不只是像专家

---

①　WT/DS379/AB/R, para.292.

②　Michel Cartland, Gérard Depayre & Jan Woznowski, Is Something Going Wrong in the WTO Dispute Settlement? *Journal of World Trade*, Vol.46, Issue 5, 2012, p.1005.

组所说的那样属于一种简写，^① 而是暗示狭义的"政府"与"公共机构"之间在本质特征方面存在高度的共同性或重叠之处，所以"公共机构"可适当地理解为属于具有政府性质的实体。^② 而按照辞典解释，政府的特征是"连续对各种主体行使权力；权威性指令或管理和控制"，^③ 上诉机构由此认为，"这说明履行政府职能，或被赋予并行使政府权力以履行这种职能，是政府与公共机构的核心共性"。^④ 从上诉机构法律解释的整体来看，这是上诉机构确立"政府权力标准"的真正基础。但上诉机构的这一分析存在逻辑缺陷。

首先，上诉机构仅仅基于狭义上的"政府"与"公共机构"合称为集合概念"政府"，就推出二者共同之处的具体内容是履行政府职能，这完全缺乏合理根据。将狭义上的"政府"与"公共机构"合称为集合概念"政府"，的确会暗示二者存在一些共性，但政府可能具有很多方面的特征，比如，政府是一个组织；政府会从事民商事性质的活动，如购买商品和服务；政府会提供公共产品；政府代表人民；政府对外代表国家；政府行使国家权力；政府有滥用权力的可能；政府控制了部分公共资源，等等。"公共机构"究竟与"政府"共同拥有其中的哪一种特征，不能由二者由一个集合概念"政府"统称这一事实推导出来。

其次，从逻辑上来说，要通过对比来界定一个概念的涵义，仅仅考察二者共性显然是不够的，还需要考察二者的差异性。而上诉机构完全没有去考虑这种差异性，直接把"公共机构"解释为拥有政府本质特征的实体，是先入为主的，如有学者指出的，具有明显的

---

① WT/DS379/AB/R, para.289.

② WT/DS379/AB/R, para.288.

③ A. Stevenson（ed.）, *Shorter Oxford English Dictionary*, 6th edn, Oxford University Press, 2007, Vol. 1, p. 1139（Original footnote 198 of WT/DS379/AB/R）.

④ WT/DS379/AB/R, para.290.

结果导向性。①

以笔者之臆测，上诉机构之所以先入为主地做出上述推论，可能在很大程度上是因为其认为补贴是一种公共管理活动，体现了政府权力的行使和政府职能的履行，相应地，"公共机构"的界定也应该体现这一特征。这种想法的错误在于，虽然 SCM 协定规范的是补贴和反补贴行为，但该协定规定的行为主体（政府和公共机构）并非只从事补贴行为，而可能从事各种各样性质的行为。即便是狭义上的政府也可能会从事具有民商事性质的行为，而并不限于从事行使政府权力的行为。这个道理对公共机构同样适用，即公共机构也可能从事各种各样性质的行为，因此不能仅从"行使政府权力以履行政府职能"的角度去界定"公共机构"。

2. 公共机构有权委托私人机构意味着什么？

上诉机构认为，由于 SCM 协定第 1 条第 1 款（a）项（1）（iv）中的"政府"一词是在集合概念意义上使用的，而该条文涵盖了"政府或任何公共机构"委托或指令私人实体履行第 1 条第 1 款（a）项（1）（i）—（iii）规定的职能或行为的情形，因此，该项规定意味着公共机构也可能委托或指令私人实体履行第 1 条第 1 款（a）项（1）（i）—（iii）规定的职能或行为。② 而当公共机构能够通过私人机构行使某种权力时，其自身必然拥有这种权力，或拥有命令的能力；同样，公共机构委托私人机构承担某种责任的前提是公共机构自身存在这种责任。③ 由于第 1 条第 1 款（a）项（1）（ii）规定的是放弃税收或不征原已到期的税收，显然涉及政府权力的行使，因此，第 1 条第 1 款（a）项（1）意义上的"公共机构"必然意味着被赋予某种政府责任或行使某种政

---

① Michel Cartland, Gérard Depayre & Jan Woznowski, Is Something Going Wrong in the WTO Dispute Settlement? *Journal of World Trade*, Vol.46, Issue 5, 2012, p.1004.

② WT/DS379/AB/R, para.293.

③ WT/DS379/AB/R, para.294.

府权力的实体。①

上诉机构的内在逻辑是，平行存在的所有主体（政府和公共机构）各自都有可能从事第 1 条第 1 款（a）项（1）(i) — (iv) 之中规定的所有行为，而这完全不符合人们的语言习惯和语言逻辑。例如，当我们说"学校各个职能部门要为教师和学生的工作和学习服务"时，其通常意味着，工作对应的是教师，而学习对应的是学生，而不必然意味着"教师的工作和学习"和"学生的工作和学习"。就 SCM 协定第 1 条第 1 款（a）项（1）(i) — (iii) 规定的情形而言，合理的理解是公共机构不必拥有 (i) — (iii) 所有三项中规定的行为能力，而只可能拥有其中部分行为能力。更何况，就 (ii) 中所规定的政府放弃税收或不征原已到期的税收而言，政府永远不可能指令或委托私人机构从事这种行为，因为完全没有这种必要性和可能性。若按上诉机构的解释逻辑，至少是有这个可能性的。这种解释显然是荒谬的。

（三）上诉机构对目的和宗旨解释的意义认识不足

关于 SCM 协定目的和宗旨的内容，上诉机构的归纳与上述专家组的归纳大体相同，但上诉机构认为，本协定的目的和宗旨对于解释"公共机构"的范围作用有限，原因是一实体是否具有公共机构的性质与其行为是否落入 SCM 协定的调整范围，是两个不同的问题；并进一步认为 SCM 协定的目的和宗旨并不支持对"公共机构"这一概念的过宽或过窄解释，专家组的目的和宗旨解释不能成立。②

虽然上诉机构适当地指出一实体是否构成公共机构与该实体行为的性质是两个不同的问题，但前述专家组对该协定目的和宗旨解释不到位

---

① WT/DS379/AB/R, para.296.

② WT/DS379/AB/R, para.303.

的问题，在上诉机构这里同样存在。若把握住补贴规则意图限制公共资源向产业的不当流动，就完全有可能将该协定的目的和宗旨与"公共机构"的解释联系起来。（以下本书对于"公共机构"的正面解释中将有进一步说明，为免重复，兹不展开。）

（四）上诉机构将对实体本身性质的判断与其行为性质的判断混为一谈

上诉机构不同意专家组对《草案》可适用性的否定，试图援用《草案》的若干条文来界定"公共机构"的涵义。具体来说，其援引了《草案》第 5 条的评注，其中述及，某一实体中国家资本或多或少的参与，或其国家所有权，都不是该实体的行为归因于国家的决定性因素。[1]其认为这一观点与其对 SCM 协定第 1 条第 1 款（a）项（1）中"公共机构"的上述解释是一致的，并进一步强调，"被赋予政府权力是公共机构的关键特征"，国家所有权仅仅是证明授予权力的多种证据之一。[2]

虽然上诉机构在目的和宗旨解释中已适当地指出一实体是否构成公共机构与该实体行为的性质是两个不同的问题，[3]其仍然援引《草案》第 5 条的评注来论证"公共机构"的涵义，不仅仍将这两个不同的问题混为一谈，而且前后自相矛盾。

一是 SCM 协定中"公共机构"的解释涉及的是一实体本身的性质。在 SCM 协定的语境下，当我们想认定某一实体是否属于公共机构时，是想认定该实体的本来性质是否属于公共机构，而不涉及该实体行为的

---

[1]　Commentary on Article 5 of the ILC Draft Articles, para. 3（Original footnote 220 of WT/DS379/AB/R）.

[2]　WT/DS379/AB/R, para.310.

[3]　WT/DS379/AB/R, para.303.

性质。SCM 协定第 1 条第 1 款将政府与公共机构并列，又将政府或公共机构委托或指令私人机构的情形单独列出，说明该协定第 1 条第 1 款中的"公共机构"是应依特定实体的本来性质去解释，而不是依照其行为是否具有归因性进行解释。如果按照行为是否具有归因性去解释"公共机构"，另行规定委托或指令私人机构的情形就变得没有意义，或者说将使得公共机构的存在与委托或指令私人机构的情形变得重复。例如，当一私人机构受到政府委托提供财政资助时，是应该由此将该私人机构认定为公共机构呢，还是应该适用 SCM 协定第 1 条第 1 款（a）项（1）（iv）的规定呢？相反，如果从特定实体本身性质的角度出发去界定"公共机构"，将不会存在这种困难。

二是上诉机构援引的《草案》第 4 条、第 5 条和第 8 条都是行为的归因性规则，涉及具体行为性质的判断，即要确认某一实体的特定行为是否可归因于国家。上诉机构援引这些内容，显示出其试图以实体行为的性质（行为是否具有归因性）去界定实体本身的性质。

某一实体的特定行为归因于国家，并不意味着该实体本身由此就拥有了政府机构的性质，也不当然意味着其就拥有了公共机构的性质（除非另有明确规定）。例如，某一私人机构受政府委托或指令以优惠价格向其他企业提供原材料，该私人机构并不由于其受到这种委托或指令而使其本身的性质变成公共机构，其仍然属于私人机构，只是其"行为"可以视为"政府的行为"而已。

三是仅在有特别规定的情况下才可能依照归因性规则确定行为主体的性质。如果某一协议明文规定按照归因性规则去认定某种实体的性质，自无不可。GATS《关于金融服务的附件》（以下简称《附件》）中的"公共实体"（public entity）即是如此。该《附件》规定："公共实体是指：(i) 一成员的政府、中央银行或财政机构，或一成员拥有或控制，并且主要为政府目的履行政府职能或从事政府活动的实体，但不包括主要基于商业条件提供金融服务的实体；或者（ii）履行通常由中央银行或财政机构履行的职能的私人机构，条件是其正在履行这些职能。"

在"美国——双反措施案"中，申诉方认为《附件》对"公共实体"的界定能够支持 SCM 协定中"公共机构"的"政府权力标准"。[1] 也有学者持类似观点。[2] 但这一主张存在两方面的问题。

一方面，如专家组所指出的，"公共实体"与"公共机构"这两个概念分属两个协议，没有关联性，[3] 因此二者无法类比。

另一方面，《附件》与 SCM 协定的行为主体结构存在根本性区别。具体来说，《附件》基本上是遵循归因性规则对"公共实体"进行界定的。从其条文可见，凡其行为可归因于国家的实体，均为"公共实体"。《附件》用一个整体概念"公共实体"将政府机关、一定条件下的政府拥有或控制的实体、一定条件下的私人实体均包含在内。特别注意，连政府机关都被装进了"公共实体"这个筐子。相比之下，SCM 协定将政府和公共机构相并列，并将二者委托或指令私人机构的情形单独列出，显示出 SCM 协定并没有打算以"公共机构"将所有可能的行为主体全部涵盖进去。这也进一步说明 SCM 协定中的"公共机构"不能简单地理解为"其行为可归因于国家的机构"。如果以《附件》中的"公共实体"作为类比去解释 SCM 协定中的"公共机构"，那么 SCM 协定第 1 条第 1 款中的"政府""私人机构"都将不具存在的必要了。因此，《附件》中的"公共实体"的界定只是一个明确规定的特例，无法为 SCM 协定中"公共机构"的解释提供任何支持。

---

[1] WT/DS379/R, para. 8.11.

[2] 蒋奋：《反补贴语境下的国有企业定性问题研究》，《上海对外经贸大学学报》2017 年第 1 期。

[3] WT/DS379/R, para. 8.92.

另外，即便我们承认《草案》在很大程度上反映了习惯国际法规则，但如前所述，《草案》没有任何条款（包括但不限于上诉机构援引的上述条款）与"公共机构"的解释有关，因此没有可适用性。

综上所述，上诉机构对"公共机构"的解释过程及解释结论都存在严重问题，很难令人信服地支持其结论。

四、"公共机构"的适当界定与国有企业的公共机构属性

以上主要分析了专家组和上诉机构在解释"公共机构"时所存在的不当之处，笔者这里将在以上分析的基础上，仍遵循《条约法公约》的解释规则，从正面对"公共机构"的应有涵义做出新的归纳，提出"公共机构"应指政府对之拥有控制权（控制能力）的实体，即"政府控制权标准"（注意此处不是"政府控制标准"）。

（一）文义解释

辞典解释虽然不是解释条约用语的决定性方法，但却是一个基本方法，它可以为条约用语的解释提供一个出发点，相当于数学方程中的一个已知数。如前所述，上诉机构所提供的辞典涵义可能比专家组的辞典涵义在外延上稍稍宽一些，这里就采用上诉机构的辞典涵义作为正面解释"公共机构"的出发点。

上诉机构的辞典涵义显示公共机构包含两类实体，第一类是拥有或行使政府权力的实体，第二类是属于社会或国家的实体。仅从逻辑上看，第一类实体又包含两种实体，即政府和经政府授权行使政府权力的非政府实体，后者又进一步包括经政府授权的私人机构和经政府授权的国有非政府实体，即为政府所有但不具有政府机构地位的实体。参见图示。

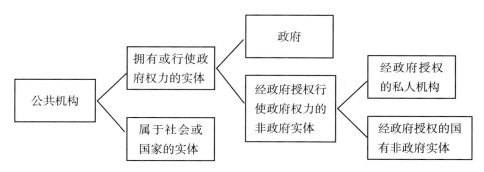

基于辞典涵义对"公共机构"所做的分类

这里基于辞典涵义对"公共机构"进行细分，为"公共机构"提供了一个穷尽式的外延。图表第一层次将公共机构分为两类，直接体现的是"公共机构"的辞典涵义。针对第一类实体所做的第二层次和第三层次的分类是在"公共机构"辞典涵义的基础上基于逻辑和常识所进行的细化，以作为进一步分析的基础。这种宽泛的外延将在下文其他角度的解释中受到进一步的限定或排除，从而最终确定 SCM 协定之中"公共机构"的适当内涵和外延。

（二）上下文解释

上下文分析将使得辞典涵义中的两类实体从"公共机构"的范畴中剥离出去。首先，SCM 协定第 1 条第 1 款（a）项（1）中"政府或任何公共机构"的表述将二者并列，显示 SCM 协定语境下狭义的"政府"并不包含在"公共机构"的范围以内。其次，指令或委托私人机构的情形在第 1 条第 1 款（a）项（1）（iv）中另有规定，说明获政府或公共机构授权的私人机构也被排除在"公共机构"的范畴以外。这样，"公共机构"的外延就缩小为第一类实体中的"经政府授权的国有非政府实体"加上第二类实体（"属于社会或国家的实体"）两部分。这两部分实体的共同点在于，它们均不具有政府机构的地位，但为政府所拥有。二者的区别仅在于，按照上诉机构辞典涵义的逻辑，前者经政府授权行使政府权力，后者未经授权而不行使政府权力。也就是说，政府拥有的实体均属公共机构，反之，公共机构亦即政府拥有的实体，不论这些实体是否经政府授权行使政府权力。至此，我们可以顺理成章地得出暂时结论，"公共机构"就是指政府之外政府对之拥有所有权的实体。

（三）目的和宗旨解释

依照前文所述的专家组和上诉机构的解释，SCM 协定的目的和宗旨可以概括为强化补贴和反补贴方面的纪律，即一方面限制补贴的滥用，另一方面限制反补贴的滥用。既然加强补贴方面的纪律是 SCM 协定目的和宗旨的部分内容，为解释"公共机构"之目的，我们有必要进一步探讨补贴的本质。产业补贴的本质是公共资源向经营者的无偿流动，[①] 因此，限制补贴就是要限制公共资源向经营者的不当流动。而要实现此目的和宗旨，SCM 协定应有意将所有拥有公共资源的实体都涵盖在其所规制的行为主体的范围之内。[②] 政府显然拥有公共资源，但基于以上的上下文分析，其已被排除在公共机构的范畴之外。不具政府机构的地位但为政府拥有的实体也拥有公共资源。政府对之拥有多数所有权的实体自不待言。那些政府对之虽不拥有多数所有权，但若经由在决策机构的投票权、重要成员任命权等拥有对特定实体的控制能力，同样亦可导致公共资源向特定产业的流动。将"公共机构"解释为包含这两类实体在内，符合 SCM 协定的目的和宗旨。而这两类实体的共同点在于政府均对之拥有控制权（控制能力）。至此，可将"公共机构"解释为政府对之拥有控制权的实体。此即"政府控制权标准"。

---

① 白巴根：《"公共机构"的解释及国有企业是否构成"公共机构"——"美国对华反倾销和反补贴案"上诉机构观点质疑》，孙琬钟、左海聪主编：《WTO 法与中国论丛》，知识产权出版社 2012 年版，第 64 页。

② 张军旗：《WTO 补贴规则框架下人民币汇率的国际法风险》，《法治研究》2019 年第 3 期。

（四）"政府控制权标准"可防范暗中操纵又可体现公共机构的独立性

由于公共机构在 SCM 协定第 1 条第一款中本来就属于单列一类的适格主体，因此公共机构提供财政资助，无论是政府操纵的结果还是公共机构的自主行为，都不影响公共机构作为 SCM 协定第 1 条第一款下的适格主体，其所提供的财政资助也都属于 SCM 协定的规制范围，而无须去证明政府指令或委托的存在。将"公共机构"解释为"政府拥有控制权的实体"，并由国家直接对公共机构提供财政资助的行为负责，而不必去深究该财政资助究竟是政府暗中操纵的还是公共机构自主提供的，这样可有效防范政府暗中操纵国有实体提供补贴的情形，同时也可充分体现公共机构在 SCM 协定中作为行为主体的独立性。

从理论上说，在未受到政府控制的情况下公共机构有可能自行向其他企业提供补贴，但实践中这种情形极为少见，因为即便是国有实体，其往往都有自己的小集团利益，很难想象其在未受政府委托或指令的情形下向其他产业主体提供补贴。但是，实践中国有实体有可能出于自利的考虑向其他产业输送利益。例如，一些国有实体可能考虑到培育市场的需要，暂时不向下游企业收取本应收取的知识产权使用费，而等到这种知识产权的使用达到一定规模后才开始收费。但这类似于促销行为，其本质上仍然是一种商业活动，因此不能认为其满足了 SCM 协定第 1 条第一款（b）中"授予利益"的要求，也很难认定其构成补贴。

既然实践中公共机构极少在无政府控制的情况下向产业提供补贴，我们就会发现，以"政府控制权标准"为基础的公共机构这一类主体的设置恰恰发挥（而且仅仅发挥）了防范政府暗中操纵的作用。SCM 协定的起草者当初是不是这么设想的，我们无法推断，但"政府控制权标准"的确能够产生这种效果。

综上所述，"政府控制权标准"很好地实现了文义解释、上下文解释、目的与宗旨解释以及条约有效性四个方面的协调和统一，或者说其在 SCM 协定语境下实现了充分的逻辑自洽。特别强调，这里的"政府控制权标准"与上文专家组的"政府控制标准"不同，前者体现为政府可经由所有权、投票权、任命权或其他所有者权益对特定实体形成控制能力，① 是一种可能的控制、身份上的控制，但不一定存在实际控制；而后者更加强调实际控制。

有学者在批评上诉机构"政府权力标准"的基础上提出"公共机构"是"指除政府以外的为全社会或国家的'公共利益'服务的实体"。② 考虑到政府控制的实体必然是应该为公共利益服务的，而为公共利益服务的并不一定是政府控制的实体，例如私人出资设立慈善机构，其虽为私人机构，但仍是为公共利益服务，因此，还是以"政府控制权标准"去界定"公共机构"更为准确。

---

① 这里还有一个有意思的现象。如前所述，新型自由贸易协定如 CPTPP 和 USMCA 中出现了国有企业外延扩张的趋势，在政府不拥有多数股权的情况下，若政府可藉由决策机构投票权、董事会成员任命权或其他所有者权益等左右企业决策，形成与某企业身份上的控制关系，也认定为国有企业。这种规定可概括为由于具有控制权而视为拥有所有权。而通常拥有所有权又意味着拥有了控制权。二者似乎构成了相互因果关系，或似乎构成了循环论证。但其实并非如此，因为由于具有控制权而视为政府所有，这只是在类比意义上而言的，只是"视为"而并非真正的所有权。另外，笔者曾发表论文提出"公共机构"的"政府所有权标准"。（张军旗：《WTO 改革背景下〈补贴与反补贴措施协议〉中"公共机构"法律解释的反思》，《当代法学》2021 年第 3 期。）如果认可"由于具有控制权而视为政府所有"，"政府所有权标准"这个提法仍可适当地维持，因为它可将具有控制权的情形涵盖在内。但考虑到"由于具有控制权而视为政府所有"的情形并非真正的政府所有权，实质上是控制权，而过半数的所有权必然意味着控制权，因此，本专著以"政府控制权标准"代替"政府所有权标准"，这样就可将经由所有权、投票权、任命权及其他所有者权益形成的控制能力全部涵盖在内。

② 白巴根：《"公共机构"的解释及国有企业是否构成"公共机构"——"美国对华反倾销和反补贴案"上诉机构观点质疑》，孙琬钟、左海聪主编：《WTO 法与中国论丛》，知识产权出版社 2012 年版，第 96 页。

综上所述，在确定了 SCM 协定下"公共机构"的"政府控制权标准"的基础上，我们可以肯定地得出结论，国有企业因政府控制权的存在而具有公共机构的属性。

（五）几点补充说明

1. 国有实体依照商业条件行事不能成为其属于公共机构的抗辩理由

在"韩国——商船案"中，韩国主张，特定实体若以商业条件行事，则不构成公共机构。该案专家组援引上诉机构在"巴西——航空器案"中的解释，认为 SCM 协定第 1 条中的"财政资助"和"利益"是两个独立的法律要素，对公共机构的认定不能依赖于该实体是否以商业条件行事。[①] 专家组的这一观点是完全正确的。如前所述，某一实体本身性质的判断与其行为性质的判断是根本不同的两个问题。是否以商业条件行事，是针对特定行为而言的，是在判断是否满足补贴的第二个条件（"授予利益"）时应考虑的因素，而与公共机构的认定并无关联。

2. "政府控制权标准"是否做了过宽解释

按照"政府控制权标准"，公共机构既包括国有企业，也包括政府拥有的其他实体，例如公立的医院、学校、科研机构、文化机构（如文化馆、图书馆、博物馆、新闻出版机构、群众文化机构）、慈善机构、环境监测机构等，也包括政府经由投票权、任命权等对之形成控制能力的其他实体。对此，人们也许会质疑对公共机构的这种解释是否过于宽泛。笔者认为，人们完全不必对此心存顾虑。

首先，国有企业之外的公共机构虽然掌握了一些公共资源，理论上具有向某些产业提供补贴的可能性，但由于这些公共机构主要是在教

---

① Panel Report, Korea—Measures Affecting Trade in Commercial Vessels, WT/DS273/R, 7 March 2005，para.7.44.

育、科技、文化、卫生、体育、环保等特定领域提供公共服务的，其职能特征决定了这些公共机构向某些产业提供补贴的可能性很小。至于国有企业，它们自身就属于产业实体，与产业发展存在直接联系，容易成为提供财政资助的主体，因而成为 SCM 协定中公共机构的主要类型，也是 WTO 各成员关注的主要对象。

其次，如"美国——双反措施案"专家组所指出，认定某一特定实体属于政府、公共机构还是私人机构，这只是确定是否存在补贴的众多环节中的第一步。这一步并不涉及具体行为，而只是确定从事特定行为的实体是否属于 WTO 协议涵盖的实体。[①] 国有企业虽属于公共机构，但如果某一国有企业是以商业条件提供财政资助，就会由于未授予利益而不构成补贴。另外，即便被认定存在补贴，也不当然违反 SCM 协定之下的义务，还要满足协议规定的其他条件才违反义务。[②]

3. 新型区域贸易协定的有关规定也间接地支持"政府控制权标准"

也许是从 WTO 成员对"公共机构"解释的争论不休中汲取了教训，2015 年 10 月谈成的 TPP 及之后在 TPP 基础上演化而成的 CPTPP 明确将国有企业列为提供"非商业援助"（non-commercial assistance，实质上就是补贴）的主体。[③]2018 年 11 月签署的《美墨加协定》（USMCA）也有类似规定。[④] 尽管 TPP/CPTPP 和 USMCA 显然均不能算作解释 SCM 协定中的"公共机构"的上下文，但其无疑是 SCM 协定下公共机

---

① WT/DS379/R, para.8.76.

② 按照 SCM 协定第二部分和第三部分的规定，一项补贴只有在构成禁止性补贴或可诉性补贴时才构成违反该协定的义务。

③ Chapter 17（State-owned Enterprises and Designated Monopolies）of *Trans-Pacific Partnership Agreement*; Chapter 17（State-owned Enterprises and Designated Monopolies）of *Comprehensive and Progressive Agreement for Trans-Pacific Partnership*.

④ Chapter 22（State-owned Enterprises and Designated Monopolies）of *United States-Mexico-Canada Agreement*.

构"政府控制权标准"的一种旁证，或者至少反映了国际经贸规则在此
问题上的一种发展趋势。

再者，中国已经正式申请加入 CPTPP，中国若在 WTO 改革中接受
"政府控制权标准"，就与 CPTPP 中直接把国有企业列为补贴的适格主
体的规定相一致。相反，若在 WTO 改革中坚持"政府权力标准"，就
不容易接受 CPTPP 中的上述规定。总不能在 WTO 和 CPTPP 中对同一
问题持两种不同的立场。

至于"政府控制权标准"对中国的影响以及中国在"公共机构"涵
义问题上应持有的立场和策略，笔者将在第十二章第一节中单列一目进
行说明。

第四节　强化 WTO 国有企业透明度义务

透明度既是国际贸易领域的基本原则之一，也是国有企业规则的一
大核心。因政府与国有企业关系密切，国有企业享受的优惠待遇更难为
外界知悉，且政府既是监管者，也是国有企业所有者，透明度不足导致
国有企业缺乏监督，是国有企业享有不当竞争优势的重要原因。高标准
的透明度规则要求披露国有企业的目标和主要活动、业绩与财务状况，
以及国有企业接受补贴的情况等，能够使国有企业的竞争对手了解国有
企业的相关信息，监督国有企业的商业行为，有助于消除国有企业的贸
易扭曲行为。

一、WTO 透明度原则的重要性与履行现状

透明度规则早在 1947 年关贸总协定中就已确立，现在普遍适用于

国际贸易的各个领域，成为 WTO 的一项基本原则，对多边贸易体制发挥重要作用。根据 WTO 官方的定义，透明度指贸易政策和惯例及其建立过程具有公开和可预测性。[①] 也就是说，透明度规则的目的是保证一成员对其他成员实施的贸易政策及相关规定的知情权。政策法规的可预见性和稳定性是市场活动和自由竞争的一项基本要求和必要条件，透明度规则要求 WTO 各成员通过公布相关政策法规、履行通知义务等手段保持贸易政策透明，这既符合多边贸易体制下竞争环境需具有稳定性与可预测性的要求，又可以监督各成员对 WTO 义务的履行。[②]

WTO 并未对国有企业透明度设置专门规则。通知机制要求各成员就自身的贸易法律与政策做出通知，以保障其他成员对该成员贸易措施的知情权。只有当成员积极、全面地履行了通知义务，其他成员才能够监督该成员贸易政策的 WTO 合规性。[③] 例如，GATT 第 17 条第四款 a 项规定，各缔约方应将其国营贸易企业进口至各自领土或自各自领土出口的产品通知缔约方全体。[④]SCM 协定第 25 条也规定，各成员应通知在其领土内给予或维持的任何专向性补贴。[⑤]WTO 各协定中包括超过 200 项通知规定，牵涉到的贸易议题相当广泛，其重要性不言自明。[⑥] 然而，各成员通知义务的履行状况不尽如人意。对此，前文已有说明，兹不赘述。

贸易政策审议机制（TPRM）之下的报告制度也存在一些不足。TPRM 规定在《WTO 协定》的附件 3 中。按照该协议的要求，首先，

---

① WTO 官方网站，https://www.wto.org/english/thewto_e/glossary_e/transparency_e.htm，访问日期：2022 年 7 月 28 日。
② 张军旗：《WTO 监督机制的法律与实践》，人民法院出版社 2002 年版，第 68—69 页。
③ 郑伟、管健：《WTO 改革的形势、焦点与对策》，《武大国际法评论》2019 年第 1 期。
④ 《关税与贸易总协定》第 17.4.（a）条。
⑤ 《补贴与反补贴措施协定》第 25.2 条。
⑥ 张耀元：《世界贸易组织透明度机制整体改革研究》，《世界经济研究》2022 年第 3 期。

每一成员应定期向贸易政策审议机构报告其实施的贸易政策和做法，若成员的贸易政策在两次审议之间发生重大变化，则应向贸易政策审议机构提供简报。其次，秘书处要根据自己掌握的资料以及各成员提供的信息起草秘书处报告。最后，由审议会议对上述两个报告进行审阅和评议。WTO 对 TPRM 设置了较为理想化的目标，试图创设一种专门化的程序性机制使得成员的贸易政策能够得到最大程度的公开，以弥补通知机制的不足。[1] 但从实践来看，TPRM 运行机制存在一些不足。第一，秘书处资源配置有限，使得获取成员方贸易政策的能力及手段不足，秘书处报告仅提供事实性描述，能够使部分获取信息存在困难的成员方受益，但难以满足贸易能力薄弱的发展中国家的实际需求。[2] 第二，TPRM 协议未对成员报告的审议标准做出规定，TPRM 实施透明度要求的法律依据在 WTO 体系中也尚未明确，导致在实践中缺乏具体可行的执行规则。

总而言之，WTO 透明度机制在运行过程中总体上难以达到预期效果，自然也包括国有企业透明度问题在内。这里之所以把国有企业透明度问题单列讨论，是因为国有企业透明度规则会有一些特殊要求。

二、国有企业透明度规则的发展趋势

（一）新型自由贸易协定要求对国有企业信息进行详细披露

CPTPP 和 USMCA 均规定了主动披露与应请求披露两套并行机制。主动披露要求缔约方需向其他缔约方提供或通过官方网站公布其国有企

---

[1]　张耀元：《世界贸易组织透明度机制整体改革研究》，《世界经济研究》2022 年第 3 期。

[2]　张辉、张耀元：《WTO 贸易政策审议机制透明度功能的实现困境与提升路径》，《国际贸易》2021 年第 3 期。

业名单，且此后应每年更新。^①应请求披露则规定，经另一缔约方书面请求，一缔约方应迅速提供一国有企业的相关信息，只要此种请求包括关于该实体的活动如何影响缔约方之间的贸易或投资的说明。这一规定对相关信息进行了详细列举，包括缔约方及其国有企业在一国有企业中拥有的股份比例与投票权比例、董事会成员的政府头衔、该国有企业最近 3 年的年收入与总资产、该国有企业所获益的任何免除和豁免情况等。^②所列举的信息披露范围相当广泛，超过了美新 FTA 的规定。主动披露国有企业名单加上应请求披露国有企业详细信息，使得其他缔约方能够清楚地判断政府对一国有企业的控制程度、国有企业的经营状况与资产状况以及国有企业所享有的豁免。应请求披露的门槛也很低，只要请求方说明了该国有企业的活动可能对缔约方间的贸易产生的影响即可，在一定程度上起到监督成员履行国有企业透明度义务的作用。

CPTPP 和 USMCA 还专门设置了针对非商业援助的透明度规则。其规定，应另一缔约方书面请求，一缔约方应迅速书面提供关于其已采取或维持的提供非商业援助的任何政策或计划的信息，且此种信息应足够具体，使提出请求的缔约方能够理解政策或计划的运营情况。具体而言，应包括非商业援助的形式、非商业援助的提供者和接受者、提供非商业援助的总金额或年度预算金额等详细信息。据此，若一缔约方认为另一缔约方给予其国有企业的非商业援助可能影响双方的贸易活动，则可要求其提供相关非商业援助的详细信息。^③新型国有企业规则对非商业援助的披露事项列举得非常详尽，且应请求披露的门槛同样很低，意

---

① 《全面与进步的跨太平洋伙伴关系协定》第 17.10 条第 1—2 款，《美墨加协定》第 22.10 条第 1—2 款。

② 《全面与进步的跨太平洋伙伴关系协定》第 17.10 条第 3 款，《美墨加协定》第 22.10 条第 3 款。

③ 《全面与进步的跨太平洋伙伴关系协定》第 17.10 条第 4—7 款，《美墨加协定》第 22.10 条第 4—7 款。

图解决 WTO 中成员补贴通知义务履行情况差的问题，加强了对国有企业补贴的监督。

（二）OECD 强调国有企业应遵循高标准的透明度要求

一直以来，OECD 都强调国有企业透明度和信息披露，并指出透明度和问责制是消除关键扭曲的重要方法。[①] 在 2005 年版和 2015 年版的《经合组织国有企业公司治理指引》（以下简称《指引》）中都设专章建议国有企业遵循高标准的透明度要求。2005 年版《指引》强调国有企业应制定有效的内部审计程序，并经过基于国际标准的年度外部独立审计。同时，国有企业应按照《经合组织公司治理原则》的要求披露重要信息，包括公司目标及现实情况、公司的所有权和选举权结构、任何重大风险因素、收到的任何来自国家和以国有企业名义承诺的财务扶持以及重大交易。[②]2015 年修订的《指引》建议，国有企业应在会计、披露、合规和审计等方面保持与上市公司同等的高标准和严要求。此外，国有企业应予披露的事项较 2005 年版显著增加，新加入了国有企业与公共政策目标相关的成本和资金安排、董事会成员和核心高管的薪酬、董事会成员的任职资格和选举流程等。[③]

2021 年 5 月，OECD 发布了针对国际上活跃的国有企业的自愿透明度和披露标准。其再次强调，确保高标准的透明度和高质量的披露是任何健全的公司和公共治理制度的基础，并进一步扩大了国有企业信息披露的范围。国有企业同时从事经济活动和公共政策目标时的成本收入

---

① Matthew Rennie & Fional Lindsay: Competitive Neutrality and State-Owned Enterprises in Australia: Review of Practices and their Relevance for Other Countries, *OECD Corporate Governance Working Papers* No.4, p.20.

② OECD：《经合组织国有企业公司治理指引》，2005 年，第五章。

③ OECD：《经合组织国有企业公司治理指引》，2015 年，第六章。

结构、国有企业经济活动回报率、国有企业与国有金融机构的关系等事项均被纳入披露范围。同时，OECD还鼓励政府在透明度方面制定统一的国有企业报告并每年发布，以提高公众对国有企业的认识。各国政府应加强与工会、私营企业代表等利益相关者的合作，必要时展开国际合作，以确保在调查程序中进行适当的信息交换。[1] 尽管OECD的相关报告仅具有建议性质，并不具备强制性，但它反映出相关规则的发展趋势，很可能被新的贸易协定所吸纳，从而发展成具备约束力的规则。

三、进一步严格 WTO 国有企业透明度义务

与国有企业相关的很多争议都基于国有企业透明度差的实际情况，WTO国有企业规则势必要设置更加严格的透明度义务。

首先，WTO可以借鉴新型自贸协定的规定，设置主动披露与应请求披露两套并行机制，并明确规定应披露的范围。国有企业出于种种考虑，可能存在隐瞒其接受的资助、享有的豁免等特定信息的倾向，应请求披露的机制实际上设置了一种外部监督，在可能存在争议时，可以要求国有企业提供相关信息。规定明确的披露范围则能够防止国有企业有意规避某些关键信息的披露。具体的披露范围可以结合OECD《指引》与现有国有企业章节的规定，尽可能囊括政府可能对国有企业施加影响的因素。

其次，WTO现有透明度义务主要集中在国际透明层面，针对国内透明的实现缺乏必要的制度供给。国际透明强调成员贸易政策信息的公开，目的是为成员方提供相同的获取贸易信息的机会。而国内透明关注

---

[1] OECD, Maintaining Competitive Neutrality - Voluntary Transparency and Disclosure Standard for Internationally Active State-Owned Enterprises and their Owners, 2021, https://www.oecd.org/corporate/Maintaining-Competitive-Neutrality.pdf, last visited on 28 July 2022.

贸易政策的产生，通过提升国内贸易政策决策的透明度，使公众了解贸易保护政策对自身利益的损害，从而对有关贸易政策的影响作全面、客观的分析。[①] 国内透明对于限制贸易保护主义具有基础性作用，因而 WTO 可以考虑设置更具可行性的国内透明规则。由于 WTO 尚未完全突破国家主权原则的限制，它无法对成员方国内贸易政策的制定过程进行直接干预。但 TPRM 协议中可以增加一些具体的实现国内透明的措施，如增加公告、征求公众意见、举行公开听证会等。具体到国有企业的国内透明，可以鼓励各成员建立国内贸易政策透明机构，定期公布国有企业报告，向社会公开国有企业承担的政策目标以及国有企业的经营情况。

此外，促进一般贸易政策透明义务履行的措施包括行政措施，同样也可涵盖国有企业透明义务的履行。对此，第七章已有论证，兹不赘述。

第五节　完善 WTO 国有企业非歧视义务与商业考虑规则

国有企业非歧视与商业考虑义务同样起源于 GATT 1947 第 17 条国营贸易企业的规定。但新型自由贸易协定从各方面对国有企业非歧视与商业考虑义务进行了扩张。从事国际贸易的国有企业作为商业主体，理应承担商业考虑义务，但本应由准政府实体承担的非歧视义务是否应当适用于国有企业，则有待商榷。

---

① 张军旗：《WTO 监督机制的法律与实践》，人民法院出版社 2002 年版，第 83—87 页。

一、WTO 国营贸易企业非歧视义务与商业考虑义务的涵义

（一）国营贸易企业商业考虑义务并非一项独立义务

国营贸易企业的非歧视与商业考虑义务规定在总协定第 17.1 条。该款（a）项规定，缔约方的国营贸易企业在进出口购买和销售方面应遵循非歧视原则。该款（b）项则进一步说明，本款（a）项的规定应理解为国营贸易企业在注意总协定其他规定的前提下，应仅依照商业因素进行任何此类购买或销售，包括价格、质量、可获性、适销性、运输和其他购销条件，并应依照商业惯例给予其他缔约方的企业参与此类购买或销售的充分竞争机会。[①] 也就是说，商业因素仅是用以判断企业行为是否满足非歧视待遇要求的一个标准。"加拿大——外国投资审议法案"中，专家组也对两项义务的关系做出了说明。专家组认为第 17.1 条（b）项并不对缔约方设立单独义务，仅用作阐述第 17.1 条（a）项，只有在所涉政府行动落入非歧视待遇范围后，才需考虑商业因素条款。[②] 即只有当缔约方的国营贸易企业涉嫌违背非歧视原则时，才需判断其行为是否基于商业考虑。

（二）国营贸易企业非歧视义务的范围

根据 GATT 1947 第 17.1 条（a）项，国营贸易企业从事进出口的购买与销售活动，应遵循 GATT 对影响私营贸易商进出口的政府措施所规

[①] 《关税与贸易总协定》第 17.1 条。

[②] GATT document, Canada- Administration of the Foreign Investment Review Act, Report of the Panel adopted on 7 February 1984, L/5504, para 5.16, https://docs.wto.org/dol2fe/Pages/SS/directdoc.aspx?filename=Q:/GG/L5599/5504.PDF&Open=True, last visited on 28 July 2022.

定的非歧视待遇的一般原则行事。但在具体实施过程中，成员方就国营贸易企业非歧视义务的范围产生了分歧。在"加拿大——外国投资审议法案"中，加拿大通过对 GATT 起草历史进行仔细研究后认为，GATT 1947 第 17.1 条仅涵盖最惠国待遇，《国际贸易组织宪章》（草案）第 26 条为此提供了依据。[①] 专家组比较支持加拿大的观点，即商业考虑只包含最惠国待遇，并不包含国民待遇，但由于专家组认为，在该案件中并无必要就这一问题展开论述，遂无定论。[②] "比利时——对从家庭补贴体制国家进口产品用于政府消费时附加关税案"中，专家组裁定 GATT 1947 第 17.2 条政府采购例外针对的是第 17.1 条中规定的商业考虑，不能延伸到国民待遇义务，[③] 据此，一般认为 WTO 国营贸易企业的非歧视义务只包含最惠国待遇。

（三）国营贸易企业非歧视义务的实质

前文述及，国营贸易企业是作为阻塞贸易的五大障碍之一被规定在总协定中的。国营贸易企业的关键在于被政府授予专有权、特殊权利或特权，从而排除特定领域的市场竞争。因而 GATT 1994 第 17.1 条中的非歧视原则是为了防止成员利用国营贸易企业规避其在市场准入方面的减让承诺。[④] 可以说，为国营贸易企业设置非歧视义务实质上是将其作为准政府实体来看待的，是缔约方承担的非歧视义务的一种延伸。

[①]　Id., para. 3.14.

[②]　Id., para. 5.16.

[③]　Belgian Family Allowance（Allocations Familiales），Report adopted by the contracting parties on 7 November 1952, G/32-1S/59, para 4, https://www.wto.org/english/tratop_e/dispu_e/52famalw.pdf, last visited on 28 July 2022.

[④]　陈瑶：《国际贸易协定对国有企业的规制研究》，华东政法大学 2021 年博士学位论文，第 101 页。

二、新型自贸协定中国有企业非歧视义务与商业考虑义务的扩张

尽管国营贸易企业与国有企业是具有显著区别的两类主体，新型自由贸易协定还是不加区别地将非歧视与商业考虑义务都引入了国有企业规则，并对两项义务都进行了明显扩张。

（一）商业考虑义务成为独立的国有企业义务

在 TPP 之前，美国所缔结的自由贸易协定中规定的商业考虑义务仅适用于指定垄断。NAFTA 第 1502 条第三款（b）项规定，缔约方应确保其指定的任何私人垄断或政府垄断，在相关市场上购买或销售垄断商品或服务时，仅根据商业考虑行事，包括价格、质量、可用性、适销性、运输和其他购买或销售条款。①NAFTA 之后的美国——智利 FTA、美国——秘鲁 FTA、美韩 FTA 中也作了类似规定。只有美新 FTA 比较特殊，要求新加坡的"政府企业"在购买或销售商品或服务时，仅根据商业考虑行事。②

而在 CPTPP 的国有企业章节中，商业考虑成了一项与非歧视义务并列的国有企业义务。CPTPP 第 17.4 条非歧视待遇和商业考虑第一款（a）项规定，各缔约方应保证其国有企业在从事商业活动时依照商业考虑购买或销售货物或服务。同时，CPTPP 第 17.1 条对商业考虑的要素做出了界定，包括价格、质量、可获性、适销性、运输和其他购买或销售的条款和条件，或相关商业或行业的私营企业在商业决策中通常考虑的其他因素。③这样一来，商业考虑义务的适用对象从指定垄断延伸到了国有企业，且商业考虑义务不再是判断非歧视义务的一项标准，而是

---

① 《北美自由贸易协定》第 1502 条。

② 《美国——新加坡自由贸易协定》第 12.3.2（d）（i）条。

③ 《全面与进步的跨太平洋伙伴关系协定》第 17.4 条第 1 款（a）项，第 17.1 条。

成为了与非歧视义务并列的一项独立义务，更强调对国有企业的商业化塑造。USMCA 中的规定亦然。①

（二）非歧视义务的适用范围扩张

同样，从 NAFTA 开始，非歧视义务成为了一项国有企业义务。NAFTA 第 1503 条第三款规定，各方应确保其建立或维持的国有企业在向其境内的另一方投资者出售货物或服务时，给予非歧视待遇。②此时，国有企业非歧视义务仅限于货物与服务的销售环节，并不涉及购买环节，且并未对国有企业与境外企业的交易做出规制。

在 TPP 之前的自由贸易协定中，美新 FTA 中对新加坡国有企业的规定设置了最为宽泛的非歧视义务。③它要求新加坡的国有企业在购买和销售环节向美国的投资、货物以及服务提供者给予非歧视待遇。④国有企业的非歧视义务从销售环节扩展到了购买环节，且不再限于国有企业与境内企业的交易。对新加坡国有企业非歧视义务的规定，被新一代自由贸易协定所吸收，CPTPP、USMCA、欧日 EPA 均做了类似规定。

与此同时，国有企业规则中开始明确规定，非歧视义务包括国民待遇与最惠国待遇。NAFTA 在第 1505 条非歧视待遇的定义中指出，非歧视待遇是指协定有关规定中国民待遇与最惠国待遇中更优者。⑤美国——智利 FTA、美国——秘鲁 FTA 也都以定义的形式明确非歧视待

---

① 《美墨加协定》第 22.4 条第 1 款（a）项，第 22.1 条。

② 《北美自由贸易协定》第 1503 条第三款。

③ Julien Sylvestre Fleury & Jean-Michel Marcoux, The US Shaping of State-Owned Enterprise Disciplines in the Trans-Pacific Partnership, *Journal of International Economic Law*, Vol. 19, Issue 2, 2016, p.457.

④ 《美国——新加坡自由贸易协定》第 12.3.2（d）（i）条。

⑤ 《北美自由贸易协定》第 1505 条。

遇包含最惠国待遇与国民待遇。

CPTPP 和 USMCA 则采取了与前述 FTA 不同的规定方式，国有企业在采购与销售活动中的非歧视义务存在差异，但也均包含国民待遇与最惠国待遇。购买货物或服务时，国有企业给予另一缔约方企业提供的货物或服务的待遇，不低于其给予该缔约方、任何其他缔约方或任何非缔约方企业提供的同类货物或同类服务的待遇。而销售货物或服务时，给予另一缔约方企业的待遇不低于其给予该缔约方、任何其他缔约方或任何非缔约方企业的待遇。① 至此，非歧视待遇完全突破了 GATT 1994 中国营贸易企业相关义务的规定，其适用于国有企业购买、销售货物与服务的商业行为，且明确包含国民待遇与最惠国待遇。相关规定仍在不断发展、细化。

三、WTO 国有企业非歧视义务与商业考虑义务的改革方向

尽管新型自贸协定的国有企业章节通常将非歧视义务与商业考虑义务放在一个条款中进行规定，但应当明确，这两项义务本质上属于两种不同性质的义务。WTO 在对国有企业设置这两项义务时应当分别进行讨论。

首先，国有企业非歧视义务是对国有企业作为市场管理者，或者说公共产品提供者而设置的义务，而非市场参与者的行为准则。② 非歧视义务原本的义务主体是 WTO 成员，意在实现公平竞争，促进国际贸易的发展。GATT 1947 第 17 条之所以对国营贸易企业设置非歧视义务，

---

① 《全面与进步的跨太平洋伙伴关系协定》第 17.4 条第 1 款（b）项，（c）项，《美墨加协定》第 22.4 条第 1 款（b）项，（c）项。

② 赵海乐：《是国际造法还是国家间契约——"竞争中立"国际规则形成之惑》，《安徽大学学报》（哲学社会科学版）2015 年第 1 期。

是因为国营贸易企业本身就是从事采购或销售的政府机构，或是享有政府授予的特权、受政府控制的企业。根据国际法规则，国营贸易企业的行为是可归因于政府的。而国有企业虽然具有双重属性，但并非所有国有企业都被授予政府权力，且新型自贸协定乃至未来 WTO 国有企业规则，规制的主要是从事商业活动的国有企业。

其次，商业考虑义务则不同，它要求国有企业依照商品或服务的价格、质量、适销性，以及其他私营企业通常会考虑的因素购买或销售货物与服务。也就是要求国有企业在商业活动中像一个私营企业、一般市场主体一样进行商业决策。该义务的目的是避免国有企业以完成政治目标为首要任务，进而造成市场扭曲。其本质上是要求政府减少对国有企业的不当干预，实现运营阶段的政企分离。[①] 实际上，商业考虑条款与 OECD 所倡导的竞争中立不谋而合。OECD 在《竞争中立：维持国有企业与私有企业公平竞争的环境》报告中提出了竞争中立的"八大基石"，其中，"精简政府企业的运作形式"与"核算特定职能的成本"要求国有企业的社会性职能与商业职能分离、商业活动成本与非商业活动成本分离；"国有企业获得商业回报率"则必然要求国有企业的商业决策基于市场条件与市场环境。[②]

综上，商业考虑义务属于国有企业作为市场参与者应当遵守的行为准则。未来 WTO 可以考虑设置国有企业商业考虑条款，营造公平的市场竞争环境。至于非歧视义务，它只是那些具有市场管理者身份的国有企业的义务，而不应成为商业性国有企业的一般义务。

[①] 陈瑶：《新一代区域贸易协定对非歧视待遇与商业考虑条款的重塑》，《海关与经贸研究》2021 年第 1 期。

[②] OECD：《竞争中立：维持国有企业与私有企业公平竞争的环境》，谢晖译，经济科学出版社 2015 年版，第 25 页。

第六节　防范国有企业市场扭曲行为的其他规则

除了非商业援助规则、透明度规则、非歧视与商业考虑规则外，WTO 市场准入规则也存在对国有企业的规制不足。同时，因国有企业身份特殊，要确保国有企业有效地开展运营，既要避免政府消极行使所有权，也要防止国家过度干预国有企业的商业决策，这就要求国有企业完善内部公司治理机制。以 CPTPP 为首的自由贸易协定尚未对国有企业市场准入规则与公司治理机制做出专门规定，但 OECD 竞争中立系列报告中已然提及这两个问题，WTO 国有企业规则改革中也应对此加以关注。

一、完善对不同所有制企业非歧视的市场准入规则

从国际法来看，市场准入表现为一国市场的自由度，但实质是国民待遇表现出来的自由市场准入，最终的结果表现为他国竞争者进入一国市场的程度。[①] 企业能否进入一个市场，关系到企业的经营自由权，也是企业能否实现公平竞争的前提。在某些行业中，其自身的特性会形成企业进入壁垒，增加企业进入该行业的成本，从而排除部分企业进入该行业。典型的如具有自然垄断性质的行业，其行业特征决定了一家或少数经营者能够满足整个市场的合理性需求，且不宜竞争。但这种因行业自身特征形成的进入壁垒会随科技进步或产业结构的调整而发生变化，乃至逐渐消失。除此之外，法律与政策所构成的

---

① Joel P. Trachtman, Trade in Financial Services under GATS, NAFTA and the EC: A Regulatory Jurisdiction Analysis, *Columbia Journal of Transnational Law*, Vol.34, Issue 1, 1995, p.76.

市场准入制度也能形成企业进入的壁垒，且此种壁垒具有固定性与强制性，除非政策与法律修改或废除，否则此种壁垒不会自然消失。与前一种进入壁垒相比，市场准入构成的进入壁垒的最大特征体现在"准"上，即市场准入是国家或政府运用法律所赋予的强制力规制或干预市场的客观结果，其体现的是一种国家干预。[①] 国有企业的存在则使国家更容易通过市场准入制度限制竞争，以实现特定的政策性目标。

以中国为例，在早期，中国一般性市场准入制度的相关法律规定对不同所有制企业区别对待。在中国加入WTO之前，进出口经营权一直是国有企业和外资企业享有的特权，民营企业不得从事进出口业务。直到2004年《对外贸易法》修订后，民营企业在对外贸易经营权方面才被赋予了与国有企业、外资企业相同的公平竞争地位。在特殊性市场准入制度中，有部分行业或行业中的部分业务只允许国有企业垄断经营。例如，《中华人民共和国邮政法》第5条、第14条、第15条，《邮政普遍服务监督管理办法》第3条、第4条等内容规定，中国邮政普遍服务业务由国家实行专营，具体实施专营由邮政企业负责。根据《烟草专卖法》的规定，烟草行业的工业环节和商业环节直接排斥民营企业，由国有企业垄断。电信行业并未直接排斥非国有资本，但对非国有资本在公司中所占股权比例做出了限制。[②]

在国内法中，国家专营制度一般规定在投入少、收益大的稀缺资源开采行业，以及为了特殊的公共安全需要只能由国家设立专营公司经营的行业中。而在国际贸易中，一国则可能为保护弱势产业而限制他国企

---

① 李翊楠：《公平竞争视角下国有企业改革法律问题研究》，湖南大学2016年博士学位论文，第89页。

② 李翊楠：《公平竞争视角下国有企业改革法律问题研究》，湖南大学2016年博士学位论文，第83—84页。

业进入其相关市场，从而达到排除竞争的目的。除了政策因素以外，国有企业自身特性及其可能享有的优势有时会使国有企业有意采取反竞争行为，排除竞争。国有企业享有的豁免权与政府支持使其产品价格有可能低于边际成本，这使得国有企业可以自由地采取掠夺性定价，淘汰竞争对手。同时，因国有企业享受大量补贴且不以盈利为首要目的，其可以通过交叉补贴等途径对掠夺性定价进行补偿。①

目前，WTO 在不少领域，尤其是服务贸易市场准入方面存在明显的规则供给不足。首先，GATS 关于市场准入的规定属于具体义务，仅适用于各成员列入服务贸易承诺表中承诺开放的领域。金融服务这类关键领域，成员方一般将其列为不完全市场准入的部门，只做出有限的市场承诺。发展中成员为维护本国金融体系的稳定，通常对跨境交付模式下的金融服务不做承诺。其次，GATS 所依据的服务部门分类表为成员方编制具体承诺减让表提供了参考，但其依据 20 世纪 90 年代进行的分类已经全然不适合当下数字经济时代的发展。到目前为止，"美国——影响赌博和博彩服务跨境供应的措施案""墨西哥——影响电信服务的措施案"等均涉及跨境服务贸易的市场准入问题。②

市场准入问题可谓市场主体公平竞争的前提。它虽不属于国有企业义务范畴，但与国有企业、竞争中立等议题密切相关。WTO 未来应与时俱进，完善各个领域的市场准入规则，进一步规制市场准入中的所有制歧视问题，营造更加公平的竞争环境。当然，这都需要贸易谈判加以解决。

---

① Antonio Capobianco & Hans Christiansen, Competitive Neutrality and State-Owned Enterprises: Challenges and Policy Options, *OECD Corporate Governance Working Papers* No.1, 2011, pp.16-17.

② 黄琳琳：《FTAs 中跨境金融服务贸易规则研究》，华东政法大学 2020 年博士学位论文，第 36—39 页。

二、进一步完善国有企业公司治理机制

国有企业公司治理缺陷是引起国有企业反竞争行为的原因之一。对于政府而言，国有企业经营的关键在于，保证国有企业享有足够的自主权的同时，确保其受到政府控制，完成政府向国有企业及其董事会下达的财务或非财务目标。[①] 自所有权和经营权相分离的现代公司制企业产生以来，企业经营就面临着交易成本、监督、不完善契约、委托代理、道德风险、逆向选择等伴随着两权分离而出现的一系列问题。作为委托人的资本所有者追求的是资本增值及收益最大化，而作为代理人的经营者追求的是自身利益的最大化。[②] 国有企业因其双重属性与预算软约束等问题，面临着更加严峻的公司治理问题。

OECD 很早就开始关注国有企业公司治理问题，OECD《指引》为各国改善国有企业公司治理、建立治理规则并制定监管政策提供了重要参考。2015 版《指引》确定了国有企业改善公司治理的七大优先领域：国家所有权的合理性、强化国家所有权职能、确保国有企业公平竞争、保障少数股东的权益、改善利益相关者的关系、提高国有企业透明度、强化国有企业董事会。

具体而言，2015 版《指引》第一章"国家所有权的宗旨"建议国家制定清晰的所有权政策，明确国家在国有企业公司治理中的作用以及国家行使所有权的形式，并向社会公众披露。国有企业的所有权职能虽然由政府行使，但公众才是国有企业的最终所有者，这一规定能够避免政府不作为和乱作为，也有利于公众对公司和所有权行使机构的监

---

① OECD, *State-Owned Enterprises as Global Competitor: A Challenge or An Opportunity*, 8 December 2016, p.118.

② 倪志远、谢霄亭：《现代激励机制与国有企业代理问题》，《云南民族大学学报》（哲学社会科学版）2006 年第 4 期。

督。① 第二章"国家作为出资人的角色"要求政府以出资人身份积极主动行事的同时，保证国有企业拥有完全的经营自主权。各国家机关在同一国有企业中可能扮演不同角色，国家所有权应当由一个集中的所有权实体统一行使，其他政府机关扮演的不同角色也应明确界定，并向公众解释说明。第三章"市场中的国有企业"则关注如何使国有企业在市场中公平竞争，包括使国家所有权职能与其他职能分离、对国有企业成本收入结构采取高标准的透明度和披露要求、对国有企业收益率做出要求等。第四章"公平对待所有股东和其他投资者"要求国家和企业充分承认所有股东的合法权利，确保每个股东得到平等对待。在许多情况下，国家作为占据支配地位的大股东，有权在股东会议上直接做出决定。若国家滥用这一权利，国有企业很容易沦为国家政策的执行工具。因此，国有企业应当保障小股东的知情权，并为小股东参与公司决策提供便利。第五章"利益相关者关系和负责任商业"要求国家所有权政策充分承认国有企业对利益相关者的责任，要求其报告与利益相关者的关系。第六章"信息披露和透明度"对国有企业提出了详细的披露要求，包括企业目标和完成情况、企业的财务成果和经营成果、董事会成员选举流程、核心高管的薪酬等。其建议的披露事项与 CPTPP、USMCA 的规定有不少重合之处。第七章"国有企业董事会的职责"提出了一系列措施以提升国有企业董事会的自主权，从而提高其治理质量和成效。国有企业董事会在功能上与其他企业董事会别无二致，但在国有企业中，一些董事会成员可能由政府部门委派而不具备董事的能力。OECD 建议国有企业建立内部审计程序、对董事会的人员构成做出限制、将首席执行官的薪酬与绩效挂钩等，以建立一个高效的董事会。②

---

① 鲁桐：《〈OECD 国有企业公司治理指引〉修订及其对中国国企改革的启示》，《国际经济评论》2018 年第 5 期。

② OECD：《经合组织国有企业公司治理指引》，中国财政经济出版社 2015 年版，第 17 页。

　　《指引》中的七大优先领域既要求政府明确公布国家所有权政策，减少对国有企业的干预，也对国有企业自身提出了诸多细致的要求，以提高国有企业公司治理能力。国有企业公司治理问题目前尚未在新型自贸协定国有企业章节中加以规制，但国有企业内部治理结构的优化能够显著提升国有企业独立性。WTO 未来在国有企业规则改革中应关注如何维持国有企业经营自主权与国家控制权之间的平衡，OECD 指引也为WTO 国有企业公司治理体系的构建提供了一个重要参考。

第十章
WTO 补贴规则的改革

　　补贴规则改革是 WTO 改革的重要组成部分。长期以来，产业补贴是各成员政府支持产业的主要方式，也是发生贸易摩擦最为频繁的领域之一。特别是全球金融危机以来各国出台的扭曲贸易措施中，补贴占大多数并在近年来有进一步扩张。[①] 同时，发达成员认为中国特有的经济体制"冲击"了公平竞争的市场环境，而 WTO 现有规则却不能有效约束中国的行为，[②] 由此试图进一步强化补贴规则。中国则侧重于强调澄清补贴规则以防范反补贴的滥用。随着国际经济关系的变化和补贴实践的发展，现有补贴规则确有需要进一步澄清或完善之处。相应地，补贴规则的调整成为 WTO 改革中各方关注的核心领域之一，包括中美欧在内的部分成员从不同角度提出了一系列改革建议。

　　目前学术界对 WTO 补贴规则的改革已有一定关注。学术界基本上归纳了现有成员的改革建议，也有一些学者同时提出了自己的建议，但就笔者的阅读范围而言，这种关注度总体偏低。现有研究的主要缺陷在于对各种改革建议本身的合理性较少论及，在一些有分歧的问题上的理

[①] Bernard Hoekman & Kenji Takamiya，*Advancing WTO Reform: Key Steps for Enhancing the Multilateral Trading System*, Asian Development Blog, https://blogs.adb.org/blog/transforming-global-trade-five-strategic-steps-effective-wto-reform, last visited on 18 December 2023.

[②] 刘敬东：《WTO 改革的必要性及其议题设计》，《国际经济评论》2019 年第 1 期。

论交锋也还不够，有些观点还有值得商榷之处。

虽然 WTO《农业协定》《渔业补贴协定》也涉及补贴规则，但目前关于补贴规则的争论最突出地体现在货物贸易领域，因此本章仅讨论货物贸易补贴规则，主要是《补贴与反补贴措施协定》（SCM 协定）补贴规则的改革问题。SCM 协定中"公共机构"的法律解释涉及国有企业的补贴规则，即横跨国有企业规则和补贴规则两个领域，这部分内容将被安排在国有企业规则一章中讨论。补贴透明度问题则包含在第七章（透明机制的改革）中。另外，反补贴规则与补贴规则存在紧密联系，本应一体讨论，但虑及反补贴规则改革的核心仍在于补贴规则的完善，因此本章仅聚焦在补贴规则的完善上。

第一节 关于补贴规则改革的主要争议

这里首先简述 SCM 协定现有补贴规则的基本结构及其机理，然后简要总结各成员改革补贴规则的主要主张。

一、现有补贴规则的结构和机理

补贴是世界各国经济发展中常用的政策工具之一。实践中有些政府补贴能够纠正经济发展中的市场失灵，具有经济合理性；有些补贴则缺乏明确的经济合理性，并且可能主要是对游说或政治压力的回应。[①] 但 WTO 补贴规则通常并不关心提供补贴的动机及其对补贴方的经济合理

---

① IMF, OECD, World Bank, and WTO, *Subsidies, Trade, and International Cooperation*, 2022/001, WTO, https://www.wto.org/english/res_e/publications_e/sub_trade_coop_e.htm, last visited on 26 June 2023.

性，而侧重于考虑补贴的经济后果，看其是否会对 WTO 其他成员产生不利影响。

SCM 协定并不禁止所有补贴，而是根据补贴可能造成的贸易扭曲程度对补贴做了不同种类的区分，即禁止性补贴、可诉性补贴和不可诉补贴三类，并规定了不同的实体规则和争端解决规则。

第一类是禁止性补贴。其包括出口补贴和进口替代补贴。按照 SCM 协定的规定，仅因存在这种补贴行为即构成违反义务，而无须证明对其他成员的不利影响。[①] 这反映了各成员的一种共识，即出口补贴和进口替代补贴严重限制贸易，对第三方的经济发展有害。[②] 亦即禁止性补贴对贸易的扭曲作用最为突出和明显。

第二类是可诉性补贴。按照 SCM 协定规定，一成员采取的任何专向性补贴不得对另一成员造成不利影响。[③] 不利影响指损害另一成员的国内产业，或使其在 GATT 1994 项下直接或间接获得的利益被抵消或损伤，或严重侵害另一成员的利益。

第三类是不可诉补贴。这类补贴分为两种，一种是非专向性补贴，另一种是虽具专向性，但用于研发、环保和开发落后地区的补贴。[④] 通常认为前一种补贴扭曲贸易的作用较小。SCM 协定之所以在一定程度上允许采用后一种补贴，是由于认可政府补贴在追求经济和社会发展方面可发挥一定作用，但毕竟其仍具有扭曲贸易的效果，因此 SCM 协定为其适用规定了一系列具体条件。但不可诉补贴条款已按照第 31 条于 1999 年年底失效，这样，其中的环保补贴、研发补贴和落后地区补贴

---

① SCM 协定第 3 条。

② Gary Horlick and Peggy A. Clarke, Rethinking Subsidy Disciplines for the Future: Policy Options for Reform, *Journal of International Economic Law*, Vol.20, Issue 3, 2017, pp.681-682.

③ SCM 协定第 2 条和第 5 条。

④ SCM 协定第 8 条。

就转而适用可诉性补贴规则。但是，非专向性补贴仍不具有可诉性，因为可诉性补贴的必要条件之一就是补贴具有专向性。

二、部分成员关于补贴规则改革的主张和争议

WTO 现有补贴规则是各成员在乌拉圭回合谈判达成的结果，经过 20 多年的运行也暴露出其中存在的一系列问题，如有些补贴规则本身模糊影响了规则的可操作性；现有补贴规则的实施状况及有效性均不太理想；可持续发展目标未适当地涵盖在补贴规则中，等等。不同成员对补贴规则的严格度也有不同追求。各成员的完善建议也主要是围绕这些方面提出的。

虽然有学者曾提出建立一个综合性的"国际经济合作组织"以应对 21 世纪国际经济治理中出现的各种挑战，[1] 但至少到目前为止 WTO 主要成员显然还有意将 WTO 体制继续维持下去，并在现有体制框架下对相关规则做出改革。在补贴规则领域，诸多成员都对补贴规则的改革提出了建议。自 2017 年 12 月到 2021 年 11 月，美日欧发布了 9 次贸易部长《联合声明》，其中 6 次都直接提到了产业补贴问题，另外两次提及的"非市场经济做法"也隐含着产业补贴问题。其中 2020 年 1 月的《联合声明》中提出了系统改革 WTO 补贴规则的建议，涉及 SCM 协定中"公共机构"的解释、增加禁止性补贴、对某些有害补贴实行举证责任倒置、将扭曲产能列为严重侵害、确定补贴的基准、补贴透明度等诸多方面。[2] 欧盟

---

[1]　刘敬东：《全球经济治理新模式的法治化路径》，《法学研究》2012 年第 4 期。

[2]　Joint Statement on Trilateral Meeting of the Trade Ministers of the United States, Japan, and the European Union, 14 January 2020，https://ustr.gov/about-us/policy-offices/press-office/press-releases/2020/january/joint-statement-trilateral-meeting-trade-ministers-japan-united-states-and-european-union，last visited on 15 June 2023.

《概念文件》也有类似建议。[①]13 个成员针对 WTO 改革发布的《渥太华联合公报》也提出需要解决由补贴导致的市场扭曲问题。[②] 这些改革建议总体上体现为主张强化补贴规则。《中国建议文件》则强调，在补贴问题上，不能借 WTO 改革对国有企业设立特殊的、歧视性纪律；并提出恢复不可诉补贴并扩大范围，并建议澄清和改进补贴认定的相关规则，以防止反补贴措施的滥用。[③]

一些国际组织也针对补贴发布了专门报告。2023 年 4 月，经合发展组织（OECD）发布研究报告《产业部门中的政府支持》。国际货币基金组织（IMF）、OECD、世界银行和 WTO 在 2022 年发布了报告《补贴、贸易与国际合作》。这些报告强调在应对产业补贴的挑战方面应加强国际合作，[④] 但都是在政策层面做了概括性分析，对于具体补贴规则的发展涉及甚少。

学术界对于 WTO 现有补贴规则的合理性和有效性也存在争议。有学者认为，SCM 协定中现有补贴规则内容似乎已经足够，问题的关键在于各成员对规则的执行情况。[⑤] 相反，有学者认为 WTO 现有救济在

[①] European Commission, Concept Paper: WTO Modernization - Introduction to Future EU Proposals, 18 September 2018，http://trade.ec.europa.eu/doclib/docs/2018/september/tradoc_157331.pdf，last visited on 15 June 2023.

[②] Joint Communiqué of the Ottawa Ministerial on WTO Reform，https://www.wto.org/english/news_e/news18_e/dgra_26oct18_e.pdf，last visited on 27 February 2023.

[③] 《中国关于世贸组织改革的建议文件》，中华人民共和国商务部官方网站，http://images.mofcom.gov.cn/sms/201905/20190524100740211.pdf，访问日期：2023 年 7 月 9 日。

[④] IMF, OECD, World Bank, and WTO, *Subsidies, Trade, and International Cooperation*，2022/001, https://www.wto.org/english/res_e/publications_e/sub_trade_coop_e.htm；OECD, *Government Support in Industrial Sectors: A synthesis report*, TAD/TC（2022）8/FINAL, 10 February 2023, https://one.oecd.org/document/TAD/TC（2022）8/FINAL/en/pdf, last visited on 3 July 2023.

[⑤] Siqi Li & Xinquan Tu, Reforming WTO Subsidy Rules: Past Experiences and Prospects，*Journal of World Trade*, Vol.54, No.6, 2020, p.868.

应对补贴方面"不起作用",因为关税措施会产生贸易转移,出口会向第三国分流,并可能经由第三国流入进口国,这样现有救济就不能有效地限制出口国的补贴政策;要实施现有的补贴规则,举证环节的操作也困难重重。[①] 这种争议也与补贴规则改革密切相关。

既然存在多种争议,我们就应该认真审视现有补贴规则的问题,仔细辨析各种改革建议的合理性和可行性,并就 WTO 补贴规则提出有针对性的改革建议。在补贴仍是各成员追求国内政策目标的重要政策工具的情况下,补贴规则的改革应努力在提供合法补贴与限制政府提供贸易扭曲的补贴之间建立适当平衡。[②] 这也是本书的重要任务。以下将分别从补贴构成、禁止性补贴、可诉性补贴和不可诉补贴角度展开论述。

第二节　补贴认定与禁止性补贴的扩展问题

本节主要涉及两个问题,即判断授予利益过程中的外部基准问题和西方成员所主张的禁止性补贴扩展问题。

一、判断授予利益过程中的外部基准问题

在补贴认定环节,各成员有较多争议的主要是"公共机构"的法律解释和判定授予利益过程中的外部基准的问题。由于笔者已对前一问题

---

① Chad P. Bown & Jennifer A. Hillman,WTO'ing a Resolution to the China Subsidy Problem,*Journal of International Economic Law*,Vol.22,Issue 4,2019,pp.564-566.

② Weihuan Zhou & Mandy Meng Fang,Subsidizing Technology Competition:China's Evolving Practices and International Trade Regulation,*Washington International Law Journal*,Vol.30,No.3,2021,pp.470-554.

专节讨论,兹仅讨论后一问题。

SCM 协定第 1.1 条规定的补贴构成要件有二,一是政府或任何公共机构(合称"政府")提供了财政资助,或任何收入支持或价格支持(合称"财政资助"),二是财政资助行为授予了利益。该协定第 14 条规定了计算利益的准则,分别对政府提供各种财政资助时计算利益的基准做了规定,[1] 概括起来就是市场条件。如果政府的财政资助优于市场条件,则认为授予了利益;反之则未授予利益。实践中,反补贴调查机关通常按出口成员的市场条件作为判别基准。若调查机关认为出口成员内部存在市场扭曲,无法反映真实的市场条件,就会采用出口成员以外的市场价格作为识别授予利益的基准,此即外部基准(External Benchmark)。外部基准可能包括调查国国内市场价格、第三国市场价格、国际市场价格、推定价格,[2] 具体使用何种外部基准视情况而定。

外部基准的使用并不只针对所谓非市场经济国家,也有针对市场经济国家的实践。例如,美国于 1980—2012 年对巴西的反补贴调查中外部基准采用率为 43%,对意大利、加拿大、韩国、印度的相应比例分别为 65%、25%、31%、21%。[3] 而美国等西方成员在对华反补贴调查中适用外部基准的问题最为突出。自 1998 年 6 月到 2021 年 10 月,美国对华反补贴调查做出肯定性裁决的 97 起案件中,有 83 起案件适用了外部基准,占裁决总数的 86%。[4] 在这种背景下,《中国建议文件》强调澄清补贴认定规则,包括利益的确定规则。外部基准的适用就是一个

---

[1] 从形式上看,第 14 条属于反补贴规则部分,规定的是反补贴调查程序中如何识别补贴的问题。出于条约应从整体理解考虑,该条也可一般地适用于补贴利益的识别。

[2] 张斌:《外部基准:另一种替代国价格》,《世界经济研究》2013 年第 9 期。

[3] 张斌:《反补贴外部基准:基于美国对主要市场经济国家 1980—2012 年案件的统计分析》,《国际经贸探索》2013 年第 8 期。

[4] 丁如:《世界贸易组织补贴与反补贴规则的平衡机制及其改革》,《经贸法律评论》2023 年第 3 期。

关键问题，但《中国建议文件》中并未提出具体建议。

WTO 协定并未明确规定外部基准的适用，但 SCM 协定第 14 条原则上将计算利益的方法授权各成员立法自行决定，这就暗含了允许采用外部基准。虽然第 14 条（a）项和（d）项的条文表述明确体现出计算基准应是"国内基准"，① 似乎在这两项所涉的情形下限制了外部基准的适用，可是实践中外部基准的合法性并未被各成员所质疑，反而在"美国——软木案 IV"中得到上诉机构的肯定。上诉机构指出，如果能证明政府在市场中作为同类货物提供者的主导地位导致私营价格受到扭曲，调查机关可以适用外部基准。② 在"美国——双反措施案"中，外部基准的合法性本身就并非当事的中美双方争议的问题，争议着重在外部基准的适用方面。《中国加入议定书》更是有专门的外部基准条款。③

在未来的补贴规则改革谈判过程中，应对调查机关适用外部基准施加一定限制条件，并且限制条件应以现有上诉机构已经形成的标准（法律解释）为基础。④ 鉴于外部基准的适用条件（如市场扭曲的存在）主要涉及对事实性质的识别，因此这种限制条件只能在识别方式上加以规制。具体来说，建议补贴规则做以下调整。（1）在 SCM 协定第 14 条中明确允许适用外部基准。鉴于现有该条（a）（d）项体现出似乎只能采用国内基准，应对此类措辞做出技术性修改，以免再产生无谓的争议。（2）在 SCM 协定第 14 条中增加规定，当调查机关认为出口国存在市

---

① 例如，第 14 条（a）项规定："政府提供股本不得视为授予利益，除非投资决定可被视为与该成员领土内私营投资者的通常投资做法（包括提供风险资金）不一致。"该条文中的"该成员领土内"就体现了国内基准。第 14 条（d）项也有类似规定。

② Report of the Appellate Body, United States — Final Countervailing Duty Determination with respect to certain Softwood Lumber from Canada, WT/DS257/AB/R, adopted on 17 January 2004（hereinafter "WT/DS257/AB/R"），para.103.

③ 《中国加入议定书》第 15 条（b）项。

④ 陈卫东：《从中美"双反措施案"看外部基准的适用》，《法学》2012 年第 2 期。

场扭曲而拒绝适用国内基准时，应综合考虑各种可能的相关因素；调查机关应对市场扭曲的存在做出合理论证。这也符合现有 SCM 协定第 14 条的精神。[①]（3）在 SCM 协定第 14 条中增加规定，认定出口国的市场扭曲必须结合案情针对涉案产品逐案分析。不宜针对某一国家笼统地认定其存在市场扭曲，也不宜以这种笼统的认定取代逐案分析。因为，即便是市场经济国家也可能在某一方面存在市场扭曲，更何况一国之内不同产品、不同区域可能会存在不同的市场条件。（4）在 SCM 协定第 14 条中增加规定调查机关应对所选外部基准的适当性做出说明。所选择的外部基准也应当反映替代国的市场条件，而不存在市场扭曲。竞争程度应当成为基准市场的宏观选择标准。[②] 考虑到不同国家的市场条件不尽相同，外部基准所在国家应与出口国的经济结构尽可能具有类似性。上诉机构曾指出，当调查机关适用外部基准时，它有义务确保该外部基准与被调查国的现有市场条件进行比较。[③] 以上四项建议中的第一项可增加外部基准规则的明确性和协调性。后三项建议可以在很大程度上消除调查机关适用外部基准的任意性。

二、禁止性补贴规则的扩展问题

由于禁止性补贴仅因其行为特征即可构成违反 SCM 协定义务，从而具有认定条件上的便捷性，一些成员和学者就提议将某些类型的补贴纳入禁止性补贴的范畴，以此强化补贴规则，但其主张的合理性不尽一致。

---

① SCM 协定第 14 条规定各成员有权自行规定计算利益的方法，但这些方法在每一具体案件的适用应透明并有充分说明。这里的建议是对第 14 条现有规定的延伸适用。

② 蒋奋：《论判定补贴利益的市场价格基准》，《政法论坛》2017 年第 2 期。

③ WT/DS257/AB/R, para.106.

（一）美日欧增加禁止性补贴的建议合理性不足

2020 年 1 月美日欧第七次《联合声明》称，SCM 协定的禁止性补贴规则已不足以解决某些扭曲市场的补贴问题，应在 SCM 协定中加入如下无条件禁止性补贴条款：（1）无限担保；（2）在无可靠重组计划的情况下，对资不抵债或濒临破产的企业进行的补贴；（3）对产能过剩的部门或行业中无法从独立商业来源获得长期融资或投资的企业进行的补贴；（4）特定的直接债务免除。[①]

如上所述，SCM 协定是按照补贴造成贸易扭曲的程度将补贴分为禁止性补贴、可诉性补贴和不可诉补贴三大类的。那么，是否可以适当地将上述 4 种补贴纳入禁止性补贴的范畴，应主要取决于这 4 种补贴可能的扭曲贸易的程度。如上所述，禁止性补贴应具有严重扭曲贸易的效果。依照这样的标准衡量，很难说上述无限担保等 4 种补贴能够产生严重扭曲贸易的效果。通常情况下，政府提供上述 4 种补贴，往往是相关企业已经陷入了较严重的困难。在接受了政府补贴后，这类企业能不能存活下来，能不能在国内或国际市场实现产品销售，都很成疑问。相应地，其会不会产生贸易扭曲或产生何种程度的贸易扭曲，也很难一概而论。类似地，有学者认为，这 4 类补贴并不具有禁止性补贴以邻为壑的内在特征，[②] 因此，很难仅因其行为就予以禁止。而若以不利影响作为补充条件，这些补贴就属于可诉性补贴，而不属于禁止性补贴了。

[①] *Joint Statement on Trilateral Meeting of the Trade Ministers of the United States, Japan, and the European Union*, 14 January 2020，https://ustr.gov/about-us/policy-offices/press-office/press-releases/2020/january/joint-statement-trilateral-meeting-trade-ministers-japan-united-states-and-european-union，last visited on 25 June 2023.

[②] Howse & Robert, Making the WTO（Not So）Great Again: The Case against Responding to the Trump Trade Agenda through Reform of WTO Rules on Subsidies and State Enterprises, *Journal of International Economic Law,* Vol.23, No.2, 2020, p.382.

近年欧盟对外缔结的双边贸易协定中对"禁止性补贴"的内容有一定扩张，例如，相对于 SCM 协定，欧韩 FTA 中的"禁止性补贴"条款新增了两项内容，即（1）政府或任何公共机构提供无期限、无限额的企业债务或责任担保；（2）对破产或经营不善、无可信重组计划提供补贴。这一事例似乎能支持美日欧上述扩大禁止性补贴的建议，但问题在于，该协定对这两种补贴的禁止以该补贴对缔约对方产生不利影响为条件，① 这种所谓"禁止性补贴"与 SCM 协定中的禁止性补贴（无须证明不利影响）并不相同，实际上仅相当于 SCM 协定中的可诉性补贴（以证明不利影响为违反义务的条件）。欧新 FTA、《欧日经济伙伴协定》以及《欧盟英国贸易与合作协定》中都有类似规定。这些规定恰恰说明这些缔约方认为以上两类补贴并不当然造成不利影响，这样就不应在 SCM 协定中将其规定为禁止性补贴。

实践中，USMCA 把以下三种非商业援助（补贴）列为禁止性行为，即在涉及货物生产或销售方面，（1）向信用不佳的国有企业提供非商业援助；（2）向濒临破产且没有可靠的重组计划的国有企业提供非商业援助；（3）在与私人投资者的通常投资做法不一致的情况下将国有企业的未偿债务转化为股权。② 这些内容确与上述美日欧提出的扩大禁止性补贴的建议有类似之处，但目前只有 USMCA 中有此类规定，CPTPP 也并未将这些补贴列为禁止性补贴。因此，扩大 SCM 协定中禁止性补贴的范围，即便是旁证，也比较缺乏。

（二）增加化石燃料补贴为禁止性补贴

该建议是以可持续发展原则为价值导向的。可持续发展通常被定义

---

① *Free Trade Agreement between the Republic of Korea, of the one Part, and the European Union and its Member States, of the Other Part*, Articles 11.11.

② *United States-Mexico-Canada Agreement*, Art. 22.6, para.1.

为既能满足当代人的需要，又不对后代人满足其需要的能力构成危害的发展，其核心精神之一是经济社会发展中对环境资源的消耗要考虑到后代人的需要。可持续发展已逐渐成为国际经贸规则制定中一种重要的价值因素。虽然 SCM 协定第 8 条也曾允许在一定条件下提供环境补贴，但这只是从正面肯定补贴在积极促进环境方面可以发挥一定作用，而没有严格限制那些不利于环境的补贴措施；更何况，该第 8 条已于 1999 年底失效。这样，SCM 协定现行有效的补贴规则就完全不涉及与可持续发展有关的补贴。而实践中此类补贴问题日益突出，因而迫切需要调整现有补贴规则。2023 年 12 月，耶鲁大学等发布的《维拉斯可持续全球贸易体系框架》报告[1] 指出，需要将具有促进可持续发展效果的补贴与削弱可持续发展的补贴效果分开考虑，必须鼓励前者，抑制后者。[2] 亦即那些对可持续发展产生影响的补贴的实际效应具有多样性。就前者而言，下文将要讨论的恢复原 SCM 协定中的环境补贴规则是促进可持续发展的正面措施。就后者而言，目前可以重点考虑将化石燃料补贴列为禁止性补贴。

化石燃料补贴不仅鼓励消耗不可再生的自然资源，而且会导致更多温室气体的排放，对环境造成双重损害。这种补贴及其损害已引起国际社会的关注。包括二十国集团、七国集团和亚太经合组织在内的几个国际论坛呼吁逐步取消效率低下、鼓励浪费性消费的化石燃料补贴，但也试图平衡这些努力与发展中国家的需求和条件。[3] 学术界也有类似观

[1] 这个报告是由是耶鲁大学环境法律与政策中心、塔夫茨大学弗莱彻法律与外交学院和西印度群岛大学施里达斯·兰帕尔中心的 "Remaking the Global Trading System for a Sustainable Future Project" 项目组完成的。https://remakingtradeproject.org/，访问日期：2023 年 12 月 14 日。

[2] Joel P. Trachtman et al., *Villars Framework For A Sustainable Global Trade System*, 7 September 2023, https://remakingtradeproject.org/villars-framework, last visited on 14 December 2023.

[3] WTO Doc., Fossil Fuel Subsidies Reform Ministerial Statement, WT/MIN（17）/54, 12 December 2017.

点。①2021 年 12 月, 18 个 WTO 成员(欧盟算作 1 个成员)发表部长声明,述及在过去十年中 WTO 成员对化石能源的补贴不断增加, 2019 年达到大约 5000 亿美元;声明表示他们将就逐步取消化石燃料补贴进行谈判,并尽量减少对发展中成员的不利影响。② 但该声明只是部分成员发起诸边谈判的基础文件。即便达成协议,约束的也只是部分成员。相对而言, WTO 补贴规则约束的是 WTO 所有成员,在涵盖成员的范围上具有明显优势。

　　基于以上分析,在 WTO 补贴规则改革谈判中,应努力将促进可持续发展作为调整 SCM 协定规则的重要考虑因素,将化石燃料补贴纳入禁止性补贴中。虽然也有学者提出,在容易导致公地资源(如鱼群、森林、空气、水和生物多样性)消耗的领域提供的补贴也应该被禁止,③但目前对此类补贴的研究尚不成熟,尤其是各成员对此类问题的关注度也还不高,在 WTO 补贴规则改革中被接受的可能性较小,因此,对此类补贴的禁止可以缓行。

第三节　可诉性补贴中的举证责任与增加
"严重侵害" 类型问题

　　有关可诉性补贴规则改革的建议主要是围绕证明不利影响及损害而

---

① Henok Birhanu Asmelash, Energy Subsidies and WTO Dispute Settlement: Why only Renewable Energy Subsidies Are Challenged, *Journal of International Economic Law*, Vol.18, Issue 2, 2015, pp.261-285.

② WTO Doc., Ministerial Statement on Fossil Fuel Subsidies(revision), WT/MIN(21)/9/ Rev.1, 14 December 2021.

③ Gary Horlick and Peggy A. Clarke, Rethinking Subsidy Disciplines for the Future: Policy Options for Reform, *Journal of International Economic Law,* Vol.20, Issue 3, 2017, pp.684-685.

提出的，主要涉及可诉性补贴中的举证责任倒置问题和将产能过剩纳入"严重侵害"的问题。

一、可诉性补贴中的举证责任倒置问题

当 WTO 一成员认为另一成员的补贴措施违反了 WTO 义务时，可诉诸两种途径寻求救济。一是将该补贴措施诉诸 WTO 争端解决机制，二是针对该补贴措施发起反补贴调查并征收反补贴税。第一种途径中若涉及可诉性补贴，则需证明补贴的专向性和对其他成员的不利影响。不利影响包括（a）损害另一成员的国内产业，（b）使其他成员在 GATT 1994 项下直接或间接获得的利益被抵消或损伤，（c）严重侵害另一成员的利益。[①] 通过第二种途径寻求救济时，需满足 WTO 补贴规则规定的程序和实体条件，其中之一就是需证明对进口成员造成了实质损害或实质损害威胁。[②] 尽管这两种途径规定的实体救济条件在用语上并不尽一致，但均要求证明存在不利后果。

欧盟《概念文件》称，可诉性补贴争端中证明不利影响通常具有挑战性，许多严重扭曲国际贸易的补贴无法根据现行规则加以充分处理，可设立一种与 SCM 协定第 6.1 条类似的关于严重侵害的可予反驳的推定，并适用于下列补贴，包括无限责任担保、给予无可信重组计划的破产或不景气企业的补贴或使用双重定价等。[③] 美日欧第七次《联合声明》中提出，对于下列有害的补贴类型，建立举证责任倒置的机制，即补贴

---

① SCM 协定第 5 条。

② GATT 1994 第 6.6 条。

③ European Commission, Concept Paper: WTO Modernization - Introduction to Future EU Proposals, 18 September 2018，http://trade.ec.europa.eu/doclib/docs/2018/september/tradoc_157331.pdf，last visited on 25 June 2023.

成员需证明所涉补贴不存在对贸易或产能的严重负面影响，且补贴具有充分透明度；包括但不限于如下四种补贴：过度的大额补贴；支持不具竞争力的公司并阻止其退出市场的补贴；在缺乏私营经济参与的情况下，造成大量产能的补贴；只降低用于内销而非外销的同类产品的成本投入的补贴。如果无法证明这些补贴不存在严重负面影响时，补贴成员必须立即取消所涉补贴。①

笔者认为，上述举证责任倒置的建议缺乏法理上的合理性。"谁主张，谁举证"是诉讼法上的一般原则，举证责任倒置则属于例外。只有证据及有关信息通常掌握在被告手里，原告面临举证困难以至于坚持一般举证原则会影响实质正义的情况下，才由法律规定某些类型的案件实行举证责任倒置。若进口成员境内的原告针对上述建议中的补贴提起反补贴诉讼，这些补贴究竟是否造成了 SCM 协定第 6.3 条规定的"严重侵害"后果，显然有关证据或信息并不仅仅掌握在被诉方（补贴成员）手里。原告通常为进口成员的产业群体或行业协会，它们所可能掌握的有关证据或信息，或者说获取这些证据或信息的能力，并不当然比被诉方弱。如此，举证责任倒置就缺乏必要的基础。现有补贴规则适用中举证存在困难，这是事实，但这种困难是由补贴关系自身的特点决定的。要主张一项可诉性补贴措施违反 SCM 协定，总是要分析该补贴在经济生活中的影响，而这种分析往往并非轻而易举，但不能仅因这种分析中存在困难就简单地把举证责任推给补贴成员。

举证责任倒置实际上类似于一种有罪推定，其无异于要求补贴成员证明其补贴对全球范围（至少是进口成员）相关产业的影响程度，这对

---

① *Joint Statement on Trilateral Meeting of the Trade Ministers of the United States, Japan, and the European Union*, 14 January 2020, https://ustr.gov/about-us/policy-offices/press-office/press-releases/2020/january/joint-statement-trilateral-meeting-trade-ministers-japan-united-states-and-european-union，last visited on 15 June 2023.

补贴成员将构成沉重的负担。WTO 单个成员是否能够获得足够的信息资料去确认其补贴没有负面的贸易影响，尚不明朗。要求有高度确定性的证据证明不存在严重的负面贸易影响，实际上似乎接近于完全禁止这些补贴。[①] 就过度的大额补贴而言，仅因某一补贴数额巨大就推定其具有严重的消极贸易影响，这种想法也缺乏经济学基础。

举证责任倒置导致的补贴成员负担过重还有其他方面的表现。SCM 协定第 6.3 条规定了构成"严重侵害"的四种情形，即影响了其他成员产品进入本国市场；影响了其他成员产品进入第三国市场；造成大幅降价或销售损失；连续增加本国产品在世界市场的份额。从逻辑关系看，若由起诉方承担举证责任，则只需要证明所诉补贴符合这四种情形中的任何一种，即可确认"严重侵害"的存在。若引入举证责任倒置机制，提供补贴的成员必须同时证明所涉补贴未造成所有上述四种情形的侵害才能免除责任。[②] 这会进一步不合理地加重补贴成员的负担。从其他重要区域贸易协定来看，CPTPP 和 USMCA 均不存在这种举证责任倒置的规定。

总之，设定可诉性补贴中的举证责任倒置不合理地增加了补贴成员的负担，因此不宜做出这种修订。

二、将产能过剩纳入"严重侵害"具有可行性

美日欧第七次《联合声明》提出应在 SCM 协定第 6.3 条中将产能

---

① Howse & Robert, Making the WTO（Not So）Great Again: The Case Against Responding to the Trump Trade Agenda Through Reform of WTO Rules on Subsidies and State Enterprises, *Journal of International Economic Law*, Vol.23, No.2, 2020, p.384.

② 李红、秦佳萌：《美欧在经贸与反补贴规则领域的新动向》，《海外投资与出口信贷》2020 年第 4 期。

过剩增加为"严重侵害"的情形之一。[①]2018 年 4 月美日欧等 5 成员联合提交的《补贴和产能过剩：低于市场融资的作用》议案也曾提出过类似建议。[②]

依笔者之见，这一建议可以接受，并且不会对补贴成员造成额外负担。如上所述，SCM 协定第 6.3 条规定了构成"严重侵害"的 4 种情形。如果某项补贴的确造成了产能过剩，则其必然会造成第 6.3 条规定的"严重侵害"的至少一种情形。例如，产能过剩必然意味着供求关系严重失衡，也必然意味着与同一市场中另一成员同类产品的价格相比，补贴产品大幅价格削低，或在同一市场中造成大幅价格抑制、价格压低或其他成员的销售损失。产能过剩与价格降低、销售损失几乎是不可分割的。而大幅度的价格降低和销售损失原本就是 SCM 协定第 6.3 条的内容之一。既然如此，在 SCM 协定第 6.3 条中增加一项"产能过剩"就不会增加补贴成员的负担。

当然，产能过剩也有一个程度问题，不能说轻微程度的产能过剩也应被视为"严重侵害"。何种程度的产能过剩可被纳入"严重侵害"的范畴，这可由各成员讨论议定。经济学上存在现成的量化产能过剩的方法，例如，以生产能力使用率（capacity utilization rate）来确定产能过剩的程度，[③] 即可参考使用。另外，在以产能过剩的存在证明存在严重侵害时，必须适当地确定特定补贴与产能过剩之间的因果关系及该补贴对产能过剩的影响程度。

---

① *Joint Statement on Trilateral Meeting of the Trade Ministers of the United States, Japan, and the European Union*, 14 January 2020，https://ustr.gov/about-us/policy-offices/press-office/press-releases/2020/january/joint-statement-trilateral-meeting-trade-ministers-japan-united-states-and-european-union，last visited on 15 June 2023.

② WTO Doc., Subsidies and Overcapacity: The Role of Below-Market Financing, G/SCM/W/575, 13 April 2018.

③ 余劲松、任强：《论"产能过剩"与反补贴协定冲突》，《政法论丛》2017 年第 5 期。

第四节　不可诉补贴规则的激活与扩展

不可诉补贴规则于 1999 年底失效后不久，有部分成员就提出恢复 SCM 协定第 8 条中不可诉补贴规则的主张。其中既有欧共体、加拿大和澳大利亚等发达成员，[①] 也有委内瑞拉和古巴等发展中成员。[②] 中国在其关于 WTO 改革的建议中，也提出恢复不可诉补贴并扩大其适用范围。[③] 同时也存在反对意见，例如印度认为发展中成员由于财力有限，实践中很难提供不可诉补贴。[④] 在此情况下，我们需认真审视不可诉补贴条款的合理性。

一、支持恢复环境补贴和落后地区补贴

由于非专向性补贴仍然具有不可诉性，因此所谓激活不可诉补贴规

---

① WTO Doc., WTO Negotiations Concerning the WTO Agreement on Subsidies and Countervailing Measures, TN/RL/W/30, 21 November 2002；WTO Doc., Improved Disciplines under the Agreement on Subsidies and Countervailing Measures and the Anti-Dumping Agreement, Communication from Canada, TN/RL/W/1, 15 April 2002；WTO Doc., Comments from Australia on Venezuela's Submission on Non-Actionable Subsidies under the Agreement on Subsidies and Countervailing Measures（document TN/RL/W/41）, TN/RL/W/61, 11 February 2003.

② WTO Doc., Improved Rules under the Agreement on Subsidies and Countervailing Measures – Non-Actionable Subsidies, Proposal by Venezuela and Cuba（Revision）, TN/RL/W/41/Rev.1, 10 March 2003; WTO Doc., Preliminary Replies to the Questions by Australia Contained in Document TN/RL/W/61, submitted by Venezuela and Cuba, TN/RL/W/70, 18 March 2003.

③ WTO Doc., China's Proposal on WTO Reform: Communication from China, WT/GC/W/773, 13 May 2019.

④ WTO Doc., Intervention by India on the Proposal by the EC Captioned WTO Negotiations Concerning the WTO Agreement on Subsidies and Countervailing Measures（TN/RL/W/30）, TN/RL/W/40, 10 December 2002.

则实际上是针对具有专向性的研发补贴、环境补贴和落后地区补贴而言的。这些补贴自然也具有扭曲贸易之效果，而现在人们主张恢复该规则的适用，是试图在避免贸易扭曲与实现特定的政策目标方面寻找新的平衡。

现今环境问题已经成为世界范围人们普遍关注的重大问题，从气候变暖到空气、土壤、水甚至太空等各种污染不仅直接威胁人类生活的质量，而且可能危及人类的生存。学界普遍认为现有 WTO 补贴规则对环境保护的重视程度不够，因此，恢复原不可诉补贴规则中的环境补贴具有较强的正当性。这也是 SCM 协定促进可持续发展的具体体现。当然，在恢复环境补贴时，人们也应容忍由此产生的扭曲部分贸易的成本，但可像 SCM 协定原第 8 条一样，对环境补贴的范围和程度设定一定条件，以缓解保护环境和贸易扭曲之间的冲突。

就地区发展补贴而言，WTO 绝大多数成员特别是发展中成员都不同程度存在区域发展不平衡的问题。在一定的条件下对落后地区的发展提供补贴，不仅有经济上的意义，也有政治上的价值。但为防止滥用，地区补贴的使用应限于抵消在该地区投资的额外成本，并应限于其投资或经营成本高于该国平均水平特定比例的地区，其他指标如地区失业率也是可以考虑的因素。困难的地方在于这种成本如何衡量，以及哪些因素具有相关性，对此需要确立一个客观标准。目前存在针对单个国家投资和营商成本的许多指标，可以参照适用。① 与上述环境补贴的使用一样，地区发展补贴的具体条件需要 WTO 成员议定。

至于印度所提出的发展中成员财力有限，不应恢复不可诉补贴，笔

---

① Gary Horlick and Peggy A. Clarke, Rethinking Subsidy Disciplines for the Future: Policy Options for Reform, *Journal of International Economic Law*, Vol.20, Issue 3, 2017, p.680.

者认为，各成员实现社会经济的手段多种多样，补贴只是其中之一，能有效地使用何种手段取决于本国的经济发展水平和经济结构，不能因一些成员条件有限就否定这种政策工具的价值。

二、在不可诉补贴中增加灾害灾难补贴

针对自然灾害和人为灾难提供的补贴（可合并简称"灾害灾难补贴"），可以考虑纳入不可诉补贴的范畴之内。这些补贴的目的是缓解自然和人为灾难（例如战争、经济危机）对社会经济发展的冲击，使受影响的产业或经济尽快得以恢复。有学者也强调补贴在应对经济和卫生紧急状况等领域的重要作用。[①] 这种补贴的作用在新冠疫情大流行和 2008 年金融危机期间得到了明确体现。实践中 WTO 成员在此之前也很少就灾害灾难补贴发生争端。这样，在不可诉补贴中增加灾害灾难补贴被各成员接受的可能性很大。

如 SCM 协定第 8 条原有对不可诉补贴的诸多限制一样，灾害灾难补贴也应有一定适用条件限制，例如，补贴须有严格的时间限制，补贴规模应考虑灾害灾难的程度等。自然灾害比较容易界定其持续时间和所造成的损害。人为灾难中相应因素的界定则相对复杂一些，有些较容易确定，例如战争有明确的开始和终止时间；而经济危机延宕时间较长，不太容易确定终止时间。原则上可允许针对灾害灾难持续期及合理恢复期提供补贴。在补贴规模方面，原则上来说，可允许补贴达到相当于灾害和灾难造成的直接损害的规模。在直接损害之外若存在某种不利的经营条件，那也应被看作属于通常的商业风险的范畴。IMF 等四个国际组织的报告中也强调，应该精心设计这种应对严重危机（灾难）所需要的

---

① 都亳：《WTO 产业补贴规则的改革与中国应对》，《武大国际法评论》2022 年第 3 期。

补贴，以避免支持资不抵债的公司或伤害竞争对手。[①] 亦即要把灾害灾难造成的损害与正常的商业风险区分开来，以此为基础确定补贴的合理额度。

当然，以上只是提出了确定灾害灾难补贴时间跨度和补贴量的原则。像以上各项恢复或增加补贴类型的建议一样，增加灾害灾难补贴的具体条件都需要各成员在改革谈判中议定。

三、谨慎处理原不可诉补贴中的研发补贴

研发补贴有专向性研发补贴和非专向性研发补贴之分。由于非专向性补贴在第 8.1 条中已经单列为不可诉补贴的情形之一，所以 SCM 协定第 8.2 条中的研发补贴实际上指的是具有专向性的研发补贴。这一点实际上在第 8.1 条（b）项中做了说明。与恢复环境补贴和落后地区补贴不同，笔者认为，不宜恢复原不可诉补贴中的研发补贴。

资金是研发活动的基础条件，所以从原则上来说，对于任何产业和企业来说，其即便并不缺乏研发资金，也总是欢迎政府补贴的。但从补贴政策有效性的角度来看，具有专向性的研发补贴并不具有充分的经济学基础，很难实现创新（包括新技术和新产业）目标，其原因是创新充满一系列不确定性，只能在不断的试错当中行进，这导致新技术和新产业不可预见，因而根本无法规划。[②] 政府不仅难以规划创新的方向，也无法有效地挑选创新主体。虽然不能说专向性补贴绝对不可能实现创新目标，但以上因素导致专向性补贴实现创新的概率很低。实践中，改革

---

① IMF, OECD, World Bank, and WTO, *Subsidies, Trade, and International Cooperation*, 2022/001, https://www.wto.org/english/res_e/publications_e/sub_trade_coop_e.htm, last visited on 26 June 2023.

② 张维迎：《产业政策是与非》，《商业观察》2016 年第 11 期。

开放以来中国各级政府提供了大量的专向性研发补贴，但中国企业技术水平仍然不高，高端产业的发展程度也非常有限，也充分证明了这一论断。

相形之下，非专向性补贴对于创新则会有更好的效果。有研究表明，如果补贴覆盖面相对较广而不只集中在该部门内的一个或少数几个企业，则这些补贴对于生产力的增长和产品的创新具有积极和明显效果。[1] 其机理在于，在提供非专向性补贴的情况下，政府不把创新的希望寄托在其挑选的少数企业身上，而是使众多参与创新的企业都受到激励，从而提高随机实现创新的概率。另外，非专向性补贴不损害公平竞争，可以更好地激发市场主体的创新积极性。虽然追赶型（跟随型）国家较容易规划技术发展的方向，但类似技术既然已在他国出现，即使本国企业独立研发出来，其创新程度也会受到影响。

相比而言，专向性补贴如果追求的是非创新性目标（如增加外汇收入、购买本国产品、解决失业问题、扩大生产规模、增加 GDP 等）倒是效果很明显，但与这里讨论的创新目标的实现没有什么关系。

综上所述，具有专向性的研发补贴不具有充分的经济学上的合理性，总体上实践效果也较差，并且造成公共资源的浪费。严格地说，这种消极影响主要是针对补贴成员的政策有效性而言的，而不是针对扭曲贸易的程度而言的。甚至可以说，专向性研发补贴有效性差恰恰意味着其扭曲贸易的程度往往较低，WTO 似乎并不关心补贴的有效性问题，而任由补贴成员自行承担有效性差带来的不利后果。但不恢复专向性研发补贴规则可更好地抑制各成员随意采取专向性研发补贴的冲动，防止公共资源的浪费，从而从国际层面维护社会公众的利益。虽然这看起来

---

[1]　Philippe Aghion et al., Industrial Policy and Competition, *American Economic Journal: Macroeconomics*, Vol.7, Issue 4, 2015, pp.1-31.

有些超越 WTO 体制通常的关注重点（是否扭曲贸易），但"对世界资源的最佳利用"[①] 也是 WTO 关注的方面之一，因此，WTO 着眼于各成员内部的公共利益（防止公共资源浪费）而不恢复专向性研发补贴，至少与 WTO 的宗旨并不冲突。

至于非专向性的研发补贴，既是 SCM 协定现有规则允许的，也能够提高实现创新目标的可能性，各成员可以自由采用。但这与恢复 SCM 协定第 8.2 条中的研发补贴没有关系，因为后者实质上属于专向性补贴。实践中，有政府官员曾提出，非专向性补贴的受益面广泛，在补贴总额相对有限的情况下，单个的产业或企业能够获得的补贴金额自然会变小，可能变成了"毛毛雨"，那还能有用吗？笔者认为，研发资金的投入主体应该是企业，补贴数量只要能起到鼓励、引导作用即可，不宜变"引导"为"主导"，因此也不必过多忧虑其补贴对于企业研发的充分程度。

国内学术界支持产业补贴政策的学者的重要论据之一是，二战后美国国防部对先进技术的研发给予大力支持，由此实现了若干重大的技术突破。近年来美国、欧盟、日本、中国、韩国、印度等竞相补贴半导体产业的研发，似乎让人们对研发补贴寄予了更多期望和想象。这里想强调的是，技术创新是一系列因素综合作用的结果，资金只是研发成功的基础条件，是研发成功的必要条件而非充分条件，而人力资源（即具有较强创新能力的人才）才是更为重要的因素。知识产权保护水平也是影响创新的关键因素。这里想说明的是，一国即便通过补贴赋予本国企业同样的资金条件，未必能取得类似的二战后美国所取得的技术创新成果。专向性研发补贴对具有不同人力资源和拥有不同制度环境的国家会产生大不相同的效果。所以，美国国防部支持技术创新取得的成果，以

---

① 《WTO 协定》序言。

及近年各国竞相补贴半导体产业研发，都并不能充分说明专向性补贴对创新目标的有效性。

第五节　民用航空工业领域需要制定特殊的补贴规则

本节主要讨论了民用航空工业的特殊性，并在此基础上提出民用航空工业领域需要制定特殊的补贴规则。民用航空工业大体上可分为民用大飞机产业和民用支线飞机产业，而前者居于主要地位。以下就主要结合民用大飞机产业展开论证。

一、民用航空工业自身的特点决定了政府补贴的必要性

民用大飞机产业具有高投资、高风险、高技术的特点。[①] 大飞机开发需要大量投入，特别是巨额的前期投资。即便注入大量资金，能否取得成功也具有高度不确定性。一旦失败，前期投资均无法收回。即便研制成功，也具有高度的商业风险，因为飞机售价难以预测，若销售状况不佳，则开发大飞机的"非循环成本"[②] 便难以弥平。[③] 加之，大飞机的研发不是一劳永逸的，随着技术的进步，产品的更新换代加快，各制造商之间的竞争也愈加激烈，每一代新产品的开发都需要巨额资金。高风险和投资回报期长又往往令私人资本望而却步。普通的商业银行也不愿

---

① 马晓平、李杰：《中国大飞机项目中补贴的必要性初探》，《对外经贸实务》2008 年第 4 期。

② 非循环成本系指新产品开发过程中之一次性费用，有赖大量生产后所赚取之利润弥平。

③ USTR, European Communities and Certain Member States – Measures Affecting Trade in Civil Aircraft, Executive Summary of the First Submission of the United States of America, 25 November 2006, para. 20.

意轻易冒着这种高风险提供贷款。在此情况下，政府的大力扶植特别是补贴，无论在资金提供还是风险承担方面都显得至关重要。

在"欧共体——民用大飞机案"中，欧美双方也都认可，民用大飞机开发的一个突出特征是在项目取得收益之前很长时间内存在巨大的启动成本。开发一个新型号的民用大飞机需要长期的计划，并需要预先评估广泛因素，诸如未来的制造需要、市场趋势、消费者的需求和价格。这意味着，在决定开发一个新机型之时，其最终能否成功具有高度不确定性。按照欧共体的说法，一个新的民用大飞机项目的命运可能会受到下列因素影响，如未曾预料的市场下滑、辅助货物（如燃料）的外在价格变动、汇率波动、政治发展、恐怖主义袭击、战争和其他安全问题，甚至人类健康风险。欧共体认为，民用大飞机的这些独特性使其很容易受到政府干预（包括财政支持和国际规制）的影响。实际上，欧共体认为，基于民用大飞机产业的这种性质，此种水平的政府干预甚至可以被认为是"自然而然的"。[①]

二、部分成员的实践印证了政府补贴大飞机产业的必要性

从实践角度看，民用飞机主要制造国都为飞机产业提供补贴。无论是制造支线飞机的巴西、加拿大，还是制造大飞机的欧、美，莫不如此。这里从更宏观的历史演变的角度说明一下补贴对于航空工业的必要性。

欧洲的航空工业传统悠久，20 世纪 30 年代时其与美国在航空运输和飞机制造两方面基本上处于同一水平。由于第二次世界大战对欧洲造成重大打击，其航空工业也受到影响，而二战却并未对美国的航空运输

---

① WT/DS316/R, para.7.367.

和航空工业产生多大影响。因此二战后欧美在民用飞机制造领域的差距拉大了。即便在战后初期比较困难的情况下，欧洲还是制造了许多技术先进的大型民用飞机。但是，大型民用飞机的世界市场却一直被美国统治着。直到 20 世纪 70 年代中期，空客公司（Airbus）开始推出空客系列飞机之后，这种局面才被打破。① 在空客的发展过程中，欧共体及英、法、德、西四个成员国通过"开发资助"、基础设施建设、制造设施建设、优惠贷款、豁免债务、股权注入等多种方式为空客及其成员公司提供补贴。② 但空客的发展道路是极为曲折的，时不时陷入危机状态。"欧共体——民用大飞机案"专家组多处认定空客在一些时期内已经不具有通常的商业价值。欧共体在长期受到美国极大压力的情况下，步步为营，且战且补，到第 26 个年头终于实现了商业成功，到 20 世纪末已跃升为世界最大大型民用客机制造商。

再来看看美国。从历史上看，第一次世界大战时欧洲各国政府在航空器的研究和设计上有很大投入，而美国航空工业没有什么政府资助。直到第二次世界大战，由于战争的带动作用，政府增加了飞机研发资助，美国航空工业有一个短暂的繁荣。二战后初期，政府资助减少，美国航空工业陷入短暂的挣扎阶段。但很快由于冷战爆发，政府对航空航天研究的军方资助大幅增加，美国航空工业在整个 20 世纪下半叶都保持了稳步发展。③ 这段历史虽并不纯粹涉及大型民用飞机，但也凸显了

---

① 徐德康、王玉芳：《各国民用飞机发展道路的借鉴和启示》，航空工业出版社 2007 年版，第 32—33 页。

② WT/DS316/R, para. 2.5.

③ Roger D. Launius, The Wright Brothers, Government Support for Aeronautical Research, and the Evolution of Flight, in Roger D. Launius & Janet R. Daly Bednarek（eds.），*Reconsidering a Century of Flight*, the University of North Carolina Press, 2003, pp.50-62; Ryan E. Lee, Dogfight: Criticizing the Agreement on Subsidies and Countervailing Measures amidst the Largest Dispute in the World Trade Organization History, *North Carolina Journal of International Law and Commercial Regulation,* Vol.32, No.1, 2006, pp.120-121.

政府支持对其航空工业的重要性。再从"美国——民用大飞机案"本身来看，如前所述，美国为波音公司也提供了种类多样的补贴。美国可以说是政府对产业干预很少的国家之一，即便如此，其在航空工业领域仍然提供了大量的政府支持，包括补贴措施的广泛采用。

当然，也存在不同观点，如有学者认为，原则上，没有政府的支持，波音公司和空中客车公司也能取得成功；研制大型飞机，民营企业通过建立产业技术联盟，借助开放市场，也能取得成功。[1] 从欧美民用大飞机发展的历史演变看，在没有政府支持的情况下私人力量成功研制大飞机即便不是不可能的，也会较明显地降低成功的可能性或影响取得商业成功的进程。

三、应放宽民用航空工业领域的补贴规则

对于目前航空器贸易争端中存在的困境和僵局，存在两种不同的反思。一种认为，1992 年《美国和欧洲经济共同体关于对大型民用航空器适用 GATT〈民用航空器贸易协议〉的协议》（以下简称《1992 年协议》）虽然禁止对大飞机的生产和销售补贴，但允许对新航空器项目提供 33％的研发补贴及相对于营业额 3％的间接补贴，使对大飞机的补贴合法化，这是该协议最大的缺陷。将来即便不能禁止所有补贴，对基础研究的补贴也应同时做严格限制。[2] 另一种观点认为，SCM 协定规则不应适用于民用大飞机贸易，禁止对大飞机的补贴只会压制创新、阻碍竞争，也不现实。其主要理由有二，其一，由于巨额的投资负担，

---

① 冯兴元：《竞争政策才是最好的产业政策》，张维迎、林毅夫：《政府的边界——张维迎、林毅夫聚焦中国经济改革核心问题》，民主与建设出版社 2017 年版，第 232 页。

② Eric Heymann, Boeing v Airbus: The WTO Dispute That Neither Can Win, *World Trade On-line*, http://www.insidetrade.com/, last visited on 10 January 2022.

SCM 协定将把竞争者排除在大飞机市场之外；其二，若无空客的竞争，波音将处于垄断地位，竞争的通常好处无法体现。而正是由于空客比波音享有更多补贴，10 年内空客得以研制出 5 款新飞机，而波音只有 1 款，这一数据显示补贴促进了创新。[①]

笔者认为，法律规则的制定应符合其所调整的社会关系的特点。以此观之，第一种观点过于理想化，第二种观点更符合实际。实际上，没有国家否认大飞机研制中技术和资金方面的极高门槛。而这种极高的准入门槛将使自由竞争无法展开，因为自由竞争必不可少的前提是竞争者的有效参与。在"欧共体——民用大飞机案"中，专家组认定空客在一些时期已没有投资价值，且如前所述，即便是美国，其航空工业在没有政府资助的情况下也曾陷入挣扎阶段。世界上技术最为发达的欧美尚且如此，更何况包括中国在内的其他国家。在竞争者无法有效参与的情况下，何谈自由竞争？这种理论上的困境和航空器争端中的僵局，以及各主要民用飞机生产国均不得不进行补贴的现状，凸显出现有补贴规则不适应民用航空器贸易竞争的需要，它脱离民用航空器贸易关系的现实，不能促进发挥竞争的正常作用。欧共体当年极力坚持在《航空器守则》中加入以下表述，即各签字方"应该考虑适用于航空器领域的特殊因素，特别是该领域广泛存在的政府支持，所有签字方的国际经济利益，以及各签字方的生产商参与扩展世界民用航空器市场的愿望"[②]，也说明了这一点。《航空器守则》序言中称"意欲为各签字方的民用航空器活动及其生产者参与世界民用航空器市场的拓展，提供公平、平等的竞争机会"，然而，在没有国家支持根本就无法参与竞争的情况下，所谓"公

---

① Lee, Dogfight: Criticizing the Agreement on Subsidies and Countervailing Measures amidst the Largest Dispute in the World Trade Organization History, *North Carolina Journal of International Law and Commercial Regulation*, Vol.32, No.1, 2006, pp.149-152.

② 《民用航空器贸易协议》第 6.1 条。

平、平等竞争"只能是一句空话，也只能起到巩固寡头垄断地位的作用。

要从根本上解决大飞机补贴的合法性问题，在以后的多边贸易谈判中，应着力强调民用航空工业的特殊性，积极倡导"严格的补贴纪律不适用于民用航空器贸易"的理论，推动放宽补贴规则。当然，鉴于多边贸易体制的现状，要完全取消对大飞机补贴的限制绝无可能，但推动放宽规则还是有一定空间的。

下　篇

　　下篇着重讨论国际贸易法治处于困境的情况下中国应有何作为。本篇共有两章，前一章分析了中国在当前国际经贸关系中的特殊地位以及中国在促进国际贸易法治发展方面积极作为的必要性和战略选择。后一章则分别提出了中国在 WTO 多边贸易体制改革和参与区域贸易协定等方面可采取的具体策略。由于所涉及问题的具体内容已经在前面中篇讨论过，本篇只是直接提出建议，因此从形式上来看，本篇只有两章，篇幅也相对较小。换句话说，下篇中对中国的建议应结合中篇的对应章节进行理解，只不过在下篇对中国的建议相对集中而已。

第十一章
国际贸易法治困境下中国的战略选择

国际贸易法治陷入困境除对世界经济的正常发展造成冲击外，也对中国的经济发展造成了一系列困扰。作为世界第二大经济体、最大的发展中国家、国际贸易法治的积极参与者，中国如何作为，对国际贸易法治走出困境必然产生重要影响。本章将在讨论中国在当前国际经贸关系中的特殊地位的基础上，就中国在国际贸易法治困境下应做出的战略选择提出建议。下一章将提出相应的策略建议。

第一节 中国在当前国际经贸关系中的特殊地位

改革开放以来，中国经济发展所具有的一系列体制和政策特点使得中国在国际经贸关系中具有特殊地位，同时也使得中国在中美贸易摩擦与 WTO 改革中均承受着特别的压力。

一、中国在国际经贸关系中的多重身份及影响力

改革开放以来，中国一方面对外开放国内市场，另一方面积极向外拓展国际市场，经济获得持续快速发展。但在 2001 年底加入 WTO 之

前，美国每年就给予中国产品的最惠国待遇都要经美国国会的审查，而审查标准可能涉及人权状况等经济之外的因素，因此当时中国经济发展的外在环境不是很稳定。2001 年 12 月中国加入 WTO，才算加入国际贸易规则体系之中，使得中国从众多的 WTO 成员处获得了广泛的最惠国待遇。尽管从今天的角度来看，最惠国待遇受到了各种区域贸易安排的侵蚀，甚至都被称为"最差国待遇"了，[①] 但即便如此，最惠国待遇仍然是非常重要的。之所以说最惠国待遇成了"最差国待遇"，那是针对 WTO 的众多成员而言的，即 WTO 全部 166 个成员都享有了最惠国待遇，使得最惠国待遇成为一种基础性待遇。但倘若一国在国际经贸关系中连最惠国待遇都未享有，那将意味着其在国际经贸关系中遭受巨大的困难。当然，最惠国待遇是相互给予的。WTO 规则也不仅是最惠国待遇，还有一系列的贸易自由化措施和制度保障。无论如何，加入 WTO 为中国经济发展的腾飞提供了巨大契机。世界进出口贸易额占 GDP 的比重是衡量全球化的重要指标，也是衡量一国经济发展的重要指标。根据世界银行的数据，世界进出口贸易占 GDP 的比重从 1990 年的 31% 上升到 2008 年的 51.86%，其中中国的相应指标从 32.16% 上升到 56.23%，2006 年时曾高达 64.49%。[②]

时至今日，中国既是世界上最大的发展中国家，新兴国家的代表，而且已经成为世界第二大经济体，也是世界最大的贸易国。中国是多边贸易体制的受益者，也是国际贸易法治的受益者。这一点没有任何人表示怀疑。在整个世界经济格局中，中国地位明显上升，已成为经济大

---

① Peter Sutherland, et al., *The Future of the WTO: Addressing Institutional Challenges in the New Millennium*, Geneva: World Trade Organization, 2004, para.60, WTO, https://www.wto.org/english/thewto_e/10anniv_e/future_wto_e.pdf, last visited on 24 May 2022.

② 胡鞍钢、王蔚：《从"逆全球化"到"新全球化"：中国角色和世界作用》，《学术界》2017 年第 3 期。

国，同时其他新兴国家的地位也有上升，而西方国家尤其是美国的经济地位却有相对下降。在此背景下，无论是美国还是欧洲都将中国定位为"战略上的竞争对手"。

加入 WTO 后，我国开始逐步参与国际经贸规则制定和全球经济治理，也经历了被动适应、逐步参与乃至于试图引领贸易规则制定的过程。① 可以说，中国是现存国际贸易法治的积极参与者。在国际经贸关系中的上述多重身份也意味着中国在国际贸易法治发展中不可忽视的影响力。可是在国际贸易法治面临困境的今天，由于多重因素的影响，中国却处于国际贸易法治变革的风口浪尖。

二、中国在国际贸易法治变革中面临的压力

现在美欧等发达成员不愿意承认中国的市场经济地位，妄议认为中国"国家驱动"的经济发展模式（有时也被称为"国家资本主义"）扰乱了世界经济的发展。美国《2022 年总统贸易政策议程》仍然将中国称为非市场经济体。②

2017 年 12 月至 2021 年 11 月美日欧发布了九次贸易部长《联合声明》，其核心内容是针对"第三方"（实指中国）的非市场导向政策和做法。2018 年 7 月，美国向总理事会提交文件，指责中国的经济体制为"贸易扰乱型经济模式（trade-disruptive economic model）"。③2020 年 2 月，美国向总理事会提交议案，要求通过关于"市场导向条件对世界贸

---

① 郭周明等：《逆全球化背景下国际经贸治理困境及中国路径选择》，《国际经贸探索》2020 年第 2 期。

② USTR, The President's 2022 Trade Policy Agenda, March 2022，p.1.

③ WTO Doc., China's Trade-Disruptive Economic Model, Communication from the United States, General Council Meeting 26-27 July 2018, WT/GC/W/745, 16 July 2018.

易体制的重要性"的决议，① 但未能获得通过。USTR 甚至宣称允许中国加入 WTO 是一个"错误"，② 并称中国的产业补贴、培养国家冠军企业、强制技术转让、扭曲国内外市场等构成了对多边贸易体制前所未有的威胁。③

2021 年 3 月 21 日，七国集团贸易部长会议启动"贸易路线"（Trade Track）计划，强调在 WTO 改革方面应该加强"世界领先的民主贸易国家"间的合作，以追求更加自由、公平和可持续发展的全球贸易体制。④《美墨加协定》中的"毒丸条款"更是对该协定成员方与非市场经济体缔结自由贸易协定施加了限制。这些主张针对中国的意图非常明显。因此未来美欧等成员结盟、借助多边手段并通过重塑国际法律秩序的方式对付中国的风险将会加大。⑤ 例如，美国《2022 年总统贸易政策议程》就坦承，2021 年美国与欧盟及英国就钢铝关税及民用大飞机补贴争端达成协议，其目的之一就是共同应对由非市场经济带来的挑战。⑥

① WTO Doc., The Importance of Market-Oriented Conditions to the World Trading System - Draft General Council Decision, Communication from the United States, WT/GC/W/796, 20 February 2020.

② USTR, 2017 Report to Congress on China's WTO Compliance, January 2018, https://ustr.gov/sites/default/files/files/Press/Reports/China % 202017 % 20WTO % 20Report.pdf, last visited on 7 January 2022.

③ U.S. Trade Policy Priorities: Robert Lighthizer, United States Trade Representative, 18 September 2017, https://www.csis.org/analysis/us-trade-policy-priorities-robert-lighthizer-united-states-trade-representative，last visited on 7 January 2022.

④ G7 Trade Ministers' Meeting - Chair's Statement, UK Government, 31 March 2021, https://www.gov.uk/government/news/g7-trade-ministers-meeting-chairs-statement, last visited on 28 May 2022.

⑤ 肖冰：《国际法治、国际法律秩序变革与中国的角色——兼及世界贸易组织的危机与改革》，《外交评论》2021 年第 2 期。

⑥ The President's 2022 Trade Policy Agenda, p.2.

美国对中国经济发展模式及相关行为的指控不仅直接导致了中美贸易争端的爆发，而且与WTO改革存在诸多联系。例如，美国阻挠上诉机构成员任命的理由之一就是上诉机构在多起案件中错误解释法律支持了中国的非市场导向政策。这是美国对上诉机构严重不满的最重要原因。又如，美国主张强化补贴规则，原因是其认为现有补贴规则不足以遏制中国的有害补贴。美国还试图利用区域贸易协定来限制中国在全球贸易中作用的发挥。

笔者认为，固然中国与西方成员之间存在经济发展模式对多边贸易体制影响的争议，但简单、粗暴地把WTO危机的主要责任归于中国是没有道理的。就WTO三大基本功能的发挥失常而言，如前所述，多哈回合谈判失败，是多方面因素共同作用的结果，主要是谈判模式和决策方式方面的问题。上诉机构瘫痪则是美国自己阻挠的结果。即便上诉机构错误解释法律支持了非市场导向政策，那也是上诉机构的事情，不能归咎于中国的经济发展模式。美国所关注的上诉机构违规审案、先例、发表咨询意见、造法更是与中国的经济发展模式没有任何关系，也不是中国可以施加什么影响的。各成员透明度义务履行状况差，同样不能说与中国的经济发展模式有什么关系。

尽管如此，非市场导向政策问题不仅属于中美贸易谈判的核心问题之一，而且也与WTO改革及参加区域贸易协定存在一定关联，从而成为影响国际贸易法治发展的一个重要争议因素；加上，中国的大国地位决定了中国在国际经贸关系中的影响力，并进一步决定了中国成为国际贸易法治发展中的一个焦点，一定程度上说，中国已处于国际贸易法治变革的风口浪尖。[①] 对此我们必须有清醒的认识，并在参与国际贸易法

---

① 肖冰：《国际法治、国际法律秩序变革与中国的角色——兼及世界贸易组织的危机与改革》，《外交评论》2021年第2期。

治建设及国内法律政策的调整方面采取相应的应对策略。对西方成员的无理指责，我们必须在政治上和理论上予以有理有据的回击。对其他成员（包括西方成员）的合理关切，我们在国际贸易谈判中在维护自己正当权益的同时也应给予适当回应。毕竟，国际贸易法治是国际合作的产物，各国互动也会有斗争和合作的两面性，在维护各方合作的过程中不可避免地会有讨价还价和妥协退让。

第二节　中国在促进国际贸易法治发展方面积极作为的必要性

无论从中国经济发展的角度还是从为国际社会提供公共产品的角度看，中国都应积极作为，推动国际贸易法治走出困境并实现新的发展。

一、中国经济发展的内在需要

前文归纳了近年全球化遭遇的挫折并着重说明了其对国际贸易法治产生的消极影响，同时，全球化所受挫折也在影响着中国经济的发展。2008 年金融危机导致世界贸易萎缩，中国经济就面临下行压力。特朗普上台后发动对华贸易战，并对中国企业采取了一系列的出口管制和经济制裁措施，并持续至今。2019 年末开始的新冠疫情世界范围大流行对产业链产生了巨大冲击，所有国家和地区都无法幸免。坚持"动态清零"政策的中国采取的抗疫措施，在短期内对经济发展的冲击更为强烈。2022 年 2 月俄罗斯和乌克兰之间发生的武装冲突，西方国家与俄罗斯的相互制裁，都使全球产业链雪上加霜，并波及中国经济的运转。以上诸多因素叠加的结果是目前中国经济的发展面临巨大困难，我们急需寻找突破口。而若能推动国际贸易法治走出困境，势必将为中国经济提供良好的国际环境。

从以往实践来看，中国经济近四十几年快速成长，期间虽有产业政策的持续存在，但快速增长的原因并不在于实施了产业政策,[①]而在于实施了体现市场化改革的竞争政策及从全能政府到服务型政府的转变。[②]而对外开放中国市场，并参与国际市场的竞争，就是体现市场化改革的重要方面。尤其是中国加入 WTO 后，经济发展实现了前所未有的增长，现今已经成为世界第二大经济体，也是世界最大的贸易国。人们公认中国是多边贸易体制乃至于国际贸易法治的受益者。我们有理由继续维护国际贸易法治的发展。而今在中国经济发展面临困难的情况下，推动国际贸易法治走出困境，是中国经济发展的内在需要。

另外，中国深化经济体制改革本身也需要借助外力。像中国加入 WTO，不仅仅是为了进入国际市场，还着眼于其能够促进国内经济改革和市场转型及法治的发展。[③]自改革开放以来，以开放倒逼改革，某种程度上也是中国经济体制改革的经验之一。现在改革进入"深水区"，这一经验仍然值得继续使用。促进国际贸易法治的发展，无论是通过 WTO 改革，还是缔结更多区域贸易安排，都能为这一经验继续发挥作用提供条件。

---

① 李稻葵：《林毅夫和张维迎之争没抓住经济问题的根本》，张维迎、林毅夫主编：《政府的边界——张维迎、林毅夫聚焦中国经济改革核心问题》，民主与建设出版社 2017 年版，第 222—223 页 ; Guoqiang Tian, From Industrial Policy to Competition Policy: A Discussion Based on Two Debates, *China Economic Review*, Vol.62, 2020, pp. 1-8.

② Guoqiang Tian, From Industrial Policy to Competition Policy: A Discussion Based on Two Debates, *China Economic Review*, Vol.62, 2020, pp. 1-8.

③ Congressional Research Service, *World Trade Organization: Overview and Future Direction*, 6 December 2019, https://crsreports.congress.gov/product/pdf/R/R45417/7, last visited on 15 June 2022.

二、应对国际经贸关系中的外在压力的需要

如前所述，中国目前在国际经贸关系中面临复杂的外界环境，西方发达成员尤以中国采取了非市场导向政策为由，对中国施加了一系列的经济压力。除了中美贸易争端之外，美国的其他施压手段多种多样，诸如对钢铝产品施加 232 关税（虽不单独针对中国，但中国是其针对的主要成员）；频繁的对华反倾销和反补贴调查；将中国有关措施诉至 WTO 争端解决机制；在《美墨加协定》中规定"毒丸条款"；企图以 TPP 作为遏制中国的战略工具（尽管后来退出）；在 WTO 改革讨论中提出一系列针对中国的提案；2022 年 5 月美国正式宣布启动"印太经济框架"（IPEF），此举也具有针对中国的战略意图；美国发布年度文件评估中国履行 WTO 义务的状况。另外，由涉港、涉疆、涉台、涉南海等事项导致的政治关系恶化也加剧了经济关系的紧张程度，例如在中澳之间、中加之间也都产生了贸易摩擦，《中欧投资协定》被搁置，等等。

在外在环境如此复杂的形势下，首先，我们必须正视这些问题，不回避问题。其次，需根据具体情况对国内政策做出必要调整，特别是要考虑国际义务的要求及经济学上的合理性。再次，就涉及我们这里所讨论的主题，即积极参加国际经贸规则的制定，通过制定或修改经贸规则以解决与其他成员之间存在的一些问题。在当前国际贸易法治陷入困境的情况下，积极参与国际贸易法治建设，包括推动 WTO 改革和参加双边和区域贸易协定，积极地向高水平的国际经贸规则靠拢，这本身对于中国的经济发展就是一种保障。当然，对于其他成员提出的规则建议，我们要在逐一甄别其合理性和可行性的基础上，与其他成员议定取舍。

事实上，中国已表现出与其他成员解决相互关切问题的愿望。中

国驻 WTO 相关负责人曾表示，对那些有争议的领域，如产业补贴、技术转让，中国可以在尊重各自立场的前提下与其他成员开展不同形式的对话。[①] 近年来，中国采取了一系列贸易自由化措施。例如，从 2018 年到 2020 年，中国采取了对一系列进口商品降低关税的措施，这虽被认为有助于部分地抵消对美国产品征收惩罚性关税所带来的不利影响，[②] 但客观上也有利于缓解与其他成员之间在经济上的紧张关系。2019 年 3 月 15 日，中国制定并通过了《中华人民共和国外商投资法》，以负面清单为代表的投资新法与过去四十年的外商投资政策相比发生了巨大变化。从 2018 年开始每年举办的中国国际进口博览会，也是支持贸易自由化和经济全球化、主动向世界开放市场的重要举措。

2022 年 6 月的 WTO 第 12 届部长级会议取得了一系列成果。WTO 前副总干事易小准指出，为在这次部长级会议上取得成果，中美在幕后进行了理性、务实和低调的协商工作，并进一步指出："尽管中美在很多双边问题上分歧较大，但在面对全球性挑战和全人类的共同需求时，中美之间仍有合作领域和空间。今后中国还应继续抓住这些机会，为了全人类的共同利益，与美方开展多边合作。"[③]

中国在这些方面的积极态度和努力，有利于解决中国与西方国家之间的贸易摩擦，也有利于中国在后续参与国际贸易法治建设中继续发挥作用。

---

① 张向晨：《论 WTO 的改革——在法国经济财政部、外交部组织的研讨会午餐时的发言》，爱思想网，2018 年 11 月 20 日，https://www.aisixiang.com/data/113515.html，访问日期：2023 年 6 月 13 日。

② Julia Ya Qin, WTO Reform: Multilateral Control over Unilateral Retaliation-Lessons from the US-China Trade War, *Trade, Law and Development*, Vol.12, No.2, 2020, p.465.

③ 冯迪凡：《独家专访易小准：MC12 成果有广度但欠缺深度，WTO 危机尚未远去》，第一财经，https://www.yicai.com/news/101463216.html，访问日期：2023 年 7 月 3 日。

三、为国际社会提供公共产品的需要

国内社会和国际社会都需要公共产品。国际贸易法治就是一种公共产品。与维护国家利益不同，为国际社会提供公共产品主要考虑的是促进各国的公共利益或公共福利。国际贸易法治遭遇困境，不仅影响中国利益，也影响国际社会的公共利益。中国除维护自身利益外，作为大国，也有道义责任积极而为，促进国际贸易法治走出困境，进而促进世界经济实现新的发展。

事实上，中国也有这种强烈的愿望及发挥积极作用的现实可能性。习近平主席在首届中国国际进口博览会开幕式上的主旨演讲中指出，多边主义是维护和平、促进发展的有效路径，世界比以往更加需要多边主义。我国应坚定维护自由贸易和基于规则的多边贸易体制，支持对世贸组织进行必要改革。[①]2021 年 11 月 4 日，习近平主席在第四届中国国际进口博览会开幕式的主旨演讲中明确表示，中国将以积极开放态度参与数字经济、贸易和环境、产业补贴、国有企业等议题谈判，维护多边贸易体制国际规则制定的主渠道地位，维护全球产业链、供应链稳定。[②]中国虽然尚不具备主导国际经贸规则的能力，但毕竟是经济大国，必然是国际经贸规则构建中的重要参与者。中国倡议和推动"一带一路"建设，主导设立亚洲基础设施投资银行（亚投行），都是中国为国际社会提供公共产品的表现。随着中国经济实力的不断增长，参与国际经贸规则的经验不断丰富，其在经贸领域为国际社会提供公共产品的能力也必将不断提高。

[①] 习近平：《共建创新包容的开放型世界经济——在首届中国国际进口博览会开幕式上的主旨演讲》，新华网，2018 年 11 月 5 日，http://www.xinhuanet.com/world/2018-11/05/c_1123664692.htm，访问日期：2022 年 5 月 3 日。

[②] 习近平：《让开放的春风温暖世界——在第四届中国国际进口博览会开幕式上的主旨演讲》，光明网，2021 年 11 月 4 日，https://m.gmw.cn/baijia/2021-11/05/35288105.html，访问日期：2023 年 9 月 2 日。

第三节 困境下中国积极作为的战略选择

2018 年中国政府发布的《中国关于世贸组织改革的立场文件》提出了关于 WTO 改革的三个基本原则和五点主张。[①] 中国驻 WTO 相关负责人也曾表示，改革必须坚持反对保护主义、单边主义的方向，必须有助于推进世界范围的贸易自由化、投资便利化进程，必须坚持非歧视的原则，必须充分发扬民主。[②]2021 年 11 月 4 日，习近平主席在第四届中国国际进口博览会开幕式的主旨演讲中明确表示，中国将以积极开放态度参与数字经济、贸易和环境、产业补贴、国有企业等议题谈判，维护多边贸易体制国际规则制定的主渠道地位，维护全球产业链、供应链稳定。[③] 这一态度表明了中国维护多边贸易体制的坚定立场及参与国际贸易发展建设的积极态度。2023 年 9 月 27 日，习近平总书记在中共中央政治局第八次集体学习时强调要秉持人类命运共同体理念，完善细化全面深入参与世界贸易组织改革的中国方案。[④] 这就需要我们深入研究各成员和学术界提出的相关改革建议，并提出深入细致的参与方案。这些原则和主张毫无疑问将成为中国参与 WTO 改革的努力方向。

---

① 第四章正文对此内容已有说明，兹不重复。

② 张向晨：《论 WTO 的改革——在法国经济财政部、外交部组织的研讨会午餐时的发言》，爱思想网，2018 年 11 月 20 日，https://www.aisixiang.com/data/113515.html，访问日期：2022 年 6 月 13 日。

③ 习近平：《让开放的春风温暖世界——在第四届中国国际进口博览会开幕式上的主旨演讲》，光明网，2021 年 11 月 4 日，https://m.gmw.cn/baijia/2021-11/05/35288105.html，访问日期：2023 年 9 月 2 日。

④ 《习近平在中共中央政治局第八次集体学习时强调：积极参与世界贸易组织改革 提高驾驭高水平对外开放能力》，中国政府网，https://www.gov.cn/govweb/yaowen/lie-biao/202309/content_6906628.htm，访问日期：2023 年 10 月 1 日。

多边贸易体制属于国际贸易法治的核心内容，但国际贸易法治又不仅限于多边贸易体制，还包括各种区域贸易安排。我国要在国际贸易法治走出困境方面有所作为，需要立足自身定位，结合上述原则和主张，并统筹考虑区域贸易安排，做出既符合国家利益，又体现各方利益的战略选择。

一、以灵活、务实的方式推进 WTO 多边贸易体制的改革

在 WTO 成员数量大幅增加、成员结构"东升西降"、议题众多的情况下，WTO 改革的难度不亚于一个回合综合性的多边贸易谈判。2023 年 6 月召开的第 12 届部长级会议标志着 WTO 改革正式启动，但对谈判方式并未做出具体的有约束力的规定，而是以各成员在各理事会和各委员会的非正式磋商为主。在包括三大功能的恢复在内的 WTO 改革进程中，可推动以务实、灵活的方式处理各项谈判议题。在具体规则领域同样应遵循灵活、务实的基本方针，在 WTO 改革谈判中有所坚持又有所变通。

二、维护多边贸易体制与参与区域贸易体制并重

多边贸易体制和区域贸易体制构成国际贸易法治的两个车轮。WTO 多边贸易体制具有规则覆盖面广、成员众多、规则统一性较强、争端解决机制发展较为成熟等特点，但存在决策效率低的问题。而单一区域贸易安排虽然成员较少，但容易达成协议，规则内容具有较强的灵活性，开放程度更高，并在较大程度上涉及新领域特别是非贸易领域的内容，规则创新程度高。区域贸易安排数量众多，容易满足不同成员之间的特殊需要。这既可包括经济上的特殊需要，

如经济结构互补性强的成员更容易达成贸易协定，也可涉及非经济目标。

虽然WTO第12届部长级会议取得了一系列成果，有效提振了各成员对WTO的信心，但总体上来说这些成果有广度但欠缺深度，WTO尚未走出困境，危机尚未解除。[①] 第13届部长级会议取得的成果同样有限。尽管如此，多边贸易体制仍是人类历史上最成功的国际制度安排之一，即便多哈回合彻底失败，以后也不再进行新的多边贸易谈判，现有规则体系也能为国际贸易的正常运作提供一个基本的秩序框架。[②] 实践中多边贸易体制仍然在发挥着实际作用，WTO主要成员间的贸易仍遵循WTO规则。

从另一方面来看，区域贸易安排近年来蓬勃发展，一定程度上已形成了一种不进则退的竞争效应。加入高水平的区域贸易安排虽然需要承担相应的义务，但竞争效应使各个国家和地区更多感受到贸易转移和投资转移效果，而似乎忽视了承担义务的一面。无论如何，加入更多更高水平的区域贸易安排总体上对各个国家和地区的经济发展仍然是有利的。积极加入区域贸易安排还可影响国际经贸规则的发展，其意义已不限于获得区域贸易安排中的减让利益。在美国力图主导重塑全球规则的背景下，我国应不放弃可能影响新规则创设的各种机会。[③]

在这种背景下，中国要将多边体制与区域体制放在同等重要的地位上，既要积极参加WTO改革谈判，助力WTO多边贸易体制走出困境，同时也要积极参加区域贸易安排的发展。

---

① 冯迪凡：《独家专访易小准：MC12成果有广度但欠缺深度，WTO危机尚未远去》，第一财经，2022年7月3日，https://www.yicai.com/news/101463216.html。
② 宋泓：《多边贸易体制制度设计与改革前景》，《世界经济与政治》2020年第10期。
③ 车丕照：《是"逆全球化"还是在重塑全球规则?》，《政法论丛》2019年第1期。

三、多维度统筹考虑参与国际贸易法治建设

参与国际贸易法治建设的基本方式是缔结贸易协定，确定各缔约方的权利和义务。为了适当地确定贸易协定的内容，需要统筹考虑经济、法治和国内改革等多个维度。

所谓经济维度，主要包含两方面的意思，一是在贸易谈判过程中充分考虑缔约各方的经济结构、市场规模等经济特征，二是中国所提出的条件及贸易协定的内容须具有充分的经济学上的合理性，至少需对自身是有利的。例如，尽管不少 WTO 成员都在不同程度上提供了研发补贴，但经济学理论证明，专向性补贴很难实现创新目标，而只有非专向性补贴才有助于提高创新的概率。[①] 这样，部分成员提出恢复 SCM 协定不可诉补贴中的研发补贴就不具有充分的实证基础。当然，对非创新目标而言，产业补贴的作用非常明显，也因此最容易被采取贸易救济措施。

既然建设的是国际贸易法治，就同时要考虑法治维度。也就是说，国际贸易规则的制定，国际经贸关系中有关问题的解决，均需遵循符合法治的方式，而不应采取违反国际法和 / 或国内法的方式。以产业补贴为例，目前一些地方政府的产业补贴政策既不符合 WTO 协议规则，也不符合《中华人民共和国反垄断法》和公平竞争审查制度。仅从法治的维度看，这些补贴政策应做出调整甚至取消。

所谓国内改革维度，是指参与国际贸易法治建设要考虑到国内改革的需要，这是因为国内法律和政策与国际法具有内在的相通性，难以割裂。这就需要考虑各种贸易规则建议是否符合未来我国国内改革的

---

① 张军旗：《WTO 补贴规则与我国产业补贴政策的变革》，上海财经大学出版社 2021 年版，第 180 页。

需要。

关于 WTO 改革，目前各成员提出了一系列改革建议，特别是以美国为首的西方成员提出的有些改革建议具有施压中国的作用。其他成员缔结的区域贸易安排特别是近年产生的新型自由贸易协定中也包含一些对中国构成制度挑战或中国一时难以接受的规则，成为中国加入这些自由贸易协定的障碍。

对 WTO 各成员的各种改革建议或加入自由贸易协定中的规则障碍，我们需要冷静客观地评估其合理性和可行性。明显不合理或不可行的建议，或具有明显歧视性或试图使中国边缘化的议题或规则建议，我们当然应该拒绝。那些对我们有利的新制度或新规则自然可以接受。[1] 而有些规则建议或要求虽会对中国构成压力或挑战，或与中国的现有做法或主张不一致，但可能与中国未来深化改革的方向相吻合，或有利于维护多边贸易体制，对此，我们在把握基本立场与核心关切的前提下，也可以接受。例如，对西方成员关注的产业补贴和国有企业问题，考虑到对这些问题的处理有利于我国适当处理政府和市场的关系，对这些问题就可以持更为开放、灵活的立场。[2] 对那些针对中国的规则建议，不能仅因为这些建议针对中国就一概反对和排斥。[3] 这就牵涉到对我国改革开放的总体方向以及度的把握。为此，我们需要考虑短期利益与长远利益的平衡，需要考虑以开放倒逼改革的需要，有时还需要克服路径依赖和惯性思维。

---

① 车丕照:《是"逆全球化"还是在重塑全球规则?》,《政法论丛》2019 年第 1 期。

② "WTO 改革:机遇与挑战"课题组:《客观认识 WTO 当前困境以战略思维推进 WTO 改革》,《行政管理改革》2021 年第 7 期;贺小勇、陈瑶:《"求同存异":WTO 改革方案评析与中国对策建议》,《上海对外经贸大学学报》2019 年第 2 期。

③ 都亳:《上诉机构停摆后的 WTO 争端解决》,《南大法学》2021 年第 1 期;贺小勇、陈瑶:《"求同存异":WTO 改革方案评析与中国对策建议》,《上海对外经贸大学学报》2019 年第 2 期。

四、理性对待各类谈判新议题

CPTPP 除了涉及 WTO 协议下的传统议题外，还涉及一系列新议题，而这些新议题又可以进一步分为经济类新议题和非经济类新议题。经济类新议题包括投资、电子商务、竞争政策、中小企业、规制一致性等章节，非经济新议题主要包括劳工、环境、反腐败等。这些新议题除电子商务之外基本上不属于市场开放的内容，也已经远远超越传统贸易协定中"贸易"的范畴，使 CPTPP 成为以贸易为纽带的综合性条约。①USMCA 虽不是中国申请加入的自由贸易协定，但这里也可用来做一对比。USMCA 包含了 CPTPP 下的所有新议题，还增加了宏观经济政策和汇率，但与 CPTPP 相比未规定"发展"议题。WTO 协议虽也涉及有限的国有企业规则，例如 GATT 1994 第 17 条，SCM 协定也涵盖国有企业的补贴规则，但 WTO 没有集中规定的国有企业规则，而 CPTPP 和 USMCA 均以专章规定国有企业规则。同时，CPTPP 和 USMCA 均没有一般的补贴规则，而仅在国有企业规则中规定了国有企业接受和提供补贴的情形。

涉及这些新议题的规则，若纯粹属于市场开放方面的规则，中国较容易达到，毕竟现在中国已经成为经济大国，产业体系也比较完整，具备高水平开放的条件。但在有些规则方面，可能暂时有较大困难。例如，CPTPP 中的电子商务规则允许跨境数据有较高的流动性，而中国的相关法律法规出于国家安全方面的考虑，更强调数据的本地存储。在

---

① 虽然 CPTPP 中涉及的非贸易领域的规则大体上是围绕贸易这一纽带设立的，但实际影响已经超越了"与贸易有关"这一范畴。例如，第 20.4 条规定"每一缔约方确认履行其参加的多边环境协定的承诺"。第 26.6 条虽然明确规定"本节范围仅限于消除与本协定所涵盖任何事项相关的贿赂和腐败措施"，但同时规定"每一缔约方应批准或加入 2003 年 10 月 31 日订于纽约的《联合国反腐败公约》（UNCAC）"。此类规定使 CPTPP 具有了区域关系"综合治理"的效果。

网络影响越来越大的时代，要弥合这种分歧，难度不小。又如，CPTPP
劳工章节规定每一缔约方都应在其法律法规中规定国际劳工组织《关
于工作中基本原则和权利宣言及其后续措施》（1998）规定的下述权利：
结社自由和有效承认集体谈判权利；消除一切形式的强迫或强制劳动；
有效废除童工；以及消除就业与职业歧视。而中国《工会法》规定："基
层工会、地方各级总工会、全国或者地方产业工会组织的建立，必须报
上一级工会批准。"① 这与 1998 年宣言中的集体谈判权利还有一定差距，
也与《结社自由及保护组织权公约》关于结社自由的规定存在差别。该
《公约》规定，工人或雇主均有权无须事先批准自由建立和参加自己选
择的组织。②

　　对于这些新议题，我们需要理性对待，毕竟不同国情的国家在不同
历史阶段可能存在差别。CPTPP 还明文规定不得以这些方面的措施作
为实施贸易保护或不公平竞争的手段。CPTPP 属于已经成立的区域组
织，中国作为后来者申请加入，无法讨论修改规则。对于这些不能立即
满足的规则条件，可首先尽量进行有关法律法规的改革调整，若在调整
后仍存在较大差异，可在加入谈判中争取做出例外安排或过渡安排。此
外，数字贸易属于国际贸易的新领域，并且总体上缺乏规则。自由贸易
协定中率先形成的相关规则至少可以发挥一定的示范作用，当然示范作
用的程度则取决于规则的合理性程度。在目前 DEPA 仅有三个缔约方的
情况下，在中国与欧美跨境数据流动监管模式存在较大差距的背景下，
中国积极申请加入 DEPA，体现了中国参与国际经贸规则制定的决心。
DEPA 未来必然还要进一步实现规则发展和成员扩容，先入者自然占有

---

① 《中华人民共和国工会法》第 12 条。第十三届全国人大常委会第三十二次会议 2021 年
12 月 24 日修改。

② 《结社自由及保护组织权公约》第 2 条。国际劳工组织大会第三十一届会议 1948 年 7
月 9 日通过该公约并开放给各国签字、批准和加入，1950 年 7 月 4 日正式生效。

一定先机。当然，维护国家利益与提供适当的公共产品，二者应该结合起来，实现二者之间的相互促进。

五、继续维护发展中国家的利益

无论是多边贸易体制还是区域贸易体制都是建立在比较优势理论基础上的。虽然之后有多种理论对之加以修正，但比较优势理论的内核还是存在的。比较优势理论存在的一个问题是，它考虑了经济发展的效率，但未考虑公平问题。简单地说，虽然经济发展效率总体提高，并且各成员均有收益，但各个成员收益不均。经济强国受益多，而弱小国家受益少。虽然原则上来说，多边贸易体制并不试图使不同类型的成员在体制内获得等同的收益，但出于公平的考虑，也出于发展中国家国内政治上的考虑，GATT/WTO 还是为发展中成员设置了特殊和差别待遇，但对发展中国家的身份却并未规定认定程序和标准，传统实践中是由有关国家自行宣称的。现在的问题是，西方发达成员认为有些发展中成员特别是新兴经济体的经济实力已经足够强大，不能继续享有发展中成员的特殊和差别待遇了，应该"毕业"。

发展中成员享有特殊和差别待遇的基础是其与发达成员在经济发展水平上的明显差异，并且发展中成员在享有特殊和差别待遇后，也只能缓解两类成员的差距，并不会使这种差异局面发生显著变化。现今世界经济发展南北差距仍在继续拉大，联合国制定的千年发展目标尚未实现。因此，在未来的国际贸易法治建设中仍应继续维护发展中成员的特殊和差别待遇。至于西方成员所称新兴经济体的发展中成员地位及待遇问题，的确新兴经济体的经济发展水平有较大提高，但同时也有诸多指标还显著低于发达成员。在此情况下，可以考虑支持对发展中成员进行细分，并享有不同水平的特殊和差别待遇，直至其真正进入发达成员行列。对此问题，前文在 WTO 改革部分已有专章讨论，[①] 兹不赘述。

六、调整国内政策以增强参与国际贸易法治的适应性和影响力

WTO 改革、参加自贸协定、中美贸易摩擦及国内改革是具有内在的关联性，也是相互影响的。例如，在 WTO 陷入困境和中美贸易关系紧张的背景下，中国积极加入自贸协定，既是对于经济发展的一种潜在保障，也有利于促进 WTO 改革和解决中美贸易摩擦。WTO 改革、参加自贸协定、中美贸易摩擦三者都具有倒逼国内改革的作用。反过来，国内法律政策的调整也有利于前三个方面问题的解决。其实归根结底，国际贸易法治的发展最终会要求一国调整其国内的法律和政策。从中国的角度来说，要关注这种相互影响，使其在追求多目标的过程中发挥积极作用。这里要强调的是，中国可以国内政策的调整增强其对国际贸易法治发展的适应性和影响力。

（一）进一步提高履行 WTO 义务的水平

中国加入 WTO 以来履行 WTO 义务的总体情况良好。但毋庸讳言，中国在履行 WTO 义务方面仍有进一步提升的空间，特别是在中国与其他成员产生分歧较多的产业补贴、国有企业、知识产权等领域。事实上，在现有 WTO 成员中，只有极少数小的发达成员可称为"很好"地履行了 WTO 义务，重要的 WTO 成员美国、欧盟和中国则是在争端解决机制中被诉次数最多（姑且不论涉诉措施的影响）的三个成员；并且，各成员在被诉案件中大体上维持了 90% 的败诉率，这可能在很大程度

[①] 关于 WTO 发展中成员身份的认定，详见本专著第八章。也可参阅张军旗、田书凡：《WTO 改革中的发展中成员地位认定问题》，《国际经济评论》2021 年第 4 期。

上是因为重要成员的贸易量大、贸易流向复杂，发生贸易风险的几率要高一些。但无论如何，对于中国来说，认真履行 WTO 义务，减少违反义务的程度，必然能够获得更好的国际声誉，增强其在 WTO 谈判中的发言权，也有利于加入双边和区域自贸协定。

在国内制定和实施经济政策的过程中，落实好经济政策合规工作和公平竞争审查制度，并提高国内经济决策的透明度，都能够加强支持贸易自由化的力量，也有利于提高履行 WTO 及其他贸易协定下的义务的水平。

（二）积极主动地深化改革扩大开放

自新中国成立以来，中国较长一段时间实行计划经济政策，政府在整个社会经济发展中都居于绝对的控制地位。改革开放以来，中国开始发展社会主义商品经济，再到后来建设社会主义市场经济。在此过程中，市场的力量逐步得到释放，政府对于经济生活的控制和干预逐渐减少。中国经济近几十年的快速成长，主要原因并不在于实施了产业政策，[①] 更多的是在于实施了体现市场化改革的竞争政策及从全能政府到服务型政府的转变。[②] 虽然简政放权的进程仍然在继续，但政府传统上管理经济的方式的惯性是巨大的，在不少情况下政府仍存在积极干预经济的情形。中国在对外经贸关系中遭遇到的一系列困难都与体制特征有关。

在国内经济处于转型期，国际经济环境复杂，全球治理体系处于调

---

① 李稻葵：《林毅夫和张维迎之争没抓住经济问题的根本》，张维迎、林毅夫主编：《政府的边界——张维迎、林毅夫聚焦中国经济改革核心问题》，民主与建设出版社 2017 年版，第 222—223 页；Guoqiang Tian, From Industrial Policy to Competition Policy: A Discussion Based on Two Debates, *China Economic Review*, Vol.62, 2020, pp. 1-8。

② Guoqiang Tian, From Industrial Policy to Competition Policy: A Discussion Based on Two Debates, *China Economic Review*, Vol.62, 2020, pp. 1-8.

整变革的关键时期，中国应发挥大国担当，积极主动深化经济体制改革，特别是解决好结构性问题。[①] 这其中的关键就是处理好政府与市场的关系。中共十八届三中全会公报指出，要"使市场在资源配置中起决定性作用"。[②] 中共十九大报告也有类似表述。中共二十大报告更是强调要"充分发挥市场在资源配置中的决定性作用"。[③] 这为未来的结构性改革指明了正确的方向。中共二十届三中全会强调指出，要实现资源配置效率最优化和效益最大化。解决好政府与市场的关系问题，对内能够优化营商环境，建立更加公平高效的国内市场；对外将会改善中国与其他国家之间的经贸关系，为中国参与国际贸易法治建设奠定坚实基础。此外，考虑到多边和区域贸易协定越来越多地涉及非贸易领域，诸如投资、人权、环境保护、反腐败、女性发展等领域，这也需要中国在兼顾国情和国际规则的基础上在经济体制、社会发展体制机制乃至政治体制方面做出一些相应调整，特别是中国积极加入的贸易协定存在明确要求的情况下。

对外开放是中国的基本国策。对外开放是市场化改革的重要方面，也是 1978 年改革开放以来中国经济取得快速发展的重要途径和经验。党的二十大报告提出要"推进高水平对外开放"。这种高水平开放不仅指通常意义上的市场开放，还包括"稳步扩大规则、规制、管理、标准等制度型开放"。[④] 中共二十届三中全会强调指出，建设更高水平开放型经济新体制。赋予对外开放以新的涵义，对于扩大对外开放的水平无

---

① 徐泉、郝荻：《WTO 双重二元结构理论研究》，人民出版社 2021 年版，第 125 页。
② 中共十八届三中全会：《中国共产党第十八届中央委员会第三次全体会议公报》，2013 年 11 月 12 日。
③ 习近平：《高举中国特色社会主义伟大旗帜　为全面建设社会主义现代化国家而团结奋斗——在中国共产党第二十次全国代表大会上的报告》，人民出版社 2022 年版，第 29 页。
④ 习近平：《高举中国特色社会主义伟大旗帜　为全面建设社会主义现代化国家而团结奋斗——在中国共产党第二十次全国代表大会上的报告》，人民出版社 2022 年版，第 29 页。

疑具有重要意义。

（三）将自由贸易港、自贸试验区作为深化改革扩大开放的重要抓手

自贸试验区是中国深化改革、扩大开放的重要举措。迄今我国设立的自贸试验区已达 21 个，并已开始在海南建设自由贸易港。中共二十大报告明确提出"加快建设海南自由贸易港，实施自由贸易试验区提升战略"。[①] 其中自贸试验区的进一步提升应该着重于以下两方面。

一方面，在自贸试验区进一步转变政府职能，进一步提高开放水平，建立更加公平的竞争环境。中国已申请加入 CPTPP 和 DEPA，可以在自贸试验区先行先试那些可能对中国产生压力的高水平经贸规则，进行压力测试。

另一方面，将在自贸试验区中形成的可复制可推广的经验尽快在全国范围推广。这里需要处理好自贸试验区所在区域发展与规则试验的关系，二者不可偏废。自贸试验区本身固然有发展需要，但同时其主要目的是试验规则，并最终将可复制可推广的做法适用于全国。目前全国已经有 21 个自贸试验区，作为"试验田"这个数量不算少，因此不必再设立新的自贸试验区，除非是试验本身的需要。自贸试验区有试验成功的经验就应及时向全国推广。

调整国内政策的以上几个方面都有助于在全国层面深化改革、扩大开放，对接高水平经贸规则的要求，从而必然会增强中国参与国际贸易法治建设的适应性和影响力，也有助于缓解中国与他国的经济摩擦。

---

① 习近平：《高举中国特色社会主义伟大旗帜　为全面建设社会主义现代化国家而团结奋斗——在中国共产党第二十次全国代表大会上的报告》，人民出版社 2022 年版，第 29 页。

第十二章
国际贸易法治困境下中国的应对策略

本章主要讨论中国在国际贸易法治陷入困境背景下可以采取的一些策略性选择，涉及 WTO 改革和参与区域贸易安排两大方面。由于国际贸易法治涵盖面非常广，涉及问题众多，因此本章的策略建议只能涵盖若干重点领域，并且，尽管在有些方面提出了具体性建议，但在有些领域的策略建议可能仍然具有一定原则性。

第一节　中国在 WTO 改革若干具体
问题上可采取的策略

WTO 多边贸易体制是国际贸易法治的核心内容，WTO 危机也是国际贸易法治困境的主要表现。本节主要提出中国在 WTO 改革若干重点领域应采取的策略。

一、支持以更具灵活性的方式恢复 WTO 三大基本功能

（一）支持扩大诸边谈判模式的适用

如前所述，多哈回合谈判失败具有多方面原因，但其中的关键因素是在成员数量和结构都发生了显著变化的背景下继续采用多边贸易协定谈判模式，并且需所有成员协商一致决策，一揽子谈判和接受。为恢复谈判职能，中国可支持对原有谈判模式做出一定调整，扩大诸边谈判模式的适用。实践中诸边谈判也开始蓬勃发展。《中国关于世贸组织改革的立场文件》和《中国关于世贸组织改革的建议文件》虽然没有明确提及诸边谈判和诸边协定，但实践中中国属于诸边谈判的积极参与者，事实上中国已经积极参与了之前的诸边谈判，[①] 甚至在没有美国参与的情况下中国引领了《促进发展的投资便利化协定》，并取得了谈判的成功，总体上展现了中国参与诸边谈判的积极、务实的态度。作为 WTO 的重量级成员，中国应在促进诸边谈判及其成果在《WTO 协定》中的合法化、诸边谈判的发起和议题设定、对发展问题的持续关注等方面继续发挥建设性作用，以促进多边贸易体制规则供给功能的正常发挥。

具体来说，中国在谈判机制方面可支持做出以下调整：(1) 贸易谈判首先原则上允许部分成员发起诸边谈判。当然，也不排除所有成员发起多边谈判。(2) 在贸易谈判存在多议题的情况下，不限定于一揽子谈判方式，允许首先就部分议题达成协议。(3) 当谈判就若干议题达成协议的情况下，同样不采用一揽子接受方式，允许成员接受部分协议，但在接受某一协议时不允许提出保留。严格意义上说，谈判达成协议与接

[①] 只有一项例外，即尚未参加化石燃料补贴改革谈判。See "Fossil Fuel Subsidy Reform", WTO, https://www.wto.org/english/tratop_e/envir_e/fossil_fuel_e.htm, last visited on 24 January 2023。

受所达成的协议是两个环节，应区别对待。谈判达成协议只是意味着成员之间谈妥了协议的内容，形成了确定的文本。如果有签署行为，签署也可能具有初步的约束效力（视谈判成员的约定而定）。但接受协议通常要经过本国权力机关的批准。只是由于达成协议后极少有不接受协议的情况发生，因此这种区别未被人们所重视。（4）WTO 体制下的所有诸边贸易协定原则上应保持成员资格的开放性。（5）所形成的诸边贸易协定是否适用最惠国待遇原则（亦即形成开放式诸边协定还是封闭式诸边协定），原则上由该协定的参加方决定，其他成员及 WTO 的任何机构不得干预，但 WTO 和其他成员可鼓励和倡导参加方适用最惠国待遇原则。

这种谈判方式产生的效果就是在能谈成的议题上、在能接受的成员之间率先形成协议，并在这些成员同意的前提下尽可能地实现多边化。但如果不能实现多边化，也容许其存在，这样可有效破解谈判困境。

需要特别强调的是，从概念上来说，多边贸易协定与诸边贸易协定相并列，而协商一致与投票表决相并列。当不能达成多边贸易协定转而采用诸边贸易协定模式时，并不否定协商一致的决策方式，只是不再要求所有成员之间的协商一致，而要求诸边贸易协定参加方之间的协商一致。当然，如果诸边贸易协定的参加方同意，他们也可以采取协商一致以外的决策方式，例如投票表决，只是目前尚未出现此种实践。

（二）对上诉机构的恢复做好两手准备

中国政府一直积极支持恢复上诉机构。这的确应该成为争端解决机制改革中的首选。为此，在提出改革建议时，应充分回应美国在上诉机构问题上的合理关切。如前文所述，美国所提出的诸多关切中，程序性的问题相对容易解决，只要在 DSU 的修改中做出明确规定，就能解决其中的绝大多数程序问题。相对来说，比较困难的是成员如何实现对司法权力的监督。在这方面，中国可建议启动《WTO 协定》第 9.2 条规定的权威解释，对存在争议的条文做出解释。做出权威解释后，专家组和上诉机构对该条文应采取权威解释的涵义。第 9.2 条中四分之三多数的要求通常很难达到，可以降低这一票数要求，比如说五分之三或三分之二，以方便权威解释程序的使用。但在专家组和上诉机构审理案件的过程中，必须保持其独立性；上诉机构的法律解释和裁决至少在本案中应得到尊重。

中国在积极支持恢复上诉机构的同时，也得做好两手准备，即万一上诉机构未能恢复，也可继续支持使用 MPIA。这是不得已的选择，但 MPIA 的存在毕竟可以在一定程度上满足一些成员对上诉程序的需求。

另外，无论上诉机构是否得以恢复，中国应反对改回 GATT 期间协商一致通过裁决报告的模式。协商一致虽可使成员有效地控制裁决报告的生效，而且在 GATT 期间运行良好，但在当今成员众多、成员结构复杂化的情况下，恢复协商一致意味着裁决报告被阻挠的可能性会大大提高，将严重损害争端解决机制的独立性。

（三）支持强化贸易政策透明机制的效能

贸易政策透明义务特别是通知义务的履行状况极为糟糕，很大程度上影响了多边贸易体制的正常运行，也影响了各成员对多边贸易体制的信心。对有些成员提出的强化相关法律责任的建议，中国可以支持。对不履行透明义务规定惩罚性措施虽然可能加剧部分发展中成员的负担，但加强贸易政策透明度对维护多边贸易体制的长远发展有益。[①] 中国政府倡导采用激励措施和对发展中成员的技术援助，对于透明度义务的履行均有积极意义，但仅此还有所欠缺。在惩罚性措施方面，中国政府在谈判中至少应保持不反对的态度。

---

① 宋泓：《多边贸易体制制度设计与改革前景》，《世界经济与政治》2020 年第 10 期。

二、坚持中国的发展中成员地位但可归于新兴国家

WTO 改革背景下，有关发展中成员地位的争议主要集中在发展较快的新兴经济体身上，中国首当其冲。美国在其发布的《备忘录》中称："美国从未接受过中国对其发展中国家地位的主张，而且几乎当前所有的经济指标都证明相关状况与中国的主张不符。"[1] 尽管《备忘录》也提及韩国、墨西哥、新加坡和巴西等国家，但很显然主要指向中国。[2] 欧盟委员会 2019 年 3 月发布的《欧盟与中国的战略前景》认为"中国再也不能被视为发展中国家"；"它应在国际社会中承担更大的责任，坚持以规则为基础的国际秩序以及更加开放、互惠、非歧视的国内制度"。[3] 美国和欧盟的态度在一定程度上反映了国际社会对中国发展中成员身份的看法。

早在中国加入 WTO 之时，中国的发展中成员身份就曾经是一个谈判难点。以发展中成员身份加入 WTO，是中国始终坚持的基本原则之一，但美国和欧盟从一开始就反对给予中国发展中成员的地位。为了以发展中成员身份加入 WTO，中国做出了很大让步，包括放弃部分特殊和差别待遇（SDT）以及在工业补贴、国民待遇等方面承担比其他发展中成员更重的义务。[4] 如今，随着中国经济的飞速发展与中国国际

---

[1] White house, *Memorandum on Reforming Developing-Country Status in the World Trade Organization*, 26 July 2019, https://www.whitehouse.gov/presidential-actions/memorandum-reforming-developing-country-status-world-trade-organization/，last visited on 29 July 2022.

[2] 彭德雷等：《多边贸易体制下中国发展中国家地位问题研究》，《太平洋学报》2020 年第1 期。

[3] European Commission, *EU-China-A Strategic Outlook*, 12 March 2019, https://eur-lex.europa.eu/legal-content/EN/TXT/?uri=JOIN:2019:005:FIN, last visited on 29 July 2022.

[4] Marcia Don Harpaz, China and the WTO: New Kid in the Developing Bloc? *Hebrew University International Law Research Paper*, No. 2-7, 2007, https://papers.ssrn.com/sol3/papers.cfm?abstract_id=961768, last visited on 12 January 2021.

地位的提升，出现了更多质疑中国发展中成员身份的声音。甚至有学者妄断，从中国在 WTO 中的言辞与行动来看，中国越来越显示出领导 WTO 的意愿，[①] 想以此说明中国不再是发展中成员。如何应对其他成员关于中国发展中成员地位的质疑，是中国在本次 WTO 改革中面临的一个突出问题。

（一）目前中国仍属于发展中成员

按照世界银行以人均 GNI 为标准的划分，2018 年中国人均 GNI 为 9470 美元，中国属于中高收入经济体，仍处于发展中国家之列。以 UNDP 的标准来看，2018 年中国的 HDI 为 0.758，位列世界第 85 位，中国属于"高人类发展"经济体；在《2019 年人类发展报告》中，共有 151 个国家被列为"发展中地区"（developing regions），其中包括中国。[②] 在 IMF 2019 年发布的《世界经济展望》（WEO）报告中，中国同样出现在新兴和发展中国家组别中。[③] 也就是说，尽管中国的经济实力有了质的飞跃，经济总量与贸易体量很大，但是在现有主要国际组织的分类中，中国仍被视作发展中国家。实际情况也的确如此。

首先，过去四十余年中国的经济发展更多体现在速度上，但发展速度快并不意味着中国的发展水平已经达到了发达程度。最明显的例子是，20 世纪 60 年代以来，出现了一批像中国这样发展水平迅速提升的

---

① Marcia Don Harpaz, China and the WTO: New Kid in the Developing Bloc? *Hebrew University International Law Research Paper*, No. 2-7, 2007, https://papers.ssrn.com/sol3/papers.cfm?abstract_id=961768, last visited on 12 January 2021.

② United Nations Development Programme, *Human Development Report 2019*, p. 348, http://hdr.undp.org/sites/default/files/hdr2019.pdf, last visited on 12 January 2021.

③ IMF, *World Economic Outlook*, October 2019, p.129, https://www.imf.org/en/Publications/WEO/Issues/2019/10/01/world-economic-outlook-october-2019, last visited on 12 January 2021.

国家和地区，其被称为新兴经济体，但高速发展的各类新兴经济体却可能处于不同的国家分类中，[①] 这表明发展速度并不能体现其发展水平。

其次，由于中国人口众多，尽管经济与贸易总量已处于世界前列，但人均指标仍然偏低。根据世界银行的统计，2018 年中国人均 GDP 仅为 9770 美元，尚未达到世界平均水平（11312 美元），而美国、日本、欧盟的人均 GDP 分别为 62794 美元、39290 美元和 36569 美元；2018 年，中国按购买力平价衡量的人均 GNI 为 18170（现价国际元），刚刚超过世界平均水平的 17896；就科技水平而言，2017 年中国研发支出占 GDP 的比例为 2.13%，尚低于世界平均水平的 2.303%；从城镇化率来看，2018 年，中国城镇人口占总人口的比例为 59%，日本为 92%，美国为 82%，欧盟为 76%。[②] 可见，中国的各项人均指标与发达国家还有很大差距，一些人均指标甚至尚未达到世界平均水平。

最后，中国还面临严重的发展不平衡的问题。从产业结构来看，2017 年中国三个产业部门的比例为 8∶40∶52，与发达国家的 2∶23∶75 相比，服务业占比明显偏低，制造业占比很大。从区域发展来看，2018 年北京与上海的人均 GDP 分别为 153095 元与 148744 元，而 2018 年西藏、新疆与青海人均 GDP 为 45476 元、51950 元与 45739 元，发达省市的人均 GDP 是西部欠发达省份的 3 倍左右。再看城乡差距，2019 年城镇居民人均可支配收入为 42359 元，而农村居民人均可支配收入仅有 16021 元。[③] 中国幅员辽阔、人口众多，要解决发展不平衡问题还有很长的路要走。

综上，中国的人均经济指标与发达国家还有很大差距，东西、城

---

① 刘伟、蔡志洲：《如何看待中国仍然是一个发展中国家？》，《管理世界》2018 年第 9 期。

② The official website of World Bank，https://data.worldbank.org.cn/indicator, last visited on 17 June 2020.

③ 中国国家统计局网站，http://data.stats.gov.cn/index.htm，访问日期：2020 年 6 月 17 日。

乡、各产业发展不平衡的现象比较严重。HDI 所反映的个人发展水平也仅居世界第 85 位。最重要的是，按照主要国际组织的标准，中国都被视作发展中国家，那么中国在 WTO 中宣称自己为发展中成员是合乎情理的。

（二）中国在发展中成员类别中可进一步被归为新兴成员

WTO 改革背景下，一些成员对于 WTO 原有的发展中成员分类、认定方式与认定标准很不满。如果 WTO 对发展中成员进行重新分类，或改变认定方式、明确认定标准，那么中国则可能面临身份转变的问题。

自改革开放以来，经过四十多年的高速发展，中国取得的成就举世瞩目。2000 年中国的 HDI 为 0.591，2018 年中国的 HDI 已上升至 0.758；[①] 中国加入 WTO 的时候尚被世界银行列为低收入国家，2007 年中国由低收入国家跃升至世界中等偏下收入国家行列，2013 年中国已成为中等偏上收入国家。同时，中国在国际制度建设领域的资金投入大幅上升，不仅在联合国等正式国际组织中承担更多出资的义务，还通过提出"一带一路"倡议、建立亚洲基础设施投资银行等制度化举措进一步提高参与全球与区域治理的能力，引领国际发展议程。[②] 尽管当前中国仍属于发展中国家，但加入WTO 以来，其经济实力、履行 WTO 义务的能力已显著提升。

中国的发展中国家地位是中国在加入 WTO 谈判过程中所坚持的基本原则之一。例如，《中国加入工作组报告书》中明确："中国代表表示，虽然经济发展取得了重要成就，但是中国仍然是一个发展中国家，因此应有权根据 WTO 协定享受给予发展中国家的所有特殊和更优惠待遇。"但这并不意味着发展中成员的身份一经确定便固定不变。发展是一个动

---

① United Nations Development Programme, "Human Development Report 2019", p. 305, http://hdr.undp.org/sites/default/files/hdr2019.pdf, last visited on 12 January 2021.

② 门洪华、王骁：《中国国际地位动态研究（2008—2018）》，《太平洋学报》2019 年第 7 期。

态概念，经过较长时间的努力，中国的发展水平完全可能达到发达国家的程度。

如果本次 WTO 改革将发展中成员进一步分为新兴成员、欠发达成员和最不发达成员三类，那么中国应当属于新兴成员一类。事实上中国和其他金砖国家因近些年经济发展比较迅速，目前均被称为新兴国家。由于新兴国家仍属于发展中国家，所以这一身份变化不会影响中国享有 SDT 的权利。但细化分类后，三类发展中成员所能享有的 SDT 将产生变化，新兴成员享有 SDT 的数量与程度将逊于其他两类发展中成员。三类发展中成员在具体待遇上的差异仍然取决于各成员的谈判结果。另外，一旦中国的发展水平达到发达国家标准，中国就面临着身份转变和从 SDT"毕业"的现实。

（三）顺应改革大势做好身份转型的准备

2021 年 2 月 15 日，WTO 总理事会特别会议任命伊韦阿拉博士担任世贸组织新任总干事。她在发言中指出："SDT 是引发成员间分歧、损害信任的一个问题，但当前部分发展中成员自愿放弃未来享有的 SDT 的行动，及《贸易便利化协定》允许考虑每个成员具体发展状况的做法，为今后的发展提供了一个方向"。[①] 其中"部分发展中成员自愿放弃未来享有的 SDT 的行动"指巴西、韩国等成员放弃了其在 WTO 中的 SDT 待遇，客观上等同于在 WTO 中放弃了其发展中成员地位。《贸易便利化协定》采取的新做法则是，每一发展中成员可自行将协定条款分为 A、B、C 三类，A 类条款自协定生效时起该成员须立即实施，B

[①]　WTO Doc., Appointment of the Next Director-General, Statement of the Director-General Dr. Ngozi Okonjo-Iweala to the Special Session of the WTO General Council, JOB/GC/250, 16 February 2021, https://docs.wto.org/dol2fe/Pages/SS/directdoc.aspx?filename=q:/Jobs/GC/250.pdf&Open=True, last visited on 12 January 2021.

类条款可在该成员指定的一定过渡期后实施，C 类条款除了适用过渡期外，该成员还可以要求在通过提供能力建设援助和支持以获得实施能力后方实施。[①] 这使得发展中成员可以根据自身情况、措施难易程度以及是否需要技术和资金援助，自行确定承诺的生效时间。

直观地看，新任总干事提及的两种做法都指向发展中成员的待遇问题，即根据各成员的实际发展状况给予不同的 SDT，逐渐改变当前所有发展中成员享受相同 SDT 的状况，并鼓励部分发展中成员放弃 SDT，最终实现所有成员一致和充分地履行所有 WTO 义务。但实现不同 SDT 的重要基础仍在发展中成员的身份认定上。若不细化发展中成员的分类，便难以实现不同成员不同待遇的设想，或许只能依靠逐案认定这一繁琐且受制于各方谈判能力的方式，将更不利于发展中成员。若不改革发展中成员的认定方法并明确认定标准，那么就需要依靠成员自愿放弃 SDT 及发展中成员身份，才能够实现发展中成员的身份转变。但是，成员是否做出放弃的决定往往会受到美、欧等发达成员的压力或其他政治经济因素的影响。如果有发展中成员该放弃而拒不放弃发展中成员地位，那么也容易出现僵局。因此，还是细化发展中成员的具体分类、明确发展中成员认定方式与各类型成员的认定标准能为成员身份认定问题提供更大的客观性和确定性，也应成为 WTO 未来在此问题上改革的方向。

同时，区域贸易安排的蓬勃发展也促使 WTO 成员在 WTO 改革问题上采取更加积极的态度。以 CPTPP 和 USMCA 为代表的区域协定正在兴起，国际社会正在通过双边、区域自由贸易协定逐步制定新型的、更高标准的经贸规则，WTO 则可能被边缘化。[②] 发达成员与发展中成

---

① 《贸易便利化协定》第 14 条。

② Heng Wang, The International Governance Crisis and Post-WTO Order: A China-US G2 FTA as a Solution? *UNSW Law Research Paper* No. 19-98, 2019.

员若不进行必要的妥协，将不利于维护以 WTO 为核心的多边贸易体制，对全球贸易有百害而无一利。

对中国而言，改革 WTO 中发展中成员地位的认定方式和标准可能意味着更重的 WTO 义务。但中国作为世界上最大的发展中国家、WTO 多边贸易体制的受益者和多边贸易体制的坚定维护者，应当承担与其能力相当的义务，积极推动 WTO 的现代化改革，使 WTO 规则更加科学、多边贸易体制更加包容与平衡。况且，改革成员身份的认定方式和认定标准并不会对中国造成较大程度的消极影响。中国本来就未在 WTO 体制中享有较多发展中成员待遇，反而承担了一些比发达成员更重的 WTO-Plus 条款义务。[①] 中国在加入 WTO 时便放弃了 45 项优惠待遇，最惠国待遇下关税水平普遍大幅降低进一步侵蚀了 SDT 的作用空间，普惠制中各国给予中国的优惠待遇更是不断缩水。在这种背景下，有关发展中成员地位与待遇问题的改革并不会对中国产生较大的冲击。2019 年 5 月，中国向 WTO 提交了《中国关于世贸组织改革的建议文件》，其中便鼓励发展中成员积极承担与其发展水平和经济能力相符的义务。[②] 可见中国愿意在 WTO 中承担与自身能力相当的义务，也鼓励取得了更大发展成就的发展中成员在 WTO 中承担更多的义务。

在发展中成员认定方式必然要做调整的大势之下，中国要做好以下方面的准备。一方面对于发展中成员认定方式的调整要做好充分的思想准备，另一方面对于在未来应由各成员进一步谈判解决的问题（即前述三类发展中成员的细分标准、专门委员会的确定方式和审查程序等），

---

① 刘敬东：《WTO 改革的中国学者方案笔谈》，《南海法学》2019 年第 1 期。
② 中华人民共和国商务部：《中国关于世贸组织改革的建议文件》，2019 年 5 月 14 日，http://sms.mofcom.gov.cn/article/cbw/201905/20190502862614.shtml，访问日期：2020 年 6 月 17 日。

要事先做好谈判预案。此外，三类发展中成员可享有不同待遇虽然不属于认定发展中成员的问题，但二者直接关联，谈判确定发展中成员的细分标准必然涉及各类成员所对应的 SDT 设定，因此，对于三类发展中成员各自应享有何种程度的 SDT，中国也应同时做好谈判预案。只有明确思路，充分准备，才能在未来的 WTO 发展中成员认定方式谈判中进退有度。

三、在国有企业规则谈判中坚持所有制中立原则同时争取例外安排

OECD 所倡导的竞争中立原则旨在使各种所有制企业公平竞争，营造良好的市场环境。在竞争中立原则指导下产生的国有企业规则，意在规制国有企业的不公平竞争行为，增强国有企业透明度，减少国家对国有企业的不当干预。这实际上与中国经济体制和国有企业改革的目标有相似之处。但目前新型自由贸易协定中的国有企业规则由欧美主导，在一定程度上成为了限制国有企业发展的规则。因此，在未来的 WTO 国有企业规则改革谈判中，中国一方面应积极参与新规则的构建，使 WTO 适应新形势的发展，另一方面要反对欧美国家对竞争中立进行不当解释，要坚持所有制中性的竞争中立，并努力争取自身合理权益。

（一）积极参与新型国有企业规则构建

尽管 CPTPP 等新型自贸协定中的现有国有企业规则对国有企业设置了较为严苛的义务，可能对中国国有企业带来一定的挑战，但总体而言，这些国有企业规则要求与中国经济体制改革目标具有一致性。中国当前正在进行国有企业分类改革，将国有企业划分为公益类与商业类两

大类，根据不同企业特点有针对性地推进改革。中国国有企业改革已历经多年，一个非常突出的特点是以现代企业制度为核心进行内部改革，很少考虑国际市场的制约因素。[①] 随着中国不断改革开放，国内企业走向国际，与各国企业展开竞争，WTO 国有企业规则改革有助于倒逼中国国有企业进一步深化改革。

当前诸多双边、区域自由贸易协定中均加入了国有企业规则，中国申请加入 CPTPP 也表明了中国对国有企业规则的积极态度。在本次 WTO 改革中设置更严格的国有企业规则已无法避免，而 WTO 国有企业规则谈判对以中国为首的发展中成员而言，也是一次参与规则构建的机会。中国应积极参与谈判，避免欧美各国主导 WTO 国有企业规则走向。

（二）坚持所有制中性原则

在围绕竞争中立的国家间制度竞争背后，更为实质的是政府和市场关系状态的竞争，或者说是各国在塑造政府与市场关系过程中形成的制度能力的竞争。在这一过程中，居于主导、强势地位的国家很可能基于路径依赖与本国私益为自己创设豁免和便利，对竞争中立进行扩张解释。现有的以 CPTPP 和 USMCA 为首的新型自由贸易协定中便存在对国有企业的歧视性规定。最典型的是非商业援助条款，它在 SCM 协定的基础上规定了更严格的补贴规定，却只涵盖国有企业，而不涵盖私人企业。亦即在 CPTPP 和 USMCA 中并不存在针对私人企业的补贴规则，这就使国有企业相较于私营企业承担了更重的义务。尽管国有企业补贴问题的确是目前国际贸易中较为突出的矛盾之一，但非商业援助条款从原则上来说构成对国有企业的歧视。

---

① 韩立余：《TPP 国有企业规则及其影响》，《国家行政学院学报》2016 年第 1 期。

应当明确的是，竞争中立制度并非排斥政府介入市场。[①] 无论是澳大利亚国内的竞争中立还是 OECD 竞争中立规则，都强调加强对政府监管行为的管制，使各种所有制公平竞争，而非简单加重国有企业义务，抑制国有企业发展。未来中国在 WTO 国有企业规则谈判中应坚持所有制中性的竞争中立，避免仅因国家所有权对国有企业施加歧视性规则。同时，在国内政策方面，通过提升国有企业透明度与完善国有企业公司治理机制等方式，加强对政府干预行为的监管。

（三）应善用例外条款

前已述及，现有新型自由贸易协定的国有企业章节都为缔约方提供了相当广泛的例外。而就 WTO 国有企业规则谈判而言，WTO 成员众多，各国国情不一，竞争中立制度与国有企业规则对各国的影响不同，国有企业规则中必然会设置诸多例外条款。在后续谈判中，中国也应善用例外与过渡期条款，为国有企业改革争取更长的时间。例如，可以借鉴欧式新区域贸易协定在适用范围中排除文化、金融产业、次级政府实体的做法，规定人工智能、金融等需要保护空间的产业暂不适用某些国有企业规则。[②]

此外，发达成员与发展中成员经济发展水平不同，国有企业在发达成员与发展中成员经济中的重要性也存在显著不同。国有企业在发展中经济体中发挥着提供就业岗位、扶植弱势产业、稳定国内经济等重要作用。因此，中国可在具体谈判中提出，WTO 设置国有企业规则应考虑发展中成员的特殊需要，为发展中成员设置必要的特殊规则。

---

① 冯辉：《竞争中立：国企改革、贸易投资新规则与国家间制度竞争》，《环球法律评论》2016 年第 2 期。

② 刘雪红：《国有企业的商业化塑造——由欧美新区域贸易协定竞争中立规则引发的思考》，《法商研究》2019 年第 2 期。

四、中国对 WTO 补贴规则改革的参与策略

中国是采用产业补贴措施较多的 WTO 成员，产业补贴规则的改革势必会对中国的利益产生影响。如何应对 WTO 补贴规则改革，成为一个重大课题。同时，中国作为世界第二大经济体、新兴经济体和发展中成员的代表，其在补贴规则改革中的方案选择势必会对未来的改革走向产生重要影响。

（一）补贴问题在中国对外经贸关系中的影响

近年来，补贴问题已成为中国对外贸易关系中面临的突出问题之一。补贴与反补贴是中国与 WTO 成员发生经济摩擦的一个重点领域。据 WTO 统计，自 WTO 成立至 2022 年年底，共有 54 个成员被发起 671 次反补贴调查，而中国被发起反补贴调查共计 200 次，[①] 占比约 29.8%，[②] 其中被实际征收反补贴税的有 150 次，占各成员被征收反补贴税总数（403 次）的 37.2%。[③] 补贴问题同时也是中美贸易争端的重要影响因素。补贴是围绕贸易争端的双边谈判的一项重要内容，其中也包括国有企业的补贴问题。2018 年 7 月美国向 WTO 总理事会提交报告，指责中国维持着一种国家主导、破坏贸易的经济模式，给各成员带来了

[①] 按国别对华反补贴调查简单加总为 200 次，其中对华仅采取了 1 次反补贴调查的博茨瓦纳、斯威士兰、纳米比亚和莱索托是在南部非洲关税同盟层面共同进行的，因此 WTO 官方网站虽然列举了国别数据（4 国各算 1 次），但实际只有 1 次，这样中国受到反补贴调查的总数就是 197 次。See WTO Doc., Countervailing Initiations: Reporting Member vs Exporter 01/01/1995 - 31/12/2022, https://www.wto.org/english/tratop_e/scm_e/CV_InitiationsRepMemVsExp.pdf, last visited on 26 April 2023。

[②] 中国 2001 年底才加入 WTO，并且在 2004 年前西方成员不对中国采取反补贴措施。如果考虑这两个因素，中国被采取反补贴调查数量的占比还要高于 29.8%。

[③] See WTO Doc., Countervailing Measures by Exporter 01/01/1995 - 31/12/2022, https://www.wto.org/english/tratop_e/scm_e/CV_MeasuresByExp.pdf，last visited on 26 April 2023.

巨大的成本和严峻的挑战；其向国内产业提供大量扭曲市场的补贴常导致严重的产能过剩。① 而中国强调各国的经济发展模式不同，理应得到尊重。②

中国与发达成员在产业补贴问题上的分歧涉及两个方面：一是WTO 现有补贴规则的执行问题，双方在补贴领域的上述摩擦即属于典型体现；二是补贴规则的新发展问题。二者是密切相关的，正是由于认为中国在补贴领域存在问题，发达成员的补贴规则改革建议才表现出严格补贴规则的倾向。这些都势必给中国造成一定压力。中国则期望通过澄清补贴规则以遏制其他成员对反补贴措施的滥用，同时激活和扩展不可诉补贴，以为追求正当政策目标提供规则上的灵活性。

（二）中国参与补贴规则改革谈判的基本考量

中国参与 WTO 改革谈判的总体目标是维护多边贸易体制，并缓解与其他部分成员的贸易紧张关系。在这一总体目标之下，在参与补贴规则改革谈判的过程中中国应把握以下方面的基本考量。

1. 应在维护国家利益和为国际社会提供公共产品之间保持平衡

国家利益无疑是中国参与补贴规则改革谈判的首要考虑，这是中国参与任何领域的国际关系都必须把握的。同时，在 WTO 体制面临危机的背景下，为国际社会提供公共产品应成为中国参与 WTO 改革的重要着力点。中国是贸易大国、WTO 重要成员、国际经贸规则制定的主要参与者，理应发挥大国担当，在为国际社会提供公平合理的国际经贸规

---

① See WTO Doc., China's Trade-Disruptive Economic Model, communication from The United States, WT/GC/W/745, 16 July 2018.

② 参见《中国关于世贸组织改革的建议文件》，中华人民共和国商务部官方网站，http://images.mofcom.gov.cn/sms/201905/20190524100740211.pdf，访问日期：2023 年 7 月 9 日。

则方面作出贡献。经过改革开放四十多年的发展，中国已是世界上产业体系最为完备的国家，在广泛产业领域具有承受力或竞争力，这也为中国更多地考虑为国际社会提供公共产品提供了有利条件。这一点同样应在补贴规则改革中体现出来。

2. 反对对国有企业制定歧视性补贴规则

实践中各国的国有企业往往被指称享有不当竞争优势，影响公平竞争。也正因如此，CPTPP 和 USMCA 均包含限制国有企业非商业援助（实即产业补贴）的规则，其不仅直接将国有企业规定为适格的非商业援助主体，而且只规定国有企业作为非商业援助对象的情形。即这两个贸易协定只存在针对国有企业的补贴规则，而对私营企业的补贴并无任何规则，即无任何限制。这显然矫枉过正，属于典型的反向歧视。考虑到西方国家国有企业的数量较少，私营企业较为普遍，这种做法的歧视性就更加明显。在 WTO 补贴规则改革谈判中，中国应坚持对国有企业和私营企业真正的同等对待，反对对国有企业制定歧视性的补贴规则。

3. 参与补贴规则改革应考虑促进中国市场化改革的需要

补贴规则很大程度上涉及政府和市场的关系。2013 年 11 月，中共十八届三中全会报告提出要调整和清理补贴政策，要"大幅度减少政府对资源的直接配置"。[①]2020 年习近平总书记在中央全面依法治国工作会议上提出了"坚持统筹推进国内法治和涉外法治"。[②] 中国在参与WTO 补贴规则的谈判中也应统筹考虑促进中国市场化改革的需要，实现二者的协调发展。其他成员的有些规则改革建议虽对中国可能形成一

---

① 中共十八届三中全会：《中共中央关于全面深化改革若干重大问题的决定》，2013 年 11 月 12 日通过。

② 习近平：《坚定不移走中国特色社会主义法治道路 为全面建设社会主义现代化国家提供有力法治保障》，《人民日报》2020 年 11 月 18 日第 1 版。

定压力，但也可能与中国市场化改革的大方向一致，中国不必一概反对，而应理性分析从而考虑是否接受。

4. 以相关改革建议的合理性作为接受或反对某种建议的基本衡量标准

在操作层面，关键是适当认识补贴规则改革建议本身的合理性，并理性地权衡利弊得失，并积极提出中国自身的建议。WTO 规则的背后都具有某种程度的合理性，即经济学上的合理性，或法理上的合理性，或体现某种正当的政策追求。当然不同的价值追求也会导致各成员在贸易谈判过程中形成博弈，并在讨价还价达成妥协时形成协议规则。在 WTO 补贴规则改革谈判中，中国应以改革建议的合理性为基础参与补贴规则改革谈判，也以此作为接受或反对某种改革建议的基本考虑。像上述论及的对"外部基准"加以明确，将产能过剩增加为"严重侵害"的类型之一，具有合理性和可行性，中国可以接受。上述增加化石燃料补贴为禁止性补贴、恢复原不可诉补贴中的环境补贴和落后地区补贴并在其中增加灾害灾难补贴，均具有政策目标上的正当性，中国也可以接受。恢复原不可诉补贴中的研发补贴则需要慎重对待。扩大禁止性补贴范围的部分建议不具有经济学上的合理性，而可诉性补贴中的举证责任倒置则不具有法理上的合理性，对这些建议中国都不应接受。

（三）可考虑接受"公共机构"的"政府控制权标准"

鉴于 SCM 协定中"公共机构"是备受各方关注的一个突出问题，并且具有一些与中国紧密关联的因素，这里就单独予以讨论。

美日欧贸易部长自 2017 年底以来发布的九次《联合声明》中，其中三次都提及"公共机构"的解释问题。第七次《联合声明》更是明确指出，"政府权力标准"损害了 WTO 补贴规则的有效性；认定某一实体是公共机构时，不必要求该实体拥有或行使政府权力。① 欧盟提出的关于 WTO 现代化的《概念文件》也有类似主张。② 与之相对应，《中国关于世贸组织改革的立场文件》（以下简称《中国立场文件》）提出改革应尊重各成员的发展模式，反对对国有企业设立特殊规则。③《中国建议文件》则认为不加区别地将所有国有企业都认定为公共机构不利于创造公平竞争的制度环境。④ 由此可见，目前中国与美日欧在此问题上的对立与之前的争端解决实践是一脉相承的。

　　上述《中国立场文件》和《中国建议文件》表明了中国维护多边贸易体制和中国经济发展模式的坚定决心，同时也应当看到，WTO 改革谈判是一个关于贸易规则的讨价还价的过程，在多边贸易体制面临危机、中美贸易争端仍在僵持的大背景下，在不影响中国重大利益的前提下，做出一些妥协和让步是必要的，也是不可避免的。同时，西方国家的有些要求虽对中国构成压力，但也可能与中国市场化改革的方向是吻合的，因此，理性地衡量利弊得失，积极寻求各方的最大公约数，在适当的情况下缩小和西方国家间的规则分歧，亦可在一定程度上提升我国在 WTO 改革中的话语权。⑤ 上述《中国建议文件》也明确指出，"该文

---

① Joint Statement on Trilateral Meeting of the Trade Ministers of the United States, Japan, and the European Union, 14 January 2020，https://ustr.gov/about-us/policy-offices/press-office/press-releases/2020/january/joint-statement-trilateral-meeting-trade-ministers-japan-united-states-and-european-union，last visited on 15 June 2020.

② European Commission, Concept Paper: WTO Modernization - Introduction to Future EU Proposals, 18 September 2018，http://trade.ec.europa.eu/doclib/docs/2018/september/tradoc_157331.pdf，last visited on 25 April 2020.

③ 中华人民共和国商务部：《中国关于世贸组织改革的立场文件》，2018 年 12 月 17 日，http://sms.mofcom.gov.cn/article/cbw/201812/20181202817611.shtml，访问日期：2022 年 4 月 30 日。

④ 中华人民共和国商务部：《中国关于世贸组织改革的建议文件》，2019 年 5 月 14 日，http://images.mofcom.gov.cn/sms/201905/20190524100740211.pdf，访问日期：2022 年 4 月 30 日。

⑤ 柯静：《世界贸易组织改革：挑战、进展与前景展望》，《太平洋学报》2019 年第 2 期。

件不预判中国今后对文件中所涉事项的最终立场和具体建议",实际上为必要的妥协让步预留了余地。

具体到"公共机构"问题上,笔者认为,中国在此问题上可以采取更为灵活的策略。一方面,从法理上看,虽然"政府权力标准"更加符合中国政府的一贯立场,并且一直得到上诉机构的支持,但如前文所述,该标准在法理上是不可靠的,上诉机构和专家组的错误解释以后总会得到纠正。另一方面,从争端解决实践看,即便适用了"政府权力标准",中国国有企业仍被认定为公共机构。在"美国——双反措施案"中,上诉机构只将中国的国有商业银行认定为公共机构,[1] 而对涉案的其他国有企业尚未作如此认定。[2] 而在之后的"美国——反补贴税案"中,情形发生了很大变化,该案执行问题专家组报告尽管仍适用"政府权力标准",但却全面肯定了美国对中国国有企业的公共机构认定,[3] 即国有商业银行之外的其他国有企业也被认定为公共机构,并且在之后的上诉程序中进一步得到上诉机构的肯定。[4] 两案累积起来,可以发现,无论是中国国有商业银行还是一般国有企业均被认定为公共机构。也就是说,中国在争端解决中赢了"公共机构"的法律解释,却输了"公共机构"的法律适用,胜势无法转化为胜果。

值得注意的是,专家组和上诉机构在两起争端中将中国国有企业认定为公共机构虽不构成先例,但在 WTO 争端解决中无疑会有很强的示范效应。以后若有类似争端,除非能证明涉案国有企业与政府的关系与前两起争端中的情形有明显不同,中国要主张特定国有企业不属于公共机构,将是极为困难的。

---

[1] WT/DS379/AB/R, para.355.

[2] WT/DS379/AB/R, para.347.

[3] WT/DS437/RW, paras. 7.104-7.107.

[4] WT/DS437/AB/RW, para.5.105.

此前人们关于"公共机构"法律解释的讨论主要是围绕 WTO 专家组和上诉机构的司法解释进行的，各成员对某种解释可能表示赞同或反对，但无法起到直接修改规则的作用。而从前述关于 WTO 改革的九次《联合声明》（有三次提及"公共机构"的界定问题）和欧盟关于 WTO 现代化的《概念文件》的内容来看，"公共机构"的界定问题被列为未来 WTO 改革谈判议题的可能性很大。虽然在谈判议题的设置上各成员可能会有不同主张，但 WTO 是国际合作的产物，WTO 改革的成功也有赖于各成员的合作，像美国、欧盟、日本、中国这些重要成员的主张很难被轻易绕过去。既然被纳入谈判议题，就牵涉到中国采取何种谈判立场的问题。笔者认为，既然"政府权力标准"在法理上根本就不可靠，在具体争端中的适用效果又与"政府控制权标准"无异，中国并未因前者的适用获得多少实质性利益，并且这种状况未来一定时期很难发生逆转，这样，在谈判中中国继续坚持"政府权力标准"就没有什么实际意义了，不如以退为进，考虑放弃"政府权力标准"，转而接受"政府控制权标准"，以换取其他成员在其他问题上的让步，这也有助于 WTO 改革谈判的有效推进。虽然西方成员并未明确提出"政府控制权标准"，但其往往以政府所有权、投票权、任命权等为基础认定公共机构，符合"政府控制权标准"的实质要求。

（四）推动放宽民用航空工业领域补贴规则的具体做法

前文述及，民用航空工业具有特殊性，应推动放宽民用航空工业领域的补贴规则。中国就此可确立高目标和低目标。低目标可以是欧美《1992 年协议》中规定的补贴水平，即允许对新开发的民用大飞机项目作 33% 的研发补贴。高目标可以是重新激活 SCM 协定中原有的"政府可资助工业研究成本的 75% 或竞争前开发成本的 50%"的规定,① 并将之适用于民用航空器贸易。② 若后者得以实现，当能在很大程度上满足中国政府补贴大飞机产业的需求。不过，无论是高目标还是低目标，都只涉及研发补贴，而不涉及产品补贴。要在生产补贴和销售补贴方面寻求宽松的规则，其可能性微乎其微。需要说明的是，这里主张推动放宽民航工业领域补贴规则，与前文主张的不恢复原不可诉补贴中的研发补贴，二者并不矛盾，或者说前者只是特例，它是由民航工业的特殊性决定的。

为实现放宽补贴规则的目标，中国在多边贸易谈判中可考虑联合欧、俄的策略。美国长期以来一直要求严格限制补贴在大飞机产业中的使用，是试图以此来维护波音在民用航空工业中的垄断地位。波音长期以来在大飞机领域处于领先地位，其需要补贴的迫切程度远不如后来者那么高。如今空客已经与波音并驾齐驱，在对待后来的竞争者方面，欧美有共同之处，即以相对严格的规则压制后来的竞争者。实践中已经出现这种动向，在英国已经退出欧盟的背景下，2021 年 3 月4 日，美英两国发表联合声明，暂停就民用大飞机补贴争端相互加征报复性关税 4 个月，除了为双方继续谈判解决争端赢得时间外，还明确述及，其另外一个目的是"开始认真应对来自非市场经济体的新来者，例如中国，对民用航空市场带来的挑战"。③ 早在十多年前就有西方学者主张欧美应回到谈判桌上来，利用在争端解决程序中披露的信息达成新的双边协议，全面禁止对民用大飞机生产和研发的补贴，这将有助于抑制新的竞争者对补贴的利用，并有助于在未来的谈判中将双边

---

① 《补贴与反补贴措施协定》第 8.2 条（a）项。

② 原来的《补贴与反补贴措施协定》第 8.2 条（a）项中的研发补贴是不适用于民用航空器贸易的。见该协议脚注 24。

③ Joint US-UK Statement on Suspension of Large Civilian Aircraft Tariffs，USTR, 4 March 2021, https://ustr.gov/about-us/policy-offices/press-office/press-releases/2021/march/joint-us-uk-statement-suspension -large-civilian-aircraft-tariffs，last visited on 22 March 2021.

协议的内容多边化。① 倘若这种主张成为现实，那对后加入的竞争者极为不利。欧美借助巨额政府补贴使其大飞机产业实现了商业上的成功，成为成熟的竞争者，却要阻止处于弱势地位的其他竞争者利用补贴，也是不公平的。

从现实情况看，欧美在民用大飞机领域的违法补贴很难被彻底取消。欧盟更多地采用了直接补贴，并且对补贴的依赖性更强，要完全取消这些补贴并非易事，因此在大飞机贸易方面可能会有一定的放松补贴规则的愿望，至少短期内不会与美国完全站到同一立场上去。因此，笔者谨慎地认为，中国有可能在一定程度上联合欧盟，推动大飞机领域放宽补贴规则，特别是在欧盟的违法补贴迟迟不撤销的情况下。虽然欧盟现在也已成为领先者，其与中国的立场并不完全一致，但在对抗来自美国的压力方面无疑是一致的，因此中欧间一定程度的合作是可以预期的。

俄罗斯也是有能力生产民用大飞机的国家之一，但生产规模不大。20世纪70、80年代苏联民用大飞机产业也曾有过一段黄金时期。苏联解体后，俄罗斯的民用大飞机产业逐步陷入衰退。2004年以来，俄罗斯试图重新振兴该产业。从国际市场竞争的角度来看，俄罗斯迄今仍然处于极为弱势的地位。另外，加拿大、巴西和日本也都有发展民用大飞机的雄心。加拿大和巴西计划发展的一些机型已接近于与波音737和空客A320竞争的范围。② 在推动放宽补贴规则方面，中国与这些国家之间应有更多的共同利益，在未来的多边贸易谈判中，可以团结这些国家推动欧美做出让步。

---

① Jeffrey D. Kienstra, Cleared for Landing: Airbus, Boeing, and the WTO Dispute over Subsidies to Large Civil Aircraft, *Northwestern Journal of International Law & Business*, Vol.32, No.1, 2012, pp.605-606.

② Id., pp.602-603.

五、建议通过权威解释澄清安全例外的涵义

前文述及，特朗普政府以国家安全为由在政治、经济、文化交流等广泛领域对华采取经济制裁或限制措施，并在拜登政府那里大体上得以延续。美国过宽地解释 GATT 第 21 条中的国家安全概念，有滥用安全例外之嫌。其中 GATT 第 21 条（b）（iii）规定"在战时或国际关系中的其他紧急情况下采取的行动"可援引安全例外免除义务。这其中的争议焦点就是"国际关系中的其他紧急情况"的解释。

在"俄罗斯——过境措施案"中，专家组认为 GATT 1994 第 21 条规定的"国际关系中的紧急情况"一般指武装冲突或潜在武装冲突，或高度紧张或危机状态，或存在于一国的普遍不稳定等形势，并且此等形势会影响有关国家特定类型的利益，即防卫或军事利益，或法律的维护和公共秩序利益。[1] 这一解释并未被上诉，并且之后的"沙特——保护知识产权措施案"专家组也肯定和沿用了这一解释。[2] 但这种解释仍然显得比较原则和笼统，要确认美国上述一系列行为是否属于"国际关系中的其他紧急情况下采取的行动"还有很大不确定性。中国政府可建议通过《WTO 协定》第 9.2 条规定的权威解释（即由部长级会议或总理事会以绝对多数做出决议）对具有争议的"国际关系中的其他紧急情况"做出解释，以为该概念的解释提供更明确的指导。

---

[1] Report of the Panel, *Russia – Measures Concerning Traffic in Transit*, WT/DS512/R, 5 April 2019, para.7.76.

[2] Report of the Panel, *Saudi Arabia – Measures Concerning the Protection of Intellectual Property Rights*, WT/DS567/R, 16 June 2020, paras.7.245-7.246.

第二节　积极参加双边和区域自由贸易协定

本节主要说明参加双边和区域自由贸易协定对中国的重要性，并对中国参加自贸协定提出一些策略性建议。

一、充分认识自由贸易协定对中国的重要性

前文述及，在国际贸易法治尤其是多边贸易体制陷入困境的背景下，中国应坚持多边体制和区域体制并重的方针。但也应认识到，由于WTO 多边贸易体制现今成员众多而且成员结构复杂，即便 WTO 改革谈判能够取得一定成功，未来新的多边贸易谈判要达成新的协议，困难也是很大的。如果采取了诸边贸易协定谈判模式，谈判机制方面的困难会得到较大程度的缓解，但能在多大范围、多大程度上实现诸边协定的多边化，还不得而知。就中国来说，能在多大范围、多大程度上参与到新的多边贸易规则和诸边贸易规则中去，还有很大的不确定性。再者，无论是多边体制还是区域体制，能够达到的贸易自由化和制度建设水平总有一个极限。虽然我们不能准确地说明这个极限在什么地方，但由于多边体制中成员结构复杂，更不容易达成协议，因此，多边体制下的这一发展水平及极限水平总是要比区域体制下的相应水平要低。未来多边贸易体制只可能是一种贸易自由化和贸易治理的基准情形。[①] 区域贸易安排由于成员较少，更容易选择共同感兴趣的议题，也更容易达成协议，因此可在基准情形的基础上实现更高水平的开放。也就是说，中国若要追求更高水平的开放，必须更加重视自由贸易协定。还有，如上所

---

① 宋泓：《多边贸易体制制度设计与改革前景》，《世界经济与政治》2020 年第 10 期。

述，积极参加自由贸易协定还具有影响贸易规则发展的作用，因而值得中国高度重视。

截至 2023 年 12 月 31 日，中国已签署自由贸易协定 21 个，优惠贸易安排 1 个。① 从缔约对象国的结构来看，严格意义上的区域贸易协定只有 RCEP 和与东盟的贸易协定及其升级版，其余都是双边贸易协定；与发达国家的双边贸易协定少，如与澳大利亚、瑞士、韩国、新加坡、新西兰、冰岛的贸易协定，其余都是与较小的发展中国家订立的。从内容上看，中国缔结的自由贸易协定的贸易自由化水平偏低，例如，RCEP 的开放水平与 CPTPP 和 USMCA 就存在明显差别。总体上来说，迄今中国缔结的自由贸易协定无论在数量还是质量上与发达国家特别是欧美还存在差距。因此未来中国应积极参加现有的开放性自由贸易协定或推动设立新的自由贸易协定。2014 年 12 月中国提出加快实施自由贸易区战略。② 目前处于谈判中的区域或双边贸易协定有 10 个，正在研究的双边贸易协定有 8 个。③

2021 年 9 月 16 日中国正式申请加入 CPTPP。CPTPP 是由未能生效的 TPP 演变而来的，但基本上继承了 TPP 的规则。2015 年 10 月 TPP 文本谈成时被称为国际经贸规则"未来的重要风向标"，因为发展中国家第一次接受了 WTO 体系中没有采用的将贸易与劳工、环境、反腐败等义务联系起来的做法。④ 它与 USMCA 一道代表了国际经贸规则的最

---

① 中华人民共和国商务部中国自由贸易区服务网，http://fta.mofcom.gov.cn/，访问日期：2024 年 2 月 20 日。

② 这里所说的自由贸易区是不同国家和地区之间缔结自由贸易协定而形成的自由贸易区，而不是国内设立的自由贸易试验区，尽管后者有时也简称为"自由贸易区"或"自贸区"。

③ 中华人民共和国商务部中国自由贸易区服务网，http://fta.mofcom.gov.cn/，访问日期：2024 年 2 月 20 日。

④ 《WTO 前总干事拉米：TPP 是未来风向标》，中华人民共和国商务部贸易救济调查局官网，http://trb.mofcom.gov.cn/article/zuixindt/201510/20151001131989.shtml，访问日期：2022 年 5 月 28 日。

高水平。[1]

2021 年 11 月 1 日中国正式申请加入《数字经济伙伴关系协定》（Digital Economy Partnership Agreement, DEPA）。[2]DEPA 是全球第一个关于数字贸易的条约规则。而今数字经济飞速发展，该协定可能成为未来全球性数字贸易规则发展的重要基础。

中国申请加入 CPTPP 和 DEPA，表现出中国希望参与构建国际贸易新规则的决心。[3]商务部发言人 2022 年 5 月 26 日表示，中方将持续推进加入 CPTPP 和 DEPA，坚持对标高标准国际经贸规则，全面扩大高水平对外开放。[4] 鉴于这两个区域贸易协定是中国目前正在申请加入的最重要的自由贸易协定，以下将着重就中国加入这两个协定中存在的一些问题展开讨论，也会讨论中国参加自由贸易协定中的一些一般性问题。

二、努力缓解与他国政治经济关系的紧张状态以促进中国加入自贸协定

参加自贸协定是各个国家和地区开展国际合作的一种方式，其受

---

① USMCA 被美国称为 "21 世纪的高标准协议"。"UNITED STATES–MEXICO–CANADA TRADE FACT SHEET Modernizing NAFTA into a 21st Century Trade Agreement", USTR, https://ustr.gov/trade-agreements/free-trade-agreements/united-states-mexico-canada-agree-ment/fact-sheets/modernizing, last visited on 28 May 2022。

② DEPA 由新加坡、智利和新西兰于 2020 年 6 月 12 日缔结，2021 年 1 月开始生效。

③ 《中国申请加入〈数字经济伙伴关系协定〉彰显开放与远见》，中国政府网，2021 年 11 月 6 日，http://www.gov.cn/xinwen/2021-11/06/content_5649528.htm，访问日期：2022 年 7 月 7 日。

④ 冯迪凡：《商务部答一财：中方将持续推进加入 CPTPP 和 DEPA，全面扩大高水平对外开放》，第一财经，2022 年 5 月 26 日，https://m.yicai.com/news/101425012.html，访问日期：2022 年 7 月 7 日。

到相关国家和地区政治经济关系状态的直接影响。TPP 最早只是新加坡、新西兰、智利和文莱四国订立的一个小型自由贸易协定，后来美国加入并吸引新的成员参加谈判，试图将其作为在亚太地区对抗中国影响的经济平台，因此也有美国地缘政治方面的考虑。只是特朗普政府退出TPP，其余 11 个成员在 TPP 规则的基础上形成了 CPTPP，该组织也不再具有对抗中国的目的。

目前中国已正式申请加入 CPTPP，但加入进程及结果必然受到缔约方政治经济关系因素的影响。根据 CPTPP 第 27.3 条（决策）的规定，加入 CPTPP 的申请，需要取得现有成员的协商一致。近年来中加关系、中澳关系中都存在政治、经济摩擦，使得中国与这两国的关系呈现不稳定状态。中日关系中本来就存在一些长期性的问题，如领土争端、历史问题等，而 2017 年底以来美日欧发布多次贸易部长《联合声明》，反复强调针对"非市场导向政策和做法"进行联合行动，强化 WTO 有关规则。《联合声明》虽未明确提及中国，但显而易见就是针对中国的。USMCA的"毒丸条款"更是试图直接限制其缔约方与中国缔结自贸协定的可能性。该协定第 32.10 条规定，若一缔约方拟与非市场经济国家进行自贸协定谈判，则应于开始谈判前 3 个月通知其他缔约方；若一缔约方与非市场经济国家缔结自贸协定，则应允许其他缔约方在通知后 6 个月终止本协定。这里的"非市场经济国家"也有暗指中国之意。

虽然中国市场巨大，产业链完整，经济发展具有活力，对澳、加、日等国具有很大吸引力，但目前的政治经济关系状态及"毒丸条款"的限制，使得加入谈判要获得这三国的同意，相当不易，而这三个成员是CPTPP 最重要、最具影响力的成员。

美国拜登政府表示没有重返 TPP 的愿望，这从某种意义上对于中国的确是个机会。但由于美国强大的经济实力和与上述三国在政治和意识形态方面的一致性，美国仍在中国加入 CPTPP 的问题上具有间接影响力，并且，只要美国坚持 USMCA 的"毒丸条款"，加拿大和墨西哥就很难同意中国加入 CPTPP。因此，可以设想，只有在中国与美国及其他西方国家在政治经济关系有了某种显著的变化后，加入 CPTPP 才有一定的可操作性。

除了已经签订的自贸协定以及与发展中国家之间签订自贸协定之外，只要试图与其他国家和地区之间缔结自贸协定，都会在不同程度上受到各种政治经济因素的影响。这也是中国在发展自贸协定的过程中应予注意的。在维护国家核心利益的前提下，努力通过多种方式发展与其他国家（包括发达国家和发展中国家）的友好关系，在存在不同政治经济利益的情况下努力缓解或管控矛盾冲突，对于中国参加自贸协定乃至促进国际贸易法治的发展，都会具有积极影响。

三、以"一带一路"建设推动自贸协定的发展

2008 年金融危机后，全球化治理体系和世界经济的发展都受到了严重冲击，中国经济的发展也从高速发展阶段转向结构调整。在此大背景下，中国自 2013 年开始提出建设"新丝绸之路经济带"和"21 世纪海上丝绸之路"（简称"一带一路"）的合作倡议，试图通过共商、共建、共享原则加强"一带一路"沿线国家的经济和文化联系，特别是促进沿线国家的政策沟通、基础设施的联通、贸易畅通、货币流通和文化沟通。[①] 截至 2022 年 10 月，中国已与 149 个国家、32 个国际组织签署 200 多份建设"一带一路"的合作文件，共建"一带一路"已先后写入联合国、亚太经合组织等多边机制成果文件。[②]"一带一路"建设初步

---

① 李娜：《全球化治理的中国实践方案："一带一路"发展成果研究》，《河南社会科学》2020 年第 8 期。
② 《一带一路　中国贡献》，《人民日报（海外版）》2022 年 10 月 21 日第 7 版。

实现了区域的互联互通，提高了沿线国家投资贸易的自由化和金融合作水平。

在经济全球化及国际贸易法治遭受上述挫折的背景下，"一带一路"建设无疑是有助于推动世界经济走出困境的积极因素。"一带一路"建设实践也有助于国际贸易法治的发展。迄今"一带一路"建设的主要形式是项目合作，在此过程中所适用的主要是 WTO 协议、现有的双边或区域贸易投资协定，尚未基于"一带一路"倡议而在沿线国家之间形成统一的经贸协议。但毕竟"一带一路"建设加强了沿线国家的经济联系，这就有可能推动至少部分沿线国家之间缔结新的贸易或投资协议。沿线国家国情差别比较大，要缔结涵盖所有沿线国家的经贸协议困难较大。中国与部分沿线国家之间，或部分沿线国家之间，缔结双边或自贸协定也还是有可能的。这不仅对"一带一路"建设本身会有直接的积极作用，而且能够扩大中国参与自贸协定的程度和范围，也能够扩大国际贸易法治的涵盖范围。

四、逐渐形成自贸协定的中国范式

与美欧自贸协定的成熟模式相比，中国自贸协定的推进过程及规范定位多显追随和仿效痕迹，引领作用不突出，并且规范的个性化特征，特别是与自身经济特点和利益趋向相匹配的特色，尚显不足。[1]

从历史实践来看，GATT/WTO 多边贸易规则往往受到美国国内法的影响。美国缔结的自由贸易协定也具有一系列共同特点而形成美式范本。所谓范本，意味着规则体系和内容具有相对稳定的特点。无论是美

---

[1]　肖冰：《国际经贸规则改革的美国基调和中国道路选择》，《上海对外经贸大学学报》2021 年第 4 期。

国国内法还是美式自由贸易协定，均对国际经贸规则的发展发挥着重要影响。就 TPP 来说，虽然美国退出了 TPP，但后来形成的 CPTPP 只是对原有的 TPP 做了微调，其余规则基本维持原样。USMCA 与 CPTPP 不仅在整体章节结构上非常类似，而且在有些具体规则（如国有企业一章）的表述上也高度类似。这也充分体现了美式自由贸易协定的范式。形成范式不仅能够比较稳定地将自己的经济特点及利益诉求体现在规则中，而且有利于降低谈判成本，并有利于提高规则的统一性，有效缓解经贸规则的碎片化现象，从而有利于经贸规则的管理和遵守。缓解碎片化的作用至少对主导国而言是如此，当然也不排除其他国家之间缔结的自贸协定效仿美式自贸协定的结构和内容。

美欧参与的自由贸易协定之所以能够形成范式并产生引领作用，经济实力、高水平的市场开放、符合时代要求的制度设计以及丰富的自贸协定实践都是重要的影响因素。

若以这些影响因素来衡量，中国已经具有较强的经济实力，在一些自贸协定中可以发挥主导作用，也已经具备一定的自贸协定实践。从这个意义上来说，中国已经具备在一定范围内形成体现中国经济特点和利益诉求的自贸协定范式的可能性，尤其是在与一系列较小经济体缔结双边自贸协定时。但是，形成范式并不等于能够起到引领作用。要起到引领作用，高水平的市场开放和符合时代要求的制度设计必不可少。依据这两项标准进行衡量，中国目前参加和设立的自贸协定还处于向高水平自贸协定逐渐靠拢的过程，因而一定时期的效仿和学习必不可少。引领作用主要是在设立新的自贸协定时才能发挥的。申请加入 CPTPP 只能是向高水平规则靠拢，但若能成功加入，本身也是巨大的成就。随着中国在上述影响因素方面不断地发展和强化，可以期待中国未来在自贸协定乃至国际经贸规则的制定中发挥引领作用。另外，中国在未来发挥引领作用时也更容易形成自己的自贸协定范式。

参考文献

一、中文部分

（一）著作

1.《世界经济概论》编写组：《世界经济概论》，高等教育出版社／人民出版社 2011 年版。

2. 奥利佛·隆：《关税与贸易总协定多边贸易体系中的法律及其局限》，刘星红译，中国对外翻译出版公司 1990 年版。

3. 伯纳德·霍克曼、迈克尔·考斯泰基：《世界贸易体制的政治经济学》，法律出版社 1999 年版。

4. 曾华群：《美国——〈1974 年贸易法〉第 301—310 节案》，上海人民出版社 2005 年版。

5. 曾令良：《国际公法学》，高等教育出版社 2018 年版。

6. 黛布拉·斯蒂格：《世界贸易组织的制度再设计》，汤蓓译，上海人民出版社 2011 年版。

7. 韩立余：《美国外贸法》，法律出版社 1999 年版。

8. 何志鹏：《国际法治论》，北京大学出版社 2016 年版。

9. 何志鹏：《国际经济法治：全球变革与中国立场》，高等教育出版社 2015 年版。

10. 经合组织：《竞争中立：各国实践》，赵立新等译，经济科学出版社 2015

年版。

11. 经合组织:《竞争中立:维持国有企业与私有企业公平竞争的环境》,谢晖译,经济科学出版社 2015 年版。

12. 兰格兴尼:《现代国际法》,陈保林等译,重庆出版社 1987 年版。

13. 劳特派特:《奥本海国际法》,王铁崖、陈体强译,商务印书馆 1971 年版。

14. 刘彬:《RTAs 涌现背景下国际贸易法治秩序的重构》,厦门大学出版社 2012 年版。

15. 刘东:《经济全球化与逆全球化——一次全新的轮回》,中共中央党校出版社 2017 年版。

16. 孙晋:《竞争性国有企业改革路径法律研究——基于竞争中立原则的视角》,人民出版社 2020 年版。

17. 王辉耀、苗绿:《全球化 vs 逆全球化——政府与企业的挑战与机遇》,东方出版社 2017 年版。

18. 王铁崖:《国际法引论》,北京大学出版社 1998 年版。

19. 沃尔夫刚·格拉夫·魏智通:《国际法》,吴越等译,法律出版社 2002 年版。

20. 徐德康、王玉芳:《各国民用飞机发展道路的借鉴和启示》,航空工业出版社 2007 年版。

21. 徐泉、郝荻:《WTO 双重二元结构理论研究》,人民出版社 2021 年版。

22. 徐越倩:《全球化与国家治理》,中国发展出版社 2019 年版。

23. 杨国华:《美国贸易法"301 条款"研究》,法律出版社 1998 年版。

24. 伊恩·布朗利:《国际公法原理》,曾令良等译,法律出版社 2003 版。

25. 英格·冯·闵希:《国际法教程》,林容远、莫晓慧译,世界知识出版社 1997 年版。

26. 约翰·H. 杰克逊:《世界贸易体制——国际经济关系的法律与政策》,张乃根译,复旦大学出版社 2001 年版。

27. 詹宁斯、瓦茨:《奥本海国际法》,王铁崖等译,中国大百科全书出版社 1995 年版。

28. 张军旗:《WTO 补贴规则与我国产业补贴政策的变革》,上海财经大学出版社 2021 年版。

29. 张军旗:《WTO 国际法律责任制度研究》,法律出版社 2012 年版。

30. 张军旗:《WTO 监督机制的法律和实践》,人民法院出版社 2002 年版。

31. 张维迎、林毅夫：《政府的边界——张维迎、林毅夫聚焦中国经济改革核心问题》，民主与建设出版社 2017 年版。

32. 赵维田：《世贸组织的法律制度》，吉林人民出版社 2000 年版。

33. 赵维田：《最惠国与多边贸易体制》，中国社会科学出版社 1996 年版。

34. 中国社会科学院法学研究所法律辞典编委会：《法律辞典》（简明本），法律出版社 2004 年版。

35. 周鲠生：《国际法》，商务印书馆 1976 年版。

36. 朱榄叶：《关税与贸易总协定国际贸易纠纷案例汇编》，法律出版社 1995 年版。

（二）论文

37. "WTO 改革：机遇与挑战"课题组：《客观认识 WTO 当前困境以战略思维推进 WTO 改革》，《行政管理改革》2021 年第 7 期。

38. 安德里亚斯·讷克：《英国脱欧：迈向组织化资本主义的全球新阶段？》，刘丽坤译，《国外理论动态》2018 年第 6 期。

39. 白巴根：《"公共机构"的解释及国有企业是否构成"公共机构"——"美国对华反倾销和反补贴案"上诉机构观点质疑》，孙琬钟、左海聪主编：《WTO 法与中国论丛》，知识产权出版社 2012 年版。

40. 白瑞雪：《论全球化与反全球化趋势并存的根源——兼论英国脱欧的原因和结果》，《福建论坛》（人文社会科学版）2017 年第 6 期。

41. 毕莹：《国有企业规则的国际造法走向及中国因应》，《法商研究》2022 年第 3 期。

42. 车丕照：《法律全球化——是现实？还是幻想？》，《国际经济法论丛》2001 年第 4 卷。

43. 车丕照：《是"逆全球化"还是在重塑全球规则？》，《政法论丛》2019 年第 1 期。

44. 车丕照：《我们可以期待怎样的国际法治？》，《吉林大学社会科学学报》2009 年第 4 期。

45. 钟英通：《WTO 体制中诸边协定问题研究》，西南政法大学 2017 年博士学位论文。

46. 陈瑶：《国际贸易协定对国有企业的规制研究》，华东政法大学 2021 年博士学位论文。

47.陈瑶:《新一代区域贸易协定对非歧视待遇与商业考虑条款的重塑》,《海关与经贸研究》2021年第1期。

48.陈咏梅:《对企业参与WTO争端解决的技术援助和能力建设——以发展中成员为视角》,《江西社会科学》2012年第7期。

49.陈咏梅:《析WTO对发展中成员的技术援助和能力建设》,《武大国际法评论》2010年第12卷。

50.都亳:《开放的诸边主义:世界贸易组织谈判改革的路径》,《太平洋学报》2019年第9期。

51.都亳:《上诉机构停摆后的WTO争端解决》,《南大法学》2021年第1期。

52.房东:《解决WTO上诉机构危机:启动投票制度的初步设想》,《国际经济法学刊》2019年第4期。

53.冯辉:《竞争中立:国企改革、贸易投资新规则与国家间制度竞争》,《环球法律评论》2016年第2期。

54.付随鑫:《美国的逆全球化、民粹主义运动及民族主义的复兴》,《国际关系研究》2017年第5期。

55.葛浩阳:《经济全球化真的逆转了吗——基于马克思主义经济全球化理论的探析》,《经济学家》2018年第4期。

56.龚柏华:《论WTO规则现代化改革中的诸边模式》,《上海对外经贸大学学报》2019年第2期。

57.龚红柳:《论中美贸易战中实施"反制"的WTO合规性——以中国应对美国"301措施"为例》,《经贸法律评论》2019年第1期。

58.管健:《中美贸易争端中的焦点法律问题评析》,《武大国际法评论》2018年第3期。

59.郭晓兵:《美国退出〈中导条约〉的动因与影响浅析》,《中国国际战略评论2019》(上)。

60.郭周明等:《逆全球化背景下国际经贸治理困境及中国路径选择》,《国际经贸探索》2020年第2期。

61.韩立余:《当代单边主义与多边主义的碰撞及其发展前景》,《国际经济法学刊》2018年第4期。

62.韩立余:《构建国际经贸新规则的总思路》,《经贸法律评论》2019年第4期。

63.韩立余:《国际法视野下的中国国有企业改革》,《中国法学》2019年第

6 期。

64. 韩立余:《TPP 国有企业规则及其影响》,《国家行政学院学报》2016 年第 1 期。

65. 何易:《论普惠制实施中的差别待遇——兼论 WTO 发展中国家成员分类问题》,《国际经济法学刊》2006 年第 2 期。

66. 何志鹏:《逆全球化潮流与国际软法的趋势》,《武汉大学学报》(哲学社会科学版) 2017 年第 4 期。

67. 贺小勇、陈瑶:《"求同存异":WTO 改革方案评析与中国对策建议》,《上海对外经贸大学学报》2019 年第 2 期。

68. 胡鞍钢、王蔚:《从"逆全球化"到"新全球化":中国角色和世界作用》,《学术界》2017 年第 3 期。

69. 胡加祥:《WTO 法律解释权的错配与重置》,《法学》2021 年第 10 期。

70. 胡加祥:《从 WTO 争端解决程序看〈多方临时上诉仲裁安排〉的可执行性》,《国际经贸探索》2021 年第 2 期。

71. 胡加祥:《从 WTO 规则看中美经贸关系的走向》,《国际商务研究》2022 年第 1 期。

72. 胡加祥:《美国贸易保护主义国内法源流评析——兼评 232 条款和 301 条款》,《经贸法律评论》2019 年第 1 期。

73. 胡健雄:《本轮逆全球化和贸易保护主义兴起的经济逻辑研究》,《经济体制改革》2017 年第 6 期。

74. 胡枚玲、张军旗:《论 CPTPP 规制合作的新范式及中国应对》,《国际贸易》2019 年第 10 期。

75. 黄河、赵丽娟:《多边贸易体制的嬗变与亚太经贸一体化的路径选择》,《太平洋学报》2019 年第 5 期。

76. 黄建忠:《WTO 改革之争——中国的原则立场与对策思路》,《上海对外经贸大学学报》2019 年第 2 期。

77. 黄琳琳:《FTAs 中跨境金融服务贸易规则研究》,华东政法大学 2020 年博士学位论文。

78. 黄志雄、罗嫣:《中美可再生能源贸易争端的法律问题——兼论 WTO 绿色补贴规则的完善》,《法商研究》2011 年第 5 期。

79. 黄志雄:《从国际法实践看发展中国家的定义及其识别标准——由中国"入世"谈判引发的思考》,《法学评论》2000 年第 2 期。

80. 贾庆国:《单边主义还是多边主义?》,《现代国际关系》2003 年第 8 期。

81. 姜跃春、张玉环：《世界贸易组织改革与多边贸易体系前景》，《太平洋学报》2020 年第 4 期。

82. 蒋奋：《反补贴语境下的国有企业定性问题研究》，《上海对外经贸大学学报》2017 年第 1 期。

83. 金建恺：《WTO 透明度规则的改革进展、前景展望与中国建议》，《经济纵横》2020 年第 12 期。

84. 金孝柏：《多哈回合服务贸易谈判：成果、挑战与我国的对策》，《国际贸易》2014 年第 7 期。

85. 荆林波、袁平红：《全球化面临挑战但不会逆转——兼论中国在全球经济治理中的角色》，《财贸经济》2017 年第 10 期。

86. 柯静：《世界贸易组织改革：挑战、进展与前景展望》，《太平洋学报》2019 年第 2 期。

87. 柯静：《新一轮世贸组织特殊和差别待遇之争及其前景》，《现代国际关系》2019 年第 8 期。

88. 孔庆江：《WTO 与单边贸易措施适法性分析》，《国际经济法学刊》2018 年第 3 期。

89. 孔庆江：《一个解决 WTO 上诉机构僵局的设想》，《清华法学》2019 年第 4 期。

90. 雷蒙：《世贸组织改革还能有结果吗?》，《可持续发展经济导刊》2020 年第 9 期。

91. 雷雨清等：《美国对华 301 调查及中国反制措施的法律分析》，《经贸法律评论》2019 年第 1 期。

92. 李红、秦佳萌：《美欧在经贸与反补贴规则领域的新动向》，《海外投资与出口信贷》2020 年第 4 期。

93. 李居迁：《贸易报复的特殊与一般》，《经贸法律评论》2019 年第 1 期。

94. 李俊久：《美国对华经贸规锁：典型事实、行为逻辑与战略约束》，《东北亚论坛》2021 年第 1 期。

95. 李双双：《WTO"特殊和差别待遇"透视：改革争议、对华现实意义及政策建议》，《国际贸易》2019 年第 8 期。

96. 李翊楠：《公平竞争视角下国有企业改革法律问题研究》，湖南大学2016 年博士学位论文。

97. 李仲平：《反补贴中"一般基础设施"的法律判断标准探析——基于公共物品理论的视角》，《法学家》2015 年第 6 期。

98. 梁开斌：《"一事不再理"原则在中国民事诉讼理论和实践中的澄清》，《华南理工大学》（社会科学版）2019 年第 3 期。

99. 廖诗评：《"中美双反措施案"中的"公共机构"认定问题研究》，《法商研究》2011 年第 6 期。

100. 廖诗评：《中美贸易摩擦背景下中国贸易反制措施的国际法依据》，《经贸法律评论》2019 年第 1 期。

101. 刘彬：《贸易争端解决机制改革论争的常态与非常态》，《国际经济法学刊》2021 年第 3 期。

102. 刘敬东：《WTO 改革的必要性及其议题设计》，《国际经济评论》2019 年第 1 期。

103. 刘敬东：《多边体制 VS 区域性体制：国际贸易法治的困境与出路——写在 WTO 成立 20 周年之际》，《国际法研究》2015 年第 5 期。

104. 刘敬东：《国际贸易法治的危机及克服路径》，《法学杂志》2020 年第 1 期。

105. 刘军梅：《俄乌冲突背景下极限制裁的作用机制与俄罗斯反制的对冲逻辑》，《俄罗斯研究》2022 年第 2 期。

106. 刘伟、蔡志洲：《如何看待中国仍然是一个发展中国家?》，《管理世界》2018 年第 9 期。

107. 刘文蛟等：《中美第一阶段经贸协议执行情况阶段性评估及展望》，《当代石油石化》2021 年第 12 期。

108. 刘雪红：《国有企业的商业化塑造——由欧美新区域贸易协定竞争中立规则引发的思考》，《法商研究》2019 年第 2 期。

109. 刘瑛、刘正洋：《301 条款在 WTO 体制外适用的限制——兼论美国单边制裁措施违反国际法》，《武大国际法评论》2019 年第 3 期。

110. 刘瑛：《WTO 临时上诉仲裁机制：性质、困境和前景》，《社会科学辑刊》2021 年第 4 期。

111. 刘勇、柯欢怡：《WTO 多边贸易体制的困境与解决方案研究——以 USTR〈上诉机构报告〉为切入点》，《经贸法律评论》2021 年第 3 期。

112. 刘志中、王曼莹：《国际经贸规则演变的新趋向、影响及中国的对策》，《经济纵横》2016 年第 6 期。

113. 鲁明川：《逆全球化的政治经济学论析》，《浙江社会科学》2021 年第 1 期。

114. 鲁桐：《〈OECD 国有企业公司治理指引〉修订及其对中国国企改革的

启示》，《国际经济评论》2018 年第 5 期。

115. 闫海琪：《国际组织关于发达国家和发展中国家的界定》，《调研世界》2016 年第 7 期。

116. 吕晓杰：《面对金融危机的拷问：绿灯补贴重返 SCM 协议的理论与现实》，《WTO 法与中国论坛》2009 年卷。

117. 马莹：《WTO 改革视角下再论中国的发展中国家地位》，《上海对外经贸大学学报》2019 年第 6 期。

118. 门洪华、王骁：《中国国际地位动态研究(2008—2018)》，《太平洋学报》2019 年第 7 期。

119. 倪志远、谢霄亭：《现代激励机制与国有企业代理问题》，《云南民族大学学报》（哲学社会科学版）2006 年第 4 期。

120. 潘德勇：《WTO 技术援助的改革——UNDP 和 UNCTAD 相关制度的借鉴》，《科协论坛》2008 年第 12 期。

121. 庞金友：《大变局时代大国政治格局与演变趋势分析》，《人民论坛》2020 年第 7 期。

122. 彭德雷等：《多边贸易体制下中国发展中国家地位问题研究》，《太平洋学报》2020 年第 1 期。

123. 彭刚：《发展中国家的定义、构成与分类》，《教学与研究》2004 年第 9 期。

124. 漆桐、范睿：《WTO 改革背景下发展中国家待遇问题》，《武大国际法评论》2019 年第 1 期。

125. 石静霞、白芳艳：《应对 WTO 上诉机构危机：基于仲裁解决贸易争端的角度》，《国际贸易问题》2019 年第 4 期。

126. 石静霞：《WTO〈多方临时上诉仲裁安排〉：基于仲裁的上诉替代》，《法学研究》2020 年第 6 期。

127. 石静霞：《世界贸易组织上诉机构的危机与改革》，《法商研究》2019 年第 3 期。

128. 石静霞：《世界贸易组织谈判功能重振中的"联合声明倡议"开放式新诸边模式》，《法商研究》2022 年第 5 期。

129. 时业伟：《WTO 补贴协定中"公共机构"认定标准研究——以 DS379 案为例》，《比较法研究》2016 年第 6 期。

130. 史蒂文·奥尔特曼、菲利普·巴斯琴：《全球化不会逆转：以贸易、资本、信息和人员的全球流动为例》，王宇、李木子译，《金融发展研究》2021

年第 6 期。

131. 舒悦：《产业政策一定有效吗？——基于工业数据的实证分析》，《产业经济研究》2013 年第 3 期。

132. 宋歌：《重建常态化 WTO 上诉机构：以〈多方临时上诉仲裁安排〉实施为契机》，《商事仲裁与调解》2021 年第 6 期。

133. 宋泓：《多边贸易体制制度设计与改革前景》，《世界经济与政治》2020 年第 10 期。

134. 孙南翔：《唤醒装睡的美国：基于美国对华单边贸易救济措施的分析》，《国际经济法学刊》2018 年第 3 期。

135. 孙南翔：《美国经贸单边主义：形势、动因与法律应对》，《环球法律评论》2019 年第 1 期。

136. 谭观福：《WTO 改革的诸边贸易协定模式探究》，《现代管理科学》2019 年第 6 期。

137. 田国强：《林毅夫、张维迎之争的对与错——兼谈有思想的学术与有学术的思想》，《比较》2016 年第 6 辑。

138. 田文林：《美国退出伊核协议的原因与影响》，《国际石油经济》2018 年第 9 期。

139. 田文林：《伊核协议与美国的战略调整》，《现代国际关系》2015 年第 9 期。

140. 屠新泉、石晓婧：《重振 WTO 谈判功能的诸边协议路径探析》，《浙江大学学报》（人文社会科学版）2021 年第 5 期。

141. 屠新泉等：《从结构性权力视角看美国霸权衰落与多哈回合困境》，《现代国际关系》2015 年第 8 期。

142. 万广华、朱美华：《"逆全球化"：特征、起因与前瞻》，《学术月刊》2020 年第 7 期。

143. 王雪松、刘金源：《结束还是开始？——民粹主义视阈下的英国脱欧及其走向》，《国外理论动态》2020 年第 3 期。

144. 王燕：《全球贸易治理的困境与改革：基于 WTO 的考察》，《国际经贸探索》2019 年第 4 期。

145. 王玉主、蒋芳菲：《特朗普政府的经济单边主义及其影响》，《国际问题研究》2019 年第 4 期。

146. 肖冰：《国际经贸规则改革的美国基调和中国道路选择》，《上海对外经贸大学学报》2021 年第 4 期。

147. 徐程锦、顾宾：《WTO 法视野下的国有企业法律定性问题——兼评美国政府相关立场》，《上海对外经贸大学学报》2016 年第 3 期。

148. 徐坚：《逆全球化风潮与全球化的转型发展》，《国际问题研究》2017 年第 3 期。

149. 徐昕：《多边贸易体制的核心地位未变》，《WTO 经济导刊》2018 年第 7 期。

150. 徐则荣、王也：《英国脱欧的原因及对世界格局的影响》，《福建论坛》（人文社会科学版）2017 年第 6 期。

151. 杨国华：《WTO 上诉机构危机的原因》，《北大法律评论》2018 年第 2 期。

152. 杨国华：《中国贸易反制的国际法依据》，《经贸法律评论》2019 年第 1 期。

153. 杨秋波：《国企条款透视：特征、挑战与中国应对》，《国际商务——对外经济贸易大学学报》2018 年第 2 期。

154. 杨双梅：《制度地位、"退出外交"与美国的国际制度选择》，《外交评论》2020 年第 4 期。

155. 杨伟清：《政治正当性、合法性与正义》，《中国人民大学学报》2016 年第 1 期。

156. 叶波、梁咏：《论可再生能源补贴国际规则的制定》，《国际法研究》2014 年第 4 期。

157. 余贺伟：《国际贸易形式变化与全球贸易法治：从 WTO 到 TPP》，《亚太经济》2016 年第 6 期。

158. 余劲松、任强：《论"产能过剩"与反补贴协定冲突》，《政法论丛》2017 年第 5 期。

159. 袁其刚等：《发展中国家"特殊与差别待遇"问题研究的新思路》，《国际经济评论》2020 年第 1 期。

160. 约翰·H.杰克逊：《世界贸易组织及其未来》，《世界贸易组织动态与研究》2000 年第 12 期。

161. 詹建兴：《"一带一路"下全球化与"逆全球化"研究》，《河南社会科学》2017 年第 10 期。

162. 张帆：《国际公共产品理论视角下的多哈回合困境与 WTO 的未来》，《上海对外经贸大学学报》2017 年第 4 期。

163. 张辉、张耀元：《WTO 贸易政策审议机制透明度功能的实现困境与提升路径》，《国际贸易》2021 年第 3 期。

164. 张久琴：《对中国"发展中国家"地位的再认识》，《国际经济合作》2018 年第 11 期。

165. 张军旗：《301 条款、301 调查及关税措施在 WTO 下的合法性问题探析——以中美贸易战中的"美国——关税措施案"为视角》，《国际法研究》2021 年第 4 期。

166. 张军旗：《WTO 补贴规则框架下人民币汇率的国际法风险》，《法治研究》2019 年第 3 期。

167. 张军旗：《WTO 改革背景下〈补贴与反补贴措施协议〉中"公共机构"法律解释的反思》，《当代法学》2021 年第 3 期。

168. 张军旗：《WTO 体制下的贸易政策透明研究》，《财经研究》2002 年第 11 期。

169. 张军旗：《WTO 争端解决中的可诉性问题释微》，《现代法学》2008 年第 6 期。

170. 张军旗：《论 WTO 国际法律责任的范围及其发展方向》，《政治与法律》2006 年第 6 期。

171. 张军旗、田书凡：《WTO 改革中的发展中成员地位认定问题》，《国际经济评论》2021 年第 4 期。

172. 张磊、卢毅聪：《世界贸易组织改革与中国主张》，《世界经济研究》2021 年第 12 期。

173. 张乃根：《试析多边贸易体制下的诸边贸易协定》，《武大国际法评论》2022 年第 1 期。

174. 张维迎：《产业政策是与非》，《商业观察》2016 年第 11 期。

175. 张维迎：《为什么产业政策注定会失败?》，《中国连锁》2016 年第 11 期。

176. 张向晨等：《WTO 改革应关注发展中成员的能力缺失问题》，《国际经济评论》2019 年第 1 期。

177. 张耀元：《世界贸易组织透明度机制整体改革研究》，《世界经济研究》2022 年第 3 期。

178. 张玉环：《世界贸易组织和多边贸易体系的未来》，《经济研究参考》2021 年第 6 期。

179. 张志明等：《国际疫情蔓延、全球产业链传导与中国产业链稳定》，《国际经贸探索》2022 年第 2 期。

180. 赵维田：《国家垄断贸易经营规则——解读〈中国入世议定书〉第 5、6 条》，《国际贸易》2002 年第 3 期。

181. 赵维田:《论 GATT/WTO 解决争端机制》,《法学研究》1997 年第 3 期。

182. 赵海乐:《是国际造法还是国家间契约——"竞争中立"国际规则形成之惑》,《安徽大学学报》(哲学社会科学版)2015 年第 1 期。

183. 郑春荣:《欧盟逆全球化思潮涌动的原因与表现》,《国际展望》2017 年第 1 期。

184. 郑伟、管健:《WTO 改革的形势、焦点与对策》,《武大国际法评论》2019 年第 1 期。

185. 郑永年、张弛:《逆全球化浪潮下的中国国际战略选择》,《当代世界》2017 年第 8 期。

186. 钟英通:《WTO 改革视角下的诸边贸易协定及其功能定位》,《武大国际法评论》2019 年第 1 期。

187. 周航:《国际经贸谈判的停滞原因与再推进:诸边到多边》,《经济研究导刊》2016 年第 32 期。

188. 周艳云:《中美贸易摩擦中反制的正当性及其实施基准》,《常州大学学报》(社会科学版)2020 年第 2 期。

189. 朱榄叶:《美国的单边主义行动违反国际法》,《国际经济法学刊》2018 年第 4 期。

190. 邹治波:《美国退出〈中导条约〉的当代含意与影响》,《国际经济评论》2020 年第 1 期。

二、英文部分

215. Aileen Kwa and Peter Lunenborg, US' Section 301 Actions: Why They Are Illegitimate and Misguided, *South Center Research Paper*, Sept. 2018, https://www.southcentre.int/wp-content/uploads/2018/09/RP86_US-Section-301-Actions-Why-They-are-Illegitimate-and-Misguided_EN.pdf.

216. Alicia García Herrero, From Globalization to Deglobalization: Zooming into Trade, https://www.bruegel.org/wp-content/uploads/2020/02/Globalization-desglobalization.pdf.

217. Anabel González, Confrontation, Disruptive Technologies, and Geostrategic Rivalry: The quest for renewed global trade governance, in Arancha González and Marion Jansen(ed.), *Women Shaping Global Economic Governance*, Centre for

Economic Policy Research Press, 2019.

218.Antonio Capobianco & Hans Christiansen, Competitive Neutrality and State-Owned Enterprises: Challenges and Policy Options, *OECD Corporate Governance Working Papers* No.1.

219.Barry Posen, The Rise of Illegal Hegemony: Trump's Surprising Grand Strategy, *Foreign Affairs*, Vol.97, No.2, 2018.

220.Bart S. Fisher & Ralph G. III Steinhardt, Section 301 of the Trade Act of 1974: Protection for U.S. Exporters of Goods, Services, and Capital, *Law and Policy in International Business*, Vol. 14, No.3, 1982.

221.Bernard Hoekman & Petros C. Mavroidis, Embracing Diversity: Plurilateral Agreements and the Trading System, *World Trade Review*, Vol.14, No.1, 2015.

222.Chad P. Bown & Jennifer A. Hillman, WTO'ing a Resolution to the China Subsidy Problem, *Journal of International Economic Law*, Vol.22, Issue 4, 2019.

223.Chang-fa Lo, A Milder but Effective WTO Reform – Possible Plurilateral FTAs and Plurilateral DSU within the WTO, *Asian Journal of WTO and International Health Law and Policy,* Vol.14, No.2, 2019.

224.Constantine Michalopoulos, The Role of Special and Differential Treatment for Developing Countries in GATT and the World Trade Organization, *World Bank Working Paper* WPS2388, July 2000, World Bank Group, https://openknowledge.worldbank.org/handle/10986/19819.

225.Csongor István Nagy，Foreign Subsidies, Distortions and Acquisitions: Can the Playing Field Be Levelled? *Central European Journal of Comparative Law*, Vol. 2, No.1, 2021.

226.Daron Acemoglu, Ufuk Akcigit, Nicholas Bloom, William Kerr, Innovation, Reallocation and Growth, *MIT Department of Economics Working Paper*, No. 13-10, 2013.

227.David S. Christy Jr., Round and Round We Go, *World Policy Journal*, Summer 2008.

228.Debra P. Steger, The Subsidies and Countervailing Measures Agreement: Ahead of its Time or Time for Reform? *Journal of World Trade*, Vol.44, No.4, 2010.

229.Emeka Adibe, World Trade Organization（WTO）: Trade Rules/Agreements and Developing Countries, *Nnamdi Azikiwe University Journal of International Law and Jurisprudence*, Vol.4, 2013.

230.Eric Heymann, Boeing v Airbus: The WTO Dispute That Neither Can Win, *World Trade Online*, http://www.insidetrade.com/.

231.Ernst-Ulrich Petersman, *The GATT/WTO Dispute Settlement System*, Kluwer Law International Ltd. 1997.

232.Frederick M. Abbot & Jerome H. Reichman, The Doha Round's Publice Health Legacy: Strategies for the Production and Diffusion of Patented Medicines under the Amended TRIPS Provisions, *Journal of International Economic Law,* Vol.10, No.4, 2007.

233.Gary Clyde Hufbauer, Focused Trade Agreements Can Sustain the WTO in Time of Economic Nationalism, *Peterson Institute for International Economics (PIIE)*, 12 April 2021, https://www.piie.com/blogs/realtime-economic-issues-watch/ focused-trade-agreements-can-sustain-wto-time-economic.

234.Gary Clyde Hufbauer, Managed trade: Centerpiece of US-China phase one deal, *Peterson Institute of International Economics*, 16 Jan. 2020, https://www.piie. com/blogs/trade-and-investment-policy-watch/managed-trade-centerpiece-us-china-phase-one-deal.

235.Gary Clyde Hufbauer, How will TPP and TTIP Change the WTO System? *Journal of International Economic Law,* Vol.18, No.3, 2015.

236.Gary N. Horlick, Peggy A. Clarke, WTO Subsidies Discipline during and after the Crisis, *Journal of International Economic Law*, Vol.13, Issue 3, 2010.

237.Geraldo Vidigal，Living Without the Appellate Body: Multilateral，Bilateral and Plurilateral Solutions to the WTO Dispute Settlement Crisis, *Journal of World Investment & Trade*, Vol.20, Issue 6, 2019.

238.Guoqiang Tian, From Industrial Policy to Competition Policy: A Discussion Based on Two Debates, *China Economic Review*, Vol.62, 2020.

239.Heng Wang, The International Governance Crisis and Post-WTO Order: A China-US G2 FTA as a Solution?, *UNSW Law Research Paper* No. 19-98, 2019.

240.Henok Birhanu Asmelash, Energy Subsidies and WTO Dispute Settlement: Why only Renewable Energy Subsidies Are Challenged, *Journal of International Economic Law*, Vol.18, Issue 2, 2015.

241.Henry Gao, From the Periphery to the Centre China's Participation in WTO Negotiations, *China Perspectives,* No.1, 2012.

242.Ines Willemyns, Disciplines on State-Owned Enterprises in International

Economic Law: Are We Moving in the Right Direction? *Journal of International Economic Law*, Vol.19, Issue 3, 2016.

243.Isabel Feichener, The Waiver Power of the WTO: Opening the WTO for Political Deliberation the Reconciliation of Public Interest, *The European Journal of International Law*, Vol.20, No.3, 2009.

244.James Thuo Gathii, The High Stakes of WTO Reform, *Michigan Law Review*, Vol.104, Issue 6, 2006.

245.Jennifer A. Hillman, The United States Needs a Reformed WTO Now, https://www.cfr.org/report/united-states-needs-reformed-wto-now.

246.Jennifer Hillman, Three Approaches to Fixing the Appellate Body: The Good, the Bad and the Ugly? https: //www.tresor.economie.gouv.fr /Articles /4c69c305-4f37-45f5-aa28-09a6aab19768 /files /6907e255-e134-410a-8135-070e9fe62cda.

247.Joost Pauwelyn, The End of Differential Treatment for Developing Countries? Lessons from the Trade and Climate Change Regimes, *Review of European and International Environment Law*, Vol.22, Issue 1, 2013.

248.Joost Pauwelyn, Treaty Interpretation or Activism? Comment on the AB Report on United States -ADs and CVDs on Certain Products from China, *World Trade Review*, Vol.12, special issue 2, 2013.

249.Joseph E. Stiglitz, *Making Globalization Work*, W. W. Norton & Company Inc., 2007.

250.Joel P.Trachtman, Trade in Financial Services under GATS, NAFTA and the EC: A Regulatory Jurisdiction Analysis, *Columbia Journal of Transnational Law*, Vol.34, Issue 1, 1995.

251.Julia Ya Qin, WTO Reform: Multilateral Control over Unilateral Retaliation-Lessons from the US-China Trade War, *Trade, Law and Development*, Vol.12, No.2, 2020.

252.Julien sylvestre Fleury & Jean-Michel Marcoux, The US Shaping of State-Owned Enterprise Disciplines in the Trans-Pacific Partnership, *Journal of International Economic Law*, Vol. 19, Issue 2, 2016.

253.Kathleen Claussen, Forgotten Statute: Trade Law's Domestic（Re）Turn, *American Journal of International Law* Unbound, Vol.113, 2019.

254.Lynge Nielsen, Classifications of Countries Based on Their Level of

Development: How it is Done and How it Could be Done, *IMF Working Paper* WP/11/31, February 2011.

255.Marcia Don Harpaz, China and the WTO: New Kid in the Developing Bloc? *Hebrew University International Law Research Paper*, No. 2-7, 2007,https://papers.ssrn.com/sol3/papers.cfm?abstract_id=961768.

256.Marcia Don Harpaz, China and the WTO: On a Path to Leadership? *Hebrew University of Jerusalem International Law Forum Working Series* 05-18, 2018, https://papers.ssrn.com/sol3/papers.cfm?abstract_id=3178754.

257.Matthew Rennie & Fional Lindsay, Competitive Neutrality and State-Owned Enterprises in Australia: Review of Practices and their Relevance for Other Countries, *OECD Corporate Governance Working Papers* No.4.

258.Michel Cartland, Gérard Depayre & Jan Woznowski, Is Something Going Wrong in the WTO Dispute Settlement? *Journal of World Trade,* Vol.46, Issue 5, 2012.

259.Murilo Lubambo de Melo, International Trade Dispute Settlement: Ready to Blossom Again? *American Society of International Law*, 21 July 2020, https://www.asil.org/insights/volume/24/issue/19/international-trade-dispute-settlement-ready-blossom-again.

260.OECD, Maintaining Competitive Neutrality-- Voluntary Transparency and Disclosure Standard for Internationally Active State-Owned Enterprises and their Owners, 2021, https://www.oecd.org/corporate/Maintaining-Competitive-Neutrality.pdf.

261.OECD, State-Owned Enterprises as Global Competitor: A Challenge or An Opportunity, 8 December 2016, https://read.oecd-ilibrary.org/finance-and-investment/state-owned-enterprises-as-global-competitors_9789264262096-en#page1.

262.Petros C. Mavroidis, Merit E. Janow: Free Markets, State Involvement and the WTO: Chinese State Owned Enterprises (SOEs) in the Ring, European University Institute, Robert Schuman Centre for Advanced Studies, *Global Governance Programme Working Paper* No. RSCAS 2017/13 (2017).

263.P. J. Kuijper, From the Board: The US Attack on the WTO Appellate Body, *Legal Issues of Economic Integration*, Vol. 45, No.1, 2018.

264.Peter Sutherland, et al., *The Future of the WTO: Addressing Institutional Challenges in the New Millennium*, Geneva: World Trade Organization, 2004.

265.Philippe Aghion, Matias Dewatripont, Luosha Lu, Ann E. Harrison, Patrick Legros, Industrial Policy and Competition, *American Economic Journal: Macroeconomics*, Vol.7, Issue 4, 2015.

266.Przemyslaw Kowalski & Max Büge & Monika Sztajerowska & Matias Egeland, State-Owned Enterprises—Trade Effects and Policy Implications, *OECD Trade Policy Paper* No.147, April 2013.

267.PWC, AmCham China and AmCham Shanghai, Supply Chain Strategies Under the Impact of COVID-19 of Large American Companies Operating in China, April 2020, https://www.pwccn.com/en/consulting/supply-chain-strategies-under-impact-covid-19-large-american-companies-operating-china-1.pdf.

268.Robert Basedow, The WTO and the Rise of Plurilateralism ——What Lessons Can We Learn from the European Union's Experience with Differentiated Integration? *Journal of International Economic Law*, Vol. 21, No. 3, 2018.

269.Robert Howse, Making the WTO (Not So) Great Again: The Case Against Responding to the Trump Trade Agenda through Reform of WTO Rules on Subsidies and State Enterprises, *Journal of International Economic Law*, Vol.23, Issue 2, 2020.

270.Roger D. Launius, The Wright Brothers, Government Support for Aeronautical Research, and the Evolution of Flight, in Roger D. Launius & Janet R. Daly Bednarek (eds.), *Reconsidering a Century of Flight*, the University of North Carolina Press, 2003.

271.Ryan E. Lee, Dogfight: Criticizing the Agreement on Subsidies and Countervailing Measures amidst the Largest Dispute in the World Trade Organization History, *North Carolina Journal of International Law and Commercial Regulation*, Vol.32, No.1, 2006.

272.Schwarzenberger, *International Law*, London: Stevens, 3rd edition, 1957.

273.Shinya Matano, The Impact of China's Industrial Subsidies on Companies and the Response of Japan, The United States, and the European Union, *Mitsui & Co. Global Strategic Studies Institute Monthly Report*, January 2021.

274.Siqi Li & Xinquan Tu, Reforming WTO Subsidy Rules: Past Experiences and Prospects, *Journal of World Trade*, Vol.54, No.6, 2020.

275.Statement by H. E. Mr. Olusegun Olutoyin Aganga Chair of the Ministerial Conference Nigeria's Trade and Investment Minister, the official website of WTO, https://www.wto.org/english/thewto_e/minist_e/min11_e/min11_closing_e.htm.

276.Steve Charnovitz, How American Rejectionism Undermines International Economic Law, *Trade, Law and Development*, Vol.10, No.2, Winter 2018.

277.Steven Feldstein, The Steep Costs of America's Exit from the U. N. Human Rights Council, *World Politics Review*, 22 June 2018.

278.T. V. Paul, Globalization, Deglobalization and Reglobalization: Adapting Liberal International Order, *International Affairs*, Vol.97, Issue 5, 2021.

279.Thomas J. Prusa, Edwin Vermulst, United States-Definitive Anti-Dumping and Countervailing Duties on Certain Products from China: Passing the Buck on Pass-Through, *World Trade Review*, Vol.12, Issue 2, 2013.

280.Urnst-Ulrich Petersmann, A Post-WTO International Legal Order: Utopian, Dystopian and Other Scenarios, *Journal of International Economic Law*, Vol. 24, Issue 2, 2021.

281.Weihuan Zhou & Henry Gao, 'Overreaching' or 'Overreacting'? Reflections on the Judicial Function and Approaches of WTO Appellate Body, *Journal of World Trade*, Vol.53, No.6, 2019.

282.Weihuan Zhou & Mandy Meng Fang, Subsidizing Technology Competition: China's Evolving Practices and International Trade Regulation, *Washington International Law Journal,* Vol.30, No.3, 2021.

283.Xu Jian, Globalization in Reverse and Its Transformation, *China International Studies*, July/August 2017.

284.Xuewei Feng, Critique of Consistency with WTO Rules of the US Section 301 Investigation against China concerning Technology Transfer（Billing Code 3290-F7）, *Journal of WTO and China*, Vol. 8, No. 2, 2018.

285.Yang Guohua, The Causes of the Crisis Confronting the WTO Appellate Body, *Journal of WTO and China*, Vol.9, Issue 4, 2019.

286.Zhang Yuejiao, Protection of the WTO's "Crown Jewel" —Appellate Body Reform Proposals, in Arancha González and Marion Jansen（ed.）, *Women Shaping Global Economic Governance*, CEPR（Centre for Economic Policy Research）Press, 2019.

后　记

　　本书是在我主持承担的国家社科基金一般项目《"逆全球化"风潮下国际贸易法治的困境、出路及中国的选择研究》（批准号：18BFX207）成果的基础上修订而成的。笔者在课题研究过程中放弃并质疑了"逆全球化"之说，也算是一次自我否定。学无止境，从研究到出版，论著也经过了不断深化的过程。国际贸易法治也正处于发展变化中，笔者期望专著的出版能为国际贸易法治的发展及我国的参与做出一点贡献。

　　我的博士生田书凡也参与了本课题的研究，撰写了第八章和第九章（第三节除外）和第十二章部分内容，并做了不少资料查找和文稿审校工作。其余章节由张军旗撰写。

　　在课题研究期间，广东金融学院法学院李仲平教授和三峡大学法政学院胡枚玲副教授也参与了课题成果的讨论，对于课题的完善提供了宝贵意见。硕士生彭丹妮、高姝迪、周晗郡和谈一笑等同学参与了书稿校对，他们对论著的参与已远超校对的范畴，时常能提出很有建设性的意见。这里一并表示谢意。

　　笔者在本课题研究的过程中发表了一些阶段性成果。感谢《求索》《当代世界》《当代法学》《国际经济评论》《国际法研究》《上海法学研究》《上海对外经贸大学》等刊物的抬爱，感谢刘险峰副主编、甘冲老师、姚莹老师、邱静老师、崔秀梅老师、谭观福老师、孙建伟老师和马莹老师耐心细致的工作，感谢匿名评审专家对这些阶段性成果提出的宝贵意见。写好论文不易，论文发表更加不易，国际法论文发表尤其不易。在作者与编辑、评审专家的互动中，论文质量得到提高。另外，还要特别感谢吉林大学法学院何志鹏院长、华东理工大学法学院彭德雷院长和上海市长宁区司法局张志军副局长给予的支持。

国家社科基金为本课题研究提供了经费支持。上海财经大学"2024一流学科特区团队人才培养项目"和上海财经大学法学院为本书提供了出版资助。人民出版社的大力支持特别是茅友生编辑的鼎力相助，使得本书得以面世，这里一并致以谢忱。

张军旗

2024 年 11 月于上海

常用缩略语表

【英文缩略语附英文和中文解释；中文缩略语只附中文解释】

CPTPP	Comprehensive and Progressive Agreement for Trans-Pacific Partnership《全面与进步的跨太平洋伙伴关系协定》
DEPA	Digital Economy Partnership Agreement《数字经济伙伴关系协定》
DSU	Understanding on Rules and Procedures Governing the Settlement of Disputes《关于争端解决的规则和程序的谅解》
DSB	Dispute Settlement Body 争端解决机构
GATS	General Agreement on Trade in Services《服务贸易总协定》
GATT	General Agreement on Tariffs and Trade《关税与贸易总协定》
GATT 1947	General Agreement on Tariffs and Trade 1947《1947 年关税与贸易总协定》
GATT 1994	General Agreement on Tariffs and Trade 1994《1994 年关税与贸易总协定》
IMF	International Monetary Fund 国际货币基金组织
IMF 协定	Agreement of the International Monetary Fund《国际货币基金组织协定》
ITA	Ministerial Declaration on Trade in Information Technology Products《关于信息技术产品贸易的部长宣言》（简称《信息技术协定》）
MPIA	Multi-Party Interim Appeal Arbitration Arrangement《多方临时上诉仲裁安排》

NAFTA	North American Free Trade Agreement《北美自由贸易协定》
RCEP	Regional Comprehensive Economic Partnership《区域全面经济伙伴关系协定》
SCM 协定	Agreement on Subsidies and Countervailing Measures《补贴与反补贴措施协定》
TPP	Trans-Pacific Partnership Agreement《跨太平洋伙伴关系协定》
TPRB	Trade Policy Review Body 贸易政策审议机构
TPRM	Trade Policy Review Mechanism 贸易政策审议机制
TRIMS	Agreement on Trade-related Investment Measures《与贸易有关的投资措施协定》
TRIPs	Agreement on Trade-related Aspects of Intellectual Property Rights《与贸易有关的知识产权协定》
USMCA	The United States-Mexico-Canada Agreement《美国—墨西哥—加拿大协定》(《美墨加协定》)
WHO	World Health Organization 世界卫生组织
WTO	World Trade Organization 世界贸易组织
WTO Doc.	WTO Document 世界贸易组织文件
《WTO 协定》	Marrakesh Agreement Establishing the World Trade Organization《马拉喀什建立世界贸易组织的协定》
《巴黎协定》	《巴黎气候变化协定》
《补贴守则》	《关于解释和适用关贸总协定第 6 条、第 16 条和第 23 条的协议》
《草案》	《国家就其国际不法行为的责任条款草案》
《第一阶段协议》	《中华人民共和国政府与美利坚合众国政府经济贸易协议》
对华 301 调查报告	《根据〈1974 年贸易法〉第 301 节对中国有关技术转让、知识产权及创新的法令、政策和做法的调查结果》
《航空器守则》	《民用航空器贸易协议》
301 条款	美国《1974 年贸易法》第 301-310 节
《上诉机构报告》	Report on the Appellate Body of the World Trade Organization《关于世界贸易组织上诉机构的报告》
《伊核协议》	《关于伊朗核计划的全面协议》
《中导条约》	《美苏消除两国中程和中短程导弹条约》

责任编辑：茅友生

图书在版编目（CIP）数据

全球化受挫背景下的国际贸易法治研究 ／ 张军旗，
田书凡著 . -- 北京 ： 人民出版社，2025. 1. -- ISBN 978
－7－01－026810－1

I . D996.1

中国国家版本馆 CIP 数据核字第 2024ZD3620 号

全球化受挫背景下的国际贸易法治研究
QUANQIUHUA SHOUCUO BEIJINGXIA DE GUOJIMAOYI FAZHI YANJIU

张军旗　田书凡　著

人民出版社 出版发行
（100706　北京市东城区隆福寺街 99 号）

北京新华印刷有限公司印刷　新华书店经销

2025 年 1 月第 1 版　2025 年 1 月北京第 1 次印刷
开本：710 毫米 ×1000 毫米 1/16　印张：25.5
字数：340 千字　印数：0,001–5,000 册

ISBN 978－7－01－026810－1　定价：148.00 元

邮购地址 100706　北京市东城区隆福寺街 99 号
人民东方图书销售中心　电话（010）65250042　65289539